SCHÄFFER
POESCHEL

Grundkurs des Steuerrechts

Band 11

Körperschaftsteuer
Gewerbesteuer

von

Wolfgang Zenthöfer

Diplomfinanzwirt, Steuerberater,
ehemaliger Dozent an der Fachhochschule für Finanzen Nordkirchen

Matthias Alber

Diplomfinanzwirt, Professor
an der Hochschule für öffentliche Verwaltung
und Finanzen Ludwigsburg

18., neu bearbeitete und aktualisierte Auflage

2019
Schäffer-Poeschel Verlag Stuttgart

Bearbeiterübersicht:
Zenthöfer: Kapitel I Körperschaftsteuer
Alber: Kapitel II Gewerbesteuer

Gedruckt auf chlorfrei gebleichtem, säurefreiem und alterungsbeständigem Papier

Bibliografische Information Der Deutschen Nationalbibliothek
Die Deutsche Nationalbibliothek verzeichnet diese Publikation in der Deutschen Nationalbiografie; detaillierte bibliografische Daten sind im Internet über http://dnb.d-nb.de abrufbar.

Print ISBN 978-3-7910-3894-0 Bestell-Nr. 20197-0003
EPDF ISBN 978-3-7910-4227-5 Bestell-Nr. 20197-0152

www.schaeffer-poeschel.de
service@schaeffer-poeschel.de

Satz: primustype Hurler GmbH, Notzingen

Printed in Germany
März 2019

Schäffer-Poeschel Verlag Stuttgart
Ein Unternehmen der Haufe Group

Vorwort zur 18. Auflage

Die vorliegende 18., neu bearbeitete Auflage wurde auf den Rechtsstand 01.01.2019 aktualisiert. Dieser Grundkurs ist aufgrund langjähriger Erfahrungen sehr gut geeignet, um in die streckenweise recht anspruchsvolle Materie der Körperschaftsteuer und Gewerbesteuer hineinzufinden. Der Band führt an die Systematik der beiden Rechtsgebiete heran, stellt die Besonderheiten dar und verdeutlicht sie mit zahlreichen Beispielen.

In bewährter Weise sind zahlreiche Lernzielkontrollen zur Wissensüberprüfung eingefügt. Die Lösungen können nach selbständiger Erarbeitung mit den am Ende des Bandes abgedruckten Lösungshinweisen verglichen und ggf. korrigiert werden.

Das Buch soll u. a. Studierende der Fachhochschulen für die Ausbildung des gehobenen Dienstes der Finanzverwaltungen ansprechen, die sich im Studienabschnitt II befinden. Daneben kann das Buch jedem, der sich mit den **Grundzügen** der beiden Steuerarten KSt und GewSt vertraut machen will, empfohlen werden, z. B.

- Personen, die sich auf die Bilanzbuchhalterprüfung oder Steuerberaterprüfung (nur Grundwissen) vorbereiten
- Fortbildung der Mitarbeiter
- in den Steuerabteilungen von Industrie- und Handelsbetrieben
- an Universitäten und Fachhochschulen für Studenten in den entsprechenden Fachrichtungen.

Neben den zahlreichen gesetzlichen Änderungen berücksichtigt die Neuauflage auch aktuelle Verwaltungsanweisungen und BFH-Rechtsprechung. Bei der Körperschaftsteuer sind die KStR und KStH 2015 berücksichtigt; bei den Einschränkungen des Verlustabzugs nach § 8c KStG wurde auf das BMF-Schreiben vom 28.11.2017 zurückgegriffen. Die Lockerungen des § 8c KStG durch § 8d KStG sind berücksichtigt.

Dem Leser wünschen wir beim Studium viel Erfolg. Für Anregungen sind wir dankbar.

Nordkirchen/Ludwigsburg, im Januar 2019 | Die Verfasser

Inhaltsverzeichnis

Kapitel I
Körperschaftsteuer

Teil A Einführung

Teil B Stellung der Körperschaften im Steuersystem

Teil C Persönliche Steuerpflicht und Steuerbefreiungen

Teil D Sachliche Steuerpflicht

Teil E Tarifliche Körperschaftsteuer

Teil F Besteuerungssystem

Teil G Das steuerliche Einlagekonto (§ 27 KStG)

Teil H Verdeckte Gewinnausschüttungen

Teil I Verdeckte Einlagen

Teil J Besteuerung von Dividenden bei den Anteilseignern

Teil K Verlustabzug gemäß § 10d EStG, § 8 Abs. 1 KStG, §§ 8a, 8b, 8c, 8d KStG

Teil L Zinsschranke (§ 8a KStG, § 4h EStG)

Teil M Beteiligung an anderen Körperschaften (§ 8b KStG)

Teil N Liquidationsbesteuerung

Teil O Organschaft

Kapitel II
Gewerbesteuer

Teil A Einführung

Teil B Steuergegenstand

Teil C Sachliche und persönliche Steuerpflicht

Teil D Besteuerung nach dem Gewerbeertrag

Teil E Betriebsaufspaltung und Organschaft

Teil F Festsetzung des Steuermessbetrags und die Zerlegung des Steuermessbetrags

Teil G Höchstbeträge und Praxisprobleme der Gewerbesteueranrechnung auf die Einkommensteuer bei Personengesellschaften (§ 35 EStG)

Teil H Lösungshinweise zu den Fällen

Teil I Komplexe Übungsfälle

Teil J Lösungen zu den komplexen Übungsfällen

Abkürzungsverzeichnis

a.a. O.	am angegebenen Ort
Abs.	Absatz
Abschn.	Abschnitt
AdV	Aussetzung der Vollziehung
a.F.	alte Fassung
AfA	Absetzung für Abnutzung
AG	Aktiengesellschaft
AktG	Aktiengesetz
AO	Abgabenordnung
Art.	Artikel
AZ	Aktenzeichen
BA	Betriebsausgaben
BEPS-UmsG	Gesetz zur Umsetzung der Änderungen der EU-Amtshilferichtlinie und von weiteren Maßnahmen gegen Gewinnkürzungen
BerlinFG	Berlinförderungsgesetz
BewG	Bewertungsgesetz
BFH	Bundesfinanzhof
BGB	Bürgerliches Gesetzbuch
BGBl	Bundesgesetzblatt
BilMoG	Gesetz zur Modernisierung des Bilanzrechts
BMF	Bundesminister der Finanzen
BStBl	Bundessteuerblatt
Buchst.	Buchstabe
BV	Betriebsvermögen
DB	Der Betrieb
DBA	Doppelbesteuerungsabkommen (Abkommen zur Vermeidung der Doppelbesteuerung)
EBITDA	Earnings Before Interest, Taxes, Depreciation and Amortisation
EFG	Entscheidungen der Finanzgerichte
EK	Eigenkapital
EK02	Teilbetrag des verwendbaren Eigenkapitals, der aus sonstigen steuerfreien Vermögensmehrungen entstanden ist
EK04	Teilbetrag des verwendbaren Eigenkapitals, der aus Einlagen der Anteilseigner entstanden ist, die nicht Nennkapital sind
EK40	mit 40 % KSt belastetes verwendbares Eigenkapital
ErbStG	Erbschaftsteuergesetz
ESt	Einkommensteuer
EStDV	Einkommensteuer-Durchführungsverordnung
EStG	Einkommensteuergesetz
EStH	Einkommensteuer-Handbuch
EStR	Einkommensteuer-Richtlinien
EuGH	Europäischer Gerichtshof
e.V.	Eingetragener (rechtsfähiger) Verein
EW	Einheitswert

EZ	Erhebungszeitraum
f., ff.	folgende, fortfolgende
FA	Finanzamt
FörderG	Fördergebiets-Gesetz
GAV	Gewinnabführungsvertrag
GdbR (GbR)	Gesellschaft des bürgerlichen Rechts
gem.	gemäß
ggf.	gegebenenfalls
GewSt	Gewerbesteuer
GewStDV	Gewerbesteuer-Durchführungsverordnung
GewStG	Gewerbesteuergesetz
GewStR	Gewerbesteuer-Richtlinien
GG	Grundgesetz für die Bundesrepublik Deutschland
GmbH	Gesellschaft mit beschränkter Haftung
GmbHG	Gesetz betreffend Gesellschaften mit beschränkter Haftung
grds.	grundsätzlich
G+V	Gewinn- und Verlust-Rechnung
GWG	Geringwertiges Wirtschaftsgut
H	Hinweis(e) im Einkommensteuer-Handbuch
HB	Handelsbilanz
HGB	Handelsgesetzbuch
HS	Halbsatz
i.d. F.	in der Fassung
i.H. v.	in Höhe von
InvZul	Investitionszulage (InvZulage)
InvZulG	Investitionszulage-Gesetz
i.R. d.	im Rahmen der/des
i.S. d.	im Sinne des
i.S. v.	im Sinne von
i.V. m.	in Verbindung mit
JStG	Jahressteuergesetz
KapESt	Kapitalertragsteuer
Kfz	Kraftfahrzeug
KG	Kommanditgesellschaft
KGaA	Kommanditgesellschaft auf Aktien
Kj	Kalenderjahr
KSt	Körperschaftsteuer
KStDV	Körperschaftsteuer-Durchführungsverordnung
KStG	Körperschaftsteuergesetz
KStH	Körperschaftsteuer-Hinweise (2008)
KStR	Körperschaftsteuer-Richtlinien (2004)
lfd.	laufend(er; e; es)
LSt	Lohnsteuer
lt.	laut
MoRaKG	Gesetz zur Modernisierung der Rahmenbedingungen für Kapitalbeteiligungen
n.F.	neue Fassung
OHG	Offene Handelsgesellschaft

PV	Privatvermögen
R	Abschnitt der Einkommensteuer-Richtlinien
rd.	rund
RdV	Ruhen des Verfahrens
Rdnr.	Randnummer
RGZ	Entscheidungen des Reichsgerichts (Zivilsachen)
rkr.	rechtskräftig
Rz.	Randziffer
s.	siehe
S.A.	Société Anonyme (Aktiengesellschaft nach französischem Recht)
SE	Europäische (Aktien-)Gesellschaft (Societas Europaea)
SEStEG	Gesetz über steuerliche Begleitmaßnahmen zur Einführung der Europäischen Gesellschaft und zur Änderung weiterer steuerrechtlicher Vorschriften
SGB	Sozialgesetzbuch
SolZ	Solidaritätszuschlag
StAP	steuerlicher Ausgleichsposten
StB	Steuerbilanz
Stpfl	Steuerpflichtiger
stpfl.	steuerpflichtig
Tz.	Textziffer
u.a.	unter anderem
u.E.	unseres Erachtens
UG	Unternehmergesellschaft (haftungsbeschränkt)
UmwG	Umwandlungsgesetz
USt	Umsatzsteuer
u.U.	unter Umständen
UWA	unentgeltliche Wertabgabe (Umsatzsteuer)
VEK	verwendbares Eigenkapital
VermBG	Vermögensbildungsgesetz
vGA	verdeckte Gewinnausschüttung
vgl.	vergleiche
v.H.	von Hundert
VO	Verordnung
VVaG	Versicherungsverein auf Gegenseitigkeit
VZ	Veranlagungszeitraum
WG	Wirtschaftsgut
Wj	Wirtschaftsjahr
WK	Werbungskosten
Ziff.	Ziffer
z.T.	zum Teil

Kapitel I
Körperschaftsteuer

Teil A Einführung

Die KSt ist die »ESt der Körperschaften«, die in § 1 Abs. 1 bzw. § 2 KStG aufgeführt sind. Das sind bestimmte rechtsfähige und nichtrechtsfähige

- Körperschaften,
- Personenvereinigungen und
- Vermögensmassen, insbesondere die Kapitalgesellschaften (§ 1 Abs. 1 Nr. 1 KStG), vor allem die
- Gesellschaft mit beschränkter Haftung (GmbH), Unternehmergesellschaft (haftungsbeschränkt) (UG) und
- Aktiengesellschaft (AG).

Gegenstand der Besteuerung ist – wie bei der ESt – das Einkommen, genauer gesagt das zu versteuernde Einkommen gem. § 7 Abs. 1 und 2 KStG.

Der Begriff hat allerdings einen anderen rechtlichen Gehalt als bei einer natürlichen Person (s. Teil D). So kann es im Bereich der KSt z. B. keine »Sonderausgaben« oder »außergewöhnlichen Belastungen« geben, weil es sich um Aufwendungen natürlicher Personen handelt, die bei ihrer Einkommensermittlung aufgrund einkommensteuerlicher Vorschriften berücksichtigt werden, und die zum Ziel haben, die persönliche Leistungsfähigkeit der jeweiligen ESt-Pflichtigen individuell zu berücksichtigen.

Teil B Stellung der Körperschaften im Steuersystem

1 Anwendungsgebiet des Körperschaftsteuergesetzes in Abgrenzung zum Einkommensteuergesetz

1.1 Abgrenzung zu den Personengesellschaften

§ 1 KStG enthält grds. eine abschließende Aufzählung des Kreises der (unbeschränkt) körperschaftsteuerpflichtigen Gebilde. **Nicht** abschließend ist jedoch die eingeklammerte Aufzählung in § 1 Abs. 1 Nr. 1 KStG. Aus dieser Aufzählung ergibt sich durch Umkehrschluss: Nicht zu den Körperschaften i. S. d. §§ 1 und 2 KStG gehören die **Personengesellschaften**.

Dies sind insbesondere OHG, KG, Gesellschaft bürgerlichen Rechts (GbR), sowie ähnliche Gesellschaften und Gemeinschaften (die atypische stille Gesellschaft). Hier sind die Gesellschafter Mitunternehmer eines Gewerbebetriebs. Gleichgültig aber, ob es sich um gewerbliche Mitunternehmer (i. d. R. bei OHG und KG) oder nichtgewerbliche Gemeinschaften, z. B. GbR, die kein Gewerbe betreibt, handelt, unterliegen diese Personengesellschaften nicht selbstständig der KSt (und auch nicht der ESt). Insoweit sind sie **nicht »steuerfähig«**.

Vielmehr werden die Einkünfte anteilig den Gesellschaftern zugerechnet und bei diesen der ESt unterworfen (bzw. der KSt, wenn Gesellschafter eine körperschaftsteuerpflichtige Körperschaft ist). Handelt es sich um gewerbliche Mitunternehmer, erzielen die Gesellschafter aufgrund der Klassifikationsnorm des § 15 Abs. 1 Nr. 2 EStG gewerbliche Einkünfte.

Verfahrensmäßige Besonderheit ist hierbei die einheitliche und gesonderte Feststellung der Einkünfte der Personengesellschaft gem. §§ 179 ff. AO.

Inhalt dieser förmlichen und mit Rechtsbehelfen anfechtbaren Feststellungen ist die Feststellung der Einkünfte und der auf die Gesellschafter entfallenden Anteile an den Einkünften.

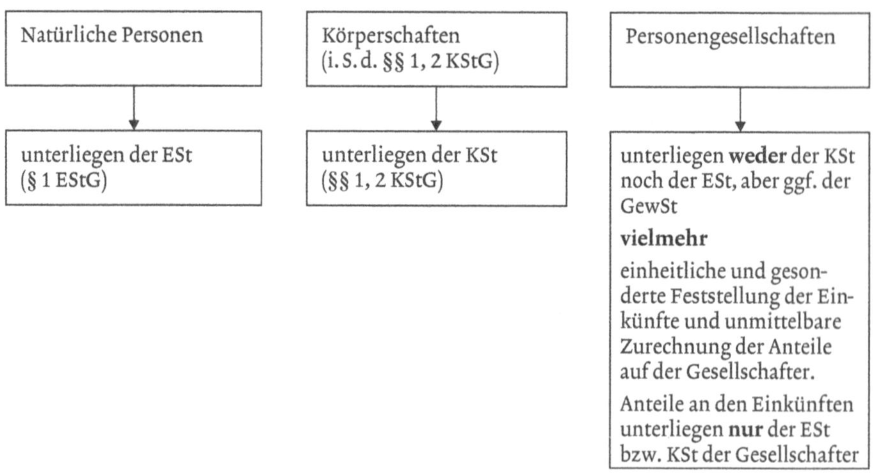

BEISPIEL

Eine Maschinenfabrik erzielt in 01 einen Gewinn von 100 000 €. Sie wird betrieben:

a) vom Kaufmann A (Rechtsform Einzelunternehmen),

b) von den Kaufleuten A und B (Rechtsform OHG, Beteiligung jeweils 50 %),

c) in der Rechtsform der GmbH (Gesellschafter A und B jeweils zu 50 %).
Welcher Personensteuer unterliegt jeweils der erwirtschaftete Gewinn?

LÖSUNG
a) A unterliegt mit dem Gewinn der ESt.

b) Der Gewinn der OHG wird einheitlich und gesondert auf 100 000 € festgestellt, ebenso die Anteile von A und B von je 50 000 €. A und B unterliegen mit ihren Gewinnanteilen von je 50 000 € (Einkünfte aus § 15 Abs. 1 Nr. 2 EStG) der ESt. Die OHG selbst unterliegt weder der ESt noch der KSt.

c) Der Gewinn ist der GmbH als eigenes Einkommen zuzurechnen und unterliegt bei ihr selbstständig der KSt. (Falls der Gewinn nicht ausgeschüttet wird, erzielen die Gesellschafter insoweit keinerlei Einkünfte.)

1.2 Maßgeblichkeit der Rechtsform

Für die Einordnung eines Rechtsgebildes in die Körperschaften des KStG ist seine **Rechtsform** entscheidend. Insoweit ist ein steuerrechtlicher »Durchgriff« durch die Rechtsform ausgeschlossen. Die Anwendung der wirtschaftlichen Betrachtungsweise ist ausgeschlossen.

Diese Orientierung des Steuerrechts am Zivil-, insbesondere Gesellschaftsrecht, dient der Rechtseinheit und -sicherheit.

BEISPIELE

a) **Einmann-GmbH**
A hält zu 100 % die Anteile an der A-GmbH.
LÖSUNG Auch wenn nur eine natürliche Person sämtliche Anteile an einer GmbH hält, bleibt die GmbH als juristische Person selbstständig körperschaftsteuerpflichtig gem. § 1 Abs. 1 KStG. Der Alleingesellschafter ist nicht per se Gewerbetreibender, sondern erzielt als Geschäftsführer Einkünfte aus § 19 EStG, als Bezieher von Ausschüttungen der GmbH Einkünfte aus § 20 Abs. 1 Nr. 1 und 2 EStG.

b) **GmbH & Co. KG**
An der X-KG sind beteiligt
- die X-GmbH als Komplementärin,
- die natürlichen Personen A und B als Kommanditisten.

LÖSUNG Die KG bleibt trotz der hier vorliegenden Mischform eine Personengesellschaft; vgl. Beschluss des Großen Senats des BFH vom 25. 06. 1984 BStBl II 1984, 751, in dem die Frage der KSt-Pflicht nach § 1 Abs. 1 Nr. 1 und Nr. 5 KStG verneint wird.
Der Gewinn der KG wird daher einheitlich und gesondert festgestellt. Die Kommanditisten sind mit ihren Gewinnanteilen einkommensteuerpflichtig. Nur die GmbH selbst ist mit ihrem Gewinnanteil an der KG körperschaftsteuerpflichtig.

Zu ausländischen Körperschaften in **Drittstaaten** vgl. BFH vom 13. 11. 1991 BStBl II 1992, 263; vom 23. 06. 1992 BStBl II 1992, 972 und vom 01. 07. 1992 BStBl II 1993, 222 (Gesellschaftsrecht des »**Sitzstaates**« ist maßgeblich = »**Sitztheorie**«). Vgl. H 2 (Ausländische Gesellschaften, Typenvergleich) KStH i. V. m. BMF vom 24. 12. 1999 BStBl I 1999, 1076 ff. sowie BMF vom 19. 03. 2004 BStBl I 2004, 411.

Für Körperschaften in **EU-Staaten** gilt die »**Gründungstheorie**« (EuGH vom 16. 12. 2008 IStR 2009, 59 – Rs. Cartesio), d. h. hier ist (für die Identitätswahrung) stets ausschließlich die Behandlung im **Gründungsstaat** maßgeblich (so auch BMF vom 20. 05. 2005 BStBl I 2005, 727 zur GewSt).

Für die **Europäische AG** (**SE**) und **Genossenschaft** (**SCE**) besteht (für die identitätswahrende Sitzverlegung) **keinerlei** Bindung an die jeweilige nationale Rechtsordnung, vielmehr sind die europäischen Verordnungen maßgebend.

1.3 Abgrenzungsregel gemäß § 3 Abs. 1 KStG

Die Abgrenzung der **rechtsfähigen Körperschaften** von den Personengesellschaften ist unproblematisch. Die juristischen Personen i. S. v. § 1 Abs. 1 Nr. 1 bis 4 KStG sind ohne weiteres körperschaftsteuerpflichtig.

Abgrenzungsfragen tauchen bei **nicht rechtsfähigen Personenvereinigungen** auf. Je nach Gesamtverfassung kann es sich handeln um

- einen nicht rechtsfähigen Verein, der der KSt unterliegt, oder
- um eine Personenvereinigung, die **nicht** der KSt unterliegt.

Abgrenzungsregel ist hier **§ 3 Abs. 1 KStG.** Danach tritt bei **nicht rechtsfähigen** Personenvereinigungen eine Besteuerung nach dem KStG **nur** ein, wenn die Einkünfte nicht bereits unmittelbar bei den Gesellschaftern der ESt (KSt) zu unterwerfen sind.

BEISPIEL

Bei einem nach seiner Gesamtverfassung als nicht rechtsfähiger **Verein** zu beurteilenden Personenzusammenschluss haben die Mitglieder keinen Anspruch auf Anteil an den Einkünften des Vereins und können daher insoweit nichts bei der ESt zu versteuern haben. Daher unterliegt der Verein selbstständig mit seinen Einkünften der KSt.
Würde es sich um eine GbR handeln, wären die anteiligen Einkünfte unmittelbar von den Gesellschaftern zu versteuern.

FALL 1

Welches der folgenden Gebilde fällt unter das KStG?
a) OHG,
b) GmbH (Alleingesellschafter ist die natürliche Person A),
c) GmbH & Co. KG,
d) nicht rechtsfähiger Verein.

2 Zielsetzung des Körperschaftsteuergesetzes

a) Besteuerung der Körperschaft

Das Einkommen der Kapitalgesellschaft unterliegt seit 2008 einer **definitiven** (d. h. **endgültigen) KSt** (§ 23 Abs. 1 KStG) von **15 %**.

Es ist dabei unbeachtlich, ob die Körperschaft ihren Gewinn ausschüttet oder »thesauriert«.

b) Besteuerung der Anteilseigner von Kapitalgesellschaften

- **Private Anteilseigner** müssen die Gewinnausschüttungen seitdem in **voller Höhe (100 %)** versteuern. Hier gilt aber grds. die **25 %ige** Abgeltungsteuer nach § 32 d Abs. 1 EStG.
  Für »unternehmerische« Beteiligungen ist eine Option zum Normaltarif mit Teileinkünfteverfahren möglich (§ 32d Abs. 2 Nr. 3 EStG), d. h. es sind 60 % der Ausschüttungen zu versteuern.

- Bei Ausschüttungen im **Betriebsvermögen** gilt über § 20 Abs. 8 EStG stattdessen das Teileinkünfteverfahren, d. h. es sind auch hier 60 % der Ausschüttungen zu versteuern.

Vgl. auch § 3 Nr. 40 Sätze 1 Buchst. d und 2 EStG.

Teil C Persönliche Steuerpflicht und Steuerbefreiungen

1 Bedeutung der unbeschränkten und beschränkten Steuerpflicht

Ähnlich wie bei der ESt ist auch bei der KSt zwischen **unbeschränkter** und **beschränkter** Steuerpflicht zu unterscheiden.

Der **unbeschränkten Steuerpflicht** unterliegen alle Körperschaften, die

- in § 1 Abs. 1 KStG aufgeführt sind und
- ihre Geschäftsleitung oder ihren Sitz im Inland haben.

Sie unterliegen mit sämtlichen inländischen und ausländischen (steuerpflichtigen) Einkünften der KSt (§ 1 Abs. 2 KStG, § 2 Abs. 1 Nr. 1–3, 5–7 EStG). Einschränkungen ergeben sich durch Abkommen zur Vermeidung der Doppelbesteuerung (DBA).

Bei der KSt sind bei der **beschränkten Steuerpflicht** zwei Arten zu unterscheiden:

1. **Körperschaften ohne Geschäftsleitung und Sitz im Inland (§ 2 Nr. 1 KStG):** Diese ausländischen Körperschaften sind nur mit ihren inländischen Einkünften i. S. v. § 49 EStG steuerpflichtig. Weitere Einschränkungen ergeben sich durch DBA.
2. **Sonstige Körperschaften, die nicht unbeschränkt steuerpflichtig sind (§ 2 Nr. 2 KStG):** Diese inländischen Körperschaften – im Wesentlichen **Körperschaften des öffentlichen Rechts** – sind nur mit ihren steuerabzugspflichtigen inländischen Einkünften steuerpflichtig.

Außerdem sind nach § 5 Abs. 1 KStG persönlich von der KSt befreite Körperschaften mit **steuerabzugspflichtigen inländischen Einkünften partiell steuerpflichtig** (§ 5 Abs. 2 Nr. 1, § 32 Abs. 1 Nr. 1 KStG). Hieraus wird bereits ersichtlich, dass der **Umfang der Besteuerung unterschiedlich ist**, je nachdem, ob eine Körperschaft unbeschränkt oder beschränkt steuerpflichtig ist.

BEISPIELE

a) Die Euro-AG mit Sitz und Geschäftsleitung in München hat eine Betriebstätte (§ 12 AO) in München, Vaduz (Liechtenstein) und Amsterdam (Niederlande).

LÖSUNG Die AG ist gem. § 1 Abs. 1 KStG unbeschränkt steuerpflichtig und unterliegt an sich nach § 1 Abs. 2 KStG mit sämtlichen inländischen und ausländischen Betriebstättengewinnen der KSt. Aufgrund des DBA-Niederlande ist der Bundesrepublik allerdings das Besteuerungsrecht hinsichtlich der niederländischen Betriebstätte entzogen. Im Ergebnis unterliegen hier die inländischen und die in Liechtenstein erzielten Einkünfte der KSt.

b) Der Sachverhalt ist wie im Beispiel a), die Euro-AG mit Sitz und Geschäftsleitung in Liechtenstein hat jedoch eine Betriebsstätte in München, Vaduz und Amsterdam.

LÖSUNG Die AG ist beschränkt steuerpflichtig gem. § 2 Nr. 1 KStG. Der KSt unterliegt nur der Gewinn aus der inländischen Betriebstätte München (§ 49 Abs. 1 Nr. 2 Buchst. a EStG, § 8 Abs. 1 KStG).

Auch bei der **Erhebungsform** ergeben sich Unterschiede zwischen unbeschränkter und beschränkter Steuerpflicht.

Während die Körperschaftsteuer bei unbeschränkter Steuerpflicht durch Veranlagung erhoben wird, ist bei beschränkter bzw. partieller Steuerpflicht eine Veranlagung für Einkünfte, die dem **Steuerabzug** unterliegen, ausgeschlossen.

Hierfür ist die KSt u. U. durch den Steuerabzug abgegolten (§ 32 Abs. 1 Nr. 1 und 2 KStG).

BEISPIEL

Eine ausländische (Nicht-EU) Kapitalgesellschaft ohne Sitz und Geschäftsleitung im Inland und damit beschränkt steuerpflichtig gem. § 2 Nr. 1 KStG bezieht Dividenden einer inländischen AG, die der 25 %igen KapESt (§ 43 Abs. 1 Nr. 1 EStG) unterliegen. Die Einkünfte sollen nicht in einem inländischen Betrieb der Kapitalgesellschaft angefallen sein.

LÖSUNG Die KSt für diese Einkünfte ist durch den Kapitalertragsteuer-Abzug abgegolten (§ 32 Abs. 1 Nr. 2 KStG).

2 Unbeschränkte Steuerpflicht

2.1 Steuersubjekte

Der Kreis der unbeschränkt steuerpflichtigen Körperschaften ist in § 1 Abs. 1 KStG **abschließend** aufgezählt. Man kann sie wie folgt zusammenfassen:

a) **sämtliche juristische Personen des privaten Rechts** (§ 1 Abs. 1 Nr. 1 bis 4 KStG),
b) **nichtrechtsfähige Personenvereinigungen und Vermögensmassen** (§ 1 Abs. 1 Nr. 5 KStG), – soweit das Einkommen nicht nach § 3 Abs. 1 KStG von anderen Steuerpflichtigen zu versteuern ist –,
c) **Betriebe gewerblicher Art von juristischen Personen des öffentlichen Rechts** (§ 1 Abs. 1 Nr. 6 KStG).

Zu a): Von den unter § 1 Abs. 1 Nr. 1 KStG fallenden Kapitalgesellschaften sind besonders hervorzuheben

- die Aktiengesellschaft (**AG**),
- die Gesellschaft mit beschränkter Haftung (**GmbH**),
- die Unternehmergesellschaft/UG (haftungsbeschränkt),
- Europäische (Aktien-)Gesellschaft (**SE**),
- ggf. die britische Limited (vgl. i. E. BMF vom 06. 01. 2014 BStBl I 2014, 111).

Zu den Genossenschaften i. S. d. § 1 Abs. 1 Nr. 2 KStG gehört auch die Europäische Genossenschaft (**SCE**).

Zu den »sonstigen juristischen Personen des privaten Rechts« des § 1 Abs. 1 Nr. 4 KStG gehört insbesondere der eingetragene (rechtsfähige) Verein (e. V.).

Zu b): Diese Gebilde, obwohl nicht rechtsfähig, sind in der Verfolgung ihrer Zwecke von der Einzelpersönlichkeit ihrer Mitglieder unabhängig und treten nach außen als einheitliches Ganzes auf, ohne den rechtlichen Status einer juristischen Person zu besitzen (vgl. § 54 BGB).

Es handelt sich um nichtrechtsfähige

- Vereine,
- Anstalten,
- Stiftungen und
- andere Zweckvermögen.

Der **nicht rechtsfähige Verein** unterscheidet sich von einer Personengesellschaft dadurch, dass er vereinsrechtlich und nicht gesellschaftsrechtlich organisiert (verfasst) ist.

Für das Vorliegen der Rechtsform eines Vereins sprechen z. B.:

- Auftreten unter einem Gesamtnamen als einheitliches Ganzes,
- Unabhängigkeit vom Mitgliederwechsel,
- größere Mitgliederzahl,
- kein Auseinandersetzungsanspruch des Mitglieds bei Ausscheiden.

Ein **Zweckvermögen** ist eine verselbstständigte Vermögensmasse für einen festgelegten Zweck, die der Verfügungsmacht ihres (ihrer) Inhaber(s) – zur Sicherstellung des Zwecks – entzogen ist. Ggf. besteht Steuerfreiheit bei der KSt und GewSt infolge Gemeinnützigkeit.

BEISPIEL

Sammelvermögen (§ 1914 BGB)

Eine Illustrierte ruft zu Spenden gegen die Hungersnot im Sahel-Gebiet (Afrika) auf. Die Spenden laufen auf einem Sonderkonto ein. Die Mittel werden bis zu ihrer Verwendung verzinslich angelegt.

LÖSUNG Die Zinsen führen zu eigenem Einkommen des entstandenen Zweckvermögens, das der KSt unterliegt, wenn rechtsfähige Personen für Rechnung der Vermögensmasse handeln (vgl. BFH vom 05. 11. 1992 BStBl II 1993, 388). Ggf. liegt Steuerbefreiung nach § 5 Abs. 1 Nr. 9 KStG vor.

Zu c): Die juristischen Personen des öffentlichen Rechts fallen als Körperschaften **nicht** unter die unbeschränkte Körperschaftsteuerpflicht. Deshalb ist z. B. die bedeutsamste Gruppe, die Gebietskörperschaften (Bund, Länder, Gemeinden, Gemeindeverbände) als solche **nicht** unbeschränkt steuerpflichtig nach § 1 Abs. 1 KStG.

Der Grund hierfür ist darin zu sehen, dass die Ausübung der öffentlichen Gewalt – Wahrnehmung hoheitlicher Aufgaben – schlechterdings nicht der Besteuerung unterliegen kann.

Soweit sich die Körperschaften der öffentlichen Hand aber privatwirtschaftlich betätigen, müssen sie – schon aus Gründen der Wettbewerbsneutralität – der Besteuerung unterliegen (BFH vom 30. 11. 1989 BStBl II 1990, 246). Voraussetzung ist allerdings die Ausgestaltung der Betätigung als »Betrieb gewerblicher Art« (Einzelheiten s. § 4 KStG und BMF vom 12. 11. 2009 BStBl I 2009, 1303, BMF vom 11. 12. 2009 BStBl I 2009, 1597 sowie BMF vom 9.1.2015, BStBl I S. 111).

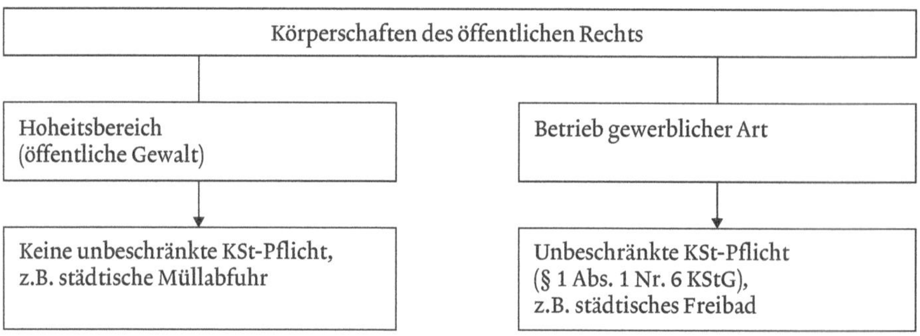

2.2 Erforderliche Anknüpfungsmerkmale zum Inland

2.2.1 Geschäftsleitung gemäß § 10 AO

Diese befindet sich am Mittelpunkt der geschäftlichen Oberleitung, also dort, wo die leitenden Personen die Entscheidungen treffen. Hierbei kommt es auf die tatsächlichen Verhältnisse an.

BEISPIEL

Der Alleingesellschafter einer GmbH (Betriebsgebäude mit Verwaltungsräumen in Köln) trifft alle Entscheidungen von seinem privaten Wohnhaus in Eupen (Belgien) aus.

LÖSUNG Der Ort der Geschäftsleitung ist in Eupen.

2.2.2 Sitz gemäß § 11 AO

Der Sitz wird durch Gesellschaftsvertrag, Satzung o. Ä. festgelegt. Es handelt sich um ein rein rechtliches Merkmal. Sitz und Geschäftsleitung brauchen nicht übereinzustimmen. Ein inländischer Sitz ist nur von Bedeutung, wenn sich die Geschäftsleitung nicht im Inland befindet. Für die unbeschränkte Steuerpflicht muss eines der beiden Merkmale im Inland gegeben sein.

BEISPIEL

Eine GmbH hat (rechtlichen) ihren Sitz und die (tatsächliche) Geschäftsleitung im Ausland.

LÖSUNG: Da keines der beiden – alternativen – Merkmale im Inland gegeben ist, ist die GmbH nicht unbeschränkt steuerpflichtig gem. § 1 Abs. 1 KStG, sondern beschränkt steuerpflichtig gem. § 2 Nr. 1 KStG, wenn sie inländische Einkünfte (§ 49 EStG) hat.

2.3 Umfang der sachlichen Steuerpflicht

Die unbeschränkte Steuerpflicht erstreckt sich auf sämtliche nicht nach § 1 EStG usw. befreite Einkünfte, d. h. **inländische und ausländische** soweit nicht das Besteuerungsrecht aufgrund eines DBA entzogen ist.

3 Beschränkte Steuerpflicht

3.1 Beschränkte Steuerpflicht gemäß § 2 Nr. 1 KStG

Hiernach sind Körperschaften ohne Geschäftsleitung und Sitz im Inland beschränkt steuerpflichtig. Die Steuerpflicht beschränkt sich auf die inländischen Einkünfte gem. § 49 EStG. Diese Art der beschränkten Körperschaftsteuerpflicht entspricht § 1 Abs. 4 EStG.

Die KSt wird durch Veranlagung erhoben (§ 31 Abs. 1 KStG, § 25 EStG). Für steuerabzugspflichtige Einkünfte ist jedoch die KSt durch den Steuerabzug abgegolten (§ 32 Abs. 1 Nr. 2 KStG).

BEISPIEL

Die Surprise S. A. (Aktiengesellschaft französischen Rechts) mit Sitz und Geschäftsleitung in Paris unterhält eine Betriebsstätte (§ 12 AO) in Düsseldorf.

LÖSUNG Die Körperschaft ist beschränkt steuerpflichtig nach § 2 Nr. 1 KStG, da sie inländische Einkünfte erzielt (§ 8 Abs. 2 KStG, § 49 Abs. 1 Nr. 2 Buchst. a EStG).

3.2 Beschränkte Steuerpflicht gemäß § 2 Nr. 2 KStG

Sonstige Körperschaften, die nicht unbeschränkt steuerpflichtig sind, sind mit inländischen Einkünften, die dem Steuerabzug unterliegen, ebenfalls beschränkt steuerpflichtig. Hierbei handelt es sich um inländische Körperschaften des öffentlichen Rechts. Diese sind nicht unbeschränkt steuerpflichtig (vgl. 1.2.1).

BEISPIEL

Die Stadt Düsseldorf ist zu 30 % an einer GmbH beteiligt und bezieht von dieser Gewinnanteile. Bei der Auszahlung in 2013 wurden 15 % KapESt einbehalten (§ 43 Abs. 1 Nr. 1 i. V. m. § 44a Abs. 8 Nr. 2 EStG = 3/5 von 25 %).

LÖSUNG Die Stadt Düsseldorf ist, obwohl inländische Körperschaft, nicht unbeschränkt steuerpflichtig (vgl. § 1 Abs. 1 KStG). Sie ist aber mit den steuerabzugspflichtigen Kapitalerträgen beschränkt steuerpflichtig gem. § 2 Nr. 2 KStG. Eine Veranlagung findet aber nicht statt, da die KSt durch den Steuerabzug abgegolten ist (§ 32 Abs. 1 Nr. 2 KStG).

3.3 Partielle Steuerpflicht gemäß § 5 Abs. 2, § 32 Abs. 1 Nr. 1 KStG

Die persönlichen Steuerbefreiungen des § 5 Abs. 1 KStG gelten insoweit nicht, als diese Körperschaften inländische Einkünfte beziehen, die dem Steuerabzug (im Wesentlichen Kapitalertragsteuer) unterliegen (§ 5 Abs. 2 Nr. 1 KStG). Insoweit sind diese Körperschaften partiell steuerpflichtig. Auch hier ist die KSt durch den Steuerabzug abgegolten (§ 32 Abs. 1 Nr. 1 KStG). Unter den Voraussetzungen des § 44a Abs. 4 und 7 EStG ist ggf. kein Steuerabzug bzw. nach § 44a Abs. 8 Nr. 1 EStG nur in Höhe von 3/5 vorzunehmen.

4 Persönliche Steuerbefreiungen

4.1 Geltungsbereich

Die persönlichen Befreiungen nach § 5 Abs. 1 KStG gelten uneingeschränkt **nur** bei nach § 1 Abs. 1 KStG unbeschränkt steuerpflichtigen Körperschaften (Umkehrschluss aus § 5 Abs. 2 Nr. 2 KStG).

Diese Befreiungen gelten also grds. nicht für **beschränkt Steuerpflichtige** i. S. v. § 2 Nr. 1 KStG, das sind **ausländische Körperschaften** (ohne Geschäftsleitung und Sitz im Inland; ggf. Ausnahmen für gemeinnützige EU-Körperschaften i. S. d. § 5 Abs. 1 Nr. 9 KStG).

Einer Befreiung nach § 5 KStG bedarf es andererseits nicht für **inländische Körperschaften**, die nicht nach § 1 Abs. 1 KStG unbeschränkt steuerpflichtig sind. Dies ist der Fall bei den inländischen Körperschaften des öffentlichen Rechts.

BEISPIEL

Die Steuerberaterkammern (als öffentlich-rechtliche Berufsverbände) sind Körperschaften des öffentlichen Rechts und fallen daher nicht unter die unbeschränkte Steuerpflicht nach § 1 Abs. 1 KStG.

Einer Befreiung nach § 5 Abs. 1 KStG bedarf es für die Kammern nicht, da bereits aufgrund fehlender persönlicher Steuerpflicht keine Körperschaftsteuer erhoben wird.

Die Befreiung der Berufsverbände in § 5 Abs. 1 Nr. 5 KStG erstreckt sich daher – folgerichtig – nur auf Berufsverbände **ohne öffentlich-rechtlichen Status**.

4.2 Steuerbefreiungen

Die Steuerbefreiungen sind abschließend aufgezählt. Bedeutsame Befreiungen sind u. a.:

a) **§ 5 Abs. 1 Nr. 5 KStG**
Berufsverbände ohne öffentlich-rechtlichen Charakter, z. B. die Deutsche Steuergewerkschaft (DStG), Industriegewerkschaft Metall (IG Metall).
Einer Befreiung bedarf es jedoch **nicht** für öffentlich-rechtliche Berufsverbände, da sie bereits nicht unter § 1 Abs. 1 KStG fallen, z. B. Ärzte-, Steuerberater-, Rechtsanwalts-, Notarkammern; Handwerkerinnungen.

b) **§ 5 Abs. 1 Nr. 7 KStG** Politische Parteien i. S. d. § 2 des Parteiengesetzes und ihre Gebietsverbände (vgl. BMF vom 18. 10. 1988 BStBl I 1988, 443). Politische **Vereine** sind dagegen **nicht** befreit.
Auch die sog. **Rathausparteien** (unabhängige Wählergemeinschaften) sind nicht steuerbefreit. Zuwendungen an diese Vereinigungen sind aber bei der ESt begrenzt steuerlich berücksichtigungsfähig (§ 34 g Nr. 2 EStG).

BEISPIELE

a) Die Parteien CDU, SPD, FDP sind von der KSt befreit.

b) Die Mittelstandsvereinigung der CDU ist nach § 5 Abs. 1 Nr. 7 KStG befreit, da es sich um eine in die Organisationsstruktur der Partei (CDU) eingebundene Teilorganisation und somit Teil einer Partei i. S. d. § 2 des Parteiengesetzes handelt (vgl. hierzu BFH vom 28. 01. 1988 DB 1989, 156).

c) **§ 5 Abs. 1 Nr. 9 KStG** Gemeinnützige Körperschaften sind Körperschaften, die

- nach Satzung und
- nach tatsächlicher Geschäftsführung
- ausschließlich und
- unmittelbar
- gemeinnützigen, mildtätigen oder kirchlichen Zwecken dienen.

Die Begriffsbestimmungen sind in der AO geregelt (§§ 51–68 AO).
Ob die Voraussetzungen der Steuerbefreiung wegen Gemeinnützigkeit vorliegen, wird vom Finanzamt von Amts wegen – auch ohne Antrag – im Veranlagungsverfahren entschieden. Sind die Voraussetzungen der Steuerbefreiung erfüllt, kann die Körperschaft **nicht** auf die Anwendung der Befreiungsvorschrift »verzichten« (keine Optionsmöglichkeit).

4.3 Partielle Steuerpflicht (§ 5 Abs. 2 Nr. 1 KStG)

Die Befreiungen sind ausgeschlossen für inländische Einkünfte, die dem Steuerabzug unterliegen (§ 5 Abs. 2 Nr. 1 KStG). Die KSt hierfür ist durch den Steuerabzug abgegolten (vgl. 3.3).

Wird ein »wirtschaftlicher Geschäftsbetrieb« (geregelt in § 14 AO) unterhalten, ist die Steuerbefreiung insoweit ebenfalls ausgeschlossen (vgl. jeweils Satz 2 des § 5 Abs. 1 Nr. 5, Nr. 7 und Nr. 9 KStG).

Tatbestandsmerkmale des wirtschaftlichen Geschäftsbetriebs sind:

- selbstständige nachhaltige Tätigkeit,
- Absicht der Erzielung von Einnahmen oder anderer wirtschaftlicher Vorteile,
- **keine** bloße Vermögensverwaltung (§ 14 Satz 3 AO).

Gewinnerzielungsabsicht ist **nicht** erforderlich (§ 14 Satz 2 AO). Wirtschaftliche Geschäftsbetriebe sind zum Beispiel entgeltliche Mitgliederberatung und Steuerberatung (Buchführung und/oder Erstellung von Steuererklärungen).

BEISPIEL

Ein nicht öffentlich-rechtlicher Berufsverband gibt eine Verbandszeitschrift heraus. Sie enthält
a) lediglich einen redaktionellen Teil (Mitgliederinformationen),

b) einen redaktionellen und einen Anzeigenteil.
Der Bezugspreis ist im Mitgliedsbeitrag enthalten.

LÖSUNG

a) Die Verbandszeitschrift ist insgesamt kein wirtschaftlicher Geschäftsbetrieb. Die Mitgliederinformationen sind Verbandszweck, also keine selbstständige Tätigkeit. Im Verhältnis zu den Mitgliedern (als Beziehern) fehlt es auch an der Einnahmeerzielungsabsicht, da alle Mitglieder den Bezugspreis zahlen müssen (R 5.7 Abs. 4 Satz 12 KStR). Bei dem Bezugspreis handelt es sich auch nicht um ein Entgelt für die Gewährung besonderer Vorteile.

b) Der Anzeigenteil dient der Erzielung besonderer Einnahmen. Inserentenwerbung – unter Mitgliedern wie Dritten – und Anzeigenaufnahme sind als selbstständige nachhaltige Tätigkeit unter Beteiligung am allgemeinen wirtschaftlichen Verkehr anzusehen. Es liegt daher insoweit ein wirtschaftlicher Geschäftsbetrieb gem. § 14 AO vor (R 5.7 Abs. 4 Satz 13 KStR).

Vermögensverwaltung liegt in der Regel bei bloßer Vermögensnutzung vor, zum Beispiel bei verzinslicher Anlage von Kapitalvermögen oder Vermietung und Verpachtung unbeweglichen Vermögens.

5 Beginn und Ende der Steuerpflicht

5.1 Beginn

Das KStG regelt nicht den Zeitpunkt des Beginns der KSt-Pflicht. Für diese Beurteilung sind daher die zivilrechtlichen Regelungen (sowie wirtschaftliche Aspekte) heranzuziehen.

5.1.1 Regelfall

Die persönliche Körperschaftsteuerpflicht beginnt regelmäßig (spätestens) mit der **rechtlichen** bzw. frühestens mit der **tatsächlichen Entstehung** einer Körperschaft, Personenvereinigung oder Vermögensmasse.

Art der Körperschaft	Entstehung durch
Rechtsfähige Körperschaft, z. B. • Kapitalgesellschaft (AG, GmbH, KGaA), • Rechtsfähiger Verein (e. V.)	• Eintragung in das Handelsregister (GmbH: § 11 Abs. 1 GmbHG, AG: § 41 AktG) • Eintragung in das Vereinsregister (§ 21 BGB) bzw. Verleihung (§ 22 BGB)
Nicht rechtsfähige Körperschaften, z. B. • Nicht rechtsfähiger Verein	• Errichtung durch Feststellung einer Satzung

5.1.2 Besonderheiten

Bei Körperschaften, die durch Eintragung in ein Register entstehen, sind für die Zeit vor der Eintragung Besonderheiten zu beachten. Erläutert sei dies am Beispiel der **GmbH**.

Die zivilrechtliche Gründung der GmbH spielt sich in **drei** Schritten ab:

1. Vorgründungsgesellschaft,
2. Vorgesellschaft,
3. Registereintragung.

Zu 1.: Die **Vorgründungsgesellschaft** entsteht – regelmäßig als **GbR** gem. §§ 705 ff. BGB oder als (nicht eingetragene) **OHG** – durch Vereinbarung der künftigen Gesellschafter über die Gründung einer GmbH (**Vorvertrag**). Es handelt sich nicht um ein körperschaftsteuerpflichtiges Gebilde (H 1.1 KStH).

Zu 2.: Durch Abschluss des förmlichen Gesellschaftsvertrags gem. § 2 Abs. 1 GmbHG entsteht eine **Vorgesellschaft** (GmbH in Gründung). Da diese GmbH – als unmittelbare Vorstufe einer juristischen Person – bereits weitgehend dem GmbH-Recht unterliegt (soweit das GmbHG nicht ausdrücklich die erfolgte Eintragung voraussetzt), folgert man auch im Steuerrecht eine **Identität** der Vorgesellschaft mit der durch Eintragung entstehenden GmbH, vgl. BFH vom 08. 11. 1989 BStBl II 1990, 91. Dies gilt auch bei einem »Wechsel« der Vorgesellschafter (BFH vom 14. 10. 1992 BStBl II 1993, 352).

Dies entspricht der bereits im Zivilrecht vertretenen Einheits- und Identitätstheorie (RGZ 82, 288), nach der ebenfalls ein und dieselbe Rechtsperson angenommen wird.

Dagegen ist die Vorgründungsgesellschaft weder mit der Vorgesellschaft noch mit der später entstehenden GmbH identisch (H 1.1 [Vorgründungsgesellschaft] KStH) (s. oben). Die Rechtsprechung nimmt daher als Zeitpunkt des Beginns der Körperschaftsteuerpflicht den Abschluss des formgültigen Gesellschaftsvertrags an. Die KSt-Pflicht einer Vorgesellschaft tritt also durch die nachfolgende Eintragung – rückwirkend – vom Abschluss des förmlichen Gesellschaftsvertrags an ein, ohne dass weitere Voraussetzungen wie z. B. Aufnahme der Geschäftstätigkeit vorliegen müssten; so auch H 1.1 (Vorgründungsgesellschaft) KStH. Vgl. auch BFH vom 14. 10. 1992 BStBl II 1993, 352.

Zeitpunkt	**Stadium**	**Steuerliche Behandlung**
1. Beschluss der Gründer zur Errichtung einer Gesellschaft (Vorvertrag)	Vorgründungsgesellschaft	• **Keine** KSt-Pflicht • Behandlung als GbR bzw. OHG – Einheitliche und gesonderte Gewinnfeststellung – Gründer haben Einkünfte aus § 15 Abs. 1 Nr. 2 EStG
2. Abschluss des formgültigen **Gesellschaftsvertrags** (z. B. bei GmbH gem. § 2 Abs. 1 GmbHG)	Vorgesellschaft (GmbH in Gründung)	• **Beginn** der KSt-Pflicht • Obwohl die Vorgesellschaft noch keine juristische Person ist, Behandlung in Einheit mit der durch Eintragung entstehenden Körperschaft als dasselbe Rechtssubjekt
3. **Eintragung** in das Register	juristische Person »GmbH«	GmbH bildet »Einheit« mit Vorgesellschaft

Kommt es **nicht** zur Eintragung, so liegt – wie schon bei der Vorgründungsgesellschaft – weiterhin auch bei der Vorgesellschaft eine **Personengesellschaft** vor (GbR oder OHG). Ein körperschaftsteuerpflichtiges Gebilde ist dann i. d. R. **nicht** entstanden. Vgl. H 1.1 (Unechte Vorgesellschaft) KStH.

Bei größerer Mitgliederzahl kann ausnahmsweise auch ein nicht rechtsfähiger Verein gegeben sein.

BEISPIEL

Die Kaufleute Reich und Raff planen seit dem 02. 01. 01 wegen der gestiegenen Nachfrage nach Dämmstoffen eine Vertriebs-GmbH zu gründen. Am 01. 04. 01 verpflichten sie sich durch formgerechten Vorvertrag zum Abschluss eines Gesellschaftsvertrags. Ab diesem Zeitpunkt bereiteten sie auch die Eröffnung einer gemieteten Verkaufshalle vor.
Um das Frühjahrsgeschäft in 01 auszunutzen, eröffneten sie den Verkauf bereits am 02. 05. 01.
Erst am 01. 11. 01 schlossen sie einen notariellen Gesellschaftsvertrag und meldeten die GmbH zur Eintragung in das Handelsregister an. Die Eintragung erfolgte am 02. 01. 02. Folgende (zutreffend ermittelten) Betriebsergebnisse wurden erzielt:

01. 04. – 01. 05. 01:	./. 5 000 €	(vorbereitende Betriebsausgaben),
02. 05. – 31. 10. 01:	90 000 €,	
01. 11. – 31. 12. 01:	24 000 €.	

LÖSUNG Mit Abschluss des Vorvertrags am 01. 04. 01 haben Reich und Raff eine Vorgründungsgesellschaft gegründet. Sie ist als GbR bzw. OHG zu behandeln. Da sie gewerblich tätig wird, liegt Mitunternehmerschaft i. S. v. § 15 Abs. 1 Nr. 2 EStG vor. Der Gewinn ist einheitlich und gesondert festzustellen (§§ 179, 180 Abs. 1 Nr. 2a AO) für die Zeit vom 01. 04. 01 bis 31. 10. 01, nämlich bis zum Zeitpunkt der Entstehung der GmbH in Gründung, i. H. v. ./. 5 000 € + 90 000 € = 85 000 €. Dieser Gewinn ist auf Reich und Raff je zur Hälfte zu verteilen, falls keine abweichende Gewinnverteilung besteht.
Mit dem Tage des Abschlusses des notariellen Gesellschaftsvertrags 01. 11. 01 beginnt die Körperschaftsteuerpflicht der Vorgesellschaft in Einheit mit der erst am 02. 01. 02 zivilrechtlich entstandenen GmbH, da die Geschäftstätigkeit am 01. 11. 01 bereits aufgenommen war (streitig, ob Aufnahme der Geschäftstätigkeit erforderlich ist). Der KSt unterliegt in 01 bereits der Gewinn vom 01. 11. 01 bis 31. 12. 01, d. h. 24 000 €.

5.2 Ende der Steuerpflicht

Juristische Personen behalten ihre **rechtliche Existenz** bis zu dem Zeitpunkt, in dem sie im jeweiligen Register gelöscht werden (bzw. eine staatliche Genehmigung oder Verleihung zurückgenommen wird).

Für das **Ende der persönlichen Steuerpflicht** sind jedoch bei **Liquidation** maßgebend:

- die tatsächliche Beendigung der geschäftlichen Betätigung,
- die Beendigung der Verteilung des gesamten vorhandenen Vermögens an die Gesellschafter und sonst berechtigten Personen und
- ggf. der Ablauf eines gesetzlich vorgeschriebenen Sperrjahres (bei der GmbH vgl. § 73 GmbHG).

Erst bei Vorliegen aller Voraussetzungen fällt die Steuerpflicht weg. Unbeachtlich ist daher der Zeitpunkt der Löschung im jeweiligen Register (bzw. der Zurücknahme der staatlichen Genehmigung/Verleihung). Weiterhin endet die Steuerpflicht durch übertragene Umwandlung.

5.3 Zusammenfassender Überblick »Persönliche Steuerpflicht

	Unbeschränkte Steuerpflicht (§ 1 Abs. 1 KStG)	**Beschränkte Steuerpflicht (§ 2 Nr. 1 KStG)**	**Beschränkte Steuerpflicht (§ 2 Nr. 2 KStG)**	**Partielle Steuerpflicht (§ 5 Abs. 2, § 32 Abs. 1 Nr. 1 KStG)**
Voraussetzungen	1. In § 1 Abs. 1 KStG aufgezählte Körperschaften	1. Körperschaften ohne Sitz oder Geschäftsleitung im Inland	1. Nicht unbeschränkt steuerpflichtige sonstige Körperschaften (inländische Körperschaften des öffentlichen Rechts)	1. Nach § 5 Abs. 1 KStG persönlich von der KSt befreite Körperschaften
	2. Geschäftsleitung (§ 10 AO) oder Sitz (§ 11 AO) im Inland	2. Inländische Einkünfte (§ 49 EStG)	2. Inländische Einkünfte, die dem Steuerabzug unterliegen	2. Inländische Einkünfte, die dem Steuerabzug unterliegen
Umfang der sachlichen Steuerpflicht	Alle – steuerpflichtigen – Einkünfte (§ 1 Abs. 2 KStG, § 2 Abs. 1 Nr. 1–3 und 5–7 EStG) a) inländische b) ausländische	Nur inländische Einkünfte i. S. d. § 49 EStG (ohne § 19 und § 22 EStG teilweise)	Inländische Einkünfte, die dem Steuerabzug unterliegen	Inländische Einkünfte, die dem Steuerabzug unterliegen
Einschränkungen	**Steuerbefreiungen ausländischer Einkünfte aufgrund von DBA**	**Steuerbefreiungen durch DBA**		
Erhebungsform	**Generelle Veranlagung** (§ 31 Abs. 1 KStG, § 25 EStG)	**Grundsatz:** Veranlagung **Ausnahme:** Abgeltung der KSt durch Steuerabzug bei steuerabzugspflichtigen inländischen Einkünften (§ 32 Abs. 1 Nr. 2 KStG)	**Ausschließlich** Steuerabzug (§ 43 EStG) Abgeltung der KSt (§ 32 Abs. 1 Nr. 2 KStG)	**Ausschließlich** Steuerabzug (§ 43 EStG) Abgeltung der KSt (§ 32 Abs. 1 Nr. 1 KStG)

FALL 2

Wie sind die folgenden Gebilde körperschaftsteuerlich einzuordnen?
a) Die Belga-GmbH hat ihren Sitz laut Gesellschaftsvertrag in Aachen, die Geschäftsleitung befindet sich in Eupen (Belgien).

b) FDP (nicht rechtsfähiger Verein).

c) Bundesärztekammer.

d) Tennisverein Rot-Weiß Bonn e. V. (durch Bescheid des Finanzamtes wegen Gemeinnützigkeit von der Körperschaftsteuer befreit).

e) Deutsche Orange Automobil-Gesellschaft mbH mit Sitz und Geschäftsleitung in Köln.

f) Alleingesellschafter der GmbH in e) ist der französische Autohersteller Automobiles Orange S. A. Paris, Aktiengesellschaft französischen Rechts mit Sitz und Geschäftsleitung in Paris. Die Gesellschaft bezieht von ihrer deutschen Tochtergesellschaft Gewinnanteile.

g) Eine deutsche Kreishandwerkerschaft (Körperschaft des öffentlichen Rechts) ist zu 10 % an der Liechtensteiner Bank A. G., Sitz und Geschäftsleitung in Vaduz (Liechtenstein), beteiligt. Die Dividende für 01 wurde ihr in 02 nach Abzug der liechtensteinischen Couponabgabe (entspricht der Kapitalertragsteuer) auf ihr Konto bei einer Düsseldorfer Bank überwiesen.
Benutzen Sie zur Lösung folgende Tabelle:

Das Gebilde ist:	**a)**	**b)**	**c)**	**d)**	**e)**	**f)**	**g)**
unbeschränkt steuerpflichtig gem. § 1 Abs. 1 KStG							
beschränkt steuerpflichtig gem. § 2 Nr. 1 KStG							
beschränkt steuerpflichtig gem. § 2 Nr. 2 KStG							
partiell steuerpflichtig gem. § 5 Abs. 2, § 32 Abs. 2 Nr. 1 KStG							
persönlich von der KSt befreit gem. § 5 Abs. 1 Nr. 9 KStG							
Das Gebilde fällt nicht unter das KStG							

Teil D Sachliche Steuerpflicht

1 Grundlagen der Besteuerung

1.1 Bemessungsgrundlage

Die KSt bemisst sich – wie die ESt – nach dem »zu versteuernden Einkommen« (§ 7 Abs. 1 KStG). Zu versteuerndes Einkommen ist nach § 7 Abs. 2 KStG i. d. R. das Einkommen i. S. d. § 8 Abs. 1 KStG.

Bei bestimmten Körperschaften sind die Freibeträge nach §§ 24, 25 KStG zu berücksichtigen.

BEISPIEL

Das Einkommen der X-GmbH gem. § 8 Abs. 1 KStG beträgt 50 319 €. Es besteht keine Organschaft, so dass keine so genannte Einkommenszurechnung nach §§ 14, 17, 18 KStG zum Zuge kommt.

LÖSUNG Die Freibeträge nach §§ 24, 25 KStG (vgl. nochmals Wortlaut § 7 Abs. 2 KStG) gelten nach diesen Vorschriften nicht für Kapitalgesellschaften. Daher beträgt das zu versteuernde Einkommen 50 319 €.

1.2 Veranlagungszeitraum

Da die KSt eine Jahressteuer ist, ist der VZ das Kj (§ 7 Abs. 3 Satz 1 KStG, § 31 Abs. 1 KStG, § 25 EStG).

1.3 Ermittlungszeitraum

1.3.1 Ermittlungszeitraum bei nicht buchführungspflichtigen Körperschaften

Der Ermittlungszeitraum für das Einkommen ist bei **nicht** nach HGB zur Buchführung verpflichteten Körperschaften das **Kj** (§ 7 Abs. 3 Satz 2 KStG). Der Zeitraum **verkürzt** sich, falls die unbeschränkte oder beschränkte Steuerpflicht nicht jeweils während des ganzen Kalenderjahres bestanden hat (§ 7 Abs. 3 Satz 3 KStG). **VZ** bleibt jedoch das **Kj**.

BEISPIEL

Ein e. V. wurde mit Ablauf des 30. 09. 01 aufgelöst und voll beendigt.

LÖSUNG VZ: Kj 01 (§ 7 Abs. 3 Satz 2 KStG).
Ermittlungszeitraum: 01. 01.01 bis 30. 09. 01 (§ 7 Abs. 3 Satz 3 KStG).

1.3.2 Ermittlungszeitraum bei buchführungspflichtigen Körperschaften

Bei nach HGB zur Buchführung verpflichteten Körperschaften ist Ermittlungszeitraum das Wirtschaftsjahr gem. § 7 Abs. 4 Satz 1 KStG. Hierunter fallen nach § 238 i. V. m. § 6 HGB insbesondere **GmbH** und **AG**. Die Regelung des § 7 Abs. 4 KStG entspricht inhaltlich § 4a Abs. 1 Nr. 2 und Abs. 2 Nr. 2 EStG:

- nach § 7 Abs. 4 Satz 1 KStG ist ein vom Kalenderjahr **abweichendes Wj** möglich;
- nach § 7 Abs. 4 Satz 2 KStG wird der Gewinn/Verlust aus einem abweichenden Wj dem **Kj zugeordnet**, in dem das **Wj endet**.

BEISPIEL

Eine GmbH wählt bei Geschäftsbeginn 02. 01. 01 das Kj als Wj. Im Januar 02 entschließt sie sich, jeweils am 31. 01. 01 abzuschließen, erstmals auf den 31. 01. 02. Eine Begründung wird nicht genannt. Die Umstellung bedurfte des Einvernehmens mit dem Finanzamt (§ 7 Abs. 4 Satz 3 KStG).

LÖSUNG Die Zustimmung zur Umstellung ist zu versagen, da sie lediglich zur Erzielung einer Steuerpause gewünscht wird; H 25 (Steuerpause) EStH. Allerdings wären die KSt-Vorauszahlungen auch bei abweichendem Wj bereits während dieses Wj zu entrichten gewesen (vgl. § 31 Abs. 2 KStG). Der Gewinn ist weiterhin nach dem mit dem Kj übereinstimmenden Wj zu ermitteln.

2 Einkommensermittlung

2.1 Ableitung des Einkommensbegriffs aus dem Einkommensteuergesetz

2.1.1 Grundregel

Das Einkommen ist nach dem **EStG** und nach dem **KStG** (§§ 8–22 KStG) zu ermitteln (§ 8 Abs. 1 KStG).

MERKSATZ

Die Vorschriften des Einkommensteuergesetzes sind anzuwenden, soweit sie nicht ausschließlich auf natürliche Personen zugeschnitten sind oder durch Sonderregelungen im KStG ersetzt sind.

Nicht anwendbar sind daher zum Beispiel §§ 33–33b EStG (außergewöhnliche Belastungen) und §§ 10, 10c EStG (Sonderausgaben und Pauschbeträge für Sonderausgaben).

Die Regelung des § 10b EStG (Spendenabzug) ist bei der KSt durch § 9 Abs. 1 Nr. 2 KStG ersetzt.

Dagegen gilt die Steuerermäßigung für Spenden nach § 34 g EStG **nicht** bei der KSt, da sie einen Ausgleich für die Degressionswirkung des ESt-Tarifs beim Spendenabzug darstellt.

Eine Zusammenstellung der anwendbaren Vorschriften enthält R 8 Abs. 1 KStR. Die Aufzählung hat allerdings keinen Gesetzesrang. Bei der KSt ist u. a. auch § 2 Abs. 1–4 EStG anzuwenden.

2.1.2 Einkunftsarten

Alle Einkunftsarten – bis auf insbesondere § 19 EStG und § 22 Nr. 4 EStG sind denkbar. Zu welcher Einkunftsart Einkünfte im Einzelfall gehören, bestimmt sich tatbestandsmäßig nach den §§ 13 bis 24 EStG.

Eine Sonderregelung besteht für **unbeschränkt stpfl. Körperschaften** i. S. d. Abs. 1 Nr. 1 bis 3 KStG: Hier sind alle Einkünfte als **Einkünfte aus Gewerbebetrieb** zu behandeln (§ 8 Abs. 2 KStG) – ohne Rücksicht auf die Art der Betätigung oder des Rechtsverhältnisses i. S. v. § 2 Abs. 1 EStG oder die Buchführungspflicht (Ausnahmen wiederum § 19 und § 22 Nr. 4 EStG).

BEISPIEL

Eine GmbH, die nur Grundbesitz vermietet/verpachtet, hat ungeachtet ihrer bloß vermögensverwaltenden Tätigkeit Einkünfte aus § 15 EStG.

Die Anwendung von § 8 Abs. 2 KStG ist auch auf andere Zuflüsse bzw. Aufwendungen als die unter § 2 Abs. 1 EStG fallenden einkommensteuerlichen Einkünfte vorzunehmen, vgl. BFH vom 08. 07. 1998 GmbHR 1998, 1134.

BEISPIEL

Eine GmbH betreibt – auf Veranlassung ihres beherrschenden Gesellschafters – ein Gestüt, das unstreitig nicht nach betriebswirtschaftlichen Grundsätzen geführt wird. Es entstehen ständig Verluste.

LÖSUNG Bei dem Gestüt handelt es sich anders als bei einer einkommensteuerlichen Liebhaberei, die keiner Einkunftsart des EStG zugeordnet werden kann, körperschaftsteuerlich um eine Tätigkeit, die den Tatbestand einer Einkunftsart erfüllt. Einnahmen daraus sind grds. Betriebseinnahmen, Aufwendungen grds. Betriebsausgaben i. R. d. Einkünfte aus Gewerbebetrieb.

Es könnte jedoch eine vGA vorliegen (vgl. BFH vom 08. 07. 1998 GmbHR 1998, 1134). Diese wird nicht durch § 4 Abs. 5 (hier Nr. 4) EStG verhindert.

Danach ist bei Kapitalgesellschaften **keine außerbetriebliche Sphäre** vorhanden.

2.1.3 Zu- und Abflüsse außerhalb der Einkunftsarten

Auch bei der KSt sind grds. nur solche Zuflüsse und Abflüsse zu erfassen, die sich unter die Einkunftsarten § 2 Abs. 1 Nr. 1 bis 3, 5 bis 7 EStG einordnen lassen. **Einmalige Vermögensanfälle** wie Erbschaften und Schenkungen lassen sich in der Regel nicht in einen kausalen Einkunftszusammenhang stellen.

Die **Veräußerung von WG**, die **nicht** zum **Betriebsvermögen** gehören, fällt ebenfalls nicht unter eine der Einkunftsarten. **Ausnahmen** bestehen z. B. bei privaten Veräußerungsgeschäften (§§ 22 Nr. 2, 23 EStG).

2.1.4 Einkunftsermittlung

Bei **Überschusseinkünften** (z. B. bei Vereinen) ist der Überschuss der Einnahmen (§ 8 EStG) über die WK (§ 9 EStG) anzusetzen, bei den Einkünften aus Kapitalvermögen der Sparer-Pauschbetrag von 801 € abzuziehen (§ 2 Abs. 2 Satz 2 EStG).

Die Vorschriften über die Abgeltungsteuer für Kapitalerträge i. S. d. § 32d EStG gelten grds. **nicht** bei der KSt. In § 8 Abs. 10 KStG wird klargestellt, dass diese Einkünfte bei der Ermittlung des körperschaftsteuerlichen Einkommens **grds. einzubeziehen** und dabei die Regelungen zur Abgeltungsteuer **nicht** anzuwenden sind. Damit ist § 2 Abs. 5b EStG **nicht** anzuwenden. § 32d Abs. 2 Satz 1 Nr. 1 Satz 1 und Nr. 3 Satz 1 und Satz 3 bis 6 EStG sind aber entsprechend anzuwenden; in diesen Fällen ist § 20 Abs. 6 und 9 EStG nicht anzuwenden. D. h. tatsächliche Werbungskosten sind dann abzugsfähig bzw. mindestens der Sparerpauschbetrag. Außerdem gilt die Verlustbeschränkung nicht.

Bei den **Gewinneinkünften** ist der Gewinn anzusetzen (§ 2 Abs. 2 Nr. 1, § 4 Abs. 1, § 4 Abs. 3, § 5 EStG).

Bei den buchführungspflichtigen Körperschaften – also insbesondere **GmbH** und **AG** – ist stets der Bestandsvergleich gem. § 5 EStG durchzuführen.

Zu den Besonderheiten der Gewinnermittlung vgl. 2. 3.

2.1.5 Steuerfreie Einnahmen

Steuerfrei sind z. B.
- die Investitionszulage (§ 8 Satz 1 InvZulG),
- **Beteiligungserträge** und **Veräußerungsgewinne** aus Anteilen an Kapitalgesellschaften (§ 8b Abs. 1 und Abs. 2 KStG).

Allerdings gelten 5 % der Einnahmen i. S. d. § 8b Abs. 1 KStG als nichtabziehbare Aufwendungen (§ 8b Abs. 5 Satz 1 KStG). Insoweit gilt § 3c Abs. 1 EStG **nicht** (§ 8b Abs. 2 Satz 3 und Abs. 5 Satz 2 KStG). Vgl. auch Teil M.

BEISPIEL

Bei einer GmbH liegen im VZ vor

	Steuerfreie Beteiligungserträge (§ 8b Abs. 1 KStG)	Aufwendungen i. Z. m. den steuerfreien Erträgen	pauschale **nicht** abziehbare Aufwendungen (§ 8b Abs. 5 KStG)	Steuerlicher Verlust
	€	€	€	
a)	100	20	5 (5 % × 100)	./. 15
b)	100	110	5 (5 % × 100)	./. 105
c)	-	30	0	./. 30

LÖSUNG: In allen drei Fällen bleiben die tatsächlichen Aufwendungen in Zusammenhang mit den Dividenden voll abziehbar.

2.1.6 Nicht abzugsfähige Ausgaben nach dem Einkommensteuergesetz und anderen Gesetzen

Bei der KSt sind z. B. auch die folgenden Abzugsverbote zu beachten:
- Abzugsverbot für Betriebsausgaben und Werbungskosten bei wirtschaftlichem Zusammenhang mit steuerfreien Einnahmen (§ 3c Abs. 1 StG); § 3c Abs. 1 EStG gilt jedoch **nicht** in den Fällen des § 8b Abs. 1 KStG (§ 8b Abs. 5 Satz 2 KStG) und des § 8b Abs. 2 KStG (§ 8b Abs. 2 Satz 3 KStG), s. oben,
- nicht abzugsfähige Betriebsausgaben, z. B. Geschenke an Nicht-Arbeitnehmer (§ 4 Abs. 5 und 7 EStG),
- Geldbußen (§ 4 Abs. 5 Nr. 8 EStG),
- Hinterziehungszinsen zu Betriebssteuern (§ 4 Abs. 5 Nr. 8 Buchst. a EStG).
- Gewerbesteuer (§ 4 Abs. 5b EStG),
- Verzögerungsgeld (§ 146 Abs. 2b AO),
- Zuschläge nach § 162 Abs. 4 AO.

2.2 Sondervorschriften des Körperschaftsteuergesetzes zur Einkommensermittlung

2.2.1 Abziehbare Aufwendungen nach § 9 KStG – Spendenabzug gemäß § 9 Abs. 1 Nr. 2 und Abs. 2 KStG

Zuwendungen (= Spenden- und Mitgliedsbeiträge) für bestimmte steuerbegünstigte Zwecke sind auch bei der Körperschaftsteuer nur begrenzt abzugsfähig. Die Regelung des § 9 Abs. 1 Nr. 2 KStG entspricht weitgehend den einkommensteuerlichen Vorschriften über den Spendenabzug (§ 10b EStG, § 50 EStDV).

Dies gilt jedoch **nicht für Parteispenden.**

Die Anweisungen in R 10b.1 und 10b.3 EStR, H 10b.1 und 10b.3 EStH sind daher auch bei der KSt zu beachten (R 9 Abs. 1 KStR).

Der Abzug erfolgt (weiterhin) auf der Rechenstufe **vor** dem Gesamtbetrag der Einkünfte; vgl. R 7 Abs. 1 KStR sowie BFH vom 21. 10. 1981 BStBl II 1982, 177.

2.2.1.1 Begünstigte Zwecke

Nach § 9 Abs. 1 Nr. 2 KStG sind (wie bei der ESt) die steuerbegünstigten (»gemeinnützigen«) Zwecke i. S. d. §§ 52 bis 54 AO begünstigt. Das sind die in § 52 Abs. 2 AO aufgezählten Zwecke sowie mildtätige und kirchliche Zwecke.

Spenden an politische Parteien i. S. d. § 2 des Parteiengesetzes sowie Beiträge und Spenden an sog. unabhängige Wählergemeinschaften sind bei der KSt **nicht** abzugsfähig.

2.2.1.2 Höchstbeträge i. S. d. § 9 Abs. 1 Nr. 2 KStG

Es gelten wahlweise zwei alternative Grenzen:

1. Höchstbetrag: 20 % des (vorläufigen) Einkommens **oder alternativ:**
2. 4 ‰ der Summe der gesamten Umsätze und der Löhne und Gehälter des Kj.

2.2.1.3 Ermittlung der abzugsfähigen Spenden

Bei der Ermittlung der abzugsfähigen Spenden sind zu beachten:

a) **Maßgeblichkeit der Ausgaben im Wirtschaftsjahr** Entgegen dem Gesetzeswortlaut des § 9 Abs. 1 Nr. 2 KStG sind die abziehbaren Spenden nach den **Ausgaben** der Körperschaft im – **ggf. abweichenden Wj** – zu ermitteln, **nicht** nach dem Kj, vgl. R 9 Abs. 3 KStR.

BEISPIEL

Eine GmbH hat ein Wj jeweils vom 01. 10. bis 30. 09.
Es wurden folgende Spenden getätigt:

01. 10. 01–31. 12. 01:	500 €,
01. 01. 02–30. 09. 02:	1 200 €,
01. 10. 02–31. 12. 02:	2 700 €.

LÖSUNG Bei der KSt-Veranlagung 02 sind (i. R. d. Höchstbeträge) 500 € + 1 200 €, d. h. 1 700 € Spenden zu berücksichtigen.

b) **Maßgeblichkeit des Einkommens des VZ oder der Summe der Umsätze sowie der Löhne und Gehälter des Kj** Für die Berechnung des Höchstbetrags der abziehbaren Spenden ist auf
- das Einkommen des VZ bzw.
- die Summe der Umsätze, Löhne und Gehälter des **Kj** abzustellen (im Unterschied zur Ermittlung der Ausgaben!), vgl. R 9 Abs. 4 KStR.

c) **Maßgebliches Einkommen (§ 9 Abs. 2 Satz 1 KStG)** Als Einkommen im Sinne dieser Vorschrift gilt das Einkommen **vor Abzug sämtlicher Spenden** und **vor Abzug des Verlustabzugs (§ 10d EStG)**.

BEISPIEL

Beispiel zur 20 %-Grenze

Eine GmbH hat folgende Spenden getätigt:

• für religiöse Zwecke (§ 52 Abs. 2 Nr. 2 AO)	6 000 €
• für kirchliche Zwecke (§ 54 AO)	2 500 €
• für kulturelle Zwecke (§ 52 Abs. 2 Nr. 5 AO)	4 000 €
Das Einkommen **nach Abzug** sämtlicher Spenden (als Aufwand behandelt) beträgt	87 500 €
Die gesamten Spenden betragen (6 000 € + 2 500 € + 4 000 €)	12 500 €
Das Einkommen vor Spendenabzug beträgt	100 000 €
	100 000 €

LÖSUNG:

Das Einkommen vor Spendenabzug beträgt	
abzugsfähiger Höchstbetrag:	20 000 €
20 % von 100 000 €	
Zuwendungen:	12 500 €
abzugsfähige Spenden	
Einkommen **vor** Spendenabzug	100 000 €
./. abzugsfähige Spenden	./. 12 500 €
Einkommen	87 500 €

2.2.1.4 Spendenvortrag

Nach § 9 Abs. 1 Nr. 2 Satz 9 KStG gilt ein allgemeiner »Spendenvortrag«.

Begünstigte Zuwendungen, die die Höchstbeträge nach § 9 Abs. 1 Nr. 2 Satz 1 KStG überschreiten, sind im Rahmen der Höchstbeträge in den folgenden VZ abzuziehen. Der verbleibende Betrag ist jeweils gesondert festzustellen (§ 9 Abs. 1 Nr. 2 Satz 10 KStG i. V. m. § 10d Abs. 4 EStG).

BEISPIEL

Eine GmbH hat ein vorläufiges Einkommen (vor Spendenabzug)

• in 2018	100 000 €
• in 2019	120 000 €
Sie hat begünstigte Spenden geleistet	
• in 2018	41 000 €
• in 2019	5 000 €

LÖSUNG

		abzugsfähig
Spenden 2018	41 000 €	
./. abzugsfähig 20 % von 100 000 € =	./. 20 000 €	20 000 €
Spendenvortrag nach 2019	21 000 €	
+ Spenden 2019	5 000 €	
		26 000 €
./. abzugsfähig 2019 20 % von 120 000 € =	./. 24 000 €	24 000 €
Spendenvortrag nach 2020 ff.	2 000 €	

2.2.1.5 Abzugsverbot von Zuwendungen an politische Parteien als Betriebsausgaben oder Werbungskosten (§ 4 Abs. 6, § 9 Abs. 5 EStG)

In § 4 Abs. 6 EStG wird bestimmt, dass Aufwendungen zur Förderung staatspolitischer Zwecke, also Spenden an politische Parteien, **keine (allgemeinen) Betriebsausgaben** sind. Ein entsprechendes Abzugsverbot für den Bereich der WK enthält § 9 Abs. 5 EStG. Die Vorschriften in § 4 Abs. 6 und § 9 Abs. 5 EStG sollen nur klarstellende Bedeutung haben.

2.2.2 Nicht abziehbare Aufwendungen gemäß § 10 KStG

2.2.2.1 Personensteuern gemäß § 10 Nr. 2 KStG

Die Vorschrift entspricht § 12 Nr. 3 EStG. Nicht abziehbar sind bei Körperschaften

- Steuern vom Einkommen,
- sonstige Personensteuern,
- USt auf unentgeltliche Wertabgaben (§ 3 Abs. 1b, § 3 Abs. 9a UStG: **USt auf vGA**),
- Vorsteuern auf nicht abziehbare Aufwendungen i. S. d. § 4 Abs. 5 Nr. 1 bis 4, Nr. 7 und Abs. 7 EStG,
- Nebenleistungen zu nicht abziehbaren Steuern i. S. v. § 3 Abs. 4 AO (z. B. Säumniszuschläge, Verspätungszuschläge, Zwangsgelder, Verzögerungsgelder [§ 146 Abs. 2b AO], Hinterziehungszinsen), s. R 10.1 Abs. 2 KStR; BFH vom 23. 05. 1984 BStBl II 1984, 672,
- **Zinsen** für Steuernachforderungen (§ 233a AO), Stundungszinsen (§ 234 AO) und Aussetzungszinsen (§ 237 AO) **sind ebenfalls nicht abziehbar (§ 10 Nr. 2 KStG)**. Vgl. auch § 10 Nr. 2, 2. HS KStG.

Verspätungszuschläge zur abgeführten Kapitalertragsteuer auf vorgenommene Gewinnausschüttungen sind jedoch abziehbare Betriebsausgaben (BFH vom 22. 01. 1997 BStBl II 1997, 584).

Steuern vom Einkommen sind die

- KSt sowie
- einbehaltene KapESt (für von der Körperschaft bezogene Kapitalerträge).

Eine **sonstige Personensteuer** ist der **SolZ**.

Die nicht abziehbaren Personensteuern sind handelsrechtlich Aufwand (für die KSt bestätigt durch BFH vom 15. 12. 1976 BStBl II 1977, 220). Sie sind jedoch aufgrund der Vorschrift § 10 Nr. 2 KStG nicht abziehbar und daher bei der Einkommensermittlung der Körperschaft wieder hinzuzurechnen.

Es spielt keine Rolle, ob es sich um Vorauszahlungen oder die Bildung bzw. Erhöhung von Rückstellungen für solche Steuern und Nebenleistungen handelt.

Die Hinzurechnung ist aber **nicht schematisch**, sondern nur insoweit vorzunehmen, als die Steuern als Aufwand behandelt worden sind.

BEISPIEL

Eine GmbH hat die in 03 für den VZ 01 geleistete KSt-Abschlusszahlung zutreffend wie folgt gebucht »KSt-Rückstellung an Bank«.

LÖSUNG Da sich der Jahresüberschuss insoweit nicht vermindert hat, unterbleibt eine Hinzurechnung nach § 10 Nr. 2 KStG in 03 (bloßer »Aktiv-Passiv-Tausch«).

Erstattungen bzw. die erfolgswirksame Auflösung von Rückstellungen für nicht abziehbare Steuern dürfen folgerichtig den steuerlichen Gewinn **nicht erhöhen**. Sind sie handelsrechtlich als Ertrag behandelt worden, ist der steuerliche Gewinn entsprechend zu **mindern**. Die Kürzung erfolgt **außerhalb der Bilanz**.

BEISPIEL

Auszug aus der (vorläufigen) G+V der K-GmbH 02:

Erträge	410 000 €
KSt-Erträge[1]	1 000 €
./. abziehbare Aufwendungen	./. 300 000 €
./. KSt-Vorauszahlungen 02	./. 24 000 €
./. KSt-Rückstellung 02	./. 20 000 €
./. nicht abziehbare BA	./. 2 000 €
Jahresüberschuss (vor GewSt)	65 000 €

LÖSUNG

(Vorläufiger) Jahresüberschuss		65 000 €
+ Hinzurechnungen gem. § 10 Nr. 2 KStG:		
• KSt-Vorauszahlungen	24 000 €	
• KSt-Rückstellung	20 000 €	
• nicht abziehbare BA	2 000 €	+ 46 000 €
./. KSt-Erstattung		./. 1 000 €
steuerlicher Gewinn/Einkommen		110 000 €

Als **KSt-Erstattung** zu behandeln sind auch Erträge aus der Bilanzierung von KSt-Guthaben i. S. d. § 37 Abs. 5 KStG (§ 37 Abs. 7 Satz 1 KStG).

Auch Erstattungen nicht abziehbarer Steuern sind nicht schematisch bei der Einkommensermittlung abzuziehen, sondern nur insoweit, als sie den Gewinn erhöht haben.

BEISPIEL

Abwandlung des vorherigen Beispiels. Der Anspruch auf die Erstattung der KSt für 01 ist bereits in der Bilanz zum 31. 12. 01 gewinnerhöhend aktiviert worden.

LÖSUNG Der in 02 erstattete KSt-Betrag ist bei der Einkommensermittlung für 02 nicht zu kürzen, da sich der Gewinn im Jahr 02 nicht um den Erstattungsbetrag erhöht hat (reiner Aktiv-Aktiv-Tausch).

Wie eine Erstattung zu behandeln ist die **Auflösung von Rückstellungen** für nicht abziehbare Steuern, soweit sie erfolgswirksam ist. Hier ist der Gewinn aus der Auflösung der Rückstellung bei der Einkommensermittlung abzusetzen.

1 KSt-Rückstellung für 01 war um 1 000 € zu hoch.

Für den Abzug von Erstattungen nicht abziehbarer Steuern bei der Einkommensermittlung kommt es aber **nicht** darauf an, ob und in welcher Weise sich die Durchführung des Abzugsverbots in einem früheren Jahr ausgewirkt hat. Ist z. B. in dem vorstehend abgewandelten Beispiel die gewinnerhöhende Aktivierung in 01 **nicht** durch Abzug vom Einkommen 01 neutralisiert worden, so ist trotzdem das Einkommen 02 nicht entsprechend zu mindern (vgl. analog BFH vom 30. 01. 2013 BStBl II 2013, 1048).

MERKSATZ

Rückstellungen für nicht abziehbare Steuern sind in die Steuerbilanz zu übernehmen, und zwar trotz des Abzugsverbots nach § 10 Nr. 2 KStG. Denn es handelt sich um Betriebsausgaben.
Die Passivierungspflicht ergibt sich aus § 249 Abs. 1 Satz 1 HGB, § 5 Abs. 1 Satz 1 EStG (Maßgeblichkeitsgrundsatz).
Das Einkommen ist aber zu erhöhen.

Erstattungszinsen zur KSt sind steuerpflichtige Betriebseinnahmen, § 8 Abs. 2 KStG i.V. mit R 10.1 Abs. 2 Satz 2 KStR (BFH vom 15. 02. 2012 BStBl II 2012, 697).

2.2.2.2 Strafen und ähnliche Rechtsnachteile gemäß § 10 Nr. 3 KStG

Die Vorschrift ersetzt § 12 Nr. 4 EStG für den Bereich der KSt. Zu beachten ist, dass gegen Körperschaften nach deutschem Strafrecht u. a. **keine Geldstrafen** verhängt werden können. In Betracht kommen aber

- Festsetzung von Geldbußen gemäß § 4 Abs. 5 Nr. 8 EStG,
- die Einziehung von Gegenständen (§ 74 Abs. 2 Nr. 1 StGB),
- im Ausland verhängte Sanktionen.

Vgl. im Einzelnen R 10.2 KStR und R 12.3 EStR.

2.2.2.3 Aufsichtsratvergütungen gemäß § 10 Nr. 4 KStG

Kraft ausdrücklicher (wenn auch systematisch nicht begründbarer) Regelung stellt die **Hälfte von Aufsichtsratvergütungen** nicht abziehbare Aufwendungen dar. Diese an die Überwachungsorgane von Körperschaften gezahlten Vergütungen stellen an sich nach § 4 Abs. 4 EStG Betriebsausgaben dar.

Soweit die gesamten Vergütungen von der Körperschaft gewinnmindernd behandelt worden sind (Regelfall), ist zur Ermittlung des steuerlichen Gewinns die Hälfte der Vergütung dem Gewinn hinzuzurechnen.

Unter das Abzugsverbot fallen Vergütungen jeder Art, die an Mitglieder des Aufsichtsrats oder eines anderen Kontrollorgans (z. B. Verwaltungsrat oder Beirat) oder andere mit der Überwachung der Geschäftsführung beauftragte Personen gewährt werden. Der Begriff der Überwachung ist weit auszulegen (R 10.3 Abs. 3 Satz 2 KStR).

Voraussetzung ist aber, dass die beauftragte Person nicht ausschließlich beratende Funktion hat, sondern aufgrund der Überwachungsfunktion auch gesellschaftsrechtlich verantwortlich und ggf. schadenersatzpflichtig ist (vgl. §§ 116, 93 AktG).

BEISPIEL

Das Honorar für Finanzierungsberatung einer GmbH durch eines ihrer Verwaltungsratsmitglieder fällt noch in den Rahmen der Überwachungstätigkeit, und ist daher nur zur Hälfte abzugsfähig (H 10.3 [Finanzierungsberatung einer AG] KStH).

Bei Regelbesteuerung der Vergütung beim Aufsichtsratmitglied und vollem Vorsteuerabzug durch die Körperschaft ist vom **Nettobetrag der Vergütung (ohne USt)** auszugehen. Vgl. R 10.3 Abs. 2 KStR.

BEISPIEL

Die zum vollen Vorsteuerabzug berechtigte X-GmbH hat die zu zahlende Verwaltungsratvergütung (USt 19 %) wie folgt verbucht:

Konto Vorsteuer	9 500 €	
Aufwandskonto Aufsichtsratvergütungen	50 000 €	
an sonstige Verbindlichkeiten		59 500 €

LÖSUNG Das Einkommen ist gem. § 10 Nr. 4 KStG i. H. v. 50 % von 50 000 €, d. h. 25 000 € zu erhöhen.

2.2.3 Sonstige Vorschriften

Weiterhin sind zu beachten:

- § 8 Abs. 3 Satz 2 KStG: Verdeckte Gewinnausschüttungen (vgl. Teil H),
- § 8a KStG: »Zinsschranke« (vgl. Teil L),
- § 8b KStG: Beteiligung an Kapitalgesellschaften (vgl. Teil M),
- § 8c, 8d KStG: Beschränkung des Verlustabzugs (vgl. Teil K 8).

2.3 Einkommensermittlung bei nach dem HGB zur Führung von Büchern verpflichteten Körperschaften

2.3.1 Einkommensermittlung als außerbilanzielle Korrekturen des Jahresüberschusses/Jahresfehlbetrags

Bei den nach dem HGB zur Führung von Büchern verpflichteten Körperschaften, insbesondere GmbH und AG (§ 238 Abs. 1 HGB, § 3 Abs. 1 AktG), ist Einkommensermittlung vorwiegend Gewinnermittlung, da

- diese Körperschaften nach dem KStG ausschließlich Einkünfte aus § 15 EStG erzielen (§ 8 Abs. 2 KStG) **und**
- handelsrechtlich alle Zu- und Abflüsse – wenn ein betrieblicher Zusammenhang besteht – Ertrag bzw. Aufwand darstellen (soweit sie sich nicht auf gesellschaftsrechtlicher Ebene bewegen, vgl. 2.3.4).

Daher erhöhen steuerfreie Einnahmen das handelsbilanzielle Ergebnis, während nicht abziehbare Aufwendungen nach dem EStG oder KStG dagegen als Aufwand behandelt werden. Maßgebend ist jedoch das zu versteuernde Einkommen unter zusätzlicher Berücksichtigung einkommensteuerlicher und körperschaftsteuerlicher Abzugsverbote und sachlicher Steuerbefreiungen.

Daher muss ausgehend vom **handelsbilanziellen bzw. steuerbilanziellen Jahresüberschuss** das Einkommen ermittelt werden. Dies geschieht durch Hinzurechnungen und Abrechnungen außerhalb der Handelsbilanz/Steuerbilanz.

Gewinn nach Betriebsvermögensvergleich (§§ 4 Abs. 1, 5 EStG) / Jahresüberschuss	
+	nicht abziehbare Aufwendungen (z. B. §§ 3c, 4 Abs. 5 EStG; § 10 KStG)
./.	steuerfreie Betriebseinnahmen (z. B. § 3 EStG, Investitionszulage gem. InvZulG)
./.	besonders abziehbare Aufwendungen (§ 9 KStG), soweit noch nicht gewinnmindernd berücksichtigt
=	Einkommen

Dabei ist unterstellt, dass Zu- und Abflüsse auf gesellschaftsrechtlicher Ebene (z. B. Einlagen, Gewinnausschüttungen) den Gewinn nicht beeinflusst haben (vgl. 2.3.4).

Vgl. auch das amtliche Ermittlungsschema für das zu versteuernde Einkommen in R 7.1 Abs. 1 KStR und 2. 4. 3.

2.3.2 Handelsbilanz- und Steuerbilanzgewinn

Abweichungen zwischen HB-Gewinn und steuerlichem Gewinn können bereits bilanziell durch steuerlich unzulässige Wertansätze in der HB entstehen.

Diese können beruhen auf

- Unterschieden bei den Bewertungsvorschriften §§ 6 ff. EStG und §§ 252–256 HGB,
- Unterschieden bei den Ansatzvorschriften §§ 246–250 HGB und im Steuerrecht sowie
- höheren Abschreibungsmöglichkeiten im Handelsrecht.

Eine Verpflichtung zur Aufstellung einer Steuerbilanz besteht zwar nicht (Umkehrschluss aus § 60 Abs. 2 Satz 2 EStDV). Auch ist der Begriff »Steuerbilanz« weder im EStG noch im KStG definiert. Einen Anhaltspunkt liefert § 60 Abs. 2 Satz 2 EStDV: Danach ist die StB eine »den steuerlichen Vorschriften entsprechende Vermögensübersicht«. Daher ist außerhalb der HB ein Korrekturposten zur Anpassung an die steuerliche Gewinnermittlung zu bilden (§ 60 Abs. 2 Satz 1 EStDV).

BEISPIEL

Die Y-GmbH hat für 01 nur eine HB, also keine StB aufgestellt. Der Jahresüberschuss beträgt 100 000 €. Es wird festgestellt, dass in 01 zu Lasten des Jahresüberschusses einer um 16 000 € zu hohe AfA vorgenommen wurde.

LÖSUNG

Jahresüberschuss	100 000 €
+ Korrekturposten nach § 60 Abs. 2 Satz 1 EStDV	+ 16 000 €
steuerlicher Gewinn	**116 000 €**

2.3.3 Ergebnisverwendung und Gewinnverwendung

Vom **Jahresergebnis** ist das **Bilanzergebnis** zu unterscheiden. Die Bilanz darf nämlich auch **unter Berücksichtigung der vollständigen oder teilweisen Verwendung des Jahresergebnisses** aufgestellt werden (§ 268 Abs. 1 Satz 1 HGB). In diesem Falle tritt an die Stelle der Bilanzposten »Jahresüberschuss/Jahresfehlbetrag« und »Gewinnvortrag/Verlustvortrag« der Bilanzposten »Bilanzgewinn/Bilanzverlust«. Ein vorhandener Ergebnisvortrag ist mithin in die Position Bilanzgewinn/Bilanzverlust einzubeziehen. Dies muss in der Bilanz oder im Anhang gesondert angegeben werden.

Der Bilanzgewinn bzw. Bilanzverlust ergibt sich **nach** Vornahme der Korrekturen entsprechend der »Verlängerung« der G+V-Rechnung.

Somit sind Bilanzgewinn/Bilanzverlust wie folgt zu entwickeln:

	Jahresüberschuss/Jahresfehlbetrag
+/./.	Gewinnvortrag/Verlustvortrag aus dem Vorjahr
+	Entnahmen aus der Kapitalrücklage (vgl. § 272 Abs. 2 HGB)
+	Entnahmen aus Gewinnrücklagen (vgl. auch § 270 Abs. 2 HGB)
./.	Einstellungen in Gewinnrücklagen (vgl. auch § 270 Abs. 2 HGB)
=	Bilanzgewinn/Bilanzverlust

In den Fällen des § 268 Abs. 1 HGB erfolgt die Einbeziehung eines Ergebnisvortrags sowie die Bildung und Auflösung von Rücklagen im Rahmen der Aufstellung der Bilanz durch Vorstand (AG) bzw. Geschäftsführung (GmbH). Diese Vorgänge sind daher noch im Rahmen des Jahresabschlusses zu buchen, sind also noch Geschäftsvorfälle des **abgelaufenen** Wj (im Gegensatz zur **späteren** Gewinnverwendung durch Beschlussfassung der Hauptversammlung bzw. Geschäftsführung, die Geschäftsvorfälle des **neuen** Wj sind).

Anknüpfungspunkt für die Besteuerung bleibt in diesen Fällen trotzdem der **Jahresüberschuss** (hierzu es wird für die Einkommensermittlung eine Rückrechnung vorgenommen).

BEISPIEL

Die HB der Thesaurus-GmbH zum 31. 12. 02 zeigt folgendes Bild:

Aktiva		Passiva	
Aktiva	600 000 €	Gezeichnetes Kapital	100 000 €
		Gewinnrücklagen	200 000 €[1]
		Bilanzgewinn	300 000 €[2]
	600 000 €		600 000 €

Wie hoch ist der Jahresüberschuss?

LÖSUNG

Bilanzgewinn		300 000 €
+ Zuführung zu Gewinnrücklagen 02	+	75 000 €
./. Auflösung Gewinnvortrag 01	./.	10 000 €
Jahresüberschuss		365 000 €

Nach § 266 Abs. 3 A V HGB ist das Jahresergebnis grds. gesondert auszuweisen. Dies gilt nach § 268 Abs. 1 HGB jedoch nicht bei Erstellung des Jahresabschlusses unter (teilweiser) Ergebnisverwendung.

MERKSATZ

Ausgangspunkte der Einkommensermittlung sind daher entweder der StB-Gewinn oder falls keine StB aufgestellt wurde, der HB-Gewinn (Jahresüberschuss bzw. -verlust) ohne Berücksichtigung von Rücklagenbildung und -auflösung sowie Auflösung von Gewinn- bzw. Verlustvorträgen zu Lasten bzw. zugunsten des Gewinns zuzüglich bzw. abzüglich von Korrekturposten nach § 60 Abs. 2 Satz 1 EStDV.

BEISPIELE

Gewinn- und Ergebnisverwendung

a) **Jahresabschluss vor Gewinnverwendung**

Nach Buchung der Gewinnverwendung für das Wj 01 Anfang 02 gliedert sich das EK einer GmbH bilanziell wie folgt:

Gezeichnetes Kapital	250 000 €
Gewinnrücklagen	100 000 €
Gewinnvortrag	10 000 €

Der Jahresüberschuss für das Wj 02 beträgt 192 500 € und soll in der Bilanz zum 31. 12. 2002 (voll) ausgewiesen werden.

1 Aus dem Ergebnis für 02 wurden 75 000 € in Gewinnrücklagen eingestellt.

2 Hierin sind 10 000 aus der Auflösung des Gewinnvortrags aus 01 enthalten.

Am 20. 06. 2003 beschließt die Gesellschafterversammlung nach Feststellung des Jahresabschlusses zum 31. 12. 2002 folgende Gewinnverwendung:

Gewinnausschüttung	50 000 €
Einstellung in die Gewinnrücklage	150 000 €
Vortrag auf neue Rechnung	2 500 €

LÖSUNG Die Gewinnverwendung ist ausschließlich in der Buchführung des Wj 03 darzustellen.

aa) **EK lt. Bilanz zum 31. 12. 02:**

Gezeichnetes Kapital	250 000 €
Gewinnrücklagen	100 000 €
Gewinnvortrag	10 000 €
Jahresüberschuss	192 500 €

bb) **Buchung in 03:**

Gewinnvortrag	10 000 €	
Jahresüberschuss 02	192 500 €	
an Verbindlichkeiten gegenüber Gesellschafter(n)[4]		50 000 €
Gewinnrücklagen		150 000 €
Gewinnvortrag		2 500 €

b) **Bilanzerstellung unter Berücksichtigung der teilweisen Ergebnisverwendung**

Sachverhalt wie vorheriges Beispiel, mit folgender Abwandlung: Nach dem Gesellschaftsvertrag sind jeweils 60 000 € satzungsmäßig in die Gewinnrücklage einzustellen. Der Geschäftsführer schlägt der Gesellschafterversammlung für 02 eine Ausschüttung von 100 000 € vor. Am 15. 07. 03 beschließt die Gesellschafterversammlung nach Feststellung des Jahresabschlusses 31. 12. 02 Folgendes:

Gewinnausschüttung	100 000 €
(weitere) Einstellung in Gewinnrücklage	40 000 €
Vortrag auf neue Rechnung	2 500 €

Nach § 268 Abs. 1 Satz 2 HGB wird in der Bilanz zum 31. 12. 02 hier nicht die Größe »Jahresüberschuss«, sondern »Bilanzgewinn« ausgewiesen. Die Ergebnisverwendung bis zum Bilanzgewinn wird also noch im Jahresabschluss des abgelaufenen Jahres dargestellt, während die **Gewinnverwendung** als Vorgang des Jahres 03 auch in der Buchführung des Jahres **03** zu erfassen ist.

aa) Buchung für 02

Gewinnvortrag	an G+V	10 000 €
G+V	an Gewinnrücklagen	60 000 €
G+V	an Schlussbilanzkonto	142 500 €

bb) Eigenkapital lt. Bilanz zum 31. 12. 02

Gezeichnetes Kapital	250 000 €
Gewinnrücklagen	160 000 €
Bilanzgewinn	142 500 €

c) **Die Verwendung des Bilanzgewinns führt zu folgenden Buchungen in 03:**

Bilanzgewinn		142 500 €
an Verbindlichkeiten gegenüber Gesellschafter(n)	100 000 €	
Gewinnrücklagen	40 000 €	
Gewinnvortrag	2 500 €	

Der zur KSt heranzuziehende Jahresüberschuss ist also **nicht** identisch mit dem Bilanzgewinn bzw. -verlust, wie er im handelsrechtlichen Jahresabschluss ausgewiesen wird (§ 266 Abs. 3 unter A V bzw. § 268 Abs. 1 HGB).

1 Ausschüttungsverbindlichkeit.

2.3.4 Gesellschaftliche Vermögensmehrungen und -minderungen

2.3.4.1 Vermögensmehrungen

Vermögensmehrungen auf gesellschaftsrechtlicher Ebene liegen zum einen bei der Leistung von gesellschaftsrechtlichen (»offenen«) **Einlagen auf das gezeichnete Kapital** durch die Gesellschafter bei **Gründung** der Körperschaft oder **Kapitalerhöhung** vor. Sie sind – im Einklang mit der handelsrechtlichen Handhabung – auch kein steuerlicher Gewinn der Körperschaft, d. h. gehören nicht zum körperschaftsteuerlichen Einkommen.

Ebenfalls **nicht** zum Einkommen gehören **verdeckte Einlagen** (§ 8 Abs. 3 Satz 3 KStG). Vgl. **Teil I.**

BEISPIEL

Bei der Gründung der Y-GmbH mit einem gezeichneten Kapital von 50 000 € zahlte der Gründungsgesellschafter A 50 % der ausbedungenen Stammeinlage von 50 000 €, also 25 000 € in bar ein. Außerdem entrichtete er das Ausgabeaufgeld von 10 % der übernommenen Stammeinlage i. H. v. 5 000 €. Die GmbH weist in der HB die Stammeinlage von A auf der Passivseite i. H. v. 50 000 € aus; den Anspruch auf die Resteinzahlung von 25 000 € hat sie erfolgsneutral aktiviert und das erhaltene Ausgabeaufgeld als Ertrag gebucht.

LÖSUNG Weder die Leistung der Einlage von 25 000 € noch das Ausgabeaufgeld, noch der Anspruch auf die Resteinzahlung der Stammeinlage führen bei der GmbH zu steuerlichem Einkommen. Vom Jahresüberschuss ist indes bei der Einkommensermittlung das Ausgabeaufgeld von 5 000 € abzuziehen.

2.3.4.2 Vermögensminderungen

Vermögensminderungen auf gesellschaftlicher Ebene liegen vor allem bei den **offenen Gewinnausschüttungen**, d. h. den handelsrechtlichen Vorschriften entsprechenden und den **»verdeckten« Gewinnausschüttungen vor** (vgl. hierzu Teil H).

§ 8 Abs. 3 KStG verbietet eine Einkommensminderung durch Gewinnausschüttungen, da eine Gewinn(Einkommens-)verwendung vorliegt.

BEISPIEL

Die Profit-GmbH nimmt bereits während des laufenden Wj 01 eine Vorabausschüttung von je 100 000 € an ihre Gesellschafter Raff und Reich vor und bucht Aufwand.

LÖSUNG Hierdurch darf das Einkommen 01 nicht gemindert werden.
Dem Jahresüberschuss ist die Vorabausschüttung (wieder) hinzuzurechnen.

2.4 Zusammenfassung

Hieraus ergeben sich folgende Ermittlungsschemata:

2.4.1 Allgemeines Einkommensschema

bei Kapitalgesellschaften: (z.B. GmbH)	**bei anderen Körperschaften:** (z.B. nicht steuerbefreiten Vereinen)
Gewinn lt. StB **oder** lt. HB (Jahresüberschuss) +/./. Korrekturen nach § 560 Abs. 2 EStDV	Summe der Einkünfte (nach Verlustausgleich)

+	Nicht abziehbare Aufwendungen a) gem. § 10 KStG, b) gem. § 4 Abs. 5 bis 7 EStG.	
+	Verdeckte Gewinnausschüttungen gem. § 8 Abs. 2 Satz KStG	
+	Gesamte Spenden	Stufe 1
./.	Steuerfreie Einkünfte a) gem. § 8b KStG, b) aufgrund von DBA (§ 2 AO) c) Investitionszulage (§ 10 Satz 1 InvZulG).	
./.	Verdeckte Einlagen (§ 8 Abs. 3 Satz 3 KStG)	
./.	Abzugsfähige Spenden (§ 9 Abs. 1 Nr. 2 KStG)	Stufe 2
=	Gesamtbetrag der Einkünfte	
./.	Verlustabzug (§ 10d EStG, § 8 Abs. 1 und 4 sowie §§ 8c, 8d KStG)	
=	Einkommen	
./.	Freibeträge (§§ 24, 25 KStG)	
=	Zu versteuerndes Einkommen	

2.4.2 Ermittlungsschema für Kapitalgesellschaften

Vgl. auch R 4.2 Abs. 1 KStR.

Gewinn/Verlust lt.

a) StB oder

b) +/./. Korrektur nach § 60 Abs. 2 EStDV

Hinzuzurechnen (soweit sich Gewinn gemindert hat):

\+ **vGA** (§ 8 Abs. 3 Satz 2 KStG)

\+ **nicht abziehbare Aufwendungen:**

\+ KSt

\+ KapESt für bezogene Kapitalerträge

\+ SolZ

\+ USt auf unentgeltliche Wertabgaben (§ 3 Abs. 1b, Abs. 9 Buchst. a UStG)

\+ Vorsteuer auf nicht abziehbare Aufwendungen i. S. d. § 4 Abs. 5 Nr. 1–4, Nr. 7 und Abs. 7 EStG

\+ Nebenleistungen zu nicht abziehbaren Steuern (R 4.5 KStR)

\+ 50 % der Aufsichtsrat-/Verwaltungsratvergütungen (§ 10 Nr. 4 KStG)

\+ nicht abziehbare Aufwendungen (§ 4 Abs. 5 und 7 EStG; § 8b Abs. 5 KStG)

\+ sämtliche Spenden i. S. d. § 9 Abs. 1 Nr. 2 KStG

Summe

Abzuziehen:

./. Erstattungen bestimmter nicht abziehbarer Aufwendungen

./. steuerfreie Einkünfte i. S. d. § 3 EStG (nach Verrechnung mit damit zusammenhängenden Ausgaben, § 3c EStG)

./. steuerfreie Einkünfte i. S. d. § 8b KStG

./. aufgrund von DBA steuerfreie ausländische (positive) Einkünfte

./. Investitionszulage (§ 10 Satz 1 InvZulG)

./. verdeckte Einlagen (§ 8 Abs. 3 Satz 3 KStG)

»Summe der Einkünfte«

./. abzugsfähige Spenden (§ 9 Abs. 1 Nr. 2 KStG)[5]

»Gesamtbetrag der Einkünfte«

./. Verlustabzug (§ 10d EStG, § 8 Abs. 1 und 4 sowie § 8c KStG)

Einkommen = zu versteuerndes Einkommen

2.5 Besonderheiten bei Kapitaleinkünften (§ 20 EStG)

Nach § 8 Abs. 10 Satz 1 KStG ist bei der Ermittlung der Einkünfte von Körperschaften § 2 Abs. 5b EStG für Einkünfte aus Kapitalvermögen **nicht** anzuwenden. In Folge dessen sind in die Ermittlung des körperschaftsteuerlichen Einkommens auch Einkünfte aus Kapitalvermögen, die sich nach § 2 Abs. 2 EStG ermitteln, **einzubeziehen**. Auf diese Einkünfte sind dann grds. auch die Vorschriften des § 20 Abs. 6 EStG (Verlustverrechnungsbeschränkung) und des § 20 Abs. 9 EStG (Sparer-Pauschbetrag von 801 € statt Abzug der tatsächlichen Werbungskosten) anzuwenden.

1 Zuordnung auf der Rechenstufe vor dem Gesamtbetrag der Einkünfte gem. R 29 Abs. 1 KStR.

Nach § 8 Abs. 10 Satz 2 KStG greifen die in § 32d Abs. 2 Satz 1 Nr. 1 Satz 1 und Nr. 3 Satz 1 und 3 bis 6 EStG geregelten Ausnahmen vom Abgeltungsteuertarif nach § 32d Abs. 1 EStG auch für die vorgenannten Einkünfte; allerdings sind dann weder die Verlustverrechnungsbeschränkung des § 20 Abs. 6 EStG noch die Regelung des Sparer-Pauschbetrags in § 20 Abs. 9 EStG anzuwenden. Der Steuersatz für Einkünfte aus Kapitalvermögen von Körperschaften ergibt sich grds. aus § 23 KStG, beträgt also regelmäßig 15 %.

2.6 Freibetrag für bestimmte Körperschaften (§ 24 KStG)

Vom Einkommen von stpfl. Körperschaften ist ein **Freibetrag von 5 000 €** abzuziehen, höchstens i. H. d. Einkommens (§ 24 Satz 1 KStG).

Der Freibetrag gilt **nicht**

1. für Körperschaften, deren Leistungen bei den Empfängern zu den Einnahmen i. S. d. § 20 Abs. 1 Nr. 1 und 2 EStG gehören;
2. für Vereine i. S. d. § 25 KStG (§ 24 Satz 2 KStG).

Somit gilt der **Freibetrag** u. a. **nicht für Kapitalgesellschaften.**

Der Freibetrag **gilt** u. a. für **stpfl., d. h. nicht steuerbefreite Vereine** (die nicht unter § 25 KStG fallen).

FÄLLE 3–6

FALL 3 Die Melior-GmbH (Sitz Münster) reicht dem FA folgende HB für das Wj 02 ein:

Aktiva		Passiva	
Verschiedene Aktiva	323 000 €	Gezeichnetes Kapital	200 000 €
KSt-Erstattungsanspruch 02	30 000 €	Rückstellung KSt 02	3 000 €
		Gewinnrücklage[1]	150 000 €
		Bilanzgewinn	0 €
	353 000 €		353 000 €

Ermitteln Sie das zu versteuernde Einkommen.

FALL 4 Aus der G+V der O-GmbH für das Wj = Kj 02 ergibt sich:

Steuerpflichtige Erträge (Umsätze)		400 000 €
Investitionszulage[2]		1 900 €
./. allgemeine Aufwendungen (abzugsfähige) ./.		227 900 €
./. GewSt 02[3]	./.	20 440 €
./. Spenden[4]	./.	12 000 €
./. KSt 02	./.	21 900 €
./. Solidaritätszuschlag	./.	1 204 €
./. sonstige nicht abziehbare BA	./.	3 000 €
./. Säumniszuschläge[5]	./.	500 €
./. Verwaltungsratvergütung[6 7]	./.	28 000 €
= Jahresüberschuss		86 956 €

1 Der KSt-Erstattungsanspruch wurde in 02 gewinnerhöhend gebucht.
2 Die Gewinnrücklagen wurden in 02 um 110 000 € erhöht, a) durch Verwendung eines Gewinnvortrags aus 01 von 10 000 €, b) zu Lasten des Jahresüberschusses 02 i. H.v. 100 000 € (§ 268 Abs. 1 Satz 1, § 270 Abs. 2 HGB).
3 Steuerfrei nach § 10 Satz 1 InvZulG.
4 Hebesatz 400 %.
5 Die Spenden setzen sich wie folgt zusammen: kirchliche Zwecke 1 000 €, wissenschaftliche Zwecke 11 000 €. Es liegen ordnungsmäßige Spendenbescheinigungen vor.
6 Hiervon entfallen in 02 auf KSt-Vorauszahlungen 400 €, auf USt 100 €.
7 Nettobetrag (ohne USt); die GmbH ist voll zum Vorsteuerabzug berechtigt.

Die GmbH hat in 02 Löhne i. H. v. 100 000 € aufgewendet. Ermitteln Sie das zu versteuernde Einkommen für 02.

FALL 5 Ein nicht nach § 5 Abs. 1 Nr. 9 KStG steuerbefreiter Sportverein (e. V.) erzielte im Kj 02
a) Sparzinsen auf inländischen Sparkonten 20 000 € – brutto, vor KapESt von 25 % – (gutgeschrieben 31. 12. 02). Der Verein weist Aufwendungen in wirtschaftlichem Zusammenhang mit den Sparkonten (Verwaltungskosten) von 90 € nach.

b) Mieteinnahmen aus der Vermietung eines bebauten Grundstücks im Inland 6 000 €.
Die zulässige AfA beträgt 4 000 € (bis zum Zeitpunkt der Veräußerung [s. u.]).
Hausaufwendungen sind für das Kj 02 i. H. v. 8 500 € entstanden. Hiervon hat der Verein 4 000 € verspätet erst im März 03 entrichtet.

c) Ende Dezember 02 wurde das dem Verein gehörende Grundstück gegen eine sofortige Barzahlung von 100 000 € veräußert. Der noch nicht im Wege der AfA abgesetzte Restwert des Gebäudes betrug im Zeitpunkt der Veräußerung 60 000 €. Die Anschaffungskosten des Grund und Bodens betrugen 10 000 €. Ein Veräußerungsgeschäft i. S. v. § 23 EStG soll nicht vorliegen.
Ermitteln Sie das zu versteuernde Einkommen.

FALL 6 Wie Fall 5, nur dass die – unveränderten – Angaben eine unbeschränkt steuerpflichtige GmbH betreffen sollen. (Der Buchwert des Grund und Bodens entspricht den Anschaffungskosten.)

Ermitteln Sie das zu versteuernde Einkommen.

Teil E Tarifliche Körperschaftsteuer

1 Steuersatz

Der tarifliche KSt-Satz beträgt gem. § 23 Abs. 1 KStG **15 %**. Dieser KSt-Satz gilt einheitlich für alle Körperschaften.

Die Regelung gilt auch bei

- beschränkt stpfl. Körperschaften (§ 2 Nr. 1 KStG),
- stpfl. wirtschaftlichen Geschäftsbetrieben von nach § 5 Abs. 1 Nr. 9 KStG steuerbefreiten Körperschaften.

Die Körperschaftsteuer von 15 % hat **Definitivcharakter**.

2 Unternehmensteuerbelastung

Die Belastung der Kapitalgesellschaft mit den Unternehmensteuern KSt, Solidaritätszuschlag und GewSt beträgt (bei einem GewSt-Hebesatz von 500 %) 33,32 %.

Dabei ist bereits berücksichtigt, dass die **GewSt** bei der KSt und der GewSt selbst nicht abzugsfähig ist (§ 4 Abs. 5b EStG, § 8 Abs. 1 KStG).

BEISPIEL

Vorläufiger Jahresüberschuss (= Einkommen)

(vor KSt, SolZ und GewSt)	10 000 €

Wie hoch ist die Belastung mit KSt, SolZ und GewSt (Hebesatz 500 %)?
Wie hoch ist der Jahresüberschuss?

LÖSUNG

• KSt 15 % × 10 000 € =	1 500 €
• GewSt 3,5 % × 500 % × 10 000 € =	1 750 €
• SolZ 5,5 % × KSt 1 500 € =	82 €
gesamte Steuerbelastung	3 332 €

Das sind 33,32 % der steuerlichen Bemessungsgrundlage (Einkommen).
Der (bilanzielle) Jahresüberschuss beträgt somit 15 000 € ./. 3 332 € = 11 668 €.
Hierbei sind allerdings gewerbesteuerliche Hinzurechnungen und Kürzungen (§§ 8, 9 GewStG) **nicht** berücksichtigt.

Teil F Besteuerungssystem

1 Besteuerung der Kapitalgesellschaft

Die Kapitalgesellschaft muss ihr gesamtes zu versteuerndes Einkommen der KSt unterwerfen - ohne Rücksicht darauf, ob und inwieweit Ausschüttungen an die Anteilseigner erfolgen.

Die tarifliche KSt beträgt 15 % des zu versteuernden Einkommens (§ 23 Abs. 1 KStG).

2 Besteuerung des Anteilseigners

Es gelten folgende Besteuerungsgrundsätze.

a) Anteile im Privatvermögen

Für **private Kapitalerträge** gilt die **Abgeltungsteuer** von 25 % (zzgl. SolZ und KiSt), und zwar auf **100 % der Dividenden.**

Führt die pauschale Besteuerung der Kapitaleinkünfte für den Stpfl. zu einer höheren Steuerbelastung, so kann ggf. die Besteuerung auf Antrag nach dem Regeltarif erfolgen (u. a. nach § 32d Abs. 6 EStG).

Im Grundsatz ergibt sich daraus Folgendes:

Bardividende im Privatvermögen (100 000 € ./. 15 000 € KSt =)	85 000 €
./. Kapitalertragsteuer 25 % (grds. mit Abgeltungswirkung)	21 250 €
Nettodividende (vor SolZ)	63 750 €

Die Abgeltung der ESt (KapESt 25 % wird definitiv) tritt also grundsätzlich ein nach § 43 Abs. 5 Satz 1 EStG.

Auf **Antrag** kann es zu folgenden **Ausnahmen** kommen:

1. **Antrag nach § 32d Abs. 4 EStG:**
   Zur Berücksichtigung insbesondere eines (nicht ausgeschöpften) Sparer-Pauschbetrags i. S. d. § 20 Abs. 9 EStG

Bardividende = Einnahme gem. § 20 Abs. 1 Nr. 1 EStG	85 000 €	
Sparer-Pauschbetrag (bis)	801 €	(bzw. 1 602 €)
Einkünfte	84 199 €	

   Es erfolgt eine Besteuerung mit 25 % ESt.
   Es gilt **hierbei nicht** das Teileinkünfteverfahren i. S. v. § 3 Nr. 40 Buchst. d EStG.
2. **Antrag nach § 32d Abs. 6 EStG:**
   Günstigerprüfung, ob die Besteuerung zum Regeltarif günstiger ist als die 25 %ige Abgeltungsteuer (nur bei Unterschreitung des Grenzsteuersatzes von 25 %)
3. **Antrag nach § 32d Abs. 2 Nr. 3 EStG:**
   Dies gilt für sog. »unternehmerische« Beteiligungen. Es gelten dann das Teileinkünfteverfahren und der Regeltarif (§ 32a EStG).

Bardividende	85 000 €
./. steuerfrei § 3 Nr. 40 Buchst. d EStG 40 %	34 000 €
stpfl. Einkünfte	51 000 €

Kein Sparer-Pauschbetrag, aber Abzug tatsächlicher
Werbungskosten zu 60 % (§ 3c Abs. 2 EStG)
Regeltarif § 32a EStG

b) Anteile im Betriebsvermögen

Werden Anteile an Kapitalgesellschaften im Betriebsvermögen gehalten, gilt das **Teileinkünfteverfahren.** Dabei bleiben 40 % von der Steuer **freigestellt**, so dass **60 %** versteuert werden (§ 3 Nr. 40 Buchst. d i. V. m. § 20 Abs. 8 EStG). Aufwendungen, die auf die Beteiligung entfallen, können nur zu 60 % als Betriebsausgaben abgezogen werden (§ 3c Abs. 2 EStG).

Schema:

Bardividende = Beteiligungsertrag	85 000 €
./. außerbilanzielle Gewinnminderung 40 %	34 000 €
zu versteuern (= 60 %)	51 000 €

Es erfolgt die tarifliche Besteuerung (§ 32a EStG) als Gewinneinkünfte.
Es tritt keine Abgeltungswirkung durch die KapESt ein (§ 43 Abs. 5 Satz 2 EStG).

Teil G Das steuerliche Einlagekonto (§ 27 KStG)

1 Allgemeines

- **Offene und verdeckte Einlagen** durch den GmbH-Gesellschafter (z.B. Ausgabeaufgeld, Nachschüsse, freiwillige Geldeinlage, Forderungsverzicht) sind bilanziell
- »**gewinnneutral über Kapitalrücklage**« (§ 272 Abs. 2 Nr. 1 oder 4 HGB) zu verbuchen oder
- »**gewinnerhöhend über Ertrag**« zu erfassen (mit außerbilanzieller Abrechnung nach **§ 8 Abs. 3 Satz 3 KStG**) und sind dann im »Jahresüberschuss / Gewinnrücklagen« ausgewiesen.
- Unabhängig von der bilanziellen Behandlung erhöht sich das steuerliche Einlagekonto nach § 27 KStG. Beim steuerlichen Einlagekonto handelt es sich **nicht um ein Buchführungskonto (es wird also nicht »an Einlagekonto« gebucht!**), sondern um eine gesonderte Feststellung außerhalb der Bilanz. **Vgl. hierzu auch das BMF-Schreiben vom 04.06.2003 (BStBl I S. 366). Darauf beziehen sich auch die nachfolgend zitierten Rz.**
- Nach Auffassung der Finanzverwaltung ist für die Frage, ob das Einlagekonto für Leistungen (insbesondere offene und verdeckte Gewinnausschüttungen sowie Vorabausschüttungen) verwendet wird, auf die **Bestände zum Ende des vorangegangenen Wirtschaftsjahres** abzustellen (vgl. Rz. 10 und 21). Leistungen der Kapitalgesellschaft mindern das steuerliche Einlagekonto nur, **soweit** die Summe der im Wirtschaftsjahr erbrachten **Leistungen (auch im Falle einer Vorabausschüttung)**, den auf den Schluss des **vorangegangenen Wirtschaftsjahrs** ermittelten **ausschüttbaren Gewinn übersteigen (Einlagenrückgewähr nach § 27 Abs. 1 Satz 3 KStG)**.

2 Differenzrechnung nach § 27 Abs. 1 Satz 3 KStG

	Eigenkapital lt. Steuerbilanz zum 31.12.2018
./.	Nennkapital
./.	Steuerliches Einlagekonto zum 31.12.2018
=	**Ausschüttbarer Gewinn zum 31.12.2018** (wenn negativ, Ansatz mit 0 €)
./.	**Leistungen in 2019**
=	**Differenz**

Differenz = **positiv**

keine Verwendung des steuerlichen Einlagekontos

Dividende

= **KapSt**

= **Abgeltungsteuer** nach § 32 d Abs. 1 EStG bzw. **Teileinkünfteverfahren** nach § 3 Nr. 40 Satz 1 Buchst. d EStG i.V.m. § 32d Abs. 2 Nr. 3 EStG

oder

= Steuerbefreiung nach § 8b Abs. 1 und 5 KStG (95 v.H.), sofern Beteiligung mindestens 10 v.H. beträgt (**wegen § 8 b Abs. 4 KStG**).

Differenz = **negativ**

insoweit **Verwendung** des steuerlichen Einlagekontos (= Einlagenrückgewähr)

Keine Dividende

= **keine KapSt**

= **erfolgsneutrale Verrechnung mit den AK (§ 20 Abs. 1 Nr. 1 Satz 3 EStG),**

sofern AK bzw. BW überschritten:

= Teileinkünfteverfahren (§ 3 Nr. 40 Satz 1 Buchst. c Satz 2 i.V.m. **§ 17 Abs. 4 EStG**) bzw.

= Steuerbefreiung nach § 8 b Abs. 2 und 3 KStG (95 v.H.)

BEISPIEL 1:

Differenzrechnung nach § 27 Abs. 1 Satz 3 KStG

Steuerbilanz GmbH zum 31.12.2018

	Nennkapital	50 000 €
	Rücklagen	
	im Fall 1:	95 000 €
	im Fall 2:	75 000 €
	im Fall 3:	50 000 €

Das steuerliche Einlagekonto zum 31.12.2018 beträgt

im Fall 1:	20 000 €
im Fall 2:	20 000 €
im Fall 3:	60 000 €

Es erfolgt eine Gewinnausschüttung (= Leistung) an die Anteilseigner in 2019 in Höhe von 70 000 €. Die Anteile sind Privatvermögen und es liegen Beteiligungen i.S.d. § 17 EStG vor.

	Fall 1	Fall 2	Fall 3
EK lt. Steuerbilanz zum 31.12.2018	145 000 €	125 000 €	100 000 €
./. Nennkapital	./. 50 000 €	./. 50 000 €	./. 50 000 €
./. Einlagekonto	./. 20 000 €	./. 20 000 €	./. 60 000 €
= ausschüttbarer Gewinn zum 31.12.2018	**75 000 €**	**55 000 €**	**./. 10 000 €** **Ansatz mit 0 €**
./. OGA in 2019 (Leistungen)	./. 70 000 €	./. 70 000 €	./. 70 000 €
= Differenz	+ **5 000 €**	./. **15 000 €**	./. **70 000 €**
Steuerliche Folgen im VZ 2019:	**Keine Verwendung des Einlagekontos,** Einnahmen nach § 20 Abs. 1 Nr. 1 EStG und – im Optionsfall nach § 32 d Abs. 2 Nr. 3 EStG – Teileinkünfteverfahren nach § 3 Nr. 40 Satz 1 Buchst. d EStG (**42 000 € sind also steuerpflichtig, 60 v.H. von 70 000 €**).	**Einlagerückzahlung in Höhe von 15 000 €**, die mit den AK i.S.d. § 17 EStG zu verrechnen ist. Einnahmen nach § 20 EStG nur in Höhe von 55 000 €, **steuerpflichtig sind im Optionsfall also 33 000 € (60 v.H. von 55 000 €).**	Die Einlagerückzahlung kann nicht höher sein als der **Bestand des steuerlichen Einlagekontos zum 31.12.2018 in Höhe von 60 000 €.** Insoweit erfolgt eine Verrechnung mit den AK. Der **übersteigende Betrag von 10 000 €** unterliegt bei den AE im Optionsfall dem Teileinkünfteverfahren. **Steuerpflichtig sind also 6 000 €.**

BEISPIEL 2:

Verringerung AK i.S.d. § 17 EStG

Der Gesellschafter erhält in 2019 eine Gewinnausschüttung in Höhe von 200 000 €, für die nach § 27 Abs. 1 Satz 3 KStG in voller Höhe das vorhandene steuerliche Einlagekonto verwendet wird. Die Steuerbescheinigung der leistenden GmbH (**vgl. § 27 Abs. 3 KStG und BMF-Schreiben vom 3.12.2014, BStBl I 1.586**) wird deshalb wie folgt ausgefüllt:

»Leistungen aus dem steuerlichen Einlagekonto (§ 27 KStG) = 200 000 €«

Die Anschaffungskosten des Gesellschafters für seine GmbH-Anteile i.S.d. § 17 EStG betragen insgesamt 300 000 €.

LÖSUNG: Im vorliegenden Fall verringern sich wegen § 20 Abs. 1 Nr. 1 **Satz 3** EStG im VZ 2019 lediglich die Anschaffungskosten des Gesellschafters i.S.d. § 17 EStG um 200 000 € auf 100 000 €. Kapitalertragsteuer ist nicht zu erheben. Unmittelbare steuerliche Auswirkun-gen ergeben sich dadurch bei ihm nicht.

BEISPIEL 3:

Fall des § 17 Abs. 4 EStG, wenn Ak überschritten

Der Gesellschafter erhält in 2019 eine Gewinnausschüttung aus dem steuerlichen Einlagekonto in Höhe von 400 000 €; die Anschaffungskosten auf seine GmbH-Anteile i.S.d. § 17 EStG betragen insgesamt 300 000 €.

LÖSUNG: Nach § 17 Abs. 4 Satz 1 EStG i.V.m. § 3 Nr. 40 Satz 1 Buchst. c Satz 2 EStG ist in diesem Fall im VZ 2019 das Teileinkünfteverfahren wie folgt anzuwenden:

Gewinnausschüttung in 2019 aus dem steuerlichen Einlagekonto i.S.d. § 27 KStG	400 000 €	
davon Ansatz mit 60 v.H.		**240 000 €**
Anschaffungskosten insgesamt	300 000 €	
davon nach § 3 c Abs. 2 EStG 60 v.H.		**./. 180 000 €**
Steuerpflichtiger Gewinn § 17 Abs. 4 EStG		60 000 €

Aber: keine Berücksichtigung Freibetrag nach § 17 Abs. 3 EStG

Nach Auffassung der Finanzverwaltung kommt in den Fällen des § 17 Abs. 4 EStG der Freibetrag nach § 17 Abs. 3 EStG **nicht** in Betracht.

3 Festschreibung der Verwendung

Nach § 27 Abs. 5 Satz 1 KStG bleibt die der Bescheinigung zugrunde gelegte Verwendung unverändert, soweit für die Ausschüttung der Körperschaft die **Verwendung des steuerlichen Einlagekontos zu niedrig bescheinigt** worden ist. Zu Besonderheiten vgl. § 27 Abs. 5 Satz 2 ff. KStG. Vgl. auch BFH vom 10. 06. 2009 BStBl II 2009, 974.

Teil H Verdeckte Gewinnausschüttungen

1 Begriff und Wirkungen einer verdeckten Gewinnausschüttung

1.1 Begriff

a) Keine gesetzliche Definition

Das KStG verwendet zwar den Begriff der vGA in § 8 Abs. 3 Satz 2 KStG.

Eine gesetzliche Definition enthalten aber weder das KStG noch das EStG.

b) Entwicklung der Merkmale durch Rechtsprechung und Verwaltung

Eine vGA i. S. d. § 8 Abs. 3 Satz 2 KStG ist eine **Vermögensminderung** oder **verhinderte Vermögensmehrung**, die durch das Gesellschaftsverhältnis veranlasst ist, sich auf die Höhe des Unterschiedsbetrags (§ 4 Abs. 1 Satz 1 EStG) auswirkt und nicht auf einem den gesellschaftsrechtlichen Vorschriften entsprechenden Gewinnverteilungsbeschluss beruht (BFH vom 22. 02. 1989 BStBl II 1989, 475 und vom 11. 10. 1989 BStBl II 1990, 88). Vgl. R 8.5 Abs. 1 KStR.

Somit liegt eine vGA insbesondere dann vor, wenn **eine Kapitalgesellschaft einem Gesellschafter oder einer ihm nahe stehenden Person außerhalb der gesellschaftsrechtlichen Gewinnverteilung einen Vermögensvorteil zuwendet und diese Zuwendung ihre Ursache im Gesellschaftsverhältnis hat**; dabei erweist sich die Zuwendung eines solchen Vorteils als durch das Gesellschaftsverhältnis verursacht, wenn ein ordentlicher und gewissenhafter Geschäftsleiter (§ 93 Abs. 1 Satz 1 AktG, § 43 Abs. 1 GmbHG) die Vermögensminderung einer Person, die nicht Gesellschafter ist, unter sonst gleichen Umständen nicht hingenommen hätte (H 8.5 III [Allgemeines] KStH).

VGA können auch durch Leistungen der Kapitalgesellschaft an eine dem Gesellschafter **nahe stehende Person** vorgenommen werden (R 8.5 Abs. 1 Satz 2 KStR und H 8.5 III [Nahe stehende Person] KStH).

Die **Merkmale einer vGA** i. S. v. § 8 Abs. 3 Satz 2 KStG sind also

1. Vermögensminderung oder verhinderte Vermögensmehrung bei der Kapitalgesellschaft,
2. Auswirkung auf Höhe des Unterschiedsbetrags i. S. d. § 4 Abs. 1 Satz 1 EStG,
3. Veranlassung durch das Gesellschaftsverhältnis,
4. kein Beruhen auf einem den gesellschaftsrechtlichen Vorschriften entsprechenden Gewinnverteilungsbeschluss.

c) Grundformen der vGA

Vertragliche Vereinbarungen, die eine Kapitalgesellschaft mit ihren Gesellschaftern schließt, können zivilrechtlich rechtsgültige Verträge sein. Sie werden grundsätzlich auch steuerlich anerkannt. Dies gilt aber – auch bei Anerkennung dem Grunde nach – nur insoweit, als nicht willkürliche Gewinnmanipulationen vorgenommen werden. Von der Entstehung her können **insbesondere** folgende Fallgruppen unterschieden werden:

1. Der Vertrag ist dem Grunde nach nicht anzuerkennen, weil es an einer ernsthaften Vereinbarung bzw. der tatsächlichen Durchführung bzw. zivilrechtlicher Wirksamkeit mangelt.
2. Der Vertrag ist dem Grunde nach, aber nicht der Höhe nach anzuerkennen, weil die vertragliche Gegenleistung der Gesellschaft für eine Leistung des Gesellschafters (Veräußerung eines Wirtschaftsguts, Nutzungsüberlassung, Kapitalüberlassung usw.) unangemessen hoch ist. Hier stellt der Unterschiedsbetrag zwischen dem tatsächlichen und dem angemessenen Entgelt eine vGA dar.

BEISPIEL

Verkauf eines Wirtschaftsguts durch den Gesellschafter an die Gesellschaft zu einem überhöhten Preis.

LÖSUNG Der Preisunterschied zum angemessenen Preis stellt eine vGA dar.

3. Der Vertrag ist dem Grunde nach anzuerkennen, die vertragliche Gegenleistung des Gesellschafters für eine Leistung der Gesellschaft ist aber unangemessen niedrig.

BEISPIEL

Vermietung eines WG durch die Gesellschaft an den Gesellschafter unter der sonst von Fremden erzielbaren Miete.

LÖSUNG Die Mietersparnis des Gesellschafters ist eine vGA.

VGA sind bei allen Vertragsformen möglich. Typische Verträge sind dabei Dienstverträge, Darlehensverträge, Miet- und Pachtverträge sowie Kaufverträge.

d) Verhinderte Vermögensmehrungen

Als verhinderte Vermögensmehrungen kommen insbesondere Preisvorteile für den Gesellschafter bei Verträgen im Rahmen eines Leistungsaustausches zwischen Gesellschaft und Gesellschafter in Betracht.

e) Bewertung der vGA

Besteht die vGA nicht in einer Geldzuwendung, ist sie zu bewerten, und zwar bei der Gesellschaft und dem Gesellschafter.

- **Bewertung bei der Gesellschaft**
  Bei der Gesellschaft hat die Bewertung der vGA zum Ziel, die unzulässige Einkommensminderung durch eine Hinzurechnung auszugleichen. Im KStG fehlt allerdings eine ausdrückliche Bewertungsvorschrift für vGA. Daher ist im Regelfall nach §§ 1, 9 Abs. 1 BewG der gemeine Wert maßgebend (BFH vom 18. 10. 1967 BStBl II 1968, 105). Vgl. H 8.6 (Hingabe von Wirtschaftsgütern) KStH, bei Nutzungsüberlassungen die erzielbare Vergütung (H 8.6 [Nutzungsüberlassungen] KStH). Hierzu gehört auch die **USt**.
  Eine etwaige auf die vGA entfallende USt auf unentgeltliche Wertabgaben (§ 3 Abs. 1b, § 3 Abs. 9a UStG) oder nicht abziehbare Vorsteuer ist daher nicht (nochmals) nach § 10 Nr. 2 KStG dem Einkommen hinzuzurechnen (R 8.6 KStR).
- **Bewertung beim Gesellschafter**
  Beim Gesellschafter bestimmt sich die Höhe der vGA nach dem zugeflossenen Vorteil. Beide Beträge müssen nicht übereinstimmen. Vgl. H 8.6 KStH (vGA und Kapitalertrag nach § 20 EStG); BFH vom 22. 02. 1989 BStBl II 1989, 475 und vom 14. 03. 1989 BStBl II 1989, 633.
- **Im Übrigen besteht jedoch formelle und materielle Korrespondenz (§ 32a Abs. 1 KStG).**

1.2 Wirkungen der verdeckten Gewinnausschüttung

1.2.1 Wirkungen bei der Gesellschaft

Die Auswirkung einer vGA erstreckt sich bei der Gesellschaft auf **zwei Dimensionen:**

1. die Auswirkung auf das Einkommen (Einkommenswirkung), § 8 Abs. 3 Satz 2 KStG,

2. die Verringerung des steuerlichen Einlagekontos, soweit die vGA eine Leistung i. S. d. § 27 KStG darstellt.

Dadurch ergibt sich ggf. die Notwendigkeit, dass der Begriff der vGA sowohl die Folgerungen bei der Einkommensermittlung als auch auf der Ausschüttungsebene mitumfasst.

Der Begriff kann für die Bereiche nur einheitlich, die steuerlichen Folgen können aber unterschiedlich sein.

1.2.1.1 Hinzurechnung der verdeckten Gewinnausschüttung zum Einkommen

Nach § 8 Abs. 3 Satz 2 KStG dürfen vGA das Einkommen der Gesellschaft nicht mindern. Hat sich durch eine vGA das Einkommen gemindert, muss die vGA wieder hinzugerechnet werden. Die Höhe des hinzuzurechnenden Betrags hängt ausschließlich davon ab, in welcher Höhe das Einkommen durch die vGA gemindert wurde. Die Hinzurechnung erfolgt stets außerhalb der Bilanz (BFH vom 29. 06. 1994 BStBl II 2002, 603 sowie ausführlich BMF vom 28. 05. 2002 BStBl I 2002, 603). Eine **(erfolgswirksame) Bilanzberichtigung kommt** daher auch **nicht in Betracht**, soweit einer vGA **eine zivilrechtlich wirksame Verbindlichkeit bzw. – bei Rückstellungen – eine zivilrechtliche Zusage (z. B. Pensionszusage) zugrunde liegt**. Wegen der USt auf die vGA vgl. R 8.6 KStR (s. o.).

BEISPIEL

Eine GmbH zahlt ihrem Gesellschafter-Geschäftsführer ein um jährlich 70 000 € überhöhtes Gehalt (zivilrechtlich wirksam). Die Gehälter wurden voll als Aufwand verbucht.

LÖSUNG Das Einkommen der Gesellschaft erhöht sich außerbilanziell um den verdeckt ausgeschütteten Betrag von 70 000 €.

1.2.1.2 Ausschüttungswirkung der verdeckten Gewinnausschüttung

Das steuerliche Einlagekonto gilt als verwendet, soweit eine Gewinnausschüttung bzw. Leistung den ausschüttbaren Gewinn übersteigt (§ 27 Abs. 1 Satz 3 KStG). Vgl. hierzu G 8.

Die **Einkommens- und die Ausschüttungswirkung einer vGA** können unabhängig voneinander auftreten.

a) **Die vGA hat das Einkommen gemindert und das Einlagekonto ist ggf. zu verringern**
Folgen auf der Gesellschaftsebene: Hinzurechnung der vGA zum Einkommen (§ 8 Abs. 3 Satz 2 KStG) und ggf. Verringerung des Einlagekontos nach § 27 Satz 1 KStG, soweit es zu einem Abfluss bei der Kapitalgesellschaft kommt. Es ist unerheblich, dass es sich um eine bereits (vom Anteilseigner) »versteuerte vGA« handelt (analog BFH vom 24. 03. 1987 BStBl II 1987, 508).

BEISPIEL

Eine GmbH leistet eine (unstreitig) überhöhte Gehaltszahlung i. H. v. 10 000 € an den Gesellschafter-Geschäftsführer zu Lasten des Gewinns.

LÖSUNG Hinzurechnung zum Einkommen der GmbH + 10 000 € sowie Verringerung des Einlagekontos um bis zu 10 000 €, sofern die Leistung den ausschüttbaren Gewinn übersteigt.

b) Die vGA hat das Einkommen nicht gemindert, jedoch ist das Einlagekonto zu verringern.

BEISPIEL

Leistung einer vGA aus Rücklagen

Die GmbH wendet dem Gesellschafter ohne Rechtsgrund 10 000 € zu und bucht:
sonstige Gewinnrücklagen an Bank 10 000 €

LÖSUNG Das Einkommen ist nicht zu erhöhen, da sich der Jahresüberschuss der GmbH durch die vGA nicht gemindert hat.

Gleichwohl kann sich das Einlagekonto nach Maßgabe des § 27 Abs. 1 Satz 3 KStG verringern, da die vGA bei der GmbH abgeflossen ist. Auf die Gewinnauswirkung der Buchung bei der GmbH kommt es insoweit nicht an.

c) Die vGA hat nur teilweise das Einkommen gemindert, jedoch ist das Einlagekonto ggf. um die gesamte vGA zu verringern

Dieser Fall tritt z. B. ein bei unentgeltlicher Übereignung eines WG durch die Gesellschaft an den Gesellschafter unter Belastung versteuerter Rücklagen unter dem gemeinen Wert des WG.

BEISPIELE

a) Die GmbH überträgt ihrem Gesellschafter unentgeltlich Wertpapiere. Buchwert 10 000 €, gemeiner Wert 32 000 €. Die GmbH buchte:

Rücklagen an Wertpapiere 10 000 €

Die abgeflossene vGA i. S. d. § 27 KStG beträgt 32 000 € (»Leistung«).

LÖSUNG Hinzurechnung zum Einkommen nur 32 000 € ./. 10 000 € = 22 000 €, da 10 000 € umschichtend gebucht wurden. Das Einlagekonto ist ggf. für die gesamte vGA von 32 000 € nach Maßgabe des § 27 Abs. 1 Satz 3 KStG zu verringern, da bei der Kapitalgesellschaft ein Mittel- bzw. Wertabfluss i. H. v. 32 000 € vorliegt.

b) Eine GmbH kauft von ihrem Gesellschafter am 02. 01. 01 ein Kraftfahrzeug mit einer Nutzungsdauer von fünf Jahren für 100 000 €. Der tatsächliche Wert des Kraftfahrzeugs im Veräußerungszeitpunkt beträgt 70 000 €.

LÖSUNG (ohne USt) – bei AfA nach § 7 Abs. 1 EStG –

1. Es findet in 01 bis 05 eine Einkommenskorrektur statt, aber nur i. H. v. 20 % p. a. von 30 000 € = 6 000 € (überhöhte AfA).
2. Ggf. ist das Einlagekonto in **01** um (bis zu) 30 000 € zu verringern, weil ein Abfluss in dieser Höhe vorliegt.

d) Die vGA hat das Einkommen gemindert, jedoch liegt keine Leistung i. S. d. § 27 KStG vor

Dieser Fall tritt ein, wenn der dem Gesellschafter gewährte Vorteil bei der Kapitalgesellschaft nicht oder noch nicht abfließt. Dies trifft z. B. zu bei überhöhten Pensionsrückstellungen zugunsten Gesellschafter-Geschäftsführern.

BEISPIEL

Eine GmbH hat zugunsten ihres beherrschenden Gesellschafter-Geschäftsführers eine Pensionsrückstellung von 400 000 € gewinnmindernd gebildet, obwohl nur 300 000 € angemessen sind.

LÖSUNG Es findet eine Einkommenskorrektur (§ 8 Abs. 3 Satz 2 KStG) von + 100 000 € statt. Es tritt keine Verringerung des Einlagekontos ein (bereits mangels Abflusses).

MERKSATZ

Der Begriff der vGA ist für beide Bereiche – Einkommens- und Ausschüttungsebene – einheitlich. Die steuerlichen Folgerungen können aber unterschiedlich sein. § 8 Abs. 3 KStG zieht steuerliche Folgerungen (Einkommenserhöhung) nur für vGA, die den Jahresüberschuss/Bilanzgewinn infolge einer Vermögensminderung oder verhinderten Vermögensmehrung verringert haben. § 27 KStG zieht dagegen ggf. steuerliche Folgerungen für **abgeflossene** vGA.

1.2.2 Auswirkungen verdeckter Gewinnausschüttungen beim Anteilseigner

VGA, die dem Anteilseigner zufließen, sind **Kapitalerträge.** Bei Zugehörigkeit der Beteiligung zum Privatvermögen liegen **Einnahmen i. S. v. § 20 Abs. 1 Nr. 1 EStG** vor. Sie sind bei Zufluss zu besteuern (§ 11 Abs. 1 Satz 1 EStG).

Bei Zugehörigkeit der Beteiligung zum **Betriebsvermögen** sind vGA als **Betriebseinnahmen** zu erfassen (§ 20 Abs. 8 EStG), und zwar sowohl bei Überschussrechnung (§ 4 Abs. 3 EStG) als auch bei Anwendung des Betriebsvermögensvergleichs (§ 4 Abs. 1, § 5 EStG) im Jahr der Vorteilsgewährung.

Die Besteuerung beim Anteilseigner erfolgt wie folgt:

a) im BV nach dem Teileinkünfteverfahren (= 60 % stpfl.), § 3 Nr. 40d und Satz 2 EStG;
b) im PV gilt die Abgeltungsteuer (= 25 % der **vollen** vGA), § 32d Abs. 1 EStG. Hat die vGA der KapESt unterlegen, hat der Steuerabzug grds. Abgeltungswirkung (§ 43 Abs. 5 Satz 1 EStG).
c) Es muss aber eine Nacherklärung gemäß § 32d Abs. 3 EStG erfolgen, wenn die vGA **nicht** der KapESt unterlegen hat (BMF vom 09. 10. 2012 BStBl I 2012, 943, Rz. 144).

2 Belastungswirkungen von verdeckten Gewinnausschüttungen

Die **KSt-Belastung** der vGA beträgt

- 15 % KSt (§ 23 Abs. 1 KStG),
- ggf. + 0,75 % (zu 95 % steuerfrei bei Kapitalgesellschaft als Anteilseignerin gem. § 8b Abs. 1 und 5 KStG)[1].

Hinzu kommen der **SolZ** und die **GewSt.**

BEISPIEL

Bei einer Außenprüfung im Jahre 2019 wird festgestellt, dass die GmbH ihrem **Allein**gesellschafter A in **2017** ein um 100 000 € zu hohes Gehalt gezahlt hat.
Das Einkommen der GmbH für 2017 war bisher mit 0 € erklärt.
Welche Belastungswirkungen ergeben sich durch die vGA bei der Gesellschaft und beim Anteilseigner? Der GewSt-Hebesatz beträgt 400 % (angenommen). Die tarifliche ESt-Belastung des Anteilseigners (inkl. Nebensteuern) beträgt (angenommen) 40 %.

1 15 % KSt auf pauschale nichtabziehbare Ausgabe von 5 % der vGA (§ 8b Abs. 5 KStG).

LÖSUNG

a) **GmbH**

Die Belastung mit **KSt, GewSt** und **SolZ** ermittelt sich wie folgt:

Zu versteuerndes Einkommen bisher		0 €
+ vGA	+	100 000 €
		100 000 €
GewSt 400 % × 100 000 € × 3,5 %	+	14 000 €
KSt 15 % × 100 000 € =	+	15 000 €
SolZ 5,5 % × 15 000 € =	+	825 €
Gesamte Steuerbelastung 2017		29 825 €

Dies entspricht rd. **29,83 %** der vGA.

b) **Anteilseigner - ESt-Belastung**

ESt-Erstattung infolge Minderung der Einkünfte aus § 19 EStG 40 % × 100 000 € =	./. 40 000 €		
ESt auf vGA gem. § 32d Abs. 2 Nr. 3 EStG auf Antrag 60 % (§ 3 Nr. 40d EStG) × 40 % × 100 000 € =		+	24 000 €
		./.	16 000 €
Gesamte Mehrbelastung (GmbH und Anteilseigner)		+	13 825 €

3 Rückwirkungsverbot bei beherrschenden Gesellschaftern

3.1 Begriff

Bei **beherrschenden** Gesellschaftern werden **rückwirkende Vereinbarungen nicht** anerkannt (H 8.5 III [Beherrschender Gesellschafter] KStH). Dies gilt nur bei **beherrschender** Beteiligung/Stellung. Zum Begriff vgl. H 8.5 III (Beherrschender Gesellschafter) und (Gleichgerichtete Interessen) KStH.

Die Angemessenheit ist bedeutungslos.

Vereinbarung von Nachzahlungen jeder Art sind vGA. Dies gilt auch bei Nachzahlungen für das laufende Jahr (z. B. Gehalt, Weihnachtsgeld).

BEISPIEL

Die Gesellschaft hat für die Nutzung eines dem zu 60 % beteiligten Gesellschafter gehörenden - unwesentlichen - Grundstücks eine Pacht von monatlich 1 000 € im Voraus zu zahlen. Es soll **keine** Betriebsaufspaltung vorliegen. Die Beteiligung gehört zum Privatvermögen.

Am 02. 12. 2018 wurde die Pacht rückwirkend vom 01. 01. 2018 an durch schriftliche Vertragsänderung erhöht. Auch die erhöhte Pacht von monatlich 1 500 € soll noch angemessen sein. Die Gesellschaft hat 18 000 € in 2018 als Aufwand gebucht. Die Nachzahlung von 6 000 € wurde dem Gesellschafter am 15. 01. 2019 auf seinem Verrechnungskonto gutgeschrieben. Am 02. 01. 2020 ließ er sich den Betrag auszahlen.

LÖSUNG

a) Infolge Verstoßes gegen das Nachzahlungsverbot bei beherrschender Beteiligung liegt in 2018 bei der Gesellschaft und dem Gesellschafter eine vGA vor. Das Einkommen des Jahres 2018 der Gesellschaft ist um die Nachzahlung von 6 000 € zu erhöhen.

b) Dem Gesellschafter ist der Vorteil (§ 20 Abs. 1 Nr. 1 EStG) bereits in 2018 (Zeitpunkt der Vereinbarung) und nicht erst mit Gutschrift auf seinem Verrechnungskonto in 2019 zugeflossen (H 20.2 [Zuflusszeitpunkt bei Gewinnausschüttungen Nr. 2] EStH - entsprechend).

aa) Auf Antrag erfolgt **tarifliche** Besteuerung (§ 32d Abs. 2 Nr. 3 EStG). Das Teileinkünfteverfahren ist davon abhängig, dass die vGA das Einkommen der Körperschaft nicht gemindert hat – materielle Korrespondenz (§ 32d Abs. 2 Nr. 4 KStG).
Einnahmen 6 000 € × 60 % = 3 600 € (§ 3 Nr. 40d EStG)
bb) Ohne Antrag nach § 32d Abs. 2 Nr. 3 EStG gilt die Abgeltungsteuer

Einnahmen		6 000 €
./. § 20 Abs. 9 EStG	./.	801 €
Einkünfte		5 199 €
ESt (§ 32d Abs. 1 EStG)	25 % =	1 299,75 €

3.2 Form der Vereinbarung

H 8.5 I (Zivilrechtliche Wirksamkeit) KStH verweist zur Form von Vereinbarungen zwischen einer Kapitalgesellschaft und beherrschenden Gesellschaftern u. a. auf das Urteil des BFH vom 24. 01. 1990 BStBl II 1990, 645. Das Urteil hat praktische Tragweite.

Danach gilt: Eine zwischen einer Kapitalgesellschaft und ihrem beherrschenden Gesellschafter **mündlich** abgeschlossene Vereinbarung kann trotz vereinbarter Schriftform **zivilrechtlich wirksam** sein, wenn davon auszugehen ist, dass die Vertragsparteien die Bindung an die Schriftformklausel aufheben wollten.

Eine zwischen einer Kapitalgesellschaft und ihrem beherrschenden Gesellschafter mündlich abgeschlossene Vereinbarung ist i. S. d. höchstrichterlichen Rechtsprechung klar, wenn ein außen stehender Dritter zweifelsfrei erkennen kann, dass die Leistung der Gesellschaft aufgrund einer entgeltlichen Vereinbarung mit dem Gesellschafter erbracht wurde.

Eine mündlich abgeschlossene Vereinbarung über monatlich wiederkehrende Leistungen kann aufgrund ihrer tatsächlichen Durchführung als klar angesehen werden.

Mithin schreibt der BFH für derartige Vereinbarungen **nicht zwingend** die **Schriftform** vor. Die Gesellschaft bzw. der Gesellschafter hat jedoch den Nachweis zu erbringen, dass eine klare und eindeutige Vereinbarung vorliegt und tatsächlich entsprechend dieser Vereinbarung verfahren worden ist (vgl. BFH vom 29. 07. 1992 BStBl II 1993, 247).

Vgl. auch H 8.5 I (Mündliche Vereinbarung) und (Tatsächliche Durchführung von Vereinbarungen) KStH.

Das Klarheitsgebot und das Nachzahlungsverbot gelten auch für Entgeltsvereinbarungen zwischen der Kapitalgesellschaft und ihrem beherrschenden Gesellschafter **nahe stehende Personen.**

4 Vorteilsgewährung bei nahestehenden Personen

Eine vGA liegt auch vor bei Vorteilsgewährung an eine dem Anteilseigner nahestehende Person (R 8.5 Abs. 1 Satz 2 KStR und H 8.5 III [Nahestehende Person] KStH).

Zur Begründung des »Nahestehens« reicht jede Beziehung eines Gesellschafters der Kapitalgesellschaft zu einer anderen Person aus, die den Schluss zulässt, sie habe die Vorteilszuwendung der Kapitalgesellschaft an die andere Person beeinflusst.

Derartige Beziehungen können **familienrechtlicher, gesellschaftsrechtlicher, schuldrechtlicher** oder auch **rein tatsächlicher Art** sein.

Nahestehende Personen aufgrund familienrechtlicher Beziehungen können nicht nur Angehörige i. S. d. § 15 AO sein.

Eine vGA i. S. d. § 8 Abs. 3 Satz 2 KStG in Form der Zuwendung eines Vermögensvorteils an eine dem Gesellschafter der Kapitalgesellschaft nahestehende Person setzt **nicht** voraus, dass die Zuwendung einen Vorteil für den Gesellschafter selbst zur Folge hat.

Bei der Entscheidung der Frage, ob ein Vermögensvorteil einer einem Gesellschafter nahestehenden Person zugewandt worden ist, kommt es grundsätzlich auf die Verhältnisse im Zeitpunkt der Vereinbarung an, vgl. BFH vom 18. 12. 1996 BStBl II 1997, 301.

Die Zurechnung der vGA erfolgt stets auf den Gesellschafter (BMF vom 08. 03. 1999 BStBl I 1999, 514).

BEISPIEL

Der 20-jährige Sohn des zu 20 % beteiligten GmbH-Gesellschafters erhält in **2018** ein »Gehalt« i. H. v. 10 000 € von der GmbH, obwohl dieser nachweislich keine Tätigkeit für die GmbH ausübt. Die Beteiligung gehört zum Privatvermögen.

LÖSUNG Es liegt eine **vGA** vor, da eine »**mittelbare**« Vorteilsgewährung an einen Gesellschafter gegeben ist.

Betriebliche Gründe für die Gehaltszahlung sind nicht erkennbar (keinerlei entlohnenswerte Tätigkeit des Sohnes).

Die **Zurechnung der vGA** erfolgt auf den **Gesellschafter**.

Einnahmen 2018 gem. § 20 Abs. 1 Nr. 1 EStG = 10 000 €. Es gilt grds. die 25 %ige Abgeltungsteuer im Wege der Nacherklärung (§ 32d Abs. 3 EStG).

Die weitere »Verwendung« der vGA ist hier eine nicht abzugsfähige Zuwendung i. S. d. § 12 Nr. 2 EStG. Hier kommt ggf. § 33a Abs. 1 EStG in Betracht (i. R. d. **Höchstbetrags von** 9 000 € (VZ 2018).

Der Sohn bezieht insoweit **keine** Einkünfte (vgl. Rechtsgedanke des § 22 Nr. 1 Satz 2 EStG).

5 Selbstkontrahierungsverbot

5.1 Begriff

Bei Verträgen zwischen Gesellschaft und Gesellschaftern kann die Gesellschaft von dem Gesellschafter vertreten werden, wenn dieser von den Beschränkungen des Selbstkontrahierungsverbots satzungsmäßig gem. § 181 BGB befreit worden ist.

Die Befreiung ist nur wirksam, wenn sie in der **Satzung** geregelt und im **Handelsregister** eingetragen ist (BFH vom 17. 12. 1992 BStBl II 1993, 141).

5.2 Rechtsfolgen

Sofern die Befreiung von § 181 BGB nicht gegeben ist, ist die betreffende Vereinbarung zivilrechtlich unwirksam. Diese Einschätzung wird auch steuerlich übernommen, d. h. die Vereinbarung wird nicht als wirksam anerkannt.

Vergütungen der Gesellschaft an den Gesellschafter auf der Grundlage dieser Vereinbarung gelten bei Verstoß gegen das Selbstkontrahierungsverbot in vollem Umfang als vGA, unabhängig davon, ob sie der Höhe nach möglicherweise angemessen sind.

6 Fiktionstheorie

Besteht eine vGA an den Anteilseigner in einer **zu niedrigen Gegenleistung** für eine von der Kapitalgesellschaft erhaltene Leistung, werden zusätzlich i. H. d. vGA Aufwendungen des Anteileigners fingiert (vgl. BFH vom 25. 09. 1970 BStBl II 1971, 53). Diese können ggf. steuerlich relevant sein (z. B. als Werbungskosten, Betriebsausgaben, Anschaffungskosten).

BEISPIEL

Die GmbH gewährt dem Anteilseigner Anfang 2018 ein Fälligkeitsdarlehen von 100 000 € zu 3 % Jahreszins. Der Marktzins beträgt 8 %.
Der Anteilseigner hat das Darlehen verwendet für
a) betriebliche Zwecke seines Einzelunternehmens,

b) Renovierung eines privaten Mietobjekts.
Wie sehen die Auswirkungen beim Anteilseigner aus (Beteiligung im Privatvermögen, ohne Antrag nach § 32d Abs. 2 Nr. 3 EStG)?

LÖSUNG

Marktzinsen	8 000 €
vereinbarte Zinsen	./. 3 000 €
Die Zinsersparnis beträgt jährlich	5 000 €

Es liegen in **2018** Einnahmen des Anteilseigners i. S. d. § 20 Abs. 1 Nr. 1 EStG vor. Die Einnahmen betragen 5 000 € (grds. **kein** Teileinkünfteverfahren).
Infolge der Fiktionstheorie liegen beim Gesellschafter i. H. d. ihm als vGA zugerechneten Zinsvorteile entsprechende fiktive Zinsaufwendungen vor, die je nach Veranlassung der Darlehensaufnahme einkommensteuerlich in voller Höhe, zusätzlich zu den gezahlten Zinsen, zu berücksichtigen sind (vgl. BFH vom 25. 09. 1970 BStBl II 1971, 53).
a) **Bei betrieblicher Verwendung des Darlehens**
BA + 5 000 € → Gewinn ./. 5 000 €

b) **Bei Renovierung des Mietobjekts**
WK + 5 000 € (§ 9 Abs. 1 Nr. 1 EStG).

7 Verdeckte Gewinnausschüttungen und Umsatzsteuer

Eine vGA ist

- bei der Hingabe von Wirtschaftsgütern mit dem gemeinen Wert und
- bei einer Nutzungsüberlassung mit der erzielbaren Vergütung anzusetzen (H 37 [Hingabe von Wirtschaftsgütern] und [Nutzungsüberlassungen] KStH).

Löst eine vGA USt nach § 3 Abs. 1b bzw. § 3 Abs. 9a UStG aus, ist die USt bei der Gewinnermittlung **nicht** zusätzlich nach § 10 Nr. 2 KStG als nichtabziehbare Ausgabe hinzuzurechnen (R 8.6 KStR).

a) **KSt**
Der Ansatz erfolgt bei
- Hingabe von Wirtschaftsgütern mit dem gemeinen Wert (einschließlich »USt«);
- Nutzungsüberlassung mit der erzielbaren Vergütung einschließlich »USt«.

b) **USt**
VGA lösen ggf. USt nach § 3 Abs. 1b bzw. § 3 Abs. 9a UStG aus.

Folgen:

aa) **USt**

Bei Besteuerung nach § 3 Abs. 1b und Abs. 9a UStG ist Bemessungsgrundlage (§ 10 Abs. 4 Nr. 1 und 2 UStG) der Einkaufspreis oder Selbstkosten (ohne USt).

bb) **KSt**

Die USt auf vGA ist nicht abziehbar gem. § 10 Nr. 2 KStG.

Aber gem. R 8.6 KStR erfolgt **keine** Hinzurechnung nach § 10 Nr. 2 KStG, wenn die USt bereits als Teil der vGA erfasst ist. Die durch eine vGA ausgelöste USt ist danach stets Teil der vGA.

Die in den KStR vorgeschriebene Besteuerung der vGA führt zu einem höheren körperschaftsteuerlichen Einkommen als bei einem entsprechenden Fremdgeschäft.

BEISPIEL

Eine GmbH übereignet ihrem Anteilseigner unentgeltlich Waren. Der Einkaufspreis (ohne USt) beträgt 3 000 €, der übliche Verkaufspreis (ohne USt) wäre 4 000 €.

LÖSUNG

a) Die vGA beträgt 4 760 € (gemeiner Wert einschließlich 19 % USt).

b) Die vGA löst USt aus i. H. v. 19 % des Einkaufspreises von 3 000 € (§ 10 Abs. 4 Nr. 1 UStG) = 570 €. Diese stellt innerbilanziell **Aufwand** vor.

Das Einkommen der GmbH ändert sich um

./.	570 €
+	4 760 €
	4 190 €

Nach anderer Auffassung darf die Einkommenserhöhung nur 4 000 € betragen (ohne USt-Anteil).

Bei umsatzsteuerbaren Leistungen des Gesellschafters an die Kapitalgesellschaft gehört auch ein **überhöhter Entgeltsteil** wegen der inneren Verknüpfung mit der Leistung trotz der gesellschaftlichen Beziehungen zur **umsatzsteuerlichen Bemessungsgrundlage** (vgl. BFH vom 25. 11. 1987 BStBI II 1988, 210). Die Kapitalgesellschaft kann die **Vorsteuer** in der ausgewiesenen Höhe abziehen. Die (höhere) USt gehört hier daher **nicht** zur Ausschüttung.

8 Rückstellungen für Pensionszusagen an beherrschende Gesellschafter-Geschäftsführer

8.1 Grundaussagen

Bei Rückstellungen für Pensionszusagen an beherrschende Gesellschafter-Geschäftsführer von Kapitalgesellschaften kommt es auf die betriebliche Veranlassung der Pensionszusage an. Merkmale der betrieblichen Veranlassung sind – neben dem wirksamen Anstellungsvertrag –

- **wirksame Zusage** (klar und im Voraus schriftlich gegeben),
- **Ernsthaftigkeit,**
- **Erdienbarkeit,**
- **Finanzierbarkeit** und
- **Angemessenheit**

der Zusage. Vgl. i. E. R 8.7

8.2 Übersteigen der Angemessenheitsgrenze

Ist die Pensionszusage betragsmäßig überhöht, liegt eine vGA vor.

Als Wert der Pensionszusage ist dabei für den jeweiligen VZ die **fiktive jährliche Nettoprämie** anzurechnen, die für eine der gegebenen Pensionszusage entsprechende Versicherung gezahlt werden müsste (vgl. BFH vom 04. 08. 1959 BStBl III 1959, 374). Siehe auch H 8.7 (Angemessenheit) KStH.

Der **Betrag der vGA** für die Hinzurechnung nach § 8 Abs. 3 Satz 2 KStG bestimmt sich **dagegen** nach der eingetretenen Gewinnminderung. Die Korrektur ist **außerhalb** der Bilanz vorzunehmen (vgl. BFH vom 29. 06. 1994 BStBl II 2002, 366 und 367). Zu den Auswirkungen vgl. auch BMF vom 28. 05. 2002 BStBl I 2002, 603, Rz. 24–41.

BEISPIEL

Die B-GmbH hat in ihrer HB zum 31. 12. 01 bzw. 31. 12. 02 eine Pensionsrückstellung von 111 000 € bzw. 120 000 € gebildet. Es handelt sich um eine rechtsverbindliche Zusage an ihren Gesellschafter-Geschäftsführer A (im Jahre 02 = 50 Jahre alt).

Die der Zusage entsprechende fiktive Jahresnettoprämie (vgl. H 8.7 [Angemessenheit] KStH) beträgt 7 200 € p. a. Angemessen wäre unstreitig nur eine Versorgungszusage mit einer fiktiven Prämie von 2 400 € p. a.

Entwicklung des HB-Ansatzes:

31. 12. 01	111 000 €
+ Zuführung in 02 gem. § 6a EStG	9 000 €
	120 000 €

LÖSUNG

a) HB

Es besteht Passivierungspflicht (§ 249 Abs. 1 Satz 1 HGB [sofern »Neuzusage«]).

b) StB

Maßgeblichkeit der Handelsbilanz für die Steuerbilanz (§ 5 Abs. 1 Satz 1 EStG, § 6a EStG, daher **volle** Passivierung, vgl. BFH vom 29. 06. 1994 BStBl II 2002, 366 und 367).

c) Korrektur der verdeckten Gewinnausschüttung

aa) Einkommenskorrektur gem. § 8 Abs. 3 Satz 2 KStG

Der Umfang der Korrektur bestimmt sich nach dem Verhältnis der angemessenen zur gesamten tatsächlichen »fiktiven Jahresnettoprämie«, die der Zusage entspräche (H 8.5 KStH), also

$\frac{2\,400\ €}{7\,200\ €} = 1/3.$

Zusage und Zuführung sind nur zu 1/3 angemessen und daher nur in dieser Höhe steuerlich anzuerkennen.

Der Betrag der vGA für die Hinzurechnung nach § 8 Abs. 3 Satz 2 KStG bestimmt sich dagegen nach der eingetretenen Gewinnminderung in 12: 2/3 der Zuführung von 9 000 €, d. h. 6 000 €.

Durchführung der Korrektur außerhalb der Steuerbilanz (vgl. BFH vom 29. 06. 1994 BStBl II 2002, 366 und 367).

bb) (Noch) kein Zufluss beim Anteilseigner

Es liegt ein Fall der »zeitlichen und betragsmäßigen Rechtsfolgen-Disgruenz« zwischen Einkommens- und Ausschüttungsebene vor. Dem Anteilseigner fließt eine vGA erst mit der späteren Pensionszahlung zu, soweit sie unangemessen ist (2/3); vgl. BMF vom 28. 05. 2002 BStBl I 2002, 603, Rz. 30, 34.

8.3 Erdienbarkeit

Die Voraussetzung der **Erdienbarkeit** ist **nicht** erfüllt, wenn der Zeitraum zwischen dem Zeitpunkt der **Zusage** der Pension und dem vorgesehenen Zeitpunkt des Eintritts in den **Ruhestand weniger als zehn Jahre** beträgt (BFH vom 21. 12. 1994 BStBl II 1995, 419). Dies gilt auch bei nachträglicher Erhöhung einer bereits erteilten Zusage (BFH vom 23. 09. 2008 BStBl II 2013, 39).

Vgl. aber Übergangsregelung im Schreiben des BMF vom 01. 08. 1996 BStBl I 1996, 1138 sowie BMF vom 07. 03. 1997 BStBl I 1997, 637.

Die in diesen BMF-Schreiben genannten Fristen (Erdienungszeiträume) gelten trotz Verkürzung der Unverfallbarkeitsfristen durch das Altersvermögensgesetz vom 26. 06. 2001 unverändert weiter (BMF vom 09. 12. 2002 BStBl I 2002, 1993).

8.4 Finanzierbarkeit

Die Voraussetzung der **Finanzierbarkeit** fehlt, wenn bei einem unmittelbar nach dem Bilanzstichtag eintretenden Versorgungsfall der Barwert der künftigen Pensionsleistungen am Ende des Wj. auch **nach** Berücksichtigung einer Rückdeckungsversicherung zu einer **Überschuldung** in der Bilanz führen würde (**H 8.7 [Finanzierbarkeit] KStH m. w. N., insbesondere BMF** vom 06. 09. 2005 BStBl I 2005, 875). Denn dann bestünde für den Geschäftsführer eine Insolvenzantragspflicht.

Die Pensionszusage an den beherrschenden Gesellschafter-Geschäftsführer ist gesellschaftsrechtlich veranlasst, wenn die Finanzierbarkeit **im Zeitpunkt der Zusage nicht erfüllt** ist. Eine Aufteilung in einen finanzierbaren und einen nicht finanzierbaren Teil kommt nicht in Betracht, Zuführungen zu einer solchen Pensionszusage werden insgesamt als vGA behandelt. Das gilt auch dann, wenn sich die finanzielle Lage der Gesellschaft später verbessert. Die Möglichkeit der Aufhebung der ursprünglichen und die Erteilung einer neuen, dann finanzierbaren Pensionszusage bleibt hiervon unberührt.

9 Rückgewähr von Gewinnausschüttungen

Finanzverwaltung und – grds. – auch der BFH lehnen eine rückwirkende Beseitigung der Steuerfolgen einer vGA ab, vgl. BMF vom 06. 08. 1981 BStBl I 1981, 599 (»Einlagelösung« der Finanzverwaltung); BMF vom 23. 04. 1985 DB 1985, 1437. Der BFH hat grds. die **Einlagelösung** der Finanzverwaltung bestätigt (u. a. vgl. BFH vom 29. 05. 1996 BStBl II 1997, 92).

Eine offene oder verdeckte Ausschüttung kann, sobald sie bei der Körperschaft abgeflossen ist, **nicht** durch Aufhebung oder Änderung eines vorher gefassten Gewinnverteilungsbeschlusses mit steuerlicher Wirkung rückgängig gemacht werden.

Zurückgewährte Gewinnanteile sind nach Auffassung des BFH und der Finanzverwaltung steuerlich als **Einlagen** (Zugang beim steuerlichen Einlagekonto, § 27 KStG) zu behandeln, vgl. auch H 8.9 (Rückgewähr einer vGA) KStH.

Der Rückgewähranspruch ist erst im Zeitpunkt seiner **Erfüllung** im steuerlichen Einlagekonto (§ 27 KStG) zu erfassen (analog vgl. BFH vom 29. 05. 1996 BStBl II 1997, 92).

Auch der Abfluss einer Leistung i. S. d. § 27 KStG wird durch Rückgewähransprüche **nicht** ausgeschlossen bzw. nicht aufgehoben (analog BFH vom 25. 05. 1992 BStBl II 1997, 92).

Dies gilt auch bei **Rückgewähransprüchen** aufgrund von »**Steuer- und Satzungsklauseln**«.

BEISPIEL

Nach dem Gesellschaftsvertrag ist der Geschäftsführer A der X-GmbH nicht befugt, einem Gesellschafter (oder diesem nahe stehenden Personen) Vorteile irgendwelcher Art vertragsgemäß oder durch einseitige Handlung zuzuwenden.

Sollte von der Finanzverwaltung oder einem Steuergericht eine vGA angenommen werden, ist der begünstigte Gesellschafter laut Gesellschaftsvertrag verpflichtet, die ihm zugewendeten Vorteile der Gesellschaft zurückzuerstatten.

LÖSUNG Die Rechtsfolgen der vGA können durch diese Satzungsklausel nicht beseitigt werden.

Die Auswirkungen der vGA und ihrer Rückforderung werden an folgendem Beispiel dargestellt.

BEISPIEL

Der beherrschende Gesellschafter X hat von der GmbH im Jahre 02 eine vGA von 70 000 € erhalten, die bisher nicht bei anderen Einkünften der ESt unterlag. Die Beteiligung gehört zum Privatvermögen.

Im Jahre 03 fordert und erhält die GmbH den Vorteil i. H. v. 70 000 € aufgrund einer Steuerklausel zurück. Das Einkommen der GmbH in 02 betrug = 0 € (vor Hinzurechnung der vGA). Der persönliche ESt-Satz des X beträgt (angenommen) 50 % einschließlich Nebensteuern.

LÖSUNG Die Rückzahlung der vGA führt bei der GmbH nicht zur Erhöhung des Einkommens für 03, sondern ist eine **verdeckte Einlage**. Der Rückforderungsanspruch kann, obwohl zivilrechtlich bereits im Ausschüttungsjahr entstanden, erst in 03 aktiviert werden (vgl. BFH vom 30. 01. 1985 BStBl II 1985, 345).

Der Zugang zum steuerlichen Einlagekonto (vgl. § 27 KStG) in 03 beträgt + 70 000 €.

Gilt bei späterer Ausschüttung das steuerliche Einlagekonto als verwendet, ist insoweit beim Anteilseigner **keine** stpfl. Dividende gegeben (§ 20 Abs. 1 Nr. 1 Satz 3 EStG).

a) GmbH: KSt-Belastung der vGA

02:

Tarifbelastung 15 % × 70 000 €	= 10 500 €

03:

Keine Änderung der KSt-Belastung (Rückzahlung ist **kein** Einkommen in 03).

b) Anteilseigner

02:

Kapitalerträge in Form einer vGA in Höhe von:	70 000 €
zu versteuern sind davon bei Antrag nach § 32d Abs. 2 Nr. 3 EStG	
60 %	42 000 €
(§ 3 Nr. 40d EStG)	
Die ESt samt Nebensteuern beträgt lt. Sachverhalt 50 %	21 000 €
Die Mehrbelastung mit ESt beträgt (da bisher nicht versteuert).	+ 21 000 €

03:

Die Rückzahlung der vGA stellt keine negative Einnahme dar, sondern ist als Einlage zu behandeln (vgl. BMF vom 06. 08. 1981 BStBl I 1981, 599).

Zugang steuerliches Einlagekonto	+ 70 000 €
Hierdurch erhöhen sich die Anschaffungskosten der Beteiligung um	70 000 €

Die 60 %ige Steuerminderung durch die Rückzahlung (§ 3c Abs. 2 EStG) ist mithin aufgeschoben bis zu einer Veräußerung der Beteiligung (§ 17 Abs. 1 EStG) oder Kapitalherabsetzung oder bis zur Liquidation (vgl. § 17 Abs. 4 EStG).

Die spätere Auskehrung des steuerlichen Einlagekontos führt nicht zu steuerpflichtigen Einnahmen des Anteilseigners (§ 20 Abs. 1 Nr. 1 Satz 3 EStG).

10 Korrespondierende Besteuerung verdeckter Gewinnausschüttungen

10.1 Allgemeines

VGA sind auf Gesellschafts- und Gesellschafterebene **stets korrespondierend zu erfassen.** Die Regelungen in § 8b Abs. 1 Satz 2 ff., § 32a Abs. 1 KStG sowie § 3 Nr. 40 EStG sollen widersprüchliche Besteuerungsfolgen zwischen Gesellschafts- und Gesellschafterebene bei vGA verhindern.

10.2 Formale Korrespondenz bei verdeckten Gewinnausschüttungen

Wird ein KSt-Bescheid erstmalig erlassen, aufgehoben oder geändert und aufgrund dessen eine vGA gemäß § 8 Abs. 3 Satz 2 KStG (Einkommenshinzurechnung) berücksichtigt (oder nicht mehr berücksichtigt), so kann der **Steuer- oder Feststellungsbescheid des Gesellschafters** nach **§ 32a Abs. 1 KStG** durch Ansatz der zugeflossenen vGA (oder bei deren Wegfall) korrespondierend erlassen, aufgehoben oder geändert werden (§ 32a Abs. 1 Satz 1 KStG).

Wird der grundsätzliche Ansatz oder die Höhe der vGA bei der Körperschaft später, z. B. nach einem Rechtsbehelf, erneut geändert, kann der Steuerbescheid des Gesellschafters nach § 32a Abs. 1 KStG berichtigt werden.

§ 32a Abs. 1 KStG löst eine eigene Ablaufhemmung aus. Der Steuer- bzw. Feststellungsbescheid des Gesellschafters kann innerhalb **eines Jahres nach Bestandskraft** des Steuerbescheids der Körperschaft korrigiert werden (§ 32a Abs. 1 Satz 1, KStG).

§ 32a Abs. 1 KStG gilt **auch** für die Auswirkungen bei einer dem Gesellschafter **nahe stehenden Person** (sog. **Dreiecksverhältnisse**), § 32a Abs. 1 Satz 1 KStG.

In Altfällen (Erlass des KSt-Bescheides vor dem 19. 12. 2006) richtet sich die Erfassung der vGA beim Gesellschafter nach der bisherigen Rechtslage. In Änderungsfällen ist es für die zeitliche Anwendung unerheblich, wenn der zu ändernde Ursprungsbescheid

- bereits vor dem 19. 12. 2006 erlassen worden ist,
- bereits bestandskräftig, aber noch nicht festsetzungsverjährt war (verfassungskonform gemäß BFH vom 29. 08. 2012 BStBl II 2012, 839).

10.3 Materielle Korrespondenz bei verdeckten Gewinnausschüttungen

Eine vGA ist auf der Ebene des Gesellschafters nur dann »systemgerecht«, d. h. nach den vorgesehenen Besteuerungsregeln zu erfassen, wenn die vGA bei der Körperschaft tatsächlich das Einkommen **nicht** gemindert hat, also erforderlichenfalls dem Einkommen der Körperschaft (wieder) hinzugerechnet worden ist.

Nach § 32d Abs. 2 Nr. 4 KStG gilt dies **auch** für die Gewährung des **Teileinkünfteverfahrens.**

a) **Anteilseigner ist eine Körperschaft**
Die Beteiligungserträge sind bei der empfangenden Körperschaft nur dann noch nach § 8b Abs. 1 Satz 1 KStG steuerfrei (unter Beachtung des pauschalen 5 %igen Abzugsverbots nach § 8b Abs. 5 KStG), wenn die vGA bei der vorteilsgewährenden Körperschaft das Einkommen erhöht (d. h. nicht gemindert) hat, § 8b Abs. 1 Satz 2 KStG.

b) **Anteilseigner ist eine natürliche Person**
Von der Hinzurechnung der vGA bei der ausschüttenden vorteilsgewährenden Körper-

schaft ist die Gewährung des **Teileinkünfteverfahrens** – also der **40 %igen** Steuerbefreiung – abhängig. Diese 60 %ige Steuerpflicht gilt

- bei Beteiligungen im **BV** (§ 3 Nr. 40 Satz 2 EStG),
- bei Beteiligungen im **PV** in den Fällen des § 32d Abs. 2 Nr. 3 EStG; dies gilt auf Antrag bei Beteiligungen von mind. 25 % (oder von mind. 1 % bei beruflicher Tätigkeit des Gesellschafters für die Kapitalgesellschaft).

Nach § 32d Abs. 2 Nr. 4 KStG gilt sie auch für die Gewährung des Teileinkünfteverfahrens.

11 Grunderwerbsteuer

Die Grunderwerbsteuer ist vom Wert der – **tatsächlichen** – **Gegenleistung** zu berechnen (§ 9 GrEStG). I. H. d. vGA kann keine Gegenleistung des Gesellschafters angenommen werden (vgl. BFH vom 26. 10. 1977 BStBl II 1978, 201).

12 Schenkungsteuer

vGA können **keine** freigebigen Zuwendungen im Verhältnis der Kapitalgesellschaft zum Gesellschafter sein (BFH vom 30. 01. 2013 BStBl II 2013, 930; Nach Ansicht der Finanzverwaltung kann jedoch eine Schenkung zwischen den Mitgesellschaftern in Betracht kommen (siehe Ländererlasse vom 20.04.2018, BStBl I, 632).

13 Beispiele

BEISPIELE

a) Die A-GmbH zahlt dem Gesellschafter-Geschäftsführer A im Jahre 02 ein um 100 000 € überhöhtes Gehalt. Dies wird erst bei einer Außenprüfung im Jahre 04 aufgedeckt. Der KSt-Bescheid 02 wird unter Hinzurechnung der vGA von 100 000 € nach der AO geändert. Der ESt-Bescheid 02 des A ist jedoch bestandskräftig.
LÖSUNG Der ESt-Bescheid des A kann trotz Bestandskraft nach § 32a Abs. 1 KStG geändert werden, damit die vGA von 100 000 € **systemgerecht** besteuert werden kann (unter Beachtung von § 32d EStG).

b) Wie Beispiel a), aber die Beteiligung des A gehört zum gewerblichen **BV**.
LÖSUNG Hier betrifft die Änderung des ESt-Bescheids eine Erfassung der vGA bei den Einkünften aus Gewerbebetrieb (§ 20 Abs. 8 EStG) i. H. v. **60 %** = 60 000 € (§ 3 Nr. 40d i. V. m. Nr. 40 Satz 2 EStG; Ausschüttungen in ein BV fallen nicht unter die 25 %ige Abgeltungsteuer i. S. d. § 32d Abs. 1 EStG).

c) Die B-GmbH hat dem Gesellschafter-Geschäftsführer B vor Jahren eine Pensionszusage gegeben. Die Zusage ist – gemessen an der »fiktiven Jahresnettoprämie« (i. S. v. H 8.7 [Angemessenheit] KStH) zu 1/3 überhöht. Aufgrund von »Anschlussprüfungen« sind die KSt-Bescheide entsprechend **berichtigt** worden, d. h. es wurde jeweils 1/3 der jährlichen gewinnmindernden Zuführung zur Pensionsrückstellung – außerbilanziell – dem Einkommen der GmbH hinzugerechnet (§ 8 Abs. 3 Satz 2 KStG) – zuletzt für die Jahre 10–12 im Oktober 14.
Ab VZ 14 erhält B die **überhöhte** entsprechende Pension von mtl. 4 500 €. Im Rahmen der – seit Juli 13 – bestandskräftigen ESt-Veranlagung 13 wurde die Pension als Versorgungsbezüge (§ 19 Abs. 1 Nr. 2 EStG) besteuert. Die Beteiligung gehört zum **BV** des B.

LÖSUNG Die ESt-Veranlagung 13 kann nach § 32a Abs. 1 KStG berichtigt werden. Dabei sind nur 2/3 der Pension = monatl. 3 000 € nach § 19 Abs. 1 Nr. 2 EStG und 1/3 als Betriebseinnahmen (vGA) = 1 500 € anzusetzen. Die vGA ist aber nur zu **60 %** stpfl. = 900 € mtl. (Teileinkünfteverfahren nach § 3 Nr. 40 Satz 2 EStG).

d) Eine Tochter-GmbH veräußert in 12 ein Wirtschaftsgut an ihre Muttergesellschaft zu einem Preis, der 100 000 € unter dem gemeinen Wert liegt. Die vGA wurde nicht berücksichtigt. Der KSt-Bescheid der Tochter-GmbH kann nicht mehr nach der AO berichtigt werden (z. B. wegen erhöhter Bestandskraft nach § 173 Abs. 2 AO).
Die KSt-Veranlagung der Muttergesellschaft ist noch offen.
LÖSUNG Nach § 8b Abs. 1 Satz 2 KStG ist der Beteiligungsertrag (vGA) in **voller Höhe** von 100 000 € im Einkommen der Muttergesellschaft zu erfassen, da die vGA das Einkommen der Tochtergesellschaft gemindert hat.
Es entfällt bei der Mutter aber auch die 5 %ige Hinzurechnung nach § 8b Abs. 5 KStG.

FÄLLE 7–11

FALL 7 Eine GmbH zahlt ihrem zu 10 % beteiligten Gesellschafter-Geschäftsführer im Jahre **2018** ein um 100 000 € überhöhtes Gehalt (Beteiligung im Privatvermögen). Das gezahlte Gehalt betrug 340 000 € (als Aufwand gebucht). Das erklärte Einkommen der GmbH betrug (ohne vGA) 0 €. Die VGA wurde nicht erklärt, also auch KapESt nicht einbehalten.

Welche Auswirkungen hat dieser Sachverhalt
1. auf die Einkünfte des Gesellschafters?
2. auf das Einkommen der Gesellschaft (ohne Berücksichtigung der GewSt)?
3. auf die für die Gesellschaft festzusetzende KSt?
Tragen Sie die Lösung in das folgende Schema ein.
Antwort zu 1.:
Einnahmen aus nichtselbstständiger Arbeit

	2018
vor Aufdeckung	340 000 €
nach Aufdeckung	________ €
Differenz	________ €

Einnahmen aus Kapitalvermögen

		2018
vor Aufdeckung		0 €
nach Aufdeckung	________ €	
	________ €	________ €
Differenz		________ €

Antwort zu 2.:
Einkommen der Gesellschaft

vor Aufdeckung	0 €
nach Aufdeckung	________ €
Differenz	________ €

Antwort zu 3.:

KSt 2018	________ €

FALL 8 Der Gesellschafter veräußert ein unbebautes Grundstück zu einem um 35 000 € überhöhten Preis von 135 000 € an die Kapitalgesellschaft. Diese hat das Grundstück mit 135 000 € aktiviert. Der Grundstückswert beträgt unverändert 100 000 €.
Welche Auswirkungen hat dies auf
1. das zu versteuernde Einkommen der GmbH?
2. den Bilanzansatz des Grundstücks?
3. den steuerlichen Ausgleichsposten?

FALL 9 Die Außenprüfung stellt eine überhöhte Gehaltszahlung i. H. v. 10 000 € in 18 an den Gesellschafter-Geschäftsführer zu Lasten des Gewinns fest.
Welche Auswirkungen hat dies auf
1. das zu versteuernde Einkommen der GmbH?
2. die Einkünfte des Anteileigners (Beteiligung im Betriebsvermögen)?

FALL 10 Der Gesellschafter-Geschäftsführer einer GmbH erhält in 18 eine wirksame Pensionszusage. Die GmbH hat die Pensionszusage in Höhe des Teilwerts der Pensionsverpflichtung gemäß § 6a EStG (50 000 €) passiviert. Angemessen sind nur 20 000 €.
Hat dies Auswirkungen auf
1. das zu versteuernde Einkommen der GmbH?
2. den Bilanzansatz der Pensionsrückstellung?
3. die Einkünfte des Anteilseigners?

FALL 11 Der Verkauf eines Grundstücks durch die Gesellschaft an den Anteilseigner erfolgte in 18 zu einem zu niedrigen Verkaufspreis.
Es betragen der Buchwert des Grundstücks bei der GmbH 70 000 €, der vereinbarte und gezahlte Kaufpreis 90 000 €, der Verkehrswert (gemeiner Wert) 104 000 €.
1. Welche Auswirkungen hat dies bei der Gesellschaft?
2. Welche Auswirkungen hat dies beim Anteilseigner?

Teil I Verdeckte Einlagen

1 Begriff

Nach der ständigen Rechtsprechung des BFH liegt eine **verdeckte Einlage** vor, wenn der Gesellschafter oder eine ihm nahe stehende Person der Kapitalgesellschaft einen **einlagefähigen Vermögensvorteil** zuwendet und diese Zuwendung ihre **Ursache im Gesellschaftsverhältnis hat** (vgl. R 8.9 Abs. 1 und 3 KStR, BFH vom 26. 10. 1987 BStBl II 1988, 348).

Gegenstand der offenen oder verdeckten Einlage kann nur ein **einlagefähiger Vermögensvorteil** sein. Das sind nur solche Wirtschaftsgüter, die das Vermögen der Gesellschaft erhöhen.

Es muss sich also um eine bei der Kapitalgesellschaft **bilanzierbare** Vorteilszuwendung handeln. Die Beurteilung der Einlagefähigkeit erfolgt mithin nach Bilanzrecht (u. a. vgl. BFH vom 26. 10. 1987 BStBl II 1988, 348 und vom 09. 06. 1997 BStBl II 1998, 307).

Die verdeckte Einlage muss also zu einer

- **Erhöhung der Bilanzaktiva oder**
- **Verringerung der Bilanzpassiva**

führen (vgl. H 8.9 [Einlagefähiger Vermögensvorteil] KStH).

Es kann sich um **Geld- oder Sacheinlagen** handeln. Ausdrückliche Regelungen in HGB und KStG fehlen. Vgl. aber § 272 Abs. 2 Nr. 4 HGB (andere Zuzahlungen).

Über § 8 Abs. 1 KStG sind § 4 Abs. 1 Sätze 5 und 8, § 6 Abs. 6 Sätze 2 und 3 sowie § 6 Abs. 1 Nr. 5 EStG anwendbar.

2 Nutzungsvorteile

Die Überlassung des Gebrauchs oder der Nutzung eines Wirtschaftsguts kann nicht Gegenstand einer Einlage sein (vgl. BFH vom 26. 10. 1987 BStBl II 1988, 348). Entsprechendes gilt für Dienstleistungen (vgl. BFH vom 14. 03. 1989 BStBl II 1989, 633).

Folglich ist **keine verdeckte Einlage** gegeben, wenn ein Gesellschafter seiner Kapitalgesellschaft Nutzungsvorteile ohne Entgelt oder gegen ein unangemessen niedriges Entgelt überlässt (vgl. BFH vom 24. 05. 1984 BStBl II 1984, 747), z. B.

- bei Vermietung und Verpachtung von Wirtschaftsgütern zu einem unangemessen niedrigen Entgelt (vgl. BFH vom 03. 02. 1971 BStBl II 1971, 408),
- ebenso bei zinsloser oder zinsverbilligter Darlehensgewährung (vgl. BFH vom 28. 01. 1981 BStBl II 1981, 612),
- ferner bei unentgeltlichen Dienstleistungen des Gesellschafters für seine GmbH (vgl. BFH vom 14. 03. 1989 BStBl II 1989, 633).

Vgl. H 8.9 (Nutzungsvorteile) KStH.

BEISPIEL

Der Gesellschafter hat seiner GmbH im Jahr 01 ein Darlehen von 100 000 € zu einem Zinssatz von 7 % mit einer Laufzeit von zehn Jahren gewährt. Die jährlichen Zinsen sind jeweils am 10. 01. des Folgejahres fällig. Die GmbH ist uneingeschränkt zahlungsfähig.

Aus gesellschaftsrechtlichen Gründen verzichtet der Gesellschafter in den einzelnen Jahren auf die vereinbarten Zinsen, und zwar

a) für die Zinsen des Jahres 02 am 31. 12. 01,

b) für die Zinsen des Jahres 03 am 01. 01. 04,

c) für die Zinsen des Jahres 04 am 30. 06. 04.
Liegen verdeckte Einlagen vor?

LÖSUNG

a) Der Zinsverzicht für das Jahr 02 ist keine verdeckte Einlage.

b) Der Zinsverzicht für das Jahr 03 ist eine verdeckte Einlage i. H. v. 7 000 €.

c) Der Zinsverzicht im Jahr 04 ist eine verdeckte Einlage i. H. v. 3 500 € (soweit auf die Zinsen für das 1. Halbjahr verzichtet wird).
Die Zinsforderungen bei b) und c) sind auch voll werthaltig.

3 Steuerliche Behandlung der verdeckten Einlage

3.1 Kapitalgesellschaft

Bei der Kapitalgesellschaft handelt es sich um eine **steuerfreie Vermögensmehrung**, die zwar den Steuerbilanzgewinn, aber **nicht** das **zu versteuernde Einkommen** erhöht (§ 8 Abs. 3 Satz 3 KStG).

Soweit die verdeckte Einlage aber das Einkommen des **Gesellschafters** (fälschlich) **gemindert** hat, **erhöht** sich das Einkommen der Kapitalgesellschaft (§ 8 Abs. 3 Satz 4 KStG).

Soweit sich das zu versteuernde Einkommen durch Buchung eines handelsrechtlichen Ertrags erhöht hat, ist es außerbilanziell entsprechend zu verringern (vgl. auch § 8 Abs. 1 KStG i. V. m. § 4 Abs. 1 Satz 8 EStG).

I. R. d. gesonderten Feststellung des **steuerlichen Einlagekontos** werden die verdeckten Einlagen als Zugang ausgewiesen (vgl. § 27 KStG). Vgl. auch G 7.

3.2 Anteilseigner

Beim Gesellschafter stellen die verdeckten Einlagen **keine Betriebsausgaben oder Werbungskosten dar, sondern nachträgliche Anschaffungskosten für die Gesellschaftsanteile** (vgl. BFH vom 12. 02. 1980 BStBl II 1980, 494, H 8.9 [Behandlung beim Gesellschafter] KStH).

4 Bewertung der verdeckten Einlage

4.1 Kapitalgesellschaft

Bei der Kapitalgesellschaft sind die verdeckten Einlagen nach § 6 Abs. 1 Nr. 5 EStG grds. mit dem Teilwert zu bewerten (vgl. § 6 Abs. 6 Satz 2 EStG). Dies gilt auch bei Einlage aus einem Betriebsvermögen des Gesellschafters.

Die Sonderregelung des § 6 Abs. 1 Nr. 5a EStG ist auf verdeckte Einlagen in Kapitalgesellschaften ebenfalls anzuwenden (vgl. § 6 Abs. 6 Satz 3 EStG).

Bei verdeckt eingelegten abnutzbaren Wirtschaftsgütern des Anlagevermögens (z. B. Pkw) bemessen sich die steuerlichen Abschreibungen nicht nach dem Handelsbilanzansatz, sondern nach dem (höheren) Teilwert (vorbehaltlich § 6 Abs. 1 Nr. 5a EStG).

4.2 Anteilseigner

Bei dem Anteilseigner sind die verdeckten Einlagen ebenfalls mit dem maßgeblichen Einlagewert anzusetzen. Es besteht **Wertverknüpfung**.

5 Einzelfragen zur verdeckten Einlage

5.1 Verzicht des Gesellschafters auf Vergütungsansprüche

Beim Verzicht des Gesellschafters auf Vergütungsansprüche ist nach H 8.9 (Verzicht auf [Tätigkeits]vergütungen) KStH wie folgt zu unterscheiden:

5.1.1 Verzicht nach Entstehung

Verzichtet der Gesellschafter-Geschäftsführer nach Entstehung seines Anspruchs z. B. auf Tätigkeitsvergütungen, so ist damit **der Zufluss** der betreffenden Einkünfte verbunden. Die Tätigkeitsvergütungen sind z. B. als Einkünfte aus nichtselbstständiger Arbeit zu versteuern.

Der Verzicht stellt eine – die steuerlichen Anschaffungskosten der GmbH-Anteile erhöhende – **verdeckte Einlage** dar (vgl. GrS des BFH vom 09. 06. 1997 BStBl II 1998, 305).

5.1.2 Verzicht vor Entstehung

Verzichtet der Gesellschafter-(Geschäftsführer) auf noch nicht entstandene Vergütungen, so ergeben sich hieraus **keine ertragsteuerlichen Folgen** bei der GmbH und beim Gesellschafter(-Geschäftsführer). Eine verdeckte Einlage scheidet aus. Ebenso entfällt insoweit eine Einkommensbesteuerung für den Gesellschafter(-Geschäftsführer).

5.2 Verzicht des Gesellschafters auf Darlehensforderungen

5.2.1 Voll werthaltige Forderung

Der Verzicht auf eine Darlehensforderung stellt eine verdeckte Einlage i. H. d. **Nennwerts** der Darlehensforderung dar. Es tritt **keine Einkommenserhöhung** bei der Gesellschaft ein.

BEISPIEL

Ein Gesellschafter-Geschäftsführer verzichtet auf die voll werthaltige Tantiemeforderung i. H. v. 100 €.
Die GmbH buchte wie folgt:
Verbindlichkeiten an sonstigen betrieblichen Ertrag 100 €.

LÖSUNG

Bei der GmbH:

Zu versteuerndes Einkommen	./. 100 €
Steuerliches Einlagekonto i. S. § 27 KStG	+ 100 €

Beim Anteilseigner:

Anschaffungskosten Beteiligung	+ 100 €
Einlagebedingter Zufluss von Arbeitslohn (§ 19 EStG)	+ 100 €

5.2.2 Nicht voll werthaltige Darlehensforderung

Es liegt eine verdeckte Einlage nur i. H. d. niedrigeren **Teilwerts**, d. h. nur i. H. d. **werthaltigen Teils** der Forderung vor. Der Teilwert kann auch 0 € betragen (H 8.9 [Verzicht . . .] KStH).

Das **Einkommen** der Gesellschaft **erhöht sich** i. H. d. Differenz Nennwert ./. Teilwert, d. h. i. H. d. nicht werthaltigen Teils der Forderung.

Zur Frage der Werthaltigkeit vgl. im Einzelnen BMF vom 08. 06. 1999 BStBl I 1999, 545.

BEISPIEL

Ein Gesellschafter-Geschäftsführer verzichtet auf eine Tantiemeforderung i. H. v. 100 €, der Teilwert der Forderung beträgt aber nur 65 €.
Die GmbH buchte wie folgt:
Verbindlichkeiten an sonstigen betrieblichen Ertrag 100 €.

LÖSUNG

Bei der GmbH:

Zu versteuerndes Einkommen	./. 65 €
Steuerliches Einlagekonto i. S. § 27 KStG	+ 65 €

Beim Anteilseigner:

Anschaffungskosten Beteiligung	+ 65 €
Zufluss Arbeitslohn	+ 65 €

5.3 Verzicht auf Pensionsanwartschaft

Bei Verzicht auf eine Pensionsanwartschaft liegt ebenfalls eine verdeckte Einlage vor, sofern ein Verzicht auf den sog. post-service erfolgt. Der Verzicht auf evtl. künftig entstehende Pensionsansprüche (future-service) löst keine verdeckte Einlage aus (vgl. BFH vom 15. 10. 1997 BStBl II 1998, 305).

Maßgebend ist der **Teilwert** der **Pensionsanwartschaft** (**nicht** der nach § 6a EStG ermittelte Teilwert der passivierten Pensionsverbindlichkeit (Rückstellung)). I. H. d. Teilwerts der Pensionsanwartschaft liegt ein Zufluss von Arbeitslohn beim Gesellschafter vor.

Ist der Teilwert der Pensionsanwartschaft kleiner als die Pensionsrückstellung, stellt der Differenzbetrag laufenden Gewinn der Gesellschaft dar.

Ist der Teilwert der Pensionsanwartschaft größer als die Pensionsrückstellung, stellt die Differenz laufenden Aufwand dar und ist gleichzeitig eine verdeckte Einlage.

Zur Ermittlung des Teilwerts der Pensionsanwartschaft bei Voll- bzw. Teilverzicht sowie der jeweiligen verdeckten Einlage vgl. **im Einzelnen BMF vom 14.08. 2012 BStBl I 2012, 875.**

5.4 Korrektur der Steuerbilanz

Bei bisherigem Nichtansatz der verdeckten Einlage in der Handelsbilanz ist in der Steuerbilanz im Wege der **Bilanzberichtigung ein passiver steuerlicher Ausgleichsposten (StAP) anzusetzen** (Buchung: Wirtschaftsgut an StAP).

5.5 Ausschüttungen aus dem steuerlichen Einlagekonto

Ausschüttungen aus dem steuerlichen Einlagekonto sind keine Dividenden, sondern nichtsteuerbare Kapitalrückzahlungen § 20 Abs. 1 Nr. 1 **Satz 3** EStG.

Leistungen der Kapitalgesellschaft gelten unabhängig von ihrer handelsrechtlichen Einordnung nur insoweit als Einlagenrückgewähr, als die Summe der Leistungen im Wj den auf den Schluss des vorangegangenen Wj ermittelten »ausschüttbaren Gewinn« übersteigen. Vgl. § 27 Abs. 1 Sätze 3 bis 5 KStG.

6 Verdeckte Gewinnausschüttungen und verdeckte Einlagen bei Schwestergesellschaften

Die körperschaftsteuerliche Behandlung der Vorteilsgewährung zwischen »Schwestergesellschaften« ist durch ein »Dreiecksverhältnis« von Kapitalgesellschaften gekennzeichnet:

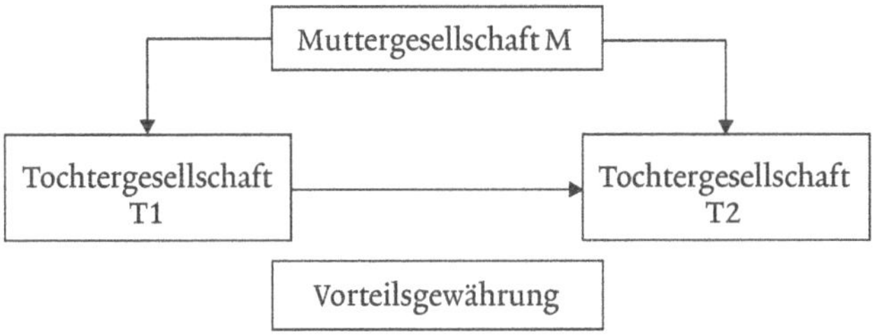

Die Auswirkungen werden anhand der folgenden Beispiele a) und b) dargestellt.

BEISPIELE

a) Eine inländische GmbH M (Muttergesellschaft) ist an zwei Tochtergesellschaften mbH (T1 und T2) zu je 100 % beteiligt. Im Kj 2018 (Wj) hat die GmbH T1 an die GmbH T2 Waren für 260 000 € geliefert, deren wirklicher Wert 400 000 € betrug. Unter Berücksichtigung der tatsächlich von T2 an T1 gezahlten 260 000 € hatten alle Gesellschaften im Jahre 2018 ein zu versteuerndes Einkommen von 0 €.
Nichtabziehbare Aufwendungen waren bei den drei Gesellschaften im Jahr 2018 nicht angefallen.
Es liegt keine körperschaftsteuerliche Organschaft vor.
Welche körperschaftsteuerlichen Auswirkungen hat die Unterpreislieferung bei den Gesellschaftern T1, M und T2 (**ohne** Berücksichtigung gewerbesteuerlicher und umsatzsteuerlicher Fragen)?

LÖSUNG Durch die verbilligte Lieferung an T2 ist bei T1 eine Vermögensminderung eingetreten, die ihre Ursache in dem zwischen M und T1 bestehenden Gesellschaftsverhältnis hat, weil die T1 den Vorteil einem fremden Dritten nicht eingeräumt hätte. Es liegt also eine vGA von T1 an M vor, weil die T2 eine der Gesellschaftering M »nahestehenden Person« ist. Eine solche vGA darf (hier bei T1) das zu versteuernde Einkommen gem. § 8 Abs. 3 Satz 2 KStG nicht mindern.
Die körperschaftsteuerlichen Folgen der vGA ergeben sich, wenn angenommen wird, dass die Waren zum angemessenen Preis von 400 000 € an die T2 verkauft worden wäre. Es wird also unterstellt, dass die T2 außer der tatsächlichen Zahlung von 260 000 € eine fiktive Zahlung von 140 000 € geleistet hat. Diese 140 000 € hat die T1 fiktiv als vGA an M weitergeleitet, die ihrerseits die 140 000 € als verdeckte Einlage der T2 wieder zugeführt hat.

Somit ergeben sich folgende körperschaftsteuerlichen Auswirkungen:

Bei T1: Zu versteuerndes Einkommen/KSt

Das zu versteuernde Einkommen ist um die vGA von 140 000 € gemindert worden, deshalb ist es gem. § 8 Abs. 3 Satz 2 KStG um diesen Betrag zu erhöhen.

KSt-Schuld

Die KSt-Schuld beträgt demnach gem. § 23 Abs. 1 KStG 15 % von 140 000 €	21 000 €

Bei M: Zu versteuerndes Einkommen
Bei M erhöht sich das zu versteuernde Einkommen nicht um die vGA, da sie gem. § 8b Abs. 1 KStG steuerfrei ist.
Allerdings gelten 5 % der vGA gem. § 8b Abs. 5 KStG als nichtabziehbare Ausgaben, also 5 % × 140 000 € = 7 000 €. Das zu versteuernde Einkommen beträgt somit 7 000 €.
KSt-Schuld

Die KSt 2018 beträgt 15 % × 7 000 € =	**1 050 €**

Buchung

Beteiligung T2-GmbH an Beteiligungserträge	140 000 €
KSt-Aufwand an KSt-Rückstellung	1 050 €

Bei T2: Zu versteuerndes Einkommen
Zum Ausgleich für die verdeckte Einlage sind bei T2 die Anschaffungskosten für die Waren um 140 000 € zu erhöhen. Der um diesen Betrag erhöhte Wareneinsatz führt in 2018 zu einem entsprechend geringeren zu versteuernden Einkommen.
Da das zu versteuernde Einkommen vor Berücksichtigung der verdeckten Einlage 0 € betrug, führt dies zu einer Verringerung des zu versteuernden Einkommens i. H. v. ./. 140 000 €.
Dieser Verlust kann i. R. d. § 8 Abs. 1 KStG, § 10d EStG zurück- bzw. vorgetragen werden.
KSt-Schuld
Für 2018 ergeben sich keine Auswirkungen.
Steuerliches Einlagekonto (§ 27 KStG)
Die verdeckte Einlage erhöht gem. § 27 KStG das steuerliche Einlagekonto zum 31. 12. 2018 um + 140 000 €.

b) Der Sachverhalt entspricht Beispiel a), aber die T1 hat statt der verbilligten Lieferung der T2 ab 01. 01. 2018 ein zinsloses Darlehen i. H. v. 2 000 000 € gegeben. Die angemessene Verzinsung für 2018 beträgt 7 %.

LÖSUNG Bei der Gewährung des zinslosen Darlehens der T1 an T2 handelt es sich ebenfalls um eine vGA. Der Unterschied zu Beispiel a) besteht darin, dass nach dem Beschluss des GrS des BFH vom 26. 10. 1987 BStBl II 1988, 348 eine unentgeltliche Nutzungsüberlassung nicht Gegenstand einer verdeckten Einlage sein kann.
Es ergeben sich folgende Auswirkungen:
Bei T1:
Die Lösung entspricht der des Beispiels a).
Bei M: Zu versteuerndes Einkommen
Wie im Beispiel a) erhöht die vGA von 140 000 € das zu versteuernde Einkommen nicht (§ 8b Abs. 1 KStG).
Dem erhaltenen Nutzungsvorteil von 140 000 € steht in gleicher Höhe ein Aufwand (sog. Vorteilsverbrauch) gegenüber, weil nach dem obigen Beschluss des GrS des BFH vom 26. 10. 1987 eine Nutzungsüberlassung **nicht** Gegenstand einer Einlage sein kann.
Das zu versteuernde Einkommen darf sich um 140 000 € mindern. § 3c Abs. 1 EStG gilt nicht.
Jedoch gelten wiederum 5 % der vGA = 7 000 € nach § 8b Abs. 5 KStG als nicht abziehbare Ausgaben.
Das zu versteuernde Einkommen beträgt

vGA (§ 8 Abs. 3 Satz 2 KStG)	140 000 €
./. steuerfrei (§ 8b Abs. 1 KStG)	./. 140 000 €
./. sonstiger betrieblicher Aufwand	./. 140 000 €
+ nicht abziehbare Ausgaben (§ 8b Abs. 5 KStG)	+ 7 000 €
	./. 133 000 €

Die Körperschaftsteuer beträgt 0 €.
Buchung:

Sonstiger betrieblicher Aufwand an Beteiligungserträge	140 000 €

Bei T2:
Hier ergibt sich keine Auswirkung, weil eine Einlage nicht gegeben ist.
Diese Grundsätze gelten unabhängig davon, ob die Muttergesellschaft (der/die Obergesellschafter/in) eine beherrschende Stellung hat (BFH vom 08.10.2008 BStBl II 2011, 62).

7 Korrespondierende Besteuerung verdeckter Einlagen

Analog zur korrespondierenden Besteuerung verdeckter Gewinnausschüttungen bei der Kapitalgesellschaft und ihrem Anteilseigner regeln § 8 Abs. 3 Sätze 4–6 und § 32a Abs. 2 KStG auch bei verdeckten Einlagen eine

- materielle und
- formelle

Korrespondenz.

7.1 Materielle Korrespondenz (§ 8 Abs. 3 Sätze 4 bis 6 KStG)

Soweit eine verdeckte Einlage das Einkommen des Gesellschafters **unzutreffend gemindert** hat (also durch Abzug als Betriebsausgaben oder Werbungskosten), wird das Einkommen der Gesellschaft entsprechend erhöht (§ 8 Abs. 3 Satz 4 KStG).

Die Regelung in § 8 Abs. 3 Sätze 5 und 6 KStG bezieht durch vGA ausgelöste verdeckte Einlagen bei Schwestergesellschaften (»Dreiecksverhältnisse«) mit ein. Vgl. vorstehend 6.

7.2 Formelle Korrespondenz (§ 32a Abs. 2 KStG)

Soweit gegenüber dem Gesellschafter ein Steuerbescheid oder Feststellungsbescheid wegen einer verdeckten Einlage erlassen, aufgehoben oder geändert wird, kann gegenüber der empfangenden Körperschaft ein Steuerbescheid **entsprechend** erlassen, aufgehoben oder geändert werden (§ 32a Abs. 2 KStG).

BEISPIEL

X ist 40 %iger Gesellschafter der X-GmbH. Die Beteiligung ist bei X Betriebsvermögen. X begleicht eine Fremdverbindlichkeit der X-GmbH von 50 000 € und verbucht den Vorgang als Aufwand.
Bei der X-GmbH wurde der Vorgang gebucht: Verbindlichkeiten 50 000 € an sonstiger betrieblicher Ertrag 50 000 €. Der KSt-Bescheid der X-GmbH ist bestandskräftig.
Aufgrund einer Außenprüfung bei X wird der Gewinn um 50 000 € erhöht und die entsprechende verdeckte Einlage als Zugang auf dem Beteiligungskonto behandelt. Der ESt-Bescheid wird dementsprechend nach § 173 Abs. 1 Nr. 1 AO berichtigt.
LÖSUNG Da die einkommensteuerliche Behandlung der verdeckten Einlage bei dem Gesellschafter richtiggestellt wurde, kann der KSt-Bescheid der X-GmbH gemäß § 32a Abs. 2 KStG entsprechend berichtigt werden, d. h. die unzutreffende Einkommenserhöhung bei der GmbH kann beseitigt werden.

Teil J Besteuerung von Dividenden bei den Anteilseignern

1 Dividenden im Privatvermögen

Für die Behandlung von Dividenden im Privatvermögen gilt:

a) Das Teileinkünfteverfahren gilt im Privatvermögen grds. **nicht**, d. h. die Dividenden stellen **grds.** in voller Höhe Einnahmen aus Kapitalvermögen dar (vgl. § 3 Nr. 40 Satz 2, § 20 Abs. 8 EStG).

b) Die Kapitalertragsteuer beträgt **25 %** (§ 43a Abs. 1 Nr. 1 EStG).

c) Die Kapitalertragsteuer hat **grds. Abgeltungswirkung**, d. h. es findet grds. **keine** Einbeziehung in die ESt-Veranlagung statt (§ 43 Abs. 5 Satz 1 EStG).
Dies gilt nicht in besonders geregelten Ausnahmefällen.

d) Auf Dividenden sind anwendbar:
   aa) § 32d Abs. 4 EStG: Antrag auf Einbeziehung in die Veranlagung, aber zum gesonderten Tarif nach § 32d Abs. 1, Abs. 3 Satz 2 EStG von 25 % (z. B. bei Nichtausschöpfung des Sparer-Pauschbetrags).
   bb) Günstigerprüfung nach § 32d Abs. 6 EStG: mit Ermittlung der gesamten Kapitaleinkünfte nach § 20 EStG und Anwendung der tariflichen ESt (wenn Grenzsteuersatz niedriger als 25 %).
   cc) Antrag nach § 32d Abs. 2 Nr. 3 EStG auf Einbeziehung von Einnahmen aus § 20 Abs. 1 Nr. 1 und 2 EStG bei Beteiligung zu mindestens

- 25 % oder
- 1 % und beruflicher Tätigkeit für die Kapitalgesellschaft mit maßgeblichem Unternehmerischen Einfluss.

Insoweit gilt dann doch das Teileinkünfteverfahren, d. h. Steuerpflicht der Dividenden zu 60 % und Möglichkeit des Werbungskostenabzugs zu 60 % (§ 3c Abs. 2 EStG); Anwendung der tariflichen ESt.
Es sind Einzelheiten zur Antragstellung zu beachten.

e) Ein Abzug tatsächlicher Werbungskosten ist grds. nicht möglich (§ 20 Abs. 9 2. HS EStG); Ausnahme: siehe d) cc).

2 Dividenden im Betriebsvermögen

Bei der Behandlung von Dividenden im Betriebsvermögen als Betriebseinnahmen (§ 20 Abs. 8 EStG) ist zu beachten:

a) Nach dem **Teileinkünfteverfahren** (§ 3 Nr. 40 Satz 3 EStG), ist die Dividende als Betriebseinnahme zu **60 %** zu versteuern.

b) Die KapESt beträgt ebenfalls 25 % (§ 43a Abs. 1 Nr. 1 EStG).

c) Es besteht **keine** Abgeltungswirkung (§ 43 Abs. 5 Satz 2 EStG).

d) Die tatsächlichen Aufwendungen sind zu **60 %** als Betriebsausgaben abzugsfähig (§ 3c Abs. 2 EStG).

BEISPIEL

Vorbemerkung: Die Berechnung erfolgt hier ohne Berücksichtigung des SolZ.
Der Gewerbetreibende B ist zu 20 % an der Einkaufs-GmbH beteiligt. Der Anteil gehört zum **BV** des B. Für das Wj = Kj 01 wurde am 01. 12. 02 von der Gesellschafterversammlung eine Gewinnausschüttung von insgesamt 50 000 € beschlossen, fällig zur Auszahlung am 01. 01. 03.
B erhielt seinen Gewinnanteil von netto 7 500 € (nach Abzug von 25 % KapESt ohne SolZ) per Scheck am 05. 01. 03.
B ermittelt seinen Gewinn nach
a) § 4 Abs. 3 EStG,

b) Bestandsvergleich (§ 4 Abs. 1, § 5 EStG).

LÖSUNG Infolge der Zugehörigkeit des Anteils zum BV ist die Gewinnausschüttung als Betriebseinnahme zu erfassen (§§ 15, 20 Abs. 8 EStG).
a) Bei Gewinnermittlung nach **§ 4 Abs. 3 EStG** gilt – wie bei § 20 EStG – das Zuflussprinzip. Die Betriebseinnahmen sind daher im **VZ 03** zu erfassen (§ 11 Abs. 1 Satz 1 EStG).

Nettobetrag		7 500 €
+ 25 %ige KapESt	1/3 von 7 500 €	
(§ 43a Abs. 1 Nr. 1, § 12 Nr. 3 EStG)		2 500 €
Gewinnanteil (= Betriebseinnahme)		10 000 €
Außerhalb der Gewinnermittlung sind nach § 3 Nr. 40 Satz 2 EStG 40 % der Dividende vom Gewinn als steuerfrei abzuziehen.		./. 4 000 €
zu versteuernde Betriebseinnahme		6 000 €

b) Bei **Bestandsvergleich** ist der Anspruch auf die Ausschüttung bereits als Gläubigerrecht zu aktivieren. Der Zuflusszeitpunkt ist bedeutungslos.
Die Betriebseinnahmen sind im **VZ 02** zu erfassen:

Gewinnanteil (einschließlich KapESt)	10 000 €

Buchungen:

01:	– Sonstige Forderungen an Beteiligungserträge		10 000 €
02:			
03:	Bank	7 500 €	
	Privatentnahmen	2 500 €	
	an sonstige Forderungen		10 000 €

Außerbilanzielle Abrechnung 4 000 € in 02.

Teil K Verlustabzug gemäß § 10d EStG, § 8 Abs. 1 KStG, §§ 8a, 8b, 8c, 8d KStG

1 Überblick

Nach § 8 Abs. 1 KStG sind bei der KSt die einkommensteuerrechtlichen Vorschriften zur Einkommensermittlung - dazu gehört auch der Verlustabzug nach § 10d EStG - entsprechend anzuwenden.

Nach § 10d Abs. 1 EStG kann ein steuerlicher **Verlust** auf das Einkommen des vorangegangenen VZ zurückgetragen (nur einjähriger Verlustrücktrag) bzw. (ohne zeitliche Begrenzung) auf das Einkommen des dem Verlustjahr folgenden VZ vorgetragen werden.

Für nicht ausgeglichene Verluste **ab dem VZ 2013** erhöht sich der Höchstbetrag für den Verlustrücktrag bis **1 000 000 €**.

Die Grenze gilt auch bei verschachtelten Kapitalgesellschaften (Konzernen usw.) für jede Gesellschaft, im Fall der Organschaft aber für den gesamten Organkreis.

Es besteht ein **Wahlrecht zum Verlustrücktrag** (§ 10d Abs. 1 Satz 4 EStG i. V. m. § 8 Abs. 1 KStG). Beim Verlustvortrag (§ 10d Abs. 2 EStG) besteht kein Wahlrecht; er muss bis zu einem Einkommen von jeweils 0 € vorgenommen werden.

Der Verlustvortrag (§ 10d Abs. 2 EStG) ist in voller Höhe möglich bis 1 000 000 €. Ein darüber hinausgehender Verlust ist bis 60 % des 1 000 000 € übersteigenden Einkommens zulässig.

Auch bei der KSt ist eine **gesonderte Feststellung** des verbleibenden Verlustabzugs durchzuführen (§ 10d Abs. 4 EStG, § 8 Abs. 1, § 31 Abs. 1 KStG).

2 Persönliche Berechtigung zum Verlustabzug

Die Voraussetzungen des Verlustabzugs richten sich nach § 10d EStG (vgl. § 8 Abs. 1 KStG). Der Verlustabzug nach § 10d EStG ist daher grds. nur bei der Körperschaft möglich, bei der auch der Verlust eingetreten ist (Erfordernis der Personengleichheit, vgl. R 10d Abs. 4 Satz 1 EStR).

Bei **formwechselnder Umwandlung auf eine andere Kapitalgesellschaft nach dem UmwG** ist die handelsrechtliche Personengleichheit auch steuerlich anzuerkennen und deshalb der Verlustabzug nach § 10d EStG zulässig (BFH vom 19. 08. 1958 BStBl III 1958, 468).

Bei **Vermögensübergang oder formwechselnder Umwandlung einer Körperschaft auf eine Personengesellschaft oder natürliche Person** (§ 4 Abs. 2 Satz 2 und § 9 Satz 1 UmwStG) ist dagegen **kein** Verlustabzug möglich.

Auch bei der **Verschmelzung auf eine andere Körperschaft** (§ 11 ff. UmwStG) geht ein verbleibender Verlustabzug i. S. d. § 10d Abs. 4 EStG **nicht** auf die übernehmende Körperschaft über (§ 12 Abs. 3 i. V. m. § 4 Abs. 2 Satz 2 UmwStG).

3 Ermittlung des körperschaftsteuerlichen Verlusts

Maßgebend für die Ermittlung eines steuerlichen Verlusts einer Körperschaft, Personenvereinigung oder Vermögensmasse sind die einkommensteuerrechtlichen Vorschriften, die durch körperschaftsteuerrechtliche Sondervorschriften ergänzt werden (insbes. §§ 8, 8a, 8b, 8c, 8d, 9, 10 KStG).

Einkünfte, die **sachlich steuerbefreit** sind, sind weder mit einem ohne sie im Verlustjahr entstandenen Verlust noch mit abziehbaren Verlusten aus anderen Jahren zu verrechnen. **Nicht mit Verlusten verrechnet** werden dürfen daher insbesondere

- aufgrund von DBA steuerfreie Einkünfte,
- Investitionszulagen gem. InvZulG.

BEISPIEL

Jahresfehlbetrag einer GmbH	./. 5 000 €
+ nicht abziehbare BA (als Aufwand behandelt)	+ 2 000 €
./. Investitionszulage (als Ertrag gebucht)	./. 20 000 €
nicht ausgeglichener Verlust, abziehbar nach § 10d EStG	./. 23 000 €

Für die Ermittlung eines steuerlichen Verlusts gelten die gleichen Grundsätze wie für die Ermittlung eines positiven Einkommens, d. h.

- nicht abziehbare Ausgaben i. S. d. § 10 KStG vermindern den steuerlichen Verlust,
- die nach § 9 KStG abziehbaren Beträge, insbesondere die abziehbaren Spenden, erhöhen den steuerlichen Verlust (vgl. BFH vom 21. 10. 1981 BStBl II 1982, 177).

Bei dieser Auslegung des § 10d EStG im Bereich der KSt werden allerdings Kapitalgesellschaften besser gestellt als natürliche Personen. Bei der ESt erhöhen Spenden nicht einen abzugsfähigen Verlustabzug, sondern gehen im Verlustjahr verloren.

BEISPIEL

Jahresfehlbetrag einer GmbH		./. 89 000 €
Als Aufwand wurden verbucht:		
• nicht abziehbare BA	1 000 €	
• Spenden 6 000 €	davon abziehbar angenommen 5 000 €	

LÖSUNG

Ermittlung des abzugsfähigen Verlusts

Jahresfehlbetrag	./. 89 000 €
+ nicht abziehbare BA	+ 1 000 €
+ Spenden	+ 5 000 €
	./. 83 000 €
./. abziehbare Spenden (§ 9 Abs. 1 Nr. 2 KStG)	./. 5 000 €
nach § 10d EStG abzugsfähig	./. 88 000 €

Parteispenden sind bei der KSt nicht abzugsfähig.

4 Auswirkungen des Verlustabzugs

Der Verlustabzug wirkt sich auf der Einkommensebene aus. I. H. d. Verlustabzugs mindert sich das zu versteuernde Einkommen.

5 Grundfall: Verlustrücktrag

BEISPIEL

Die KSt-Veranlagung ist für 2018 bestandskräftig durchgeführt.

Aktiva	**31.12.2018 (in €)**			Passiva
Verschiedene Aktiva	185 000	Gezeichnetes Kapital		100 000
KSt-Erstattungsanspruch	24 000	GewSt-Rückstellung		22 400
		Gewinnvortrag		
		01.01.2018	0 €	
		Jahresüberschuss 2018	86 600	
		Bilanzgewinn		86 600
	209 000			209 000

Der GewSt-Hebesatz beträgt 400 %. Es sind **keine** GewSt-Vorauszahlungen geleistet.
Erläuterungen

Vorläufiger Jahresüberschuss 2018	109 000 €
+ KSt-Vorauszahlungen	48 000 €
+ sonstige nicht abziehbare Ausgaben (ohne GewSt)	3 000 €
zu versteuerndes Einkommen	**160 000 €**
KSt 15 %	24 000 €
./. KSt-Vorauszahlung	./. 48 000 €
KSt-Erstattungsanspruch	**24 000 €**
Vorläufiger Jahresüberschuss	109 000 €
./. GewSt-Rückstellung 4 × 3,5 % × 160 000 € =	./. 22 400 €
Jahresüberschuss 2018	**86 600 €**

Für 2019 ergibt sich ein Verlust aufgrund folgender vorläufiger Bilanz:

Aktiva	**31.12.2019 (in €)**			Passiva
Verschiedene Aktiva	60 600	Gezeichnetes Kapital		100 000
		Verbindlichkeiten		17 400
		Gewinnvortrag		
		01.01.2019	86 600	
		./. Jahresfehlbetrag 2019	./.300 000	
		Bilanzverlust 2019		213 400
	60 600			60 600

Erläuterungen zu 2019: Es wurden keine KSt-Vorauszahlungen geleistet. Die Höhe der sonstigen nicht abziehbaren Ausgaben beträgt 7 000 € und die der Parteispenden 3 800 € (als Aufwand gebucht).
Aufgabe:
Durchführung des Verlustrücktrags nach 2018. Die GmbH will – i. R. d. Wahlrechts (§ 10d Abs. 1 Satz 5 EStG) – so weit wie möglich den Verlustrücktrag durchführen.
Auf den SolZ ist (aus Vereinfachungsgründen) nicht einzugehen.

LÖSUNG

Steuerlicher Verlust 2019

»Reguläre« Einkommensermittlung für den steuerlichen Verlust (einschließlich §§ 9, 10 KStG, BFH vom 21. 10. 1981 BStBl II 1982, 177)

Jahresfehlbetrag	./. 300 000 €
+ sonstige nicht abziehbare Ausgaben	7 000 €
+ gesamte Spenden	3 800 €
	./. 289 200 €
./. abzugsfähige Spenden	./. 0 €
Einkommen/nicht ausgeglichener Verlust (für Rücktrag und Vortrag)	./. 289 200 €

Parteispenden sind bei der KSt nicht abzugsfähig.

Verlustrücktrag nach 2018

(§ 10d Abs. 1 Satz 1 und Satz 5 EStG, § 8 Abs. 1 KStG)

Folge:

Berichtigung des KSt-Bescheids 2018 (§ 10d Abs. 1 Satz 2 EStG).

Berichtigte KSt-Veranlagung 2018 (nach Verlustrücktrag)

	2018
Einkommen vor Rücktrag	160 000 €
./. Verlustrücktrag	160 000 €
zu versteuerndes Einkommen	0 €
festzusetzende KSt	0 €
KSt vor Verlustrücktrag	24 000 €
KSt-Erstattungsanspruch infolge Verlustrücktrag (15 % des Verlustrücktrags)	24 000 €

Ein Rücktrag ist bis zu einem zu versteuernden Einkommen von 0 € möglich.

Hinweis:

- Es verbleibt ein Verlustvortrag von 289 200 € ./. 160 000 € = 129 200 €.
- Die Bilanz des Rücktragjahres ist **nicht** zu berichtigen.

6 Verlustvortrag

6.1 Keine zeitliche Begrenzung

Der Vortrag von Verlusten ist **zeitlich unbegrenzt** möglich. Er muss jeweils bis zu einem Einkommen von 0 € vorgenommen werden.

BEISPIEL

Im Jahre 2018 hat die GmbH ein Einkommen von 200 000 €.
Aus Vorjahren hat sie einen vortragsfähigen Verlust von 150 000 €.

LÖSUNG

Einkommen	200 000 €
./. Verlustvortrag (§ 10d Abs. 2 EStG)	./. 150 000 €
zu versteuerndes Einkommen 2018	50 000 €
KSt 15 %	7 500 €

6.2 Betragsmäßige Begrenzung

Über § 10d Abs. 2 EStG i. V. m. § 8 Abs. 1 KStG wird der Verlustvortrag auch bei der KSt betragsmäßig begrenzt. Der Verlustvortrag ist bis zu 1 000 000 € in voller Höhe möglich. Ein darüber hinausgehender Verlust ist bis zur Höhe von 60 % des 1 000 000 € übersteigenden Einkommens vortragsfähig. Der Effekt besteht in einer jeweils jährlichen Mindestgewinnbesteuerung.

BEISPIEL

Eine GmbH hat in 2018 ein Einkommen von 1 500 000 €. Aus den Vorjahren hat sie einen vortragsfähigen Verlust von 2 100 000 €.

LÖSUNG

Einkommen 2018 vor Verlustabzug	1 500 000 €
Verlustvortrag 1. Stufe	./. 1 000 000 €
übersteigendes Einkommen	500 000 €
Verlustvortrag 2. Stufe (60 % × 500 000 € =)	./. 300 000 €
zu versteuerndes Einkommen 2018	200 000 €

Verbleibender Verlustvortrag 31. 12. 2018:

Vortragsfähiger Verlust	2 100 000 €
Abzug in 2018	./. 1 300 000 €
verbleiben	800 000 €

Nach BFH vom 22.08. 2012, AZ: I R 9/11 ist diese sog. Mindestbesteuerung verfassungsgemäß. Hiergegen ist eine Verfassungsbeschwerde anhängig (BVerfG, AZ: 2 BVR 2998/12).

6.3 Gesonderte Feststellung

Auch bei der KSt wird eine gesonderte Feststellung des verbleibenden Verlustvortrags durchgeführt (§ 10d Abs. 4 EStG, §§ 8 Abs. 1, 31 Abs. 1 KStG).

7 Regelung des § 8c KStG – Grundzüge

VERWALTUNGSANWEISUNGEN *BMF vom 28. 11. 2017, BStBl I, 1645.*

7.1 Anwendungsbereich

§ 8c KStG ist auf unbeschränkt und beschränkt steuerpflichtige Körperschaften usw. i. S. d. § 1 Abs. 1 KStG anzuwenden, BMF Tz. 1.

Die Abzugsbeschränkung gemäß § 8c KStG ist auf alle nicht ausgeglichenen und nicht abgezogenen negativen Einkünfte (**nicht genutzte Verluste**) anwendbar und umfasst insbesondere die Verluste nach § 2a, § 10d (Verlustvor- und -rücktrag), § 15 Abs. 4, § 15a und § 15b EStG.

§ 8c KStG gilt für den Zinsvortrag nach § 4h Abs. 1 Satz 5 EStG entsprechend (§ 8a Abs. 1 Satz 3 KStG), BMF Tz. 2.

7.2 Schädlicher Beteiligungserwerb

7.2.1 Überblick

Nach § 8c Abs. 1 Satz 1 KStG n. F. führt allein die Übertragung von **mehr als der Hälfte** der Anteile innerhalb von 5 Jahren zu einem **vollständigen** Wegfall des Verlustvortrags einer Kapitalgesellschaft ohne weitere Voraussetzung. Bei einer Übertragung von **mehr als 25 % bis 50 %** der Anteile entfällt der Verlustvortrag nicht mehr anteilig.

Anteilsübertragung	Verlustabzug
bis 25 %	bleibt erhalten
über 25 % bis 50 %	bleibt erhalten
über 50 %	geht ganz verloren (§ 8c Abs. 1 Satz 1 KStG)

Generelle Aufhebung des § 8c (Abs. 1) Satz 1 KStG

Gesetz zur Vermeidung von Umsatzsteuerausfällen beim Handel von Waren im Internet und zur Änderung weiterer steuerlicher Vorschriften (UStAVermG) vom 11.12.2018 (BGBl. I S. 2338)

*Nach dem **Entwurf der BReg für ein Gesetz zur Vermeidung von Umsatzsteuerausfällen beim Handel von Waren im Internet und zur Änderung weiterer steuerlicher Vorschriften (vgl. S. 9 der BR-Drs 372/18)** war zunächst lediglich vorgesehen, in § 34 Abs. 6 KStG folgenden neuen Satz 1 aufzunehmen:*

»Die Rechtsfolgen des § 8c Satz 1 in der Fassung des Artikels 2 des Gesetzes vom 14. August 2007 (BGBl. I S. 1912) sowie des § 8c Absatz 1 Satz 1 sind auf schädliche Beteiligungserwerbe nach dem 31. Dezember 2007 und vor dem 1. Januar 2016 nicht anzuwenden.«

Im Rahmen der öffentlichen Anhörung zum Gesetzesentwurf wurde die (bloße) rückwirkende Streichung des § 8c Abs. 1 Satz 1 KStG für die Jahre 2008 bis 2015 als unzureichend und nicht weitgehend genug empfunden.

Vielmehr wurde eine grundlegende Überarbeitung des Verlustabzugs bei Körperschaften gefordert. Ebenfalls kritisch zum Gesetzesentwurf vgl. Ortmann-Babel/Bolik (DB 2018, 1876), die sich für eine ersatzlose Abschaffung des § 8c KStG bzw. zumindest für eine starke Einschränkung des Anwendungsbereichs des § 8c KStG auf Fälle des Mantelkaufs aussprechen.

Erst im Laufe des Gesetzgebungsverfahrens wurde auf Empfehlung des **Finanz-Ausschusses des BT** (vgl. BT-Drs 19/5595, 23) eine Aufhebung des quotalen Verlustuntergangs nach der bisherigen Regelung des § 8c Abs. 1 Satz 1 KStG **auch für schädliche Beteiligungserwerbe nach dem 31.12.2015** und eine Neufassung des § 8c Abs. 1 KStG aufgenommen.

Dies wurde im Gesetzesbeschluss des BT (vgl. BR-Drs 559/18, 9) übernommen, dem der **BR am 23.11.2018 zugestimmt** hat.

Mit der **Neufassung des § 8c Abs. 1 KStG** wurde der quotale Verlustuntergang nach der bisherigen Regelung des § 8c Abs. 1 Satz 1 KStG insgesamt aufgehoben (sowohl rückwirkend für die Zeit ab 2008 als auch für alle künftigen schädlichen Beteiligungserwerbe). Die Regelung des bisherigen Satzes 1 entfällt damit.

Der bisherige Satz 2 – also der vollständige Untergang nicht genutzter Verluste, wenn innerhalb von 5 Jahren mehr als 50 % der Anteile an einen Erwerber übertragen werden – wurde zum neuen Satz 1. Die bisherigen Sätze 3 bis 9 des § 8c Abs. 1 KStG wurden zu den neuen Sätzen 2 bis 8 und enthalten die erforderlichen Folgeänderungen.

7.2.2 Anteilsübertragung

Dabei werden nach dem jetzigen Wortlaut jeweils alle Anteilsübertragungen innerhalb eines Zeitraums von fünf Jahren zusammengerechnet. Auch mittelbare Übertragungen sind schädlich. Vgl. BMF Tz. 3 und 4.

Allerdings wird nach dem Gesetzeswortlaut nur die Übertragung »an einen Erwerber« oder »diesem nahe stehende Personen« als schädlich angesehen.

BEISPIEL

Der Alleingesellschafter A überträgt 60 % seiner Anteile an der A-GmbH an die drei neuen Gesellschafter B, C und D (20 % an jeden). Die neuen Gesellschafter sind nicht in irgendeiner Weise als nahe stehende Personen miteinander verbunden.

LÖSUNG Es werden zwar mehr als 50 % der Anteile an der A-GmbH übertragen, aber nicht an **einen** Erwerber. Somit greift § 8c Abs. 1 Satz 1 KStG n. F. nicht. Der Verlustvortrag bleibt demnach hier erhalten.

Nach § 8c Abs. 1 Satz 3 KStG gilt aber als ein Erwerber i. S. d. § 8c Abs. 1 Satz 1 KStG auch **eine Gruppe von Erwerbern mit gleichgerichteten Interessen.**

BEISPIEL

Wie das vorige Beispiel, aber bei den Erwerbern X, Y und Z handelt es sich um drei nicht miteinander Verwandte, die sich zusammengeschlossen haben, um gemeinschaftlich die Mehrheit der Anteile an der A-GmbH zu erwerben.

LÖSUNG X, Y und Z sind eine Personengruppe mit gleichgerichteten Interessen in Bezug auf die A-GmbH (§ 8c Abs. 1 Satz 2 KStG). Somit liegt eine Anteilsübertragung von mehr als 50 % vor, die zum 100 %igen Untergang des Verlustvortrags führt (§ 8c Abs. 1 Satz 1 KStG n. F.).

Der **Begriff der nahestehenden Person** wird **nicht** nach § 1 Abs. 2 AStG definiert. Vielmehr gelten die Grundsätze wie bei **vGA**. Vgl. BMF Tz. 26, 27.

Die Beziehungen können also familienrechtlicher, gesellschaftsrechtlicher, schuldrechtlicher oder auch rein tatsächlicher Art sein (BFH vom 18. 12. 1996 BStBl II 1997, 301). Eine Konzernbetrachtung sieht der Gesetzeswortlaut nach wie vor nicht vor. Damit können **auch konzerninterne Übertragungen** zum Wegfall des Verlustvortrags führen.

BEISPIEL

Die T1-GmbH überträgt 60 % der Anteile an der X-GmbH auf die T2-GmbH.
Gemeinsame Muttergesellschaft der T1-GmbH und der T2-GmbH ist die M-AG.

LÖSUNG Obwohl es sich um eine rein konzerninterne Übertragung handelt, ist der Verlustabzug nach § 8c Abs. 1 Satz 1 KStG nach dem Gesetzeswortlaut vollständig verloren.

Von der Vorschrift sind auch **unentgeltliche Übertragungen** z. B. im Wege der **Schenkung** betroffen. Vgl. BMF Tz. 4.

Ausgenommen sind Erwerb

- durch **Erbfall** bei einer **natürlichen Person**
- im Wege der voll unentgeltlichen vorweggenommenen Erbfolge zwischen Angehörigen i. S. d. § 15 AO.

7.2.3 Gleichgestellte Tatbestände

Nach § 8c Abs. 1 Satz 1, 2 KStG ist es neben der Anteilsübertragung von mehr als 50 % auch schädlich, wenn ein **vergleichbarer Sachverhalt** vorliegt. Vgl. auch BMF Tz. 5–12.

Es handelt sich **insbesondere** um

- **Umwandlung auf eine Verlustgesellschaft**, wenn dadurch neue Gesellschafter zu mehr als 50 % beteiligt sind,
- **Einbringung eines Betriebs, Teilbetriebs oder Mitunternehmeranteils**, wenn dadurch neu hinzugekommene Gesellschafter zu mehr als 50 % beteiligt sind.

Der Fall der **Kapitalerhöhung** ist in § 8c Abs. 1 Satz 3 KStG ausdrücklich gesetzlich geregelt. Danach steht die Kapitalerhöhung der Übertragung des gezeichneten Kapitals gleich, soweit sie zu einer Veränderung der Beteiligungsquoten am Kapital der Körperschaft von mehr als 50 % führt. Vgl. BMF Tz. 9–10.

BEISPIEL

An der Z-GmbH (bisheriger Alleingesellschafter Z) mit gezeichnetem Kapital von 100 000 € wird der Erwerber E im Rahmen einer Kapitalerhöhung i. H. v. 50 000 € beteiligt.

LÖSUNG E hält nach der Kapitalerhöhung 1/3 der Anteile an der Z-GmbH (Z die übrigen 2/3). Somit ist eine Veränderung der Beteiligungsquoten von nicht mehr als 50 % eingetreten (nämlich nur zu 1/3). Deshalb gilt § 8 Abs. 1 Satz 1 KStG n. F. nicht.

7.3 Zeitpunkt des Erwerbs

Der Zeitpunkt des Beteiligungserwerbs oder des vergleichbaren Sachverhalts bestimmt sich nach dem Übergang des wirtschaftlichen Eigentums.

Kapitalerhöhungen werden mit ihrer Eintragung ins Handelsregister wirksam (BFH vom 14. 03. 2006 BStBl II 2006, 746). Zu diesem Zeitpunkt entstehen die neuen Mitgliedschftsrechte.

Bei der Umwandlung des Anteilseigners einer Verlustgesellschaft ist für den Erwerb der Beteiligung an der Verlustgesellschaft durch den übernehmenden Rechtsträger der Übergang des wirtschaftlichen Eigentums maßgebend. Ein steuerlicher Rückbezug des Beteiligungserwerbs nach § 2 UmwStG scheidet aus.

BMF Tz. 13–15.

7.4 Erwerber

7.4.1 Grundsatz

Erwerber kann jede natürliche Person, juristische Person oder Mitunternehmerschaft sein. Für vermögensverwaltende Personengesellschaften gilt eine anteilige Zurechnung nach § 39 Abs. 2 Nr. 2 AO. Vgl. BMF Tz. 25.

7.4.2 Übertragung auf nahestehende Personen

Zur Begründung des »Nahestehens« reicht jede rechtliche oder tatsächliche Beziehung zu einer anderen Person aus (**H 8.5 III (Nahestehende Person – Kreis der nahestehenden Personen) KStH zur VGA**), die bereits vor oder unabhängig von dem Anteilserwerb besteht. Vgl. BMF Tz. 26.

7.4.3 Übertragung auf Erwerber mit gleichgerichteten Interessen

Personen mit gleichgerichteten Interessen gehören zum Erwerberkreis (vgl. BMF-E Tz. 3).

Von einer Erwerbergruppe mit gleichgerichteten Interessen ist regelmäßig auszugehen, wenn eine Abstimmung zwischen den Erwerbern stattgefunden hat, wobei kein Vertrag vorliegen muss. Die Verfolgung eines gemeinsamen Zwecks i. S. d. § 705 BGB reicht zur Begründung gleichgerichteter Interessen aus, ist aber nicht Voraussetzung. Die gleichgerichteten Interessen müssen sich nicht auf den Erhalt des Verlustvortrags der Körperschaft richten. Gleichgerichtete Interessen liegen z. B. vor, wenn mehrere Erwerber einer Körperschaft zur einheitlichen Willensbildung zusammenwirken. Indiz gleichgerichteter Interessen ist auch die gemeinsame Beherrschung der Körperschaft; vgl. H 8.5 **III (Beherrschender Gesellschafter - Gleichgerichtete Interessen) KStH zur VGA** sowie BMF Tz. 27–28.

7.5 Rechtsfolgen

7.5.1 Zeitpunkt und Umfang des Verlustuntergangs

Werden innerhalb von fünf Jahren unmittelbar oder mittelbar **mehr als 25 %** der Anteile durch einen Erwerberkreis erworben, geht der Verlust gemäß § 8c Abs. 1 Satz 1 KStG n. F. **nicht mehr quotal** entsprechend der Höhe der schädlichen Beteiligungserwerbe unter.

Bei einem schädlichen Beteiligungserwerb **von über 50 %** innerhalb eines Zeitraums von fünf Jahren geht der nicht genutzte Verlust gemäß § 8c Abs. 1 Satz 1 KStG n. F. **vollständig** unter.

Die Rechtsfolge tritt in dem Wirtschaftsjahr ein, in dem die 50 %-Grenze überschritten wird. Verluste, die bis zum Zeitpunkt des schädlichen Beteiligungserwerbs entstanden sind, dürfen mit danach entstandenen Gewinnen weder ausgeglichen noch von ihnen abgezogen werden. Sie dürfen auch **nicht** in vorangegangene Veranlagungszeiträume zurückgetragen werden.

Vgl. BMF Tz. 29 - 31.

7.5.2 Unterjähriger Beteiligungserwerb

Bei einem unterjährigen schädlichen Beteiligungserwerb unterliegt auch ein bis zu diesem Zeitpunkt erzielter **Verlust** der Verlustabzugsbeschränkung nach § 8c KStG. Ein bis zum Beteiligungserwerb erzielter **Gewinn** kann nach den Grundsätzen des BMF Tz. 33 und 34 mit noch nicht genutzten Verlusten verrechnet werden (BFH vom 30. 11. 2011 BStBl II 2012, 360).

Das Ergebnis des gesamten Wirtschaftsjahrs ist **nach wirtschaftlichen Kriterien aufzuteilen**. Dies kann durch einen nach den Regeln eines Jahresabschlusses erstellten **Zwischenabschluss** auf den Stichtag des schädlichen Beteiligungserwerbs und getrennte Einkommensermittlungen für die Zeit vor und nach dem schädlichen Beteiligungserwerb erfolgen. Sofern ein Zwischenabschluss nicht erstellt wird, ist die Aufteilung des Ergebnisses zu **schätzen** (vgl. BMF Tz. 35).

7.6 Konzernklausel (§ 8c Abs. 1 Satz 4 KStG)

Ein schädlicher Beteiligungserwerb liegt nicht vor, wenn

1. an dem übertragenden Rechtsträger der Erwerber zu 100 % mittelbar oder unmittelbar beteiligt ist und der Erwerber eine natürliche oder juristische Person oder eine Personenhandelsgesellschaft ist,

2. an dem übernehmenden Rechtsträger der Veräußerer zu 100 % mittelbar oder unmittelbar beteiligt ist und der Veräußerer eine natürliche oder juristische Person oder eine Personenhandelsgesellschaft ist oder
3. an dem übertragenden und an dem übernehmenden Rechtsträger dieselbe natürliche oder juristische Person oder dieselbe Personenhandelsgesellschaft zu jeweils 100 % mittelbar oder unmittelbar beteiligt ist.

Damit sind auch Übertragungen durch die an der Konzernspitze stehende Person unschädlich. Somit kann die Konzernspitze Erwerber und Veräußerer zugleich sein.

Auch Personengesellschaften an der Konzernspitze sind insoweit **unschädlich** und können neben natürlichen oder juristischen Personen als »dieselbe Person anzusehen sein«. Allerdings müssen die betreffenden Anteile **vollständig** Gesamthandsvermögen darstellen. Dadurch kann vermehrt der Untergang von Verlustverrechnungspotenzial vermieden werden.

7.7 Sanierungsklausel (§ 8c Abs. 1 a KStG)

7.7.1 Regelungsinhalt

Ein Beteiligungserwerb **ist** unschädlich, wenn er **zum Zwecke der Sanierung** des Betriebs der Körperschaft erfolgte.

Sanierung ist eine Maßnahme, die dazu dient, die Zahlungsunfähigkeit oder Überschuldung eines Unternehmens zu beseitigen und zugleich die wesentlichen Betriebsstrukturen zu erhalten. Dies lag vor, wenn sie zum **Zeitpunkt der drohenden oder eingetretenen Zahlungsunfähigkeit oder Überschuldung** stattfindet. Das Sanierungsprivileg soll nur greifen, wenn das **Unternehmen sanierungsfähig** ist und die in Betracht gezogenen Maßnahmen geeignet sind, eine Sanierung herbeizuführen.

Vgl. **Legaldefinition** i. S. d. § 8c Abs. 1 a Satz 3 KStG.

7.7.2 Rückwirkende (Wieder-)Anwendung der Sanierungsklausel in § 8c Abs. 1a KStG — EuGH-Urteile vom 28.6.2018

7.7.2.1 »Vorgeschichte«

Mit **Urteilen vom 04.02.2016** (Rs.: T-287/11 »Heitkamp BauHolding GmbH« sowie Rs. T-620/11 »GFKL Financial Services AG«, DStR 2016, 390) hatte das **EuG** die Rechtmäßigkeit des Beschlusses der EU-Kommission vom 26.01.2011 zur Sanierungsklausel (Az.: C 7/2010, K [2011] 275, DB 2011, 2069) in diesen beiden Verfahren bestätigt.

Gegen das eine Urteil haben sowohl die Bundesrepublik Deutschland als auch das Unternehmen (Rs.: C-209/16 P und C-219/16 P), gegen das andere Urteil hat lediglich das Unternehmen **Rechtsmittel beim EuGH** eingelegt (Rs.: C-208/16 P). Die Sanierungsklausel blieb daher bisher auch **weiterhin gesetzlich ausgesetzt** (§ 34 Abs. 6 KStG).

Die 2. Kammer des **EuGH hat mit Urteilen vom 28.06.2018** (in den Rs. C-203/16 P, BB 2018, 2079 und C-208/16 P, EuZW 2018, 686 (Heitkamp BauHolding GmbH) sowie in den Rs. C-219/16 P, DStR 2018, 1434 und C-209/16 P, ABl EU 2018, Nr C 294, 4 (GFKL Financial Services AG)) **den Beschluss 2011/527/EU der Kommission vom 26.01.2011** über die staatliche Beihilfe Deutschlands C 7/10 (ex CP 250/09 und NN 5/10) »KStG, Sanierungsklausel« **für nichtig erklärt**.

MERKSATZ:

Orientierungssatz des EuGH:
»Die Kommission hat im Beschluss 2011/527/EU vom 26.01.2011 den selektiven Charakter der streitigen Maßnahme anhand eines fehlerhaft bestimmten Referenzsystems beurteilt. Sie hat fälschlich allein die Regel des Verfalls von Verlusten (§ 8c Abs. 1 KStG) als das für die Beurteilung des selektiven Charakters der streitigen Maßnahme (Einführung des Abs. 1a in § 8c KStG durch das Bürgerentlastungsgesetz Krankenversicherung - Sanierungsklausel) maßgebende Referenzsystem angesehen.«

Ausführlich zu den EuGH-Urteilen vgl. auch Kessler/Egelhof/Probst (DStR 2018, 1945), Knebelsberger/Loose (NWB 2018, 2772) und Kußmaul/Licht (BB 2018 S. 1948).

7.7.2.2 Wiederanwendung durch das UStAVermG

MERKSATZ:

Durch das **UStAVermG** wurden in § 34 Abs. 6 KStG folgende neue Sätze 3 und 4 aufgenommen:
»[3]§ 8c Absatz 1a in der Fassung des Artikels 2 des Gesetzes vom 22. Dezember 2009 (BGBl. I S. 3950) findet erstmals für den Veranlagungszeitraum 2008 und auf Anteilsübertragungen nach dem 31. Dezember 2007 Anwendung. [4]Erfüllt ein nach dem 31. Dezember 2007 erfolgter Beteiligungserwerb die Voraussetzungen des § 8c Absatz 1a, bleibt er bei der Anwendung des § 8c Absatz 1 Satz 1 unberücksichtigt.«

- § 34 Abs. 6 Satz 3 KStG ordnet die **rückwirkende Anwendung der Sanierungsklausel** des § 8c Abs. 1a KStG an. Bei Vorliegen der Voraussetzungen des § 8c Abs. 1a KStG liegt **kein schädlicher Beteiligungserwerb** nach § 8c Abs. 1 KStG vor (§ 34 Abs. 6 Satz 4 KStG).

7.7.2.3 Grundzüge zur Sanierungsklausel

- Nach § 8c Abs. 1a Satz 1 KStG ist ein Beteiligungserwerb zum Zweck der Sanierung für die Anwendung der Regelung über die Verlustabzugsbeschränkung in § 8c Abs. 1 KStG unbeachtlich.
- Die Sanierungsklausel ist tatbestandlich an das Sanierungsprivileg i.S.d. § 39 Abs. 4 Satz 2 InsO angelehnt. Der Erwerb erfolgt zum Zweck der Sanierung, wenn er zum Zeitpunkt der drohenden oder eingetretenen **Zahlungsunfähigkeit bzw. Überschuldung** der Körperschaft stattfindet.
- Ein Beteiligungserwerb zum **Zweck der Sanierung** setzt voraus, dass die Körperschaft nach objektiven Kriterien im Augenblick des Anteilserwerbs **sanierungsfähig** ist und die für die Sanierung in Angriff genommenen Maßnahmen objektiv geeignet sind, die Körperschaft in absehbarer Zeit nachhaltig aus der Krise zu führen. Hierfür ist regelmäßig ein dokumentierter **Sanierungsplan** erforderlich. Die **objektive Beweislast** für die Voraussetzungen der Ausnahmeregelung des § 8c Abs. 1a KStG liegt bei der Körperschaft.
- Nach § 8c Abs. 1a Satz 4 KStG liegt dann **keine Sanierung** vor, wenn die Körperschaft ihren Geschäftsbetrieb im Zeitpunkt des Beteiligungserwerbs im Wesentlichen **eingestellt hat** oder nach dem Beteiligungserwerb ein **Branchenwechsel** innerhalb eines Zeitraums von 5 Jahren erfolgt.
- Die für die Anwendung der Sanierungsklausel erforderliche **Erhaltung der wesentlichen Betriebsstrukturen** setzt nach **§ 8c Abs. 1a Satz 3 Nr. 1 bis 3 KStG** entweder die Erhaltung oder Sicherung der Arbeitsplätze (Nr. 1 und 2) oder eine Zuführung wesentlichen Betriebsvermögens (Nr. 3) voraus. Im Einzelnen gilt Folgendes:

Nr. 1: Betriebsvereinbarung mit einer Arbeitsplatzregelung

Durch eine Betriebsvereinbarung mit einer Arbeitsplatzregelung wird dem Umstand Rechnung getragen, dass ein Unternehmen eine Krisensituation häufig nur dann bewältigen kann, wenn es durch den Abbau von Arbeitsplätzen Kosten reduziert. Mit der Regelung soll sichergestellt werden, dass eine solche Entscheidung **unter Beteiligung der Arbeitnehmervertreter** getroffen wird.

Nach Auffassung der Finanzverwaltung kann das in § 8c Abs. 1a Satz 3 Nr. 1 KStG genannte Arbeitsplatzkriterium auch durch **Abschluss eines Tarifvertrags** und dessen Befolgung erfüllt werden.

Nr. 2: Lohnsummenregelung

Das Arbeitsplatzmerkmal ist nach § 8c Abs. 1a Satz 3 Nr. 2 KStG dann erfüllt, wenn in den nächsten 5 Jahren nach dem Beteiligungserwerb die **jährliche durchschnittliche Lohnsumme 80% der Ausgangslohnsumme nicht unterschreitet**.

Dies bedeutet, dass in den dem Beteiligungserwerb folgenden 5 Jahren die jährliche durchschnittliche Lohnsumme um nicht mehr als 20% der Ausgangslohnsumme abgesenkt werden darf. Die Unterschreitung der Lohnsumme in einem Wirtschaftsjahr unter die 80%-Grenze ist allerdings dann unschädlich, wenn sie in einem folgenden Wirtschaftsjahr (innerhalb des Fünfjahreszeitraums) wieder ausgeglichen wird; also **innerhalb von 5 Jahren nicht < 400% der Ausgangslohnsumme**.

Nr. 3: Zeitnahe Zuführung von wesentlichem Betriebsvermögen

Die Betriebsvermögenszuführung im Wege der Einlage steht in zeitlichem Zusammenhang mit dem Beteiligungserwerb, wenn sie **innerhalb von 12 Monaten** nach dem schädlichen Beteiligungserwerb i.S.d. § 8c Abs. 1 KStG erfolgt.

Eine Betriebsvermögenszuführung in Höhe von **25% des in der Steuerbilanz zum Schluss des vorangegangenen Wirtschaftsjahres enthaltenen Aktivvermögens (Buchwerte)** ist nur bei einem Anteilserwerb von 100% erforderlich. Bei einem geringeren Beteiligungserwerb genügt eine entsprechend geringere Betriebsvermögenszuführung. Sofern z.B. nur 60% der Anteile an einer Körperschaft erworben werden, sind auch nur 15% (= 60% von 25%) neues Betriebsvermögen zuzuführen.

Der **Erlass von Verbindlichkeiten** wird der Zuführung neuen Betriebsvermögens gleichgestellt. Dadurch werden auch Fälle begünstigt, bei denen Fremdkapitalgeber ihr Fremdkapital in Eigenkapital umwandeln. Dies gilt jedoch nur, soweit die Forderungen, auf die verzichtet wird, **werthaltig** sind. Damit dürfte eine Betriebsvermögenszuführung im Wege eines Forderungsverzichts nur in seltenen Ausnahmefällen in Betracht kommen.

Zu beachten ist, dass **Leistungen der Kapitalgesellschaft (z.B. auch vGA), die innerhalb von 3 Jahren** nach der Zuführung des neuen Betriebsvermögens erfolgen, nach § 8c Abs. 1a Satz 3 Nr. 3 Satz 5 KStG von dem zugeführten Betriebsvermögen wieder abzuziehen sind und damit nachträglich zu einem Wegfall dieser Voraussetzung führen können.

7.8 Stille-Reserven-Klausel

Ein nicht abziehbarer nicht genutzter Verlust kann abweichend vom Grundsatz abgezogen werden, soweit er bei einem schädlichen Beteiligungserwerb i. S. d. § 8c Abs. 1 Satz 1 KStG die **gesamten** zum Zeitpunkt des schädlichen Beteiligungserwerbs vorhandenen **im Inland steuer-**

pflichtigen stillen Reserven des Betriebsvermögens der Körperschaft nicht übersteigt (§ 8c Abs. 1 Satz 5 bis 8 KStG).

Schädlicher Anteilserwerb	trotzdem Fortführung eines Verlustvortrags in Höhe
Mehr als 50 % (§ 8c Abs. 1 Satz 1 KStG)	der gesamten im Inland steuerpflichtigen stillen Reserven

Stille Reserven in diesem Sinne sind – bei **positivem** Eigenkapital – der Unterschiedsbetrag zwischen dem anteiligen bzw. dem gesamten in der steuerlichen Gewinnermittlung ausgewiesenen Eigenkapital und dem auf dieses Eigenkapital jeweils entfallenden gemeinen Wert der Anteile an der Körperschaft (soweit diese im Inland steuerpflichtig sind), § 8c Abs. 1 Satz 6 KStG.

Damit bleiben **ausländische Betriebsstätten** und Beteiligungen, deren Veräußerung nach § 8b Abs. 2 KStG steuerfrei wären, bei der Ermittlung der stillen Reserven **außer Betracht**.

Zweck der betragsmäßen Begrenzung der Verlustverschonung auf die Höhe der stillen Reserven ist, dass der Erwerber die künftige Versteuerung der stillen Reserven übernimmt und daher auch künftige Steuervorteile in Form der Verlustvorträge erhalten soll.

Die Ermittlung der stillen Reserven ist **unterschiedlich**, je nachdem ob das **steuerliche Eigenkapital der Körperschaft positiv** oder **negativ** ist. Vgl. im Einzelnen BMF Tz. 50 bis 63.

a) Positives steuerliches Eigenkapital (§ 8c Abs. 1 Satz 6 KStG)

Der gemeine Wert der Anteile entspricht in den Fällen eines **entgeltlichen** Erwerbs grundsätzlich dem Entgelt. Wurde aufgrund gesellschaftsrechtlicher Veranlassung ein **unangemessenes** Entgelt für den Erwerb der Anteile gewährt oder lässt sich der Wert der Anteile aus anderen Gründen nicht aus einem Entgelt ableiten, ist der Wert durch eine Unternehmensbewertung zu ermitteln (vgl. BMF vom 22.09.2011 BStBl I 2011, 859). Vgl. BMF Tz. 50.

BEISPIELE

A erwirbt zum 01.01.2019 einen 60 %igen Anteil an der B-GmbH für 900 000 € (angemessenes Entgelt). Die B-GmbH hat zum 31.12.2018 einen steuerlichen Verlustvortrag von (angenommenen) 2 500 000 €. Das steuerliche Eigenkapital der GmbH beträgt 450 000 € lt. Bilanz zum 31.12.18.

LÖSUNG Nach dem Grundtatbestand des § 8c Abs. 1 Satz 1 KStG kommt es zum Untergang des gesamten Verlustvortrags von 2 500 000 €. Ermittlung nach § 8c Abs. 1 Satz 5 2. Alt. und Satz 6 2. Alt. KStG:

Gemeiner Wert der Anteile 100/60 × 600 000 € =	900 000 €
./. gesamtes Eigenkapital der Körperschaft, da mehr als 50 % der Anteile veräußert	./. 450 000 €
stille Reserven = verbleibender Verlustvortrag	450 000 €

Der übrige Verlustvortrag von 2 050 000 € geht unter. Es könnte überlegt werden, einen Antrag auf fortführungsgebundenen Verlustvortrag nach § 8 d KStG zu stellen

b) Negatives steuerliches Eigenkapital (§ 8c Abs. 1 Satz 7 KStG)

Bei einem **negativen** steuerlichen Eigenkapital wird nach § 8c Abs. 1 Satz 7 KStG für die Ermittlung der stillen Reserven das steuerliche Eigenkapital nicht dem gemeinen Wert der Anteile der Körperschaft, sondern dem **gemeinen Wert der Wirtschaftsgüter des Betriebsver-**

mögens der Verlustgesellschaft gegenübergestellt. Es ist somit grds. eine **Unternehmensbewertung** erforderlich (BMF Tz. 56).

BEISPIEL

Die Bilanz der C-GmbH weist aus (in €):

Aktiva		Passiva	
Aktiva	0 €	gezeichnetes Kapital	100 000 €
nicht gedeckter Fehlbetrag		Verlustvortrag	./. 100 000 €
(§ 268 Abs. 3 HGB)	400 000 €	Gesellschafterdarlehen (gesichert)	400 000 €
	400 000 €		400 000 €

Der gemeine Wert der Aktiva beträgt 0 €.
Der **steuerliche** Verlustvortrag beträgt (angenommen) 250 000 €.
Die gesamten Anteile (100 %) werden für 1 € veräußert.

LÖSUNG Die stillen Reserven der Körperschaft werden durch Gegenüberstellung des gemeinen Werts ihres BV und ihres Eigenkapitals ermittelt:

gemeiner Wert des BV:	Aktiva 0 € ./. Darlehen 400 000 € =	./. 400 000 €
./. Eigenkapital		./. 400 000 €
stille Reserven		0 €

Der steuerliche Verlustvortrag von 250 000 € geht vollständig unter.

Anmerkung: Würde wie bei positivem Eigenkapital gerechnet, betrügen die stillen Reserven

Gemeiner Wert der Anteile (= Kaufpreis)	1 €
./. Eigenkapital der Körperschaft	./. 400 000 €
stille Reserven	+ 400 001 €

Dann würde der steuerliche Verlustvertrag von 250 000 € vollständig erhalten bleiben.

In Höhe der stillen Reserven der Verlustgesellschaft können also im Zeitpunkt des schädlichen Beteiligungserwerbs vorhandene nicht genutzte Verluste abgezogen werden. Die im Betriebsvermögen enthaltenen stillen Reserven sind zunächst für die Erhaltung des laufenden Verlustes und anschließend für die Erhaltung des Verlustvortrages zu nutzen.

8 Die Neuregelung des § 8d KStG

Änderungsgesetz: Gesetz zur Weiterentwicklung der steuerlichen Verlustverrechnung bei Körperschaften vom 20.12.2016, BGBl I S. 2998 / BStBl 2017 I S. 3

8.1 Grundkonzeption und Zielsetzung

Nachdem der Gesetzgeber bereits mit der Ausweitung der sog. Konzernklausel durch das StÄndG 2015 die »Verlustvernichtungsregelung« des § 8c KStG etwas entschärft hat, hat der Gesetzgeber nun eine **weitere Lockerung der Vorschrift** beschlossen. Diese Entschärfung ist nun allerdings nicht unmittelbar in § 8c KStG, sondern in einem neuen § 8d KStG erfolgt. Hintergrund sind wohl Bedenken, dass eine Entschärfung in § 8c KStG wieder beihilferechtliche Probleme mit der EU mit sich bringen könnte (wie dies mit der Sanierungsklausel in § 8c KStG geschehen ist; diese Klausel ist derzeit auf Druck der EU-Kommission gesetzlich ausgesetzt; vgl. § 34 Abs. 6 KStG).

Zielgruppe der geplanten gesetzlichen Regelung sind offensichtlich Gesellschafterwechsel bei sog. »**Start-up-Unternehmen**«; auch dies kann aber (ebenfalls aus beihilferechtlichen Gründen) weder aus dem Gesetzestext noch aus der Gesetzesbegründung entnommen werden.

8.2 Tatbestandsvoraussetzungen und Prüfungsreihenfolge des § 8d KStG

1) Liegt ein **schädlicher Beteiligungserwerb i.S.d. § 8c Abs. 1 Sätze 1 oder 2 KStG vor?**

↓ ja

2) **Ist eine Antragstellung i.S.d. § 8d Abs. 1 Satz 5 KStG erfolgt?**

↓ ja

3) **Unterhaltung ausschließlich desselben Geschäftsbetriebes innerhalb des Beobachtungszeitraums** (§ 8d Abs. 1 Satz 1 KStG)? Dieser umfasst regelmäßig **vier Kalenderjahre** (vom Beginn des VZ des schädlichen Beteiligungserwerbs rückwärts bis zum Beginn des dritten vorangehenden VZ).

↓ ja

4) **Kein schädliches Ereignis i.S.d. § 8d Abs. 2 Sätze 1 und 2 KStG im Beobachtungs- und auch im Fortführungszeitraum:**
- Einstellung Geschäftsbetrieb
- Ruhendstellung Geschäftsbetrieb
- Zuführung einer andersartigen Zweckbestimmung (Branchenwechsel)
- Aufnahme zusätzlicher Geschäftsbetrieb
- Beteiligung an einer MU-Schaft (künftig oder schon vorher, § 8d Abs. 1)
- Satz 2 Nr. 2 und Abs. 2 Satz 2 Nr. 4 KStG
- Einnahme der Stellung eines Organträgers (§ 8d Abs. 2 Satz 2 Nr. 5 KStG)
- Ansatz übernommener WG unter gemeinem Wert (§ 8d Abs. 2 Satz 2 Nr. 6 KStG)?

↓ ja

5) **Rechtsfolgen des § 8d KStG:**
- **Zentrale Rechtsfolge des § 8d KStG ist die Nichtanwendung von § 8c KStG auf den schädlichen Beteiligungserwerb.** Nicht abziehbare Verluste bleiben somit ausgleichsfähig und ein eventueller Zinsvortrag der Verlustkörperschaft bleibt erhalten (§ 8a Abs. 1 Satz 3 KStG).
- Vgl. auch Förster/von Cölln, Die Neuregelung des § 8d KStG beim schädlichen Beteiligungserwerb, DStR 2017, 8 ff.

Der Verlusterhalt beinhaltet also **vier Grundvoraussetzungen**:

1. **Voraussetzung:**
   (Eigentlich) schädlicher Beteiligungserwerb i.S. von § 8c KStG
2. **Voraussetzung:**
   Antrag
3. **Voraussetzung:**
   Unterhalten »desselben Geschäftsbetriebs« in einem bestimmten Zeitraum (seit Gründung oder in den letzten drei Jahren)
4. **Voraussetzung:**
   In der Zukunft kein Eintritt eines schädlichen Ereignisses i.S. von § 8d Abs. 2 KStG

In der Rechtsfolge wird die Anwendung von § 8c KStG gänzlich suspendiert. Auch ein Zinsvortrag i.S. von § 4h Abs. 1 Satz 5 EStG (Zinsschranke) bleibt erhalten.

8.3 Wirkung auch für die Gewerbesteuer

Wie § 8c KStG schlägt auch der neue § 8d KStG vollumfänglich auf die Gewerbesteuer durch. Dazu wurde § 10a Satz 10 GewStG wie folgt formuliert:

»Auf die Fehlbeträge sind die § 8c des Körperschaftsteuergesetzes und, wenn ein fortführungsgebundener Verlustvortrag nach § 8d des Körperschaftsteuergesetzes gesondert festgestellt wird, § 8d des Körperschaftsteuergesetzes entsprechend anzuwenden; dies gilt mit Ausnahme des § 8d des Körperschaftsteuergesetzes auch für den Fehlbetrag einer Mitunternehmerschaft, soweit dieser ...« (weiter wie bisher).

Das Wahlrecht für oder gegen die Anwendung von § 8d KStG ist für die KSt und die GewSt **einheitlich** auszuüben.

8.4 Zeitliche Anwendung

Nach § 34 Abs. 6a KStG ist die Neuregelung des § 8d KStG erstmals auf schädliche Beteiligungserwerbe im Sinne des § 8c KStG anzuwenden, **die nach dem 31.12.2015 erfolgen,** wenn der Geschäftsbetrieb der Körperschaft vor dem 01.01.2016 weder eingestellt noch ruhend gestellt war. § 8d Absatz 1 Satz 1 Nummer 1 ist auf Einstellungen oder Ruhendstellungen anzuwenden, die nach dem 31.12.2015 erfolgen. Die Neuregelung gilt also bereits rückwirkend für das ganze Jahr 2016.

Auch für die GewSt gilt die Neuregelung seit 2016 (neuer § 36 Abs. 2c GewStG).

8.5 Einzelheiten und Auslegungsfragen zu den einzelnen Tatbestandsmerkmalen

§ 8d KStG kann nur zur Anwendung kommen, wenn ein (unmittelbarer oder mittelbarer) schädlicher Beteiligungserwerb stattgefunden hat.

Es muss also eine Anteilsübertragung i.S. von § 8c Abs. 1 Satz 1 und 2 KStG stattgefunden haben, die **nicht durch die Konzernklausel suspendiert** wird.

Ein schädlicher Beteiligungserwerb in diesem Sinne liegt allerdings vor, wenn

a) eine Anteilsübertragung i.S. von § 8c Abs. 1 Satz 1 KStG stattgefunden hat, die nur zu einem **anteiligen Wegfall** des Verlustausgleichs bzw. -abzug führt,
b) (im Inland steuerpflichtige) **stille Reserven** vorhanden sind, die – ganz oder teilweise – zur »Rettung« des Verlustes verwendet werden können (§ 8c Abs. 1 Satz 6 ff. KStG).

Wichtig:

Stellt man in den genannten Fällen **(anteiliger Wegfall/vorhandene stille Reserven)** einen Antrag nach § 8d KStG, geht der Verlust **vollumfänglich in den fortführungsgebundenen Verlustvortrag über.** In diesen Fällen muss man sich also gut überlegen, ob ein Antrag nach § 8d KStG sinnvoll ist. Es besteht nämlich das **Risiko**, dass bei einem späteren schädlichen Ereignis i.S. von § 8d Abs. 2 KStG ein **höherer Verlustbetrag verloren geht,** als dies der Fall wäre, wenn man den Verlust im »normalen« Verlustvortrag des § 10d EStG belassen hätte.

BEISPIEL 1:

Wirkung der Antragstellung

Im Jahr 2018 findet ein schädlicher Beteiligungserwerb i.S. von § 8c Abs. 1 Satz 2 KStG statt. Von dem Verlustvortrag i.H. von 1 Mio. € könnten **500 000 €** durch (im Inland steuer-pflichtige) stille Reserven abgedeckt werden (§ 8c Abs. 1 Satz 6 ff. KStG).

LÖSUNG: Bei einem Antrag nach § 8d KStG geht der **gesamte Verlustvortrag i.H. von 1 Mio. €** in den Anwendungsbereich des § 8d KStG über. Dies gilt auch für den Teil des Verlustvortrags, dessen »Vernichtung« durch stille Reserven abgedeckt werden könnte. **Somit ist anschließend der gesamte Verlust i.H. von 1 Mio. € von § 8d Abs. 2 KStG »bedroht«.**

Aber:

Bei einem späteren schädlichen Ereignis i.S. von § 8d Abs. 2 KStG sind **stille Reserven** ebenfalls zu berücksichtigen und können dann insoweit die Verlustvernichtung nach § 8d Abs. 2 KStG verhindern **(vgl. § 8d Abs. 2 Satz 1, 2. HS KStG).**

BEISPIEL 2:

Stille Reserven nach § 8 d Abs. 2 Satz 1 2. HS KStG

Fortführung von Beispiel 1: Im Jahr 2019 findet ein schädliches Ereignis i.S. von § 8d Abs. 2 KStG statt. Die im Jahr 2018 vorhandenen stillen Reserven sind auch im Jahr 2019 noch vorhanden **(500 000 €).**

LÖSUNG: Die stillen Reserven i.H. von 500 000 € verhindern nach § 8d Abs. 2 Satz 1 2. HS KStG die vollständige Streichung des festgestellten fortführungsgebundenen Verlustvortrags. **In dieser Höhe (500 000 €) wird dann also der fortführungsgebundene Verlustvortrag fortgeführt.**

BEISPIEL 3:

Rechtsfolgen der Antragstellung nach § 8 d KStG:

Die V-GmbH (Alleingesellschafter ist A) hat zum 31.12.2017 einen Verlustvortrag von 100 000 und in 2018 einen laufenden Verlust von 60 000.

A veräußert am 31.12.2018 100 % seiner Anteile an E. Die V-GmbH hat zum 31.12.2018 berücksichtigungsfähige stille Reserven von 120 000.

LÖSUNG: Gem. § 8c Abs. 1 S. 1 KStG n.F. würden an sich – ohne Berücksichtigung der stillen Reserven – am 31.12.2018 Verluste von 160 000 (= 100 % von 160 000) wegfallen. Da gem. § 8c Abs. 1, 6 f. KStG **stille Reserven von 120 000** gegengerechnet werden können, würden endgültig gem. § 8c KStG **40 000 Verluste** wegfallen; zum 31.12.2018 wäre ein Verlustvortrag von 120 000 (160 000 abzügl. wegfallender Verlust von 40 000) festzustellen.

Aber:

- **Die V-GmbH kann ihren Antrag nach § 8d KStG nicht auf die wegfallenden 40 000 beschränken.**
- Sie kann entweder **keinen Antrag** stellen mit der Folge eines Wegfalls des Verlustes von 40 000 **(festzustellender Verlustvortrag 31.12.2018: 120 000)**, oder den Antrag gem. § 8d KStG stellen mit der Folge, dass (zunächst) kein Verlust wegfällt und damit zum 31.12.2018 ein **fortführungsgebundener Verlustvortrag von 160 000** festgestellt wird.

Wichtig:

Ein Antrag nach § 8d KStG kann also auch mit **Risiken** verbunden sein, die es in der Praxis abzuwägen gilt. **Diese Risiken gibt es allerdings dann nicht, wenn der Verlust nach § 8c KStG sowieso vollumfänglich verloren wäre (Anteilsübertragung von mehr als 50 % ohne Anwendbarkeit der Konzernklausel und ohne vorhandene stille Reserven).**

Teil L Zinsschranke (§ 8a KStG, § 4h EStG)

VERWALTUNGSANWEISUNG *BMF VOM 04.07. 2008 BSTBL I 2008, 718 (zur Fassung vor WaBeschG) – nachfolgend mit »BMF« zitiert – teilweise überholt.*

AUSGEWÄHLTE LITERATURHINWEISE ***Herzig/Liekenbrock**, Zum EBITDA-Vortrag der Zinsschranke, DB 2010, 690; **Kessler/Lindemer**, Die Zinsschranke nach dem Wachstumsbeschleunigungsgesetz, DB 2010, 472*

1 Überblick

Mit der Zinsschrankenregelung soll der **Betriebsausgabenabzug für Schuldzinsen beschränkt** werden. Dabei geht es nicht nur um Zinsen auf Gesellschafterdarlehen, sondern um **alle Schuldzinsen** (also auch für »übliche« Bankfinanzierungen – zweifelnd aber Vorlagebeschluss BFH vom 13. 03. 2012 BStBl II 2012, 611). Vgl. im Einzelnen BMF, Rz. 11–39. Die Vorschrift gilt nur für Zinsaufwendungen/Zinserträge, die den Gewinn bzw. das körperschaftsteuerliche Einkommen gemindert bzw. erhöht haben, BMF, Rz. 18.

Als Rechtsfolge wird eine **nicht abzugsfähige Betriebsausgabe** angenommen.

Die Regelung gilt bei **allen Unternehmensrechtsformen**, daher auch bei Körperschaften (vgl. § 8a KStG). Beim Empfänger liegen insoweit Zinserträge vor. Hierfür gilt weder eine Steuerbefreiung nach § 8b Abs. 1 KStG noch § 3 Nr. 40 EStG.

Zinsaufwendungen einer Körperschaft sind **abzugsfähig**

- zunächst bis zur Höhe der **Zinserträge**,
- darüber hinaus bis zu 30 % des um Zinsaufwendungen und Abschreibungen (§ 6 Abs. 2, § 6 Abs. 2a und § 7 EStG) erhöhten und um die Zinserträge verminderten maßgeblichen Einkommens [sowie vor Abzug von Spenden (§ 9 Abs. 1 Nr. 2 KStG) und Verlustvortrag (§ 10d Abs. 2 EStG)] (= **verrechenbares EBITDA**).

Übersteigt der negative Zinssaldo das verrechenbare EBITDA nicht, sind die gesamten Schuldzinsen abzugsfähig. Es entsteht ein EBITDA-Vortrag (vgl. 5) i. H. d. Differenz (vgl. § 4h Abs. 1 Satz 2 1. HS EStG), aber kein Zinsvortrag i. S. v. § 4h Abs. 1 Satz 5 EStG), vgl. 4.

Übersteigt der negative Zinssaldo das verrechenbare EBITDA, sind Zinsaufwendungen, die danach nicht abgezogen werden dürfen, in die folgenden Wirtschaftsjahre vorzutragen (Zinsvortrag) – vgl. § 4 Abs. 1 Satz 5 EStG und 4. Dann entsteht kein EBITDA-Vortrag. Für die Prüfung der 30 %-Grenze im Vortragsjahr bleiben diese vorgetragenen Zinsen jedoch unberücksichtigt; d. h. sie erhöhen nicht das maßgebliche Einkommen (§ 4h Abs. 1 Satz 6 EStG). Die Regelung kann dazu führen, dass ein Betrieb trotz tatsächlicher Verluste Gewinne versteuern muss.

BEISPIEL

Die A-GmbH erzielt im Wj 2018 ein Einkommen (vor Zinsergebnis/Abschreibungen, Spendenabzug und Verlustabzug) von 20 Mio. €. Es betragen die Zinsaufwendungen 15 Mio. € und Abschreibungen 9 Mio €. Daher ergibt sich ein (vorläufiger) Verlust (**vor** § 4h EStG/§ 8a KStG) von ./. 4 Mio € :

Einkommen vor Zinsen und Abschreibungen		20 000 000 €
./. Zinsaufwendungen	./.	15 000 000 €
./. Abschreibungen	./.	9 000 000 €
Verlust (vor § 8a KStG)	./.	4 000 000 €

LÖSUNG Aufgrund der Zinsschranke sind die Zinsaufwendungen nur bis zum verrechenbaren EBITDA, also i. H. v. 30 % des Einkommens vor Zinsergebnis/Abschreibungen abzugsfähig = 6 Mio. €.
Es entsteht kein EBITDA-Vortrag. Vgl. 4.
Damit ergibt sich ein zu versteuerndes Einkommen für VZ 2018 von 5 000 000 €.
(20 000 000 € ./. abziehbare Zinsen 6 000 000 € ./. AfA 9 000 000 €), obwohl die GmbH tatsächlich einen Verlust erzielt hat. Die übersteigenden Zinsaufwendungen von 9 000 000 € werden gesondert festgestellt und auf die Folgejahre vorgetragen (**Zinsvortrag**).

Ist bereits das maßgebliche Einkommen vor Zinsen und Abschreibungen **negativ**, entsteht kein verrechenbares EBITDA. Die betreffenden Zinsen sind dann **insgesamt nichtabzugsfähige BA**.

Der **Zinsvortrag** nach § 4h Abs. 1 Satz 5 Abs. 4 EStG tritt neben den »normalen« Verlustvortrag i. S. d. § 10d Abs. 2 EStG.

Zinsaufwendungen sind Vergütungen für Fremdkapital, die den maßgeblichen Gewinn gemindert haben (§ 4h Abs. 3 Satz 2 EStG).

Zinserträge sind Erträge aus Kapitalforderungen jeder Art, die den maßgeblichen Gewinn erhöht haben (§ 4h Abs. 3 Satz 3 EStG).

Auch die **Auf- und Abzinsung** unverzinslicher oder niedrig verzinslicher Verbindlichkeiten oder Kapitalforderungen führt zu Zinserträgen oder Zinsaufwendungen in diesem Sinne (§ 4h Abs. 3 Satz 4 EStG).

Die Zinsaufwendungen und -erträge sind **vor** der Prüfung der 30 %-Grenze **zunächst zu saldieren**. Sind die Zinserträge höher als die Zinsaufwendungen, ist § 4h EStG/§ 8a KStG im Ergebnis – unabhängig von der Höhe der Zinsaufwendungen – **nicht** anzuwenden.

BEISPIEL

Die B-GmbH erzielt in 2018 Zinserträge von 50 Mio. € und hat Zinsaufwendungen von 40 Mio. €. Das Einkommen vor positivem Zinsergebnis (Zinsgewinn 50 Mio. ./. 40 Mio. = 10 Mio. €) und vor Abschreibungen (30 Mio. €) beträgt 70 Mio. €.

LÖSUNG Die Zinsaufwendungen (40 Mio. €) sind nach § 4h Abs. 1 Satz 1 EStG bis zur Höhe der Zinserträge (50 Mio. €) abzugsfähig, hier also voll abzugsfähig. Somit besteht keine weitere Abzugsbeschränkung. Dies gilt unabhängig davon, dass die Zinsaufwendungen isoliert über 30 % des Einkommens vor Zinsergebnis und Abschreibungen (30 % von 70 Mio. € = 21 Mio. €) betragen, also über dem verrechenbaren EBITDA liegen. Es sind weder ein Zinsvortrag noch ein EBITDA-Vortrag gesondert festzustellen.
Zu versteuerndes Einkommen = 70 Mio. € + 10 Mio. € Zinsgewinn ./. Abschreibungen 30 Mio. € = 50 Mio. €.

2 Ausnahmen von der Zinsschranke (§ 4h Abs. 2 KStG)

2.1 Freigrenze (§ 4h Abs. 2 Satz 1 Buchst. a EStG)

Liegen die Zinsaufwendungen **nach** Saldierung mit den Zinserträgen **unter 3 Mio. €,** ist § 4h Abs. 1 EStG/§ 8a KStG nicht anwendbar, d. h. der Zinssaldo ist in voller Höhe abzugsfähig. Die Freigrenze ist betriebsbezogen, gilt also für eine Körperschaft **nur einmal** (je Wj). Im **Organkreis** gilt sie ebenfalls nur einmal (BMF, Rz. 55–58).

Die Freigrenze gilt **ab 2010 dauerhaft**.

Es ist zu beachten, dass es sich nicht um einen Freibetrag handelt.

BEISPIEL

Die GmbH hat Zinserträge von 270 000 € sowie Zinsaufwendungen i. H. v.
a) 2 880 000 €,

b) 3 310 000 €.

Das maßgebliche Einkommen i. S. v. § 8a Abs. 1 Satz 2 KStG = steuerliches EBITDA der GmbH beträgt 450 000 € (Einkommen vor § 4h EStG und vor Abschreibungen). Es liegen weder Spenden (§ 9 Abs. 1 Nr. 2 KStG) noch ein Verlustabzug (§ 10d Abs. 2 EStG) vor.

LÖSUNG

a) Der negative Zinssaldo beträgt 2 610 000 €. Die Freigrenze ist nicht überschritten. Der gesamte Zinsaufwand ist abzugsfähig (§ 4h Abs. 2 Satz 1 Buchst. a EStG).
Das Einkommen der GmbH beträgt nach Abzug des Zinssaldos
(460 000 € ./. 2 610 000 € =) ./. 2 160 000 €.

Zinsvortrag:	0 €
EBITDA-Vortrag:	0 €

b) Der negative Zinssaldo beträgt 3 040 000 €. Die Freigrenze ist überschritten. Die Zinsen sind nur bis zur Höhe der Zinserträge von 270 000 € sowie in Höhe des »verrechenbaren« EBITDA (vgl. auch unter 1 und 3.2) = 135 000 € abzugsfähig, also insgesamt 405 000 €.
Das Einkommen der GmbH beträgt (450 000 € ./. 405 000 € + 270 000 € =) 315 000 €.

Zinsvortrag:	3 310 000 € ./. 405 000 € = 2 905 000 €
EBITDA-Vortrag:	0 €

Die nicht abziehbaren Zinsen i. H. v. 2 905 000 € werden als Zinsvortrag gesondert festgestellt (§ 4h Abs. 4 EStG).

Die Freigrenze ist betriebsbezogen. Eine Kapitalgesellschaft stellt **grds.** nur **einen** Betrieb dar (BMF, Rz. 7). Betriebstätten sind keine eigenständigen Betriebe (BMF, Rz. 9). Bei Organschaft stellt der gesamte **Organkreis** einen Betrieb dar (BMF, Rz. 10).

2.2 Konzernklauseln

- Nach § 4h Abs. 2 Satz 1 **Buchst. b** EStG sind
- **nicht konzernzugehörige** und
- **nur anteilmäßig konzernzugehörige** Betriebe von der Zinsschranke ausgenommen.
- Nach § 4h Abs. 2 Satz 1 **Buchst. c** EStG sind **konzernzugehörige** Betriebe von der Zinsschranke ausgenommen, wenn ihre Eigenkapital**quote** an Schluss des vorangegangenen Wj
- gleich hoch oder
- höher

als die des Konzerns ist.

Eine Unterschreitung der Eigenkapitalquote bei dem Betrieb um bis zu 2 % der Eigenkapitalquote des Konzerns ist unschädlich (§ 4h Abs. 2 Buchst. c Satz 2 EStG.)

Zur Berechnung und Durchführung vgl. im Einzelnen § 4h Abs. 2 Sätze 3 ff. EStG. Zum Konzernbegriff vgl. BMF, Rz. 59–68.

3 Besonderheiten für Körperschaften (§ 8a KStG)

3.1 Anwendbarkeit des § 4h EStG

Die geltende Fassung des § 8a KStG erklärt § 4h Abs. 1 Satz 2 EStG auch für Kapitalgesellschaften für **entsprechend anwendbar** (§ 8a Abs. 1 KStG) mit ergänzenden Regelungen.

Die geltende Regelung betrifft nicht nur **Gesellschafterfremdfinanzierung**, sondern auch **Bankfinanzierung**.

Nach der geltenden Regelung sind hiernach **nichtabzugsfähige Zinsaufwendungen keine VGA**, sondern nichtabziehbare BA.

3.2 Maßgebliches Einkommen

Zunächst wird in § 8a Abs. 1 Satz 1 KStG das **maßgebliche Einkommen** (statt des maßgeblichen Gewinns) als Bemessungsgrundlage der Zinsschranke festgelegt.

Maßgebliches Einkommen (statt »Gewinn«) ist nach § 8a Abs. 1 Satz 2 KStG:

Einkommen der Körperschaft

- vor Anwendung des § 4h EStG (also mit vollem Zinsabzug bzw. Zinsertrag),
- **vor** Verlustabzug i. S. v. § 10d EStG (Rück- und Vortrag) und
- **vor** Spendenabzug i. S. v. § 9 Abs. 1 Nr. 2 KStG.

Daraus ergibt sich folgendes Schema:

Einkommen der Körperschaft (§ 8 Abs. 1 KStG) vor Anwendung von § 4h EStG	
./.	Zinserträge
+	Zinsaufwendungen
+	Abschreibungen (§ 6 Abs. 2 und 2a, § 7 EStG)
+	Verlustabzug (§ 10d Abs. 1 und 2 EStG)
+	Spendenabzug (§ 9 Abs. 1 Nr. 2 KStG)
maßgebliches Einkommen (= »steuerliches EBITDA«)	

Das **verrechenbare EBITBA** beträgt somit 30 % des maßgeblichen Einkommens = 30 % des steuerlichen EBITDA. Vgl. BMF, Rz. 40–45.

3.3 Rückausnahme bei fehlender Konzernzugehörigkeit – Gesellschafterfremdfinanzierung (§ 8a Abs. 2 KStG)

Nach § 4h Abs. 2 Satz 1 Buchst. b EStG sind nicht oder nur anteilmäßig **konzernzugehörige Betriebe** zwar grundsätzlich von der Zinsschranke ausgenommen.

Hierzu gilt jedoch folgende **Rückausnahme**:

Für Körperschaften kommt der unbeschränkte Zinsabzug nach der **Konzernklausel** nur dann zur Anwendung, wenn **keine schädliche Gesellschafterfremdfinanzierung** vorliegt (§ 8a Abs. 2 Satz 1 KStG). Ein voller Zinsabzug ist hier daher nur möglich, wenn die Körperschaft nachweist, dass **nicht** mehr als 10 % des Schuldzinsüberhangs als Zinsen an einen **wesentlich beteiligten Anteilseigner**, diesem **nahe stehende Personen** oder an **rückgriffsberechtigte Dritte** gewährt werden. Eine wesentliche Beteiligung in diesem Sinne ist bei unmittelbarer oder mittelbarer Beteiligung von **mehr als 25 %** gegeben.

Die **Beweislast** für das Nichtvorliegen dieser Rückausnahme liegt bei der Körperschaft. Sie muss also nachweisen, dass die im Prinzip schädlichen Finanzierungsaufwendungen an den vorgenannten Personenkreis **nicht** mehr als 10 % des (saldierten) negativen Zinsergebnisses betragen. Greift aber diese Rückausnahme wegen Überschreitung der vorgenannten 10 %-Grenze, unterliegt der **gesamte** Zinsaufwandsaldo doch den **allgemeinen Regeln der Zinsschranke** (Alles-oder-nichts-Prinzip). Betroffen von dieser Regelung sind z. B. Kapitalgesellschaften, die in einem größeren Umfang von ihren wesentlich beteiligten Gesellschaftern, diesen nahe stehenden Personen und/oder rückgriffsberechtigten Dritten finanziert werden.

Vgl. BMF, Rz. 79–83.

3.4 Rückausnahme von der Escape-Klausel (§ 8a Abs. 3 KStG)

Konzernangehörige Körperschaften (§ 4h Abs. 3 Sätze 5 und 6 EStG) fallen grundsätzlich unter die Escape-Klausel des § 4h Abs. 2 Satz 1 Buchst. c EStG, wenn die sog. Eigenkapitalquote der Körperschaft nicht niedriger ist als die des Gesamtkonzerns. Dennoch findet die Zinsschranke Anwendung, wenn »im Konzern«, d. h. von der Körperschaft oder einem anderen demselben Konzern angehörigen Rechtsträger, **mehr als 10 %** des Schuldzinssaldos als Zinsen an **wesentlich beteiligte Anteilseigner** einer konzernzugehörigen Gesellschaft, diesen **nahe stehende Personen** oder an **rückgriffsberechtigte Dritte** i. S. d. § 8a Abs. 2 KStG gewährt werden. Die »schädliche« Rückausnahme kann also durch einen **anderen** konzernzugehörigen Rechtsträger ausgelöst werden, ohne dass die Körperschaft dies beeinflussen kann.

Vgl. BMF, Rz. 69–78.

4 Zinsvortrag

Soweit Zinsaufwendungen aufgrund der Anwendung der Zinsschranke nicht abzugsfähig sind, können sie auf folgende Jahre **vorgetragen** werden.

Der **Zinsvortrag** wird **gesondert festgestellt** (§ 4h Abs. 4 Satz 1 EStG).

Wird der **Betrieb aufgegeben oder übertragen**, geht ein nicht verbrauchter Zinsvortrag unter (§ 4h Abs. 5 Satz 1 EStG).

Auch ein **schädlicher Beteiligungsverkauf** i. S. d. § 8c KStG führt grds. zum vollen bzw. anteiligen Untergang des Zinsvortrags – vorbehaltlich »nutzbarer« stiller Reserven in den übertragenen Anteilen. M. a. W. auf den Zinsvortrag sind insoweit die Regeln des § 8c KStG zum Ausschluss bzw. zur Einschränkung des Verlustvortrags i. S. d. § 10d Abs. 2 EStG analog anzuwenden (§ 8a Abs. 1 Satz 3 KStG).

5 EBITDA-Vortrag (§ 4h Abs. 1 und 4 EStG) – Überblick

Der Begriff des verrechenbaren EBITDA und des EBITDA-Vortrags wurde ab 2010 im Gesetzestext eingeführt. Es wird der negative Zinssaldo am Ende eines jeden Jahres mit 30 % des steuerlichen EBITDA verglichen (= verrechenbares EBITDA). Das steuerliche EBITDA bedeutet Gewinn vor Zinsen und Abschreibungen, also vor Anwendung von § 4h EStG.

Bei Körperschaften handelt es sich bei dem EBITDA um das Einkommen vor Abzug (Anwendung) von § 4h EStG/§ 8a KStG sowie vor § 9 Abs. 1 Nr. 2 KStG und § 10d EStG.

Das verrechenbare EBITDA beträgt begrifflich 30 % des steuerlichen EBITDA.

Es ist zu unterscheiden:

a) Soweit der negative Zinssaldo das verrechenbare EBITDA übersteigt, sind die Zinsen nicht sofort abziehbar, sondern können über den Zinsvortrag vorgetragen werden.

b) Soweit – umgekehrt – das verrechenbare EBITDA den negativen Zinssaldo übersteigt, kann das »nicht verbrauchte« verrechenbare EBITDA vorgetragen und in den folgenden fünf Jahren für einen entsprechend höheren Schuldzinsenabzug verwendet werden. Dabei wird der älteste EBITDA-Vortrag zuerst verbraucht (§ 4h Abs. 1 Satz 4 EStG) – »FIFO-Methode«.

Übersteigt der negative Zinssaldo in einem der fünf Folgejahre das verrechenbare EBITDA, so ist der negative Zinssaldo bis zur Höhe des EBITDA-Vortrags abziehbar.

Der fortgeschriebene EBITDA-Vortrag ist dann jeweils gesondert festzustellen und weiter vorzutragen.

BEISPIELE

a) Die GmbH hat im Jahr 2018 einen negativen Zinssaldo (Zinsaufwand) von 5 000 000 € und ein verrechenbares EBITDA von 8 000 000 € (= 30 % des »maßgeblichen Einkommens« = 30 % des »steuerlichen EBITDA«).

LÖSUNG Im Jahr 2018 kann die GmbH daher den gesamten Zinsaufwand des Jahres 12 von 5 000 000 € abziehen. Es verbleibt noch ein nicht verbrauchtes verrechenbares EBITDA i. H. v. 3 000 000 €. Dieser EBITDA-Vortrag wird nach § 4h Abs. 4 EStG für die Zukunft gesondert festgestellt.

b) In Fortführung des vorangehenden Beispiels betragen im Jahr 2017 (angenommen) der negative Zinssaldo 4 000 000 € und das verrechenbare EBITDA im Jahr 2017: 200 0 000 €.

LÖSUNG Die GmbH darf hier

- 2 000 000 € Zinsaufwand des Jahres 2019 gegen das verrechenbare EBITDA 2018 abziehen und zusätzlich
- 2 000 000 € nach § 4h Abs. 1 Satz 4 EStG aus dem bestehenden EBITDA-Vortrag von 3 000 000 € abziehen.

Der Gesamtabzug im Jahre 2019 beträgt somit 4 000 000 €.

Es verbleibt kein Zinssaldo.

Der restliche EBITDA-Vortrag beträgt (3 000 000 € ./. 2 000 000 € =) 1 000 000 € und wird wiederum gesondert festgestellt (zum 31. 12. 2019).

6 Grundschema für § 4h EStG, § 8a KStG

Die Prüfung ist in folgenden vier Grundschritten vorzunehmen (Ausgangsjahr VZ 2018):

1. Abzug der Zinsaufwendungen VZ 2018 in Höhe der Zinserträge VZ 2018
2. Abzug der übersteigenden Zinsaufwendungen VZ 2018 (negativer Zinssaldo) bis zur Höhe des verrechenbaren EBITDA VZ 2018
3. Verbleibende Zinsaufwendungen VZ 2018 sind abziehbar in Höhe von bestehenden EBITDA-Vorträgen vorangegangener Wirtschaftsjahre (aus VZ 2017, § 52d Abs. 12d Satz 5 EStG) Ggf.: übersteigender EBITDA 2018 wird vorgetragen (nach VZ 2019–2023) = 5 Jahre
4. Nicht abzugsfähige Zinsaufwendungen VZ 2015 werden auf Folgejahre (VZ 2016 ff.) vorgetragen (Zinsvortrag) – zeitlich unbegrenzt.

Dabei ist auch zu beachten, dass die Begriffe

- Zinsvortrag (§ 4h Abs. 1 Satz 5 EStG),
- EBITDA-Vortrag (§§ 4h Abs. 1 Sätze 3 und 4 EStG) und
- Verlustvortrag (§ 10d Abs. 2 EStG)
- nicht gleichbedeutend sind,
- sich grds. nicht gegenseitig ausschließen und
- **zum Teil wechselseitige Abhängigkeiten bestehen.**

Teil M Beteiligung an anderen Körperschaften (§ 8b KStG)

1 Überblick

Nach § 8b KStG sind bei den betroffenen Körperschaften im Ergebnis **95 %** von
- Gewinnausschüttungen anderer Körperschaften sowie
- von Vermögensmehrungen im Zusammenhang mit Beteiligungen an diesen Körperschaften **steuerfrei**.

Damit soll verhindert werden, dass es bei mehrstufiger Beteiligung zu einer Mehrfachbelastung mit KSt kommt.

Die Freistellung von Dividendenerträgen und Veräußerungsgewinnen gilt für sämtliche Beteiligungen an Körperschaften, deren Ausschüttungen bzw. Auskehrungen bei den Empfängern zu Einnahmen i. S. d. § 20 Abs. 1 Nr. 1 und 2 (sowie 9 und 10a) EStG führen. Dies gilt bei Bezügen und Veräußerungen von in- und ausländischen Körperschaften.

Es besteht weder eine **Mindestbesitzdauer** noch eine **Mindestbeteiligung**.

Die nach § 8b KStG erforderlichen Korrekturen werden **außerbilanziell** vorgenommen.

Nach § 8b Abs. 3 Satz 3 KStG dürfen folgerichtig Gewinnminderungen in Zusammenhang mit Anteilen i. S. d. § 8 Abs. 2 KStG das Einkommen nicht mindern. Vgl. zu § 8b KStG ausführlich BMF vom 28. 04. 2003 BStBl I 2003, 292.

2 Freistellung von Gewinnausschüttungen in- und ausländischer Kapitalgesellschaften (§ 8b Abs. 1 KStG)

Gem. § 8b Abs. 1 KStG bleiben Bezüge i. S. d. § 20 Abs. 1 Nr. 1 EStG (insbes. Dividenden und vGA) und Nr. 2 EStG (Bezüge aus Kapitalherabsetzungen und Auflösung) bei der Ermittlung des Einkommens **steuerfrei**.

BEISPIEL

Die A-GmbH erzielt in **2018** einen Gewinn vor KSt von 60 000 € und schüttet diesen an die B-GmbH aus, die an der A-GmbH zu 100 % beteiligt ist – Darstellung ohne SolZ –.

LÖSUNG

A-GmbH

zu versteuerndes Einkommen	60 000 €
./. KSt (15 %)	./. 9 000 €
Ausschüttung an die B-GmbH	51 000 €

B-GmbH

Dividendenerträge	51 000 €
./. steuerfrei nach § 8b Abs. 1 KStG	./.51 000 €
Zwischensumme	0 €

Insoweit ist der Gewinn i. H. v. 60 000 € **nur einmal** mit 15 % KSt besteuert worden. Nach § 8b Abs. 5 KStG gelten jedoch 5 % der Dividenden als nichtabziehbare Ausgaben in Zusammenhang mit der Beteiligung:

+ 5 % × 51 000 €	+ 2 550 €
zu versteuerndes Einkommen	2 550 €

Im Ergebnis sind nur 95 % der Dividende steuerfrei.
Die KSt beträgt 15 % von 2 550 € = 382,50 €.

Auch Ausschüttungen, die von **ausländischen** Kapitalgesellschaften bezogen werden, sind gem. § 8b Abs. 1 KStG steuerfrei.

Es kommt weder auf eine Mindestbeteiligung noch eine Mindesthaltezeit an.

Die Korrektur nach § 8b Abs. 1 KStG ist stets außerbilanziell i. H. d. Bruttoeinnahmen vorzunehmen.

VGA fallen grds. ebenfalls unter § 8b Abs. 1 KStG.

BEISPIEL

Die A-GmbH erbringt an die an ihr beteiligte B-GmbH verbilligte Leistungen. Die B-GmbH hat der A-GmbH hierfür 50 000 € Gegenleistung zu erbringen. Von einem Dritten hätte die A-GmbH 110 000 € erzielen können.

Als Leistungen wurden Reparaturen am Betriebsgrundstück der B-GmbH erbracht.

LÖSUNG Es liegt eine vGA i. H. v. 60 000 € vor. Damit hat die B-GmbH einen Beteiligungsertrag erzielt, der gem. § 8b Abs. 1 KStG steuerfrei ist.

I. H. v. 60 000 € liegt bei der B-GmbH gleichzeitig sofort abzugsfähiger Erhaltungsaufwand vor. Insoweit greift nicht das Abzugsverbot des § 3c Abs. 1 EStG. Allerdings ist das Einkommen noch um 5 % der vGA zu erhöhen, also + 5 % × 60 000 € = 3 000 €.

Zu beachten ist auch hier die »korrespondierende« Besteuerung.

Durch die Beteiligungsertragsbefreiung nach § 8b Abs. 1 KStG wird die wirtschaftliche Doppelbelastung von Dividendenausschüttungen zwischen Kapitalgesellschaften vermieden. Dies gilt **auch für verdeckte Gewinnausschüttungen**. Mit diesen Grundsätzen ist eine Freistellung einer vGA ohne vorhergehende Besteuerung des ausgeschütteten Gewinns auf der Ebene der Kapitalgesellschaft nicht zu vereinbaren. Die Freistellung eines sonstigen Bezugs i. S. d. § 20 Abs. 1 Nr. 1 Satz 2 EStG ist daher beim Anteilseigner von der Voraussetzung abhängig, dass die vGA auf Ebene der leistenden Kapitalgesellschaft das Einkommen gemäß § 8 Abs. 3 Satz 2 KStG **nicht** gemindert hat (§ 8b Abs. 1 Satz 2 KStG). Eine Minderung des Einkommens liegt auch in den Fällen vor, in denen bei der Körperschaft noch keine erstmalige Steuerfestsetzung ergangen ist.

Die Korrespondenz des § 8b Abs. 1 Satz 2 KStG gilt jedoch nach § 8b Abs. 1 Satz 4 KStG **nicht**, soweit die vGA das Einkommen einer dem Stpfl nahe stehenden Person erhöht hat und § 32a KStG auf die Veranlagung der nahestehenden Person nicht anwendbar ist.

3 Betriebsausgaben im Zusammenhang mit steuerfreien Bezügen (§ 8b Abs. 5 KStG)

Nach § 8b Abs. 5 KStG gelten bei steuerfreien Bezügen aus Anteilen an einer **inländischen** oder **ausländischen** Kapitalgesellschaft **5 %** der **Bezüge** als BA, die mit den steuerfreien Einnahmen in unmittelbarem wirtschaftlichen Zusammenhang stehen. Damit gelten 5 % der steuerfreien Bruttoeinnahmen als nicht abziehbare Ausgaben. Diese sind außerbilanziell dem Einkommen hinzuzurechnen.

Unerheblich ist, in welcher Höhe **tatsächliche** Aufwendungen vorliegen, die mit den Einnahmen in wirtschaftlichem Zusammenhang stehen. Das Abzugsverbot des § 3c Abs. 1 EStG gilt **nicht** (§ 8b Abs. 5 Satz 2 KStG), d. h. die tatsächlichen Aufwendungen bleiben voll abziehbare BA.

Im Ergebnis werden stets noch **95 % der Dividende als steuerfrei behandelt**.

BEISPIEL

Die inländische A-GmbH hält eine Beteiligung an der B-GmbH. Die Beteiligung wurde in vollem Umfang mit Eigenkapital finanziert. In 01 erhält die A-GmbH von der B-GmbH eine Dividende i. H. v. 100 000 €.

LÖSUNG Die Dividende ist gem. § 8b Abs. 1 KStG bei der Ermittlung des zu versteuernden Einkommens steuerfrei. Jedoch gelten 5 % der Dividende (= 5 000 €) als BA, die mit den steuerfreien Einnahmen in unmittelbarem wirtschaftlichen Zusammenhang stehen und daher nicht abziehbar sind. Daher ist der Betrag von 5 000 € bei der Ermittlung des zu versteuernden Einkommens hinzuzurechnen.

Dabei ist es **unerheblich**, dass **tatsächlich keine entsprechenden Aufwendungen** entstanden sind, da es sich um eine gesetzliche Fiktion handelt.

Dividendenerträge	100 000 €
./. steuerfrei (§ 8b Abs. 1 KStG)	./. 100 000 €
+ nicht abziehbare BA (§ 8b Abs. 5 KStG)	
5 % von 100 000 €	+ 5 000 €
zu versteuerndes Einkommen	5 000 €

Das Abzugsverbot des § 3c Abs. 1 EStG gilt also insoweit nicht.

BEISPIEL

Die C-GmbH hält eine Beteiligung i. H. v. 100 % an der inländischen D-GmbH. Die Anschaffungskosten hat sie in vollem Umfang über ein Darlehen finanziert. Der jährliche Zinsaufwand beträgt 10 000 €. Die C-GmbH erhält von der D-GmbH folgende Dividenden:

18:	30 000 €
19:	15 000 €

LÖSUNG

C-GmbH	**18**	**19**
Dividendenerträge	30 000 €	15 000 €
./. Zinsaufwendungen	./. 10 000 €	./. 10 000 €
Jahresüberschuss (vor KSt)	20 000 €	5 000 €
./. steuerfrei (§ 8b Abs. 1 KStG)	./. 30 000 €	./. 15 000 €
+ nicht abziehbare Ausgaben (§ 8b Abs. 5 KStG) =		
5 % der Dividende	+ 1 500 €	+ 750 €
Auswirkung auf zu versteuerndes Einkommen	./. 8 500 €	./. 9 250 €

Bei **ausländischen** Dividenden ist § 8b Abs. 5 KStG ungeachtet eines **DBA** anzuwenden.

4 Körperschaftsteuerpflicht für Streubesitzdividenden (§ 83 Abs. 4 KStG)

Durch das Gesetz zur Umsetzung des EuGH-Urteils vom 20. 10. 2011 Rs. C-284/09 wurde die Körperschaftsteuerpflicht von Streubesitzdividenden in § 8b Abs. 4 KStG eingeführt. Die Regelung weicht vom Grundsatz der Steuerfreiheit der durch eine Kapitalgesellschaft empfangenen Dividenden (§ 8b Abs. 1 KStG) ab, stellt aber für ausländische Anteilseigner die Übereinstimmung mit dem Europarecht her. Dabei werden die ausländischen Anteilseigner steuerlich nicht entlastet, sondern es kommt zu einer steuerlichen Schlechterstellung inländischer Anteilseigner.

4.1 Gesetzliche Regelung

Empfangene Gewinnausschüttungen von Kapitalgesellschaften, an denen eine **unmittelbare** Beteiligung von unter 10 % besteht (sog. Streubesitzdividenden), sind in vollem Umfang körperschaftsteuerpflichtig. Die eigentlich bestehende Freistellung nach § 8b Abs. 1 KStG gilt insoweit nicht.

4.2 Maßgebliche Beteiligungshöhe

Maßgeblich für die Beteiligungshöhe sind grundsätzlich die Verhältnisse zu Beginn des Kalenderjahres. Der Erwerb einer Beteiligung von mindestens 10 % im Laufe des Kj gilt abweichend hiervon nach **§ 8b Abs. 4 Satz 6 KStG** kraft gesetzlicher Fiktion als zu Beginn des Kj erfolgt.

Bei der Ermittlung der Beteiligungshöhe sind nur unmittelbare Beteiligungen zu berücksichtigen. Über eine Mitunternehmerschaft gehaltene Anteile gelten **anteilig** als eine unmittelbare Beteiligung des Mitunternehmers (§ 8b Abs. 4 Sätze 4 und 5 KStG).

Die Beteiligungshöhe wird auch innerhalb einer steuerlichen Organschaft für jede Gesellschaft (Organträger und Organgesellschaft) getrennt betrachtet (§ 15 Satz 1 Nr. 2 KStG).

4.3 Keine Steuerpflicht für Veräußerungsgewinne

Es besteht keine Steuerpflicht für Gewinne aus der Veräußerung von Streubesitzanteilen. Diese sind nach § 8b Abs. 2 KStG steuerfrei.

- Daher bietet es sich für die Körperschaft an, die Anteile unmittelbar vor dem Dividendenstichtag zu veräußern. Die mit dem Anteil verbundene Dividendenberechtigung wird in diesem Fall zusammen mit den Anteilen nach § 8b Abs. 2 KStG steuerfrei veräußert.
- Für Kapitalgesellschaften mit Anteilseignern, die überwiegend unter § 8b Abs. 4 KStG fallen, bietet sich eine Thesaurierung der Gewinnausschüttungen an. Statt steuerpflichtiger Dividenden können auf diese Weise verstärkt später steuerfreie Veräußerungsgewinne generiert werden.

4.4 Keine nicht abziehbaren Betriebsausgaben

Infolge der Steuerpflicht der Streubesitzdividenden entfällt insoweit ein Ansatz von 5 % pauschalierter nicht abziehbarer BA i. S. d. § 8b Abs. 5 KStG (§ 8b Abs. 4 Satz 7 KStG).

Somit sind sämtliche mit diesen Dividenden zusammenhängende Betriebsausgaben – insbesondere Fremdfinanzierungsaufwand – in voller Höhe abzugsfähig.

4.5 Gewerbesteuerpflicht von Streubesitzdividenden

Grundsätzlich schlägt die Körperschaftsteuerpflicht von Streubesitzdividenden auf den Gewerbeertrag durch (§ 7 Satz 1 GewStG). Insoweit unterbleibt eine (weitere) gewerbesteuerliche Hinzurechnung nach § 8 Nr. 5 GewStG.

Die Hinzurechnung nach § 8 Nr. 5 GewStG gilt aber weiterhin für Körperschaften mit Beteiligungen **zwischen 10 % und 15 %**, da die gewerbesteuerliche Streubesitzgrenze grundsätzlich 15 % beträgt. Nur bei EU- und EWR-Beteiligungen gilt auch gewerbesteuerlich eine Streubesitzgrenze von 10 % (§ 9 Nr. 7 GewStG).

Unmittelbare Beteiligung		
Beteiligung	**KSt-Pflicht**	**GewSt-Pflicht**
unter 10 %	ja, § 8b Abs. 4 KStG	ja, § 7 Satz 1 GewStG
10 % bis 15 %	nein, § 8b Abs. 1 KStG	ja, § 8 Nr. 5 GewStG
über 15 %	nein, § 8b Abs. 1 KStG	nein, § 9 Nr. 2a GewStG

5 Steuerbefreiung von Veräußerungsgewinnen (§ 8b Abs. 2 KStG)

Nicht nur Ausschüttungen, sondern auch Gewinne aus der Veräußerung von Anteilen an Kapitalgesellschaften (und gleich gestellten Vorgängen) sind **grds.** steuerfrei. Allerdings gelten 5 % des Veräußerungsgewinns als nichtabziehbare Ausgaben (§ 8b Abs. 3 Satz 1 KStG), d. h. im Ergebnis sind 95 % des Veräußerungsgewinns steuerfrei. § 3c Abs. 1 EStG ist **nicht** anzuwenden (§ 8b Abs. 3 Satz 2 KStG).

BEISPIEL

Die A-GmbH veräußert ihre 100 %ige Beteiligung (Buchwert 70 000 €) an der B-AG für 150 000 €. Die Veräußerungskosten von 6 000 € hat die A-GmbH getragen.

LÖSUNG

Veräußerungserlös	150 000 €
./. Buchwert	70 000 €
./. Veräußerungskosten	6 000 €
steuerfreier Veräußerungsgewinn (§ 8b Abs. 2 KStG)	74 000 €

5 % von 74 000 €, also 3 700 € gelten als nicht abziehbare Betriebsausgabe (§ 8b Abs. 3 Satz 1 KStG).

6 Gewinnminderungen (§ 8b Abs. 3 Satz 3 KStG)

Sämtliche Gewinnminderungen im Zusammenhang mit Anteilen i. S. d. § 8b Abs. 2 KStG sind bei der Gewinnermittlung **nicht** zu berücksichtigen.

Hierunter fallen insbesondere:

a) **Gewinnminderungen durch den steuerwirksamen Ansatz des niedrigeren Teilwerts der Anteile** (Teilwertabschreibung)
Betroffen sind hier nur Teilwertabschreibungen **vor** dem Systemwechsel (01. 01. 2001), die das Einkommen gemindert haben (§ 8b Abs. 2 Satz 4 KStG).

BEISPIEL

Veräußerung einer 100 %igen Beteiligung an der B-GmbH (Buchwert 150 000 €) durch die A-GmbH für 260 000 €.

Die Veräußerungskosten von 5 000 € trug der Erwerber.

Auf die Anschaffungskosten der Beteiligung von 200 000 € hatte die A-GmbH im Jahre 2000 eine **zutreffende** gewinn- und einkommensmindernde Teilwertabschreibung von 50 000 € vorgenommen. Eine spätere Zuschreibung ist nicht erfolgt.

LÖSUNG

Veräußerungserlös	260 000 €
./. Buchwert	150 000 €
./. Veräußerungskosten	–
Veräußerungsgewinn	110 000 €
./. Teilwertabschreibung (aus Jahr 2000, § 8b Abs. 2 Satz 4 KStG)	50 000 €
steuerfreier Veräußerungsgewinn	**60 000 €**

i. H. v. 50 000 € ist der Veräußerungsgewinn stpfl. (§ 8b Abs. 2 Satz 4 KStG).

b) Verluste durch Veräußerung der Anteile

BEISPIEL

Veräußerung einer 100 %igen Beteiligung an der B-GmbH (Buchwert 150 000 €) durch die A-GmbH für 110 000 €.
Die Veräußerungskosten der A-GmbH betragen 10 000 €.

LÖSUNG

Veräußerungspreis	110 000 €
./. Buchwert	150 000 €
./. Veräußerungskosten	10 000 €
Veräußerungsverlust	./. **50 000 €**

Der Verlust ist bei der Einkommensermittlung der A-GmbH **nicht** zu berücksichtigen (**§ 8b Abs. 3 Satz 3 KStG**). Es erfolgt deshalb eine außerbilanzmäßige Hinzurechnung in Höhe von 50 000 €.

Teil N Liquidationsbesteuerung

1 Allgemeines

Für den Fall der Abwicklung einer unbeschränkt steuerpflichtigen Kapitalgesellschaft, Erwerbs- und Wirtschaftsgenossenschaft oder eines VVaG (§ 1 Abs. 1 Nr. 1 bis 3 KStG) sieht § 11 KStG eine besondere Art der Gewinnermittlung vor, die die Erfassung des so genannten **Liquidationsgewinns** zum Zweck hat.

Die Eigenart des § 11 KStG besteht darin, dass das i. R. d. Abwicklung verteilte Vermögen ebenfalls als Einkommen der Gesellschaft behandelt wird. Darüber hinaus ist der Verteilungsvorgang (Verteilung des Abwicklungsendvermögens einschließlich des Abwicklungsgewinns) wie eine Vollausschüttung zu behandeln, denn eine Thesaurierung scheidet begrifflich aus.

Diese Verteilung stellt Leistungen der Gesellschaft dar, die bei den Empfängern der Art nach Einnahmen i. S. d. § 20 Abs. 1 Nr. 1 oder 2 bzw. § 20 Abs. 8 EStG sein können.

2 Anwendungsvoraussetzungen

2.1 Subjektive Voraussetzungen

Die Regelung des § 11 KStG gilt nur für die § 1 Abs. 1 Nr. 1 bis 3 KStG aufgeführten Körperschaften, nämlich

- **Kapitalgesellschaften**, also insbesondere für **GmbH und AG**,
- **Erwerbs- und Wirtschaftsgenossenschaften** und
- den **VVaG**.

Eine entsprechende Anwendung auf andere körperschaftsteuerpflichtigen Gebilde ist nicht möglich.

Weiterhin setzt die unmittelbare Anwendung des § 11 KStG unbeschränkte Steuerpflicht voraus.

2.2 Objektive Voraussetzungen

Objektive Voraussetzungen sind **Auflösung und Abwicklung.** Entscheidend ist dabei der **Abwicklungsvorgang. Ohne** Abwicklung gelten auch bei **aufgelösten** Gesellschaften noch weiterhin die allgemeinen Vorschriften.

Die Anwendung des § 11 KStG setzt daher normalerweise auch die Abwicklung voraus. Eine Ausnahme besteht lediglich im **Insolvenzfall**: Unterbleibt die Abwicklung nach der Auflösung infolge Insolvenzeröffnung, greift trotzdem die Liquidationsbesteuerung ein (§ 11 Abs. 7 KStG).

2.2.1 Auflösung

Die Auflösung einer unter § 11 KStG fallenden Körperschaft kann auf Beschluss oder anderen Gründen beruhen.

Eine Auflösung durch Beschluss setzt eine eindeutige Bekundung des Auflösungswillens voraus, bedarf aber keiner besonderen Form, insbesondere keiner Eintragung in das Handelsregister (vgl. H 5.2 [Beginn der Liquidation] KStH). Im Regelfall beginnt der steuerliche Liquidationszeitraum mit dem Tage des Auflösungsbeschlusses (vgl. BFH vom 09. 03. 1983 BStBl II 1983, 433 und R 5.2 Abs. 1 Satz 1 KStR). Die Auflösung ist dem Amtsgericht mitzuteilen. Dieses bestellt einen Liquidator (Abwickler), häufig die ehemalige Geschäftsführung. Die Gesellschaft führt dann den Zusatz i. L. (in Liquidation).

2.2.2 Abwicklung

§ 11 KStG ist nur anwendbar, wenn die Auflösung der Gesellschaft mit einer **Liquidation (Abwicklung)** - d. h. mit einer **Flüssigmachung (Versilberung)** der Vermögenswerte - und ihrer **Verteilung** an die (Gläubiger und) **Gesellschafter** verbunden ist.

Eine gesetzliche Ausnahme, bei der es an einer Liquidation im Rechtssinne fehlt, bildet die Auflösung infolge Eröffnung des Insolvenzverfahrens (§ 11 Abs. 7 KStG). Die Abwicklung muss tatsächlich durchgeführt werden.

Die Sondervorschriften des § 11 KStG gelten nur für echte Liquidationen, **nicht** für **Scheinliquidationen**. Wenn sich die Gesellschaft nach dem Auflösungsbeschluss oder sogar nach dem Eintritt in die Liquidation wieder oder weiterhin unverändert am Wirtschaftsleben beteiligt, ohne dass ein Ende abzusehen ist, ist sie nicht nach § 11 KStG, sondern nach den allgemeinen Vorschriften zu besteuern.

Die **Steuerpflicht** endet erst, wenn die Liquidation rechtsgültig abgeschlossen ist. Zum rechtsgültigen Abschluss der Liquidation gehört bei Kapitalgesellschaften auch der Ablauf des Sperrjahres. Das Sperrjahr beginnt mit dem Tag, an dem der Aufruf an die Gläubiger zum dritten Mal bekannt gemacht bzw. veröffentlicht worden ist (§ 272 Abs. 1 AktG oder § 73 Abs. 1 GmbHG). Auch wenn die Kapitalgesellschaft vor Ablauf des Sperrjahres ihr Gesellschaftsvermögen vollständig ausgeschüttet hat, ist sie damit noch nicht erloschen. Die Löschung im Handelsregister ist für sich allein aber ohne Bedeutung.

3 Durchführung der Liquidationsbesteuerung

3.1 Besteuerungszeitraum

Ermittlungszeitraum für das Einkommen ist normalerweise das Kj (§ 7 Abs. 3 KStG), für den Gewinn aus Gewerbebetrieb das Wj (§ 7 Abs. 4 KStG).

Bei der Liquidationsbesteuerung tritt an die Stelle dieser Ermittlungszeiträume (Kj bzw. Wj) der **Abwicklungszeitraum (Liquidationszeitraum** - § 11 Abs. 1 Satz 1 KStG).

Der Abwicklungszeitraum **beginnt grds. im Zeitpunkt der Auflösung und endet mit dem Abschluss der Schlussverteilung** des Gesellschaftsvermögens.

Der Abwicklungszeitraum wird regelmäßig **nicht** mit dem Kj. übereinstimmen - weder vom Verlauf noch von der Dauer. Er kann kürzer, wird aber häufig länger als ein Kj sein. Der Besteuerungszeitraum **soll grds. drei Jahre nicht übersteigen** (§ 11 Abs. 1 Satz 2 KStG).

Nach BMF vom 26. 08. 2003 BStBl I 2003, 434, Rz. 1–3 ist aber zu beachten:

- Im Abwicklungszeitraum gibt es keine Wj im steuerlichen Sinne.
- Auf den Schluss jedes Besteuerungszeitraums ist eine Steuerbilanz aufzustellen.
- Umfasst der Abwicklungszeitraum mehrere Besteuerungszeiträume, ist auf den Schluss eines jeden Besteuerungszeitraums das steuerliche Einlagekonto (§ 27 KStG) gesondert festzustellen. Die abschließende gesonderte Feststellung für den letzten Besteuerungszeitraum ist auf den Zeitpunkt **vor** der Schlussverteilung des Vermögens vorzunehmen.

Erfolgt die Auflösung im Laufe eines Wj, so **kann** (in sinngemäßer Anwendung des § 8b Nr. 1 EStDV) ein **Rumpf-Wj** vom Schluss des vorangegangenen Wj bis zum Auflösungszeitpunkt gebildet werden, obwohl begrifflich eine Aufgabe i. S. dieser Vorschrift nicht gegeben ist (R 5.2 Abs. 1 Satz 3 KStR; BFH vom 17. 07. 1974 BStBl II 1974, 692). Die Verwaltung gewährt mithin ein Wahlrecht, während das oben genannte BFH-Urteil von einem Zwang zur Bildung eines Rumpf-Wj ausgeht.

Aus der Pflicht der Liquidatoren, auf den Beginn der Liquidation eine Eröffnungsbilanz zu erstellen (vgl. § 71 Abs. 1 GmbHG), ergibt sich auch zwingend die Bildung eines Rumpf-Wj.

Dieses Rumpf-Wj reicht vom Schluss des vorangegangenen Wj bis zum Zeitpunkt der Auflösung (R 5.2 Abs. 1 Satz 3 KStR). Es ist nicht in den Abwicklungszeitraum einzubeziehen (R 11 Abs. 1 Satz 5 KStR).

Wird der Abwicklungszeitraum in mehrere Besteuerungszeiträume unterteilt (§ 11 Abs. 1 Satz 2 KStG), ist die besondere Gewinnermittlung nach § 11 Abs. 2 KStG nur für den letzten Besteuerungszeitraum vorzunehmen. Dabei ist das Abwicklungs-Anfangsvermögen aus der Bilanz zum Schluss des letzten vorangegangenen Besteuerungszeitraums abzuleiten. Für die vorangehenden Besteuerungszeiträume ist die Gewinnermittlung nach allgemeinen Grundsätzen durchzuführen. Auf den Schluss jedes Besteuerungszeitraums ist eine Steuerbilanz zu erstellen. Vgl. R 5.2 Abs. 3 KStR.

KSt-Veranlagungen für Besteuerungszeiträume innerhalb des Abwicklungszeitraums sind endgültige Veranlagungen. Es handelt sich **nicht** um bloße Zwischenveranlagungen, die nach Ablauf des Liquidationszeitraums durch eine Veranlagung für den gesamten Liquidationszeitraum zu ersetzen sind. Vgl. R 5.2 Abs. 4 KStR.

BEISPIELE

a) Am 31. 12. 02 beschließt die Gesellschafterversammlung der A-GmbH die Auflösung mit Beginn des 01. 01. 03. Die GmbH hatte ein mit dem Kj übereinstimmendes Wj.

LÖSUNG Es entsteht kein Rumpf-Wj. Bei der regulären KSt-Veranlagung für das Kj 02 ist der Gewinn des letzten Wj (Wj 01. 01.–31. 12. 02) zugrunde zu legen (§ 7 Abs. 4 KStG). Der Abwicklungszeitraum beginnt am 01. 01. 03. Der Gewinn des Wj 02 ist nicht in die Liquidationsbesteuerung einzubeziehen.

b) Der Sachverhalt entspricht Beispiel a), aber die GmbH hatte ein Wj vom 01. 10. 01 bis 30. 09. 02. Sie hat Bilanzen auf den 30. 09. 02 und 31. 12. 02 erstellt.

LÖSUNG Die Bilanzerstellung zum 31. 12. 02 führt zur Bildung eines Rumpf-Wj vom 01. 10. 02 bis zum 31. 12. 02.
Der KSt-Veranlagung für den VZ 02 sind zugrunde zu legen die Ergebnisse der Wj 00/01 (01. 10. 01–30. 09. 02) und des Rumpf-Wj 02 (01. 10. 02–31. 12. 02, § 7 Abs. 4 KStG). Auch in diesem Fall beginnt der Zeitraum der Liquidationsbesteuerung am 01. 01. 03.

c) Der Sachverhalt entspricht Beispiel b), aber die GmbH hat zum 31. 12. 02 keine Bilanz erstellt.

LÖSUNG Nach Auffassung der Finanzverwaltung bestehen keine Bedenken, wenn kein Rumpf-Wj für den Zeitraum vom Schluss des vorangegangenen Wj bis zum Zeitpunkt der Auflösung gebildet wird. Wird kein Rumpf-Wj gebildet, ist dieser Zeitraum in den Abwicklungszeitraum einzubeziehen. Der Liquidationszeitraum beginnt daher am 01. 10. 02.

Der Liquidationszeitraum soll drei Jahre nicht übersteigen (§ 11 Abs. 1 Satz 2 KStG). Es handelt sich also um eine **Sollvorschrift**, deren Anwendung in das pflichtgemäße Ermessen des FA (§ 5 AO) gestellt ist.

Bei längerer Liquidationsdauer sind mehrere jährliche Besteuerungszeiträume zu bilden. Hiervon geht das BMF vom 26. 08. 2003 BStBl I 2003, 434, Rz. 1–3 und R 5.2 Abs. 3 und 4 KStR aus.

Dies gilt auch für die gesonderte Feststellung des Einlagekontos nach § 27 KStG (BMF vom 26. 08. 2003, a. a. O., Rz. 3).

3.2 Abwicklungsgewinn

Abwicklungsgewinn ist gem. § 11 Abs. 2 KStG der Unterschiedsbetrag zwischen

- dem Abwicklungs-**End**vermögen (§ 11 Abs. 3 KStG) und
- dem Abwicklungs-**Anfangs**vermögen (§ 11 Abs. 4 KStG).

Beide Elemente dieser besonderen Art einer Gewinnermittlung durch Bestandsvergleich sind vor ihrer Gegenüberstellung nach § 11 Abs. 3 bzw. Abs. 4 KStG jeweils noch zu berichtigen. Daher ist das berichtigte Endvermögen dem berichtigten Anfangsvermögen gegenüberzustellen. Außerdem sind nach § 11 Abs. 6 KStG die allgemeinen Gewinnermittlungsvorschriften anzuwenden. Vgl. hierzu im Einzelnen 3. 2. 3.

Im Ergebnis umfasst der Abwicklungsgewinn aufgelöste stille Reserven aus dem Anfangsvermögen sowie im Abwicklungszeitraum erzielte Erträge unter Beachtung der körperschaftsteuerlichen Gewinn- und Einkommensermittlung.

3.2.1 Abwicklungsanfangsvermögen

Abwicklungsanfangsvermögen ist das BV, das am Schluss des letzten dem Abwicklungszeitraum vorangegangenen Wj vorhanden war und der KSt-Veranlagung zugrunde gelegt worden ist (§ 11 Abs. 4 Satz 1 KStG), oder – falls – theoretisch – eine KSt-Veranlagung für den letzten »regulären« VZ vor der Abwicklung nicht durchzuführen ist – das BV, das bei der Gewinnermittlung anzusetzen gewesen wäre (§ 11 Abs. 4 Satz 2 KStG).

Es ist mithin unerheblich, ob für den letzten regulären VZ vor der Auflösung **tatsächlich** eine KSt-Veranlagung durchzuführen ist. Es ist nicht etwa der gemeine Wert des BV anzusetzen, sondern aufgrund des § 11 Abs. 4 KStG sind die **Buchwerte** der letzten Steuerbilanz maßgebend. Dies ist erforderlich zur Aufdeckung stiller Reserven. Dabei ist der Bilanzzusammenhang (§ 4 Abs. 1 EStG) unbedingt zu wahren.

Das Anfangsvermögen ist um **Gewinnausschüttungen**, die im Abwicklungszeitraum für ein Wj vor der Auflösung vorgenommen worden sind, zu kürzen (§ 11 Abs. 4 Satz 3 KStG). Zur Zulässigkeit solcher Gewinnausschüttungen vgl. BFH vom 12. 09. 1973 BStBl II 1974, 14 und BFH vom 17. 01. 1974 BStBl II 1974, 692.

Durch diese Kürzungsvorschrift wird in technischer Hinsicht sichergestellt, dass Vermögensminderungen durch Ausschüttungen im Abwicklungszeitraum den Liquidationsgewinn **nicht** schmälern.

Es kann sich auch um Gewinnausschüttungen für weiter zurückliegende Wj handeln. Die Vorschrift hat letztlich nur klarstellende Bedeutung. Sie verwirklicht in technischer Hinsicht das Abzugsverbot für Gewinnausschüttungen als Einkommensverteilung i. S. v. § 8 Abs. 3 KStG.

3.2.2 Abwicklungsendvermögen

Die Gegenüberstellung des Abwicklungsendvermögens mit dem Abwicklungsanfangsvermögen dient – der Vorschrift des § 16 EStG vergleichbar – der Aufdeckung sämtlicher stiller Reserven. Das Abwicklungsendvermögen ist nicht nach § 6 EStG zu bewerten. Vielmehr ist der **gemeine Wert (§ 9 BewG)** maßgebend, vgl. BFH vom 14. 12. 1965 BStBl III 1966, 152. Maßgebender Bewertungszeitpunkt ist der Tag der Übertragung an die Gesellschafter (vgl. BFH vom 14. 12. 1965 [a. a. O.]).

Nach § 11 Abs. 3 KStG ist Abwicklungsendvermögen das zur Verteilung kommende Vermögen. Hierzu gehören nicht nur das i. R. d. Schlussverteilung verteilte Vermögen (Abschlusszahlung, Schlussverteilung), sondern auch **Vorschüsse** auf das Abwicklungsergebnis.

Vorschüsse sind

- Liquidationsraten,
- verdeckte Zuwendungen.

Solche Vermögensminderungen sind durch Hinzurechnungen zum Endvermögen auszugleichen.

Abwicklungsendvermögen ist das insgesamt zur Verteilung kommende Vermögen abzüglich der steuerfreien Vermögensmehrungen im Abwicklungszeitraum.

Der Abzug steuerfreier Vermögensmehrungen ist rechtlich bereits aufgrund der allgemeinen Vorschriften gesichert. Insoweit hat § 11 Abs. 3 KStG nur klarstellende Funktion. Lediglich in technischer Hinsicht wird bestimmt, dass nicht der Liquidationsgewinn, sondern das Endvermögen entsprechend zu mindern ist.

Steuerfreie Vermögensmehrungen sind

- sachlich steuerbefreite Einkünfte z. B. nach § 8b KStG, § 10 InvZulG und
- gesellschaftliche Vermögensmehrungen (die kein Einkommen der Gesellschaft darstellen), also Einlagen und verdeckte Einlagen.

3.2.3 Allgemeine Gewinnermittlungsvorschriften

Das Ergebnis des besonderen Vermögensvergleichs nach § 11 Abs. 2 bis 4 KStG ist noch nicht der der KSt zu unterwerfende Liquidationsgewinn. Vielmehr sind noch die allgemeinen Gewinnermittlungsvorschriften anzuwenden. Die sachlichen Steuerbefreiungen und die nicht der KSt unterliegenden (verdeckten) Einlagen sind bereits nach § 11 Abs. 3 KStG aus dem Endvermögen auszuscheiden. Zu den allgemeinen Gewinn- bzw. Einkommensermittlungsvorschriften, die noch zu berücksichtigen sind, gehören insbesondere die Vorschriften über **abziehbare** und **nichtabziehbare** Aufwendungen **(§§ 9 und 10 KStG)**.

Auch der **Verlustabzug** (§ 10d EStG) ist zu berücksichtigen.

Es sind daher Verluste aus den vorangegangenen regulären VZ zu berücksichtigen.

BEISPIEL

Die Y-GmbH hatte als Wj das Kj. Ihre Auflösung wurde zum 01. 10. 11 beschlossen. Die Liquidation war zum 15. 09. 14 beendet. In den Wj (jeweils Kj) 06 bis 10 sowie in dem vom 01. 01. - 30. 09. 11 gebildeten Rumpf-Wj wurden jeweils Verluste erzielt.

LÖSUNG Der Verlustvortrag auf den Liquidationszeitraum (01. 10. - 15. 09. 14) ist hier für die Verluste der Wj 06 bis 11 einschließlich möglich.

Der Verlustvortrag ist im Rahmen des § 10d Abs. 2 EStG zeitlich unbegrenzt möglich.

Umgekehrt kann ein Liquidations**verlust** auf den letzten VZ vor der Liquidationsbesteuerung zurückgetragen werden (§ 10d Abs. 1 EStG).

§ 8c und § 8d KStG (Einschränkungen des Verlustabzugs nach Anteilsübertragung) sind zu beachten.

3.2.4 Zusammenfassung

Zusammenfassend sind bei der Ermittlung des Abwicklungsgewinns die folgenden Schemata grundlegend.

a) Das **Abwicklungsendvermögen** wird wie folgt ermittelt:

Abwicklungsendvermögen
./. **nicht der KSt unterliegende Vermögensmehrungen**
- sachlich steuerbefreite Einnahmen
- gesellschaftliche/**verdeckte** Einlagen

./. **abziehbare Aufwendungen** (§ 9 KStG)
Verdeckte Vermögensverteilung
\+ **nichtabziehbare Aufwendungen** (§ 10 KStG)
= **steuerliches Abwicklungsendvermögen** (§ 11 Abs. 3 KStG) – **Gemeiner Wert**

b) Das **Abwicklungsanfangsvermögen** wird wie folgt ermittelt:

Abwicklungsanfangsvermögen
./. **Gewinnausschüttungen für Wj vor der Auflösung**
= **steuerliches Abwicklungsanfangsvermögen** (§ 11 Abs. 2 KStG) – Buchwert

c) Der **steuerliche Abwicklungsgewinn** wird wie folgt ermittelt:

Steuerliches Abwicklungsendvermögen
./. **steuerliches Abwicklungsanfangsvermögen**
= **steuerlicher Abwicklungsgewinn**

Hierfür ist die Tarifbelastung von **15 %** (§ 23 Abs. 1 KStG) zu ermitteln.

3.3 Auswirkungen der Liquidation auf das steuerliche Einlagekonto (§ 27 KStG) und den Sonderausweis (§ 28 Abs. 2 KStG)

Bei der Vermögensverteilung gilt das übrige EK als vor dem Nennkapital ausgezahlt.

Soweit die Vermögensverteilung als Nennkapitalrückzahlung zu behandeln ist, wird in Höhe dieses Betrags zunächst der Sonderausweis verringert (§ 28 Abs. 2 Satz 2 KStG). Wegen des Zeitpunktes, auf den der maßgebliche Bestand des Sonderausweises zu ermitteln ist, gilt BMF vom 26. 08. 2003 BStBl I 2003, 648, Rz. 13 entsprechend. Insoweit gilt die Rückzahlung des Nennkapitals als Gewinnausschüttung, die bei den Anteilseignern zu kapitalertragsteuerpflichtigen Bezügen i. S. d. § 20 Abs. 1 Nr. 2 EStG führt (§ 28 Abs. 2 Satz 2 KStG).

Soweit die Nennkapitalrückzahlung einen Sonderausweis übersteigt bzw. wenn ein Sonderausweis nicht besteht, führt der Rückzahlungsbetrag zu einer **betragsmäßig identischen Erhöhung und Verringerung des steuerlichen Einlagekontos** (§ 28 Abs. 2 Satz 2 3. HS und Satz 2 2. HS KStG). Eine Steuerbescheinigung i. S. d. § 27 Abs. 3 KStG ist den Anteilseignern insoweit **nicht** auszustellen. Vgl. BMF vom 26. 08. 2003, a. a. O., Rz. 12–15.

3.4 Einkünfte der Anteilseigner

3.4.1 Nennkapitalrückzahlung

Bei den Anteilseignern richtet sich die steuerliche Behandlung der Nennkapitalrückzahlung nach § 17 Abs. 4 EStG bzw. – soweit ein Sonderausweis i. S. d. § 28 Abs. 1 Satz 3 KStG vorhanden ist – nach § 20 Abs. 1 Nr. 2 Satz 2 EStG i. V. m. § 28 Abs. 2 Satz 2 KStG.

3.4.2 Aufsplittung des Liquidationserlöses

Beim Anteilseigner muss der **Liquidationserlös in steuerpflichtige Kapitalerträge** (§ 20 Abs. 1 Nr. 2 Satz 1 EStG) und in nicht als Kapitalerträge zu behandelnde **Kapitalrückzahlungen** (§ 20 Abs. 1 Nr. 2 Satz 1 2.HS i. V. m. § 20 Abs. 1 Nr. 1 Satz 3 EStG) aufgeteilt werden.

Bloße Kapitalrückzahlungen liegen vor, soweit

a) nicht zum Sonderausweis (§ 28 Abs. 1 Satz 3 KStG) gehörendes EK und
b) das steuerliche Einlagekonto (§ 27 KStG)

als zurückgezahlt gelten. Anders ausgedrückt: Soweit der Liquidationserlös aus dem »originären« **Nennkapital** oder dem steuerlichen Einlagekonto stammt, wird er wie ein Veräußerungserlös für den Wegfall der Anteile behandelt. Vgl. auch § 17 Abs. 4 EStG. Hierbei handelt es sich grds. um einen Vorgang auf der privaten Vermögensebene.

Es liegt **keine** Veräußerung i. S. d. § 20 Abs. 2 Nr. 1 EStG vor (BMF vom 09. 10. 2012 BStBl I 2012, 953, Rz. 63).

Zu Einkünften führt die Kapitalrückzahlung aber, wenn die Anteile

a) zu einem BV gehören (§§ 13, 15, 18 EStG) oder
b) eine zum Privatvermögen gehörende Beteiligung i. S. d. § 17 EStG darstellen.

3.5 Beispiel zur Liquidationsbesteuerung

BEISPIEL

Die im Jahre 2005 mit einem gezeichneten Kapital von 50 000 € gegründete High-Profit-GmbH (Wj = Kj) ist durch Beschluss des Alleingesellschafters A (unbeschränkt steuerpflichtig) gem. § 60 Abs. 1 Nr. 2 GmbHG zum 01. 10. 17 aufgelöst worden. Die Anschaffungskosten der Anteile haben 50 000 € betragen (Nennbetrag 50 000 €). Die Anteile gehören bei A (**nicht** kirchensteuerpflichtig) zum Privatvermögen.

Für den Zeitraum vom 01. 01. 10 bis 30. 09. 17 wurde zulässigerweise ein Rumpf-Wj gebildet. Der Gewinn von 100 000 € vor KSt wurde nicht gesondert ausgeschüttet. Lt. Liquidations-Eröffnungsbilanz zum 01. 10. 17 ergibt sich ein BV von 350 000 € (Buchwerte). Das steuerliche Einlagekonto (§ 27 KStG) weist keinen Bestand auf.

Die Liquidation war zum 30. 06. 18 beendet. Bis zu diesem Zeitpunkt wurden die Geschäfte durch einen Liquidator abgewickelt, die Gläubiger befriedigt und die Vermögenswerte veräußert. Im Liquidationszeitraum wurde keine Ausschüttung für Wj vor der Auflösung vorgenommen. Das Abwicklungsendvermögen zum 30. 06. 18 beträgt 400 000 €. Hierin ist die Nachzahlung einer steuerfreien Investitionszulage von 16 000 € enthalten.

Als Aufwand wurden im Abwicklungszeitraum gebucht: nichtabziehbare Betriebsausgaben 10 000 € sowie KSt-Vorauszahlungen auf den Liquidationsgewinn/die Schlussverteilung 50 000 € (noch **keine** KSt-Rückstellung). Die Schlussrate wurde im Juli des Jahres 18 ausgezahlt (nach Ablauf des Sperrjahres).

LÖSUNG

1. Liquidationsgewinn (§ 11 Abs. 2 KStG)

a) steuerliches Abwicklungsendvermögen (30. 06. 18)

Abwicklungsendvermögen		400 000 €
./. steuerfreie Einnahmen (Investitionszulage)		./. 16 000 €
+ nichtabziehbare Aufwendungen (§ 10 Nr. 2 KStG)		
KSt	50 000 €	
nichtabziehbare Betriebsausgaben	10 000 €	
	60 000 €	60 000 €
steuerliches Abwicklungsendvermögen		444 000 €
b) steuerliches Abwicklungsanfangsvermögen (01. 10. 17)		350 000 €
c) Abwicklungsgewinn		
steuerliches Abwicklungsendvermögen		444 000 €
./. steuerliches Abwicklungsanfangsvermögen		./. 350 000 €
Abwicklungsgewinn		94 000 €
KSt 15 %		14 100 €

2. Rückzahlung des gezeichneten Kapitals

Die Rückzahlung des Stammkapitals stellt eine Kapitalrückzahlung dar.

Technische Darstellung: Einlagekonto (§ 27 KStG)		**(Nennkapital)**
Bestand 30. 09. 16/30. 06. 18	0 €	(50 000 €)
+ Nullstellung des Nennkapitals (§ 28 Abs. 2 Satz 1 KStG) + 50 000 €	+ 50 000 €	(./.50 000 €)
./. nicht als Leistung zu behandelnde Kapitalrückzahlung	./. 50 000 €	–
Bestand nach »Auskehrung«	0 €	(0 €)

Weitere gesonderte Feststellungen sind hier nicht durchzuführen.

3. KSt-Veranlagung für den Liquidationszeitraum

Festzusetzende KSt	14 100 €
./. Vorauszahlungen	./. 50 000 €
Erstattungsanspruch	./. 35 900 €

4. Berechnung der Schlussrate (Gesamtverteilung)

a) Abwicklungsendvermögen	400 000 €
+ KSt-Erstattungsanspruch	35 900 €
zu verteilendes Vermögen	435 900 €
b) Das zu verteilende Vermögen setzt sich wie folgt zusammen:	
Auskehrung des übrigen EK (435 900 € ./. 50 000 € =)	385 900 €
+ Rückzahlung des Stammkapitals	50 000 €
	435 900 €

5. Einkünfte des Anteilseigners (Alleingesellschafter)

a) Einnahmen gem. § 20 Abs. 1 Nr. 2 Satz 1 EStG 385 900 €

Hiervon sind bei der Verteilung 25 % KapESt (§ 43 Abs. 1 Nr. 1, § 43a Abs. 1 Nr. 1 EStG) einzubehalten = 96 475 € (Abgeltungsteuer § 32d Abs. 1 EStG)

Ggf. Antrag nach § 32d Abs. 4 EStG zur Berücksichtigung des Sparer-Pauschbetrags von 801 €/1 602 €.

Damit ist die ESt grds. abgegolten (§ 43 Abs. 5 Satz 1 EStG) – vorbehaltlich Antrag nach § 32d Abs. 2 Nr. 3 EStG (tarifliche Besteuerung nach § 32a EStG mit Anwendung des Teileinkünfteverfahrens).

Keine Einnahme aus § 20 Abs. 1 Nr. 2 EStG ist die Rückzahlung des Stammkapitals.

b) Da eine Beteiligung i. S. d. § 17 EStG vorliegt, führt der Wegfall der Anteile zu Einkünften aus § 17 EStG (§ 17 Abs. 4 Satz 1 EStG).

Erlös (Vermögensverteilung, soweit sie **nicht** in der Auskehrung von das gezeichnete Kapital übersteigendem EK besteht)		50 000 €
./. Anschaffungskosten der Anteile	./.	50 000 €
Veräußerungsgewinn		0 €

Teil O Organschaft

Die **Rechtsgrundlagen** der folgenden Ausführungen ergeben sich aus §§ 14–19 KStG und R 5.5–5.10 KStR.

1 Allgemeines

Das Rechtsinstitut der Organschaft enthält in den §§ 14 bis 19 KStG Vorschriften über die Organschaft im Körperschaftsteuerrecht.

Der Zweck der Organschaft als Rechtsinstitut ist es insbesondere, zwischen mehreren selbständigen Rechtsträgern einen Ausgleich ihrer Gewinne und Verluste zu ermöglichen.

2 Begriff und Abgrenzung der Organschaft bei Körperschaftsteuer, Umsatzsteuer und Gewerbesteuer

Als Organschaft i. S. d. Körperschaftsteuerrechts wird das Verhältnis zweier rechtlich selbständiger Unternehmen zueinander bezeichnet, wenn das eine Unternehmen **finanziell** in das andere eingegliedert und verpflichtet ist, den gesamten Gewinn an das andere Unternehmen abzuführen.

Die Anerkennung der Organschaft im UStG (§ 2 Abs. 2 Nr. 2 UStG) setzt **nicht** einen Gewinnabführungsvertrag voraus.

Bei der USt muss außerdem eine finanzielle, wirtschaftliche und organisatorische Eingliederung vorliegen.

Das Organ bleibt im Körperschaftsteuerrecht nicht nur zivilrechtlich, sondern auch steuerlich selbständig.

Im UStG und GewStG verliert das Organ die steuerliche Selbständigkeit.

3 Voraussetzungen der Organschaft

Für die Organschaft gibt es zwei Voraussetzungen:

1. **Gewinnabführungsvertrag**
   § 14 Abs. 1 Satz 1 KStG setzt voraus, dass eine Organgesellschaft sich durch einen Gewinnabführungsvertrag verpflichtet, ihren ganzen Gewinn an ein **einziges** anderes Unternehmen (Organträger) abzuführen (§ 301 AktG, BMF vom 14. 01. 2010 BStBl I 2010, 64).
2. **Eingliederung**
   Des Weiteren ist Voraussetzung, dass die Organgesellschaft **finanziell** in den Organträger eingegliedert ist.

3.1 Organgesellschaft

Organgesellschaft können **nur** Kapitalgesellschaften sein:

a) AG, Europäische Gesellschaft (SE) und KGaA (§ 14 Abs. 1 Satz 1 KStG),

b) andere Kapitalgesellschaften, insbesondere die **GmbH** sowie UG (haftungsbeschränkt) (§ 17 Satz 1 KStG).

Nicht darunter fallen andere Körperschaften sowie die GmbH & Co. KG.

Besondere Voraussetzungen für die GmbH und UG sind in § 17 Satz 2 KStG und R 17 KStR geregelt.

Die Geschäftsleitung **und** der Sitz müssen sich im Inland befinden (so der bisherige Gesetzeswortlaut § 14 Abs. 1 Satz 1 und § 17 Satz 1 KStG).

Der **doppelte Inlandsbezug** bei Sitz **oder** Geschäftsleitung der Körperschaft in einem Mitgliedsstaat der EU bzw. des EWR **ist entfallen.** Dies gilt nach den Vorgaben der EU-Kommission in allen offenen Fällen, so auch im Vorgriff BMF vom 28.03. 2011 BStBl I 2011, 300. Anlass für die Gesetzesänderung war ein Vertragsverletzungsverfahren der EU-Kommission vor dem Hintergrund der EuGH-Rechtsprechung (insbesondere die »Centros«-, »Überseering«- und »Inspire Art«-Entscheidungen.

Bei Sitz oder Geschäftsleitung der Kapitalgesellschft in **Drittstaaten verbleibt** es bei dem **doppelten** Inlandsbezug.

3.2 Organträger

Gem. § 14 Abs. 1 Satz 1 KStG ist Organträger ein

- »**einziges** inländisches gewerbliches Unternehmen«
- mit Geschäftsleitung im Inland (§ 14 Abs. 1 Nr. 3 KStG).

Besonderheiten bestehen bei **ausländischen** Organträgern (u. a. § 18 KStG).

3.2.1 Gewerbliches Unternehmen

Ein gewerbliches Unternehmen liegt vor, wenn die **allgemeinen** Voraussetzungen für einen Gewerbebetrieb nach den Vorschriften des § 2 GewStG erfüllt sind.

Es genügt nicht, dass das beherrschende Unternehmen nur kraft Rechtsform als Gewerbebetrieb gilt (z. B. § 15 Abs. 3 Nr. 2 EStG). Vgl. § 14 Abs. 1 Nr. 2 Satz 2 KStG.

3.2.2 Rechtsform des Organträgers (§ 14 Abs. 1 Nr. 2 KStG)

Organträger können sein:

a) unbeschränkt steuerpflichtige natürliche Personen,
b) nicht steuerbefreite Körperschaften, Personenvereinigungen oder Vermögensmassen i. S. d. § 1 KStG mit Geschäftsleitung im Inland,
c) Personengesellschaften i. S. d. § 15 Abs. 1 Nr. 2 EStG, wenn sie gewerblich tätig i. S. d. § 15 Abs. 1 Nr. 1 EStG sind.

3.2.3 Keine Anerkennung der Mehrmütterorganschaft

Es ist nicht möglich, eine Organschaft mit Gewinnabführungsvertrag zwischen einer Kapitalgesellschaft (Organschaft) und mehreren herrschenden Unternehmen anzuerkennen (vgl. Wortlaut des § 14 Abs. 1 Satz 1 KStG).

4 Finanzielle Eingliederung (§ 14 Abs. 1 Nr. 1 KStG, R 14.2 KStR)

Die finanzielle Eingliederung ist gegeben, wenn dem Organträger die Mehrheit (mehr als 50 %) der Stimmrechte aus den Anteilen an der Organgesellschaft zusteht. Wirtschaftliches Eigentum an den Anteilen genügt.

Die Eingliederung kann sich auf Grund einer unmittelbaren oder mittelbaren Beteiligung ergeben. Vgl. § 14 Abs. 1 Nr. 1 Satz 2 KStG und die Beispiele in R 5.5 KStR.

5 Zeitliche Voraussetzungen (§ 14 Abs. 1 Nr. 1 KStG, R 14.4 KStR)

Die Organgesellschaft muss **vom Beginn** ihres Wj an ununterbrochen finanziell in das Unternehmen des Organträgers eingegliedert sein.

- Bei Rumpf-Wj ist diese Voraussetzung erfüllt,
- nicht hingegen bei Begründung der Organschaft im Laufe des Wj.

6 Gewinnabführungsvertrag (§ 14 Satz 1 KStG, R 14.5 KStR)

6.1 Allgemeines

Für Organgesellschaften in der Rechtsform einer AG oder KGaA enthält das Aktienrecht Regelungen für Gewinnabführungsverträge, die nach § 14 KStG auch im Steuerrecht gelten.

Für Organgesellschaften, die nicht AG oder KGaA sind, ergeben sich die Voraussetzungen aus § 17 KStG.

Zu den Anforderungen durch das Urteil des BGH vom 24. 10. 1988 GmbHR 1989, 25 vgl. R 17 KStR.

6.2 Gewinnabführungsvertrag nach Aktienrecht

Voraussetzungen für die Rechtmäßigkeit des Gewinnabführungsvertrags sind:

a) Schriftform (§ 293 Abs. 3 AktG),
b) Zustimmung der Hauptversammlung (§ 293 Abs. 2 AktG),
c) Eintragung in das Handelsregister (§ 294 AktG, wirkt konstitutiv),
d) Höchstbetrag der Gewinnabführung (§ 301 AktG),
e) Regelung der Verlustübernahme (§ 302 AktG).

- Die **Abführung vorvertraglicher Rücklagen an den Organträger i. R. d. Gewinnabführungsvertrages ist unzulässig** (R 5.5 Abs. 4 Satz 1–3 KStR).
  Unschädlich sind jedoch die Auflösung und Ausschüttung außerhalb des Gewinnabführungsvertrages (R 5.5 Abs. 4 Satz 4 ff. KStR).
- Mindestlaufzeit ist fünf Jahre (§ 14 Abs. 1 Nr. 3 KStG).
- Fehlerhafte Bilanzansätze sind für die Durchführung des GAV unschädlich, wenn der Jahresabschluss der Organgesellschaft wirksam festgestellt wurde, die Fehler nicht erkennbar waren und die Korrektur sofort nach Bekanntwerden erfolgt ist.

6.3 Gewinnabführung anderer Kapitalgesellschaften

Ist die Organschaft eine **GmbH,** müssen die Voraussetzungen des § 17 KStG vorliegen:

- Abschluss des Gewinnabführungsvertrages **bis** zum Ende des Wj (BFH vom 03.09. 2009 BStBl II 2010, 60), aber:
- Der Gewinnabführungsvertrag muss spätestens am Ende des **folgenden** Wj wirksam werden.
- Der Vertrag muss mindestens für fünf (Zeit-)Jahre abgeschlossen und durchgeführt werden (§ 14 Abs. 1 Nr. 3 KStG und R 5.5 Abs. 2 KStR).

Vorzeitige Beendigung bei Kündigung durch **wichtigen Grund** ist unschädlich (§ 14 Abs. 1 Nr. 3 Satz 2 KStG und R 5.5 Abs. 6 KStR), z. B. Umwandlung, Verschmelzung, Liquidation von Organgesellschaft oder Organträger.

Bei Beendigung des Gewinnabführungsvertrages **ohne** wichtigen Grund **vor** Ablauf der Frist von fünf Jahren ist der Vertrag **von Anfang an als steuerlich unwirksam** zu behandeln (R 5.5 Abs. 8 Nr. 1 KStR). Dasselbe gilt, wenn der Vertrag **innerhalb** der Fünfjahresfrist in **einem** Jahr nicht durchgeführt wird.

- § 17 Satz 2 Nr. 2 KStG regelt, dass in Vereinbarungen mit anderen Kapitalgesellschaften als Aktiengesellschaften über die Verlustübernahme ein **ausdrücklicher Verweis auf § 302 AktG** in seiner jeweils gültigen Fassung vorgesehen sein muss. Mit dieser gesetzlichen Klarstellung bleibt der Praxis kein Spielraum für Formulierungsvarianten. Insoweit haben sich auch BFH vom 28.07. 2010 BStBl II 2010, 932 (korrigiert durch BFH vom 15.09. 2010 BStBl II 2010, 935) sowie BMF vom 19.10. 2010 BStBl I 2010, 836 erledigt.
- Die Verlustübernahme-Klausel ist bei Abschluss neuer GAV sowie Änderungen bestehender GAV zu beachten.

6.4 Durchführung des Gewinnabführungsvertrags

Der Gewinnabführungsvertrag muss in den fünf Jahren durchgeführt sein. Er ist durchgeführt, wenn der Vertragsinhalt, so wie er sich aus dem Gesetz und dem Vertragstext ergibt, und der tatsächliche Vollzug übereinstimmen.

Nicht durchgeführt ist der Gewinnabführungsvertrag z. B., wenn

- vorvertragliche Rücklagen über den Gewinnabführungsvertrag abgeführt werden oder
- die Bildung freier Rücklagen über den Rahmen des § 14 Abs. 1 Nr. 4 KStG hinaus erfolgt.

Vgl. BMF vom 14. 01. 2010 BStBl I 2010, 65.

7 Wirkungen einer Organschaft im Körperschaftsteuerrecht

Das Einkommen des Organs, mit Ausnahme des Betrags, der auf Ausgleichszahlungen entfällt (§ 16 KStG), ist steuerlich beim Organträger zu erfassen (§ 14 Abs. 1 Satz 1 KStG).

- Die Organgesellschaft bleibt zivilrechtlich und körperschaftsteuerlich selbständiger Rechtsträger.
- Das Einkommen des Organs ist nach den allgemeinen körperschaftsteuerlichen Regeln zu ermitteln.
- Das Organeinkommen ist aber nicht bei der Organgesellschaft zu versteuern, sondern dem Organträger zuzurechnen.

8 Ermittlung des Einkommens der Organgesellschaft

8.1 Grundsatz

Es gilt der allgemeine Einkommensbegriff (§§ 7, 8 KStG).

8.2 Besondere Vorschriften zur Ermittlung des Einkommens der Organgesellschaft (§ 15 KStG)

Folgende Vorschriften sind bei der Einkommensermittlung der Organgesellschaft zu berücksichtigen:

a) **§ 15 Nr. 1 KStG**
Das Verbot des Verlustabzugs gilt für das dem Organträger zuzurechnende Einkommen und auch für das eigene Einkommen der Organgesellschaft.
§ 15 Nr. 1 KStG betrifft **nur** den Verlustvortrag aus der vorvertraglichen Zeit (R 5.6 KStR).

b) **§ 15 Nr. 2 KStG**
Die Vorschrift regelt u. a. die Anwendbarkeit des Teileinkünfteverfahrens (hier § 8b KStG).

c) **Ausgleichszahlungen (§ 16 KStG)**
Durch Ausgleichszahlungen an außenstehende Anteilseigner darf keine Gewinnminderung der Organgesellschaft eintreten (§ 4 Abs. 5 Nr. 9 EStG).
Gemäß § 16 Satz 1 KStG hat die Organgesellschaft somit ihr eigenes Einkommen i. H. v. **20/17** der geleisteten Ausgleichszahlungen selbst zu versteuern. Dies dient der Berücksichtigung der Definitivbelastung mit KSt. Das gilt auch dann, wenn der Organträger die Zahlungen erbracht hat (§ 16 Satz 2 KStG und R 5.7 Abs. 2 Satz 2 KStR).
Der Begriff »Ausgleichszahlungen« beinhaltet einen angemessenen gesetzlichen Ausgleich für außenstehende Aktionäre gemäß § 304 AktG (Dividendengarantie). Zulässig ist aber auch ein zivilrechtlich vereinbarter Ausgleich (BMF vom 20. 04. 2010 BStBl I 2010, 372). Dieser steht (**entgegen** BFH vom 04. 03. 2009 BStBl II 2010, 407) der Anerkennung eines GAV **nicht** entgegen.

Gewinnabführung und Verlustübernahme aufgrund des Gewinnabführungsvertrages sind gesellschaftsrechtliche Vorgänge und dürfen das zu versteuernde Einkommen der Organgesellschaft **nicht** mindern bzw. erhöhen.

Verdeckte Gewinnausschüttungen sind im Allgemeinen »vorweggenommene« Gewinnabführungen und stellen somit die Durchführung des Gewinnabführungsvertrages nicht in Frage (R 5.5 Abs. 4 KStR).

Die Bildung sonstiger Gewinnrücklagen nach § 14 Abs. 1 Nr. 4 KStG der Organgesellschaft führt zur Zurechnung als Einkommen beim Organträger.

8.3 Zurechnung des Organeinkommens beim Organträger

Gem. § 14 Abs. 1 Satz 1 KStG ist das Einkommen der Organgesellschaft dem Organträger zuzurechnen (»Zurechnungstheorie«).

Folge: Bei einem Gewinnabführungsvertrag weist die Bilanz des Organs kein Ergebnis aus (Bilanzgewinn = 0).

a) In die Bilanz des Organs wird deshalb eine dementsprechende (Gewinnabführungs-) Verpflichtung gegenüber dem Organträger aufgenommen, § 266 Abs. 3 Passivseite C Nr. 6 HGB. Einen **Verlust** hat der Organträger auszugleichen. Dieser Anspruch wird in der

Bilanz des Organs als Forderung ausgewiesen (Forderungen an verbundene Unternehmen).

b) Der Organträger aktiviert den Anspruch auf Gewinnabführung in der Bilanz gem. § 266 Abs. 2 B II Nr. 2 HGB, G+V § 275 Abs. 2 Nr. 9 bzw. § 275 Abs. 3 Nr. 8 HGB bzw. passiviert die Verpflichtung zum Verlustausgleich gem. § 266 Abs. 3 Passivseite C Nr. 6 HGB.

Das Einkommen der Organgesellschaft wird in zwei Schritten ermittelt:

1. Schritt: Neutralisierung des Gewinnabführungsvertrages

Um eine doppelte steuerliche Erfassung zu verhindern, ist deshalb bei der Ermittlung des steuerlichen Einkommens des Organträgers zunächst der vom Organ tatsächlich abgeführte Bilanzgewinn abzusetzen (oder ein übernommener Verlust hinzuzurechnen).

Bei der Ermittlung des Organeinkommens ist von dem abgeführten Bilanzgewinn auszugehen.

2. Schritt: Zurechnung des Organeinkommen auf den Organträger

Das so ermittelte Organeinkommen (einschließlich des Bilanzergebnisses vor Durchführung des Gewinnabführungsvertrags) ist dem Organträger zuzurechnen.

Das zuzurechnende Organeinkommen ist gegenüber dem Organträger und der Organgesellschaft gesondert **und** einheitlich festzustellen (§ 14 Abs. 5 KStG, R 5.5 KStR).

8.4 Einkommensermittlung beim Organträger

Der Organträger versteuert das von ihm erzielte Einkommen zuzüglich des ihm zuzurechnenden Einkommens der Organgesellschaft. Vgl. im Übrigen R 5.5 KStR.

Ein vom Organträger übernommener vorvertraglicher Verlust der Organgesellschaft führt beim Organträger zu einer Einlage (R 5.5 KStR).

9 Aktiver Ausgleichsposten beim Organträger

Beim Organträger tritt in der Höhe, in der die Organgesellschaft zulässigerweise ihre Rücklagen erhöht (vgl. § 14 Abs. 1 Nr. 4 KStG), eine Vermögensmehrung ein. Demzufolge ist ein **aktiver Ausgleichsposten** in Höhe des der Beteiligungsquote des Organträger entsprechenden Teils der Rücklagenzuführung zu bilden (R 5.5 Abs. 1 KStR).

Die Aktivierung des Ausgleichspostens erhöht den Bilanzgewinn des Organträgers. Diese Gewinnerhöhung ist außerbilanziell vom Einkommen des Organträgers abzuziehen.

10 Steuerliches Einlagekonto der Organgesellschaft (§ 27 Abs. 6 KStG)

Auf dem steuerlichen Einlagekonto der Organgesellschaft werden Mehr- oder Minderabführungen wie folgt erfasst:

- Minderabführungen **erhöhen** das Einlagekonto der Organgesellschaft, insbesondere die **Rücklagenbildung** durch die Organgesellschaft.
- Mehrabführungen verringern das Einlagekonto der Organgesellschaft.
  Dies kann zu einem Negativbestand des Einlagekontos führen.

Vgl. auch BMF vom 04. 06. 2003 BStBl I 2003, 366, Rz. 28.

11 Fall zur Organschaft

FALL 12

Zwischen der OG-GmbH (Organgesellschaft) und der OT-GmbH (Organträger) besteht eine körperschaftsteuerliche und gewerbliche Organschaft.

A	Steuerbilanz zum 31.12.2018 Organgesellschaft		P
Aktiva	107 000 €	Nennkapital	50 000 €
		Rücklagen (Zuführung 2015)	5 000 €
		Verbindlichkeiten aus GAV	52 000 €
		Bilanzgewinn	0 €
	107 000 €		107 000 €

Nichtabziehbare Aufwendungen i. H. v. 5 500 € sind als Aufwand gebucht worden. Unter den Erträgen sind 12 500 € steuerfreie Erträge (Inland) enthalten (Investitionszulage).

A	Steuerbilanz zum 31.12.2018 Organträger		P
Sonstige Aktiva	176 500 €	Nennkapital	50 000 €
Forderungen aus GAV	52 000 €	Kapitalrücklage	75 000 €
Aktiver Ausgleichsposten[1]	5 000 €	KSt-Rückstellung	16 875 €
		GewSt-Rückstellung[2]	15 750 €
		Jahresüberschuss	75 875 €
	233 500 €		233 500 €

Die nichtabziehbaren Aufwendungen i. H. v. 11 000 € sind als Aufwand gebucht worden.
Es sind keine GewSt- und KSt-Vorauszahlungen geleistet worden. Der Organträger beschließt in 2019 eine Gewinnausschüttung von 35 000 € (tatsächlich ausgeschüttet in 2019).
Das Einlagekonto des Organträgers zum 31. 12. 2017 betrug 75 000 €, das der Organgesellschaft 0 €.
Der Organträger ist zu **100 %** an der Organgesellschaft beteiligt.

Aufgabe:

1. Ermitteln Sie das Einkommen für die Organgesellschaft und den Organträger für 2018.
2. Ermitteln Sie die KSt des Organträgers für 2018, auf den SolZ ist dabei **nicht** einzugehen.
3. Wie entwickelt sich das Einlagekonto (§ 27 KStG) der Organgesellschaft zum 31. 12. 2018?

---

1 Als Ertrag gebucht (= 100 % der Rücklagenbildung bei Organgesellschaft, da der Organträger zu 100 % an der Organgesellschaft beteiligt ist).

2 GewSt-Hebesatz 400 %, keine Hinzurechnungen/Kürzungen (§§ 8, 9 GewStG) bei Organgesellschaft und Organträger.

Teil P Solidaritätszuschlag zur Körperschaftsteuer

Es wird weiterhin (voraussichtlich bis 2019) ein SolZ zur KSt (vgl. § 2 Nr. 2 SolZG) - auf unbestimmte Zeit - erhoben. Dieser bemisst sich nach der **festgesetzten KSt**.

Der SolZ beträgt **5,5 %** der Bemessungsgrundlage (§ 4 Satz 1 SolZG).

Die **Höhe des SolZ** beträgt somit weiterhin

a) **5,5 %** bei den KSt-Vorauszahlungen und der KapESt;

b) **5,5 %** der Jahressteuerschuld bei der KSt-Veranlagung.

Der SolZ ist als nichtabziehbare Ausgabe bei der Einkommensermittlung hinzuzurechnen (§ 10 Nr. 2 KStG), löst also neben der KSt und GewSt eine weitere Definitivbelastung aus.

Teil Q Lösungshinweise zu den Fällen

Lösung zu Fall 1

Unter das KStG fallen:
b) GmbH (§ 1 Abs. 1 Nr. 1 KStG),
d) nicht rechtsfähiger Verein (§ 1 Abs. 1 Nr. 5 KStG).

Lösung zu Fall 2

Das Gebilde ist	a)	b)	c)	d)	e)	f)	g)
unbeschränkt steuerpflichtig gem. § 1 Abs. 1 KStG	X	(X)		(X)	X		
beschränkt steuerpflichtig gem. § 2 Nr. 1 KStG						X	
beschränkt steuerpflichtig gem. § 2 Nr. 2 KStG							
partiell steuerpflichtig gem. § 5 Abs. 2, § 32 Abs. 1 Nr. 1 KStG							
persönlich von der KSt befreit gem. § 5 Abs. 1 Nr. 9 KStG		X		X			
Das Gebilde fällt nicht unter das KStG			X				X

Lösung zu Fall 3

	Bilanzgewinn 02	0 €
+	Zuführungen zu Rücklagen	+ 100 000 €
	Die Umwandlung des Gewinnvortrags aus 01 ist keine Verwendung des Jahresüberschusses des Wj 02	–
+	Nicht abziehbare Ausgaben	
	a) KSt (§ 10 Nr. 2 KStG)	./. 30 000 €
	b) sonstige nicht abziehbare Ausgaben 02	+ 3 000 €
	Einkommen	73 000 €

Lösung zu Fall 4

	Jahresüberschuss	86 956 €
+	nicht abziehbare Steuern (§ 10 Nr. 2 KStG):	
	KSt	+ 21 900 €
	Säumniszuschläge zur KSt	+ 400 €
	SolZ	+ 1 204 €
	GewSt (§ 4 Abs. 5b EStG)	+ 20 440 €
	sonstige nicht abziehbare Ausgaben	+ 3 000 €
+	50 % der Verwaltungsratsvergütungen (§ 10 Nr. 4 KStG)	+ 14 000 €
+	sämtliche Spenden	+ 12 000 €
	./. steuerfreie Einnahmen: Investitionszulage	./. 1 900 €
	Einkommen vor Spendenabzug	158 000 €

Spendenabzug gem. § 9 Abs. 1 Nr. 2 KStG

Begünstigt sind:

- kirchliche Zwecke (§ 54 AO)
- wissenschaftliche Zwecke (§ 52 Abs. 2 Nr. 1 AO)

a) 20 % des Einkommens vor Spendenabzug:	31 600 €	
20 % von 158 000 €		
b) 4‰ der Umsätze und Löhne:	2 000 €	
4 ‰ von (400 000 € + 100 000 €)		
Abzugsfähig sind		12 000 €
Einkommen vor Spendenabzug		158 000 €
./. abziehbare Spenden		./. 12 000 €
Einkommen = zu versteuerndes Einkommen		146 000 €

Lösung zu Fall 5

Der Einkommensbegriff ist aus dem EStG abzuleiten unter Berücksichtigung insbesondere der §§ 7 bis 10 KStG.

Der Verein kann Einkünfte grds. aus **allen** Einkunftsarten erzielen (ausgenommen § 19 und teilweise § 22 EStG).

Einkünfte aus § 20 EStG

Einnahmen aus § 20 Abs. 1 Nr. 7 EStG	20 000 €
(Ansatz nach § 8 Abs. 10 Satz 1 KStG)	
./. Sparer-Pauschbetrag (§ 20 Abs. 9 EStG)	./. 801 €
Kein Abzug der nachgewiesenen WK (§ 20 Abs. 9 EStG	
Einkünfte aus Kapitalvermögen 2015	19 199 €
(Einbeziehung in die KSt-Veranlagung)	
Keine Geltung der Abgeltungsteuer bei der KSt.	

Einkünfte aus § 21 EStG

Einnahmen gem. § 21 Abs. 1 Nr. 1 EStG	6 000 €
./. Werbungskosten (§ 9 EStG)	./. 4 500 €
Abzug der Aufwendungen (§ 9 Abs. 1 EStG) nur,	
soweit abgeflossen (§ 11 Abs. 2 Satz 1 EStG)	
AfA (§ 9 Abs. 1 Nr. 7 EStG)	./. 4 000 €
Verlust	./. 2 500 €

Die Veräußerung des Grundstücks führt nicht zu Einkünften, da sie auf der Vermögensebene liegt (kein Fall des § 23 Abs. 1 Nr. 1 EStG).

Summe und Gesamtbetrag der Einkünfte	16 699 €
= Einkommen	16 699 €
./. Freibetrag § 24 KStG	./. 5 000 €
zu versteuerndes Einkommen	11 699 €

Lösung zu Fall 6

Da die GmbH als Formkaufmann nach den Vorschriften des HGB zur Führung von Büchern verpflichtet ist, sind bei ihr **alle** das Betriebsvermögen betreffenden Vermögensmehrungen und -minderungen als Einkünfte aus Gewerbebetrieb (§ 15 Abs. 1 Nr. 1 EStG) zu behandeln (§ 8 Abs. 2 KStG). Dazu gehört auch der außerordentliche Ertrag aus der Veräußerung des – zum Betriebsvermögen gehörenden – Grundstücks.

Die Gewinnermittlung muss nach § 4 Abs. 1, § 5 EStG (Bestandsvergleich) erfolgen. Hierbei ist das Zu- und Abflussprinzip des § 11 EStG **ohne** Bedeutung.

Gewinnermittlung (als G+V-Rechnung)	20 000 €
Zinserträge	
Mieterträge	6 000 €
Veräußerungserlös Grundstück	100 000 €
Betriebseinnahmen	126 000 €
Betriebsausgaben	50 €
Verwaltungskosten (Sparkonten)	
Grundstücksaufwendungen (ohne Rücksicht auf Verausgabungszeitpunkt)	8 500 €
AfA Gebäude (bis zur Veräußerung)	4 000 €
Restbuchwert Gebäude	60 000 €
Buchwert Grund und Boden (Anschaffungskosten)	10 000 €
	82 550 €

Der Gewinn aus Gewerbebetrieb und gleichzeitig das zu versteuernde Einkommen betragen **43 450 €.**

Lösung zu Fall 7

Antwort zu 1.:

Einnahmen aus nichtselbstständiger Arbeit (§ 19 EStG)		**2018**
vor Aufdeckung der vGA		340 000 €
nach Aufdeckung der vGA		240 000 €
Differenz	./.	100 000 €
Einnahmen aus Kapitalvermögen (§ 20 Abs. 1 Nr. 1 EStG)		
vor Aufdeckung		
		0 €
nach Aufdeckung		100 000 €
Differenz/Einkünfte	+	100 000 €
./. Sparer-Pauschbetrag	./.	801 €
Einkünfte		99 199 €

Es unterliegt die volle vGA (ohne KapESt-Abzug) grds. der Abgeltungsteuer von 25 % (§ 32d Abs. 1 und 3 EStG), sofern nicht ein Antrag nach § 32d Abs. 2 Nr. 3 möglich ist bzw. nach Abs. 6 EStG gestellt wird.

Anmerkung: Bei Einbeziehung der vGA in die ESt-Veranlagung nach § 32d Abs. 2 Nr. 3 EStG gilt das Teileinkünfteverfahren (60 % stpfl.).

Antwort zu 2.:

Einkommen der Gesellschaft		
vor Aufdeckung		0 €
nach Aufdeckung (§ 8 Abs. 3 Satz 2 KStG)		100 000 €
Differenz	+	100 000 €

Antwort zu 3.:

Festzusetzende KSt für 2018 15 %	15 000 €

Lösung zu Fall 8

Die vGA hat hier das Einkommen im Ergebnis nicht unzulässig gemindert. Das Einkommen ist daher nicht zu erhöhen. Allerdings ist der Bilanzansatz auf 100 000 € zu berichtigen (**Abstockung**). Die damit eintretende Betriebsvermögens- und somit Gewinnminderung von 35 000 € muss dann durch eine Hinzurechnung der vGA von 35 000 € wieder angeglichen werden. Im Ergebnis hat sich das Einkommen der GmbH aber nicht erhöht.

Würde der Bilanzansatz nicht berichtigt, könnte **später** eine unzulässige Gewinnminderung infolge des um 35 000 € zu hohen Buchwerts eintreten (bei Veräußerung, Entnahme oder durch Teilwertabschreibung).

Grundstück	./. 35 000 €
zu versteuerndes Einkommen + / ./.	./. 35 000 €

Lösung zu Fall 9

1. Es erfolgt eine Hinzurechnung zum Einkommen der GmbH i. H. v. + 10 000 € (§ 8 Abs. 3 Satz 2 KStG).
2. a) Es liegt eine stpfl. Betriebseinnahme i. S. d. § 20 Abs. 1 Nr. 1, § 20 Abs. 8, § 3 Nr. 40d und Satz 2 EStG i. H. v. 10 000 € × 60 % = 6 000 € vor.
   b) Die Einkünfte aus § 19 EStG verringern sich um ./. 10 000 €.

Lösung zu Fall 10

1. Gemäß § 8 Abs. 3 Satz 2 KStG liegt eine vGA i. H. v. + 300 000 € vor.
2. Ja, volle Passivierung 500 000 € (§ 249 Abs. 1 HGB, § 5 Abs. 1 Satz 1 1 Alt. EStG). Die Korrektur der vGA erfolgt außerhalb der Bilanz (BFH vom 29. 06. 1994 BStBl II 2002, 366 und 367), siehe 1.
3. Nein, weil noch kein Zufluss beim Gesellschafter erfolgt ist.

Lösung zu Fall 11

1. Auswirkungen bei der Gesellschaft

Die Gesellschaft hat lediglich einen **sonstigen betrieblichen Ertrag von 20 000 € verbucht** (Verkaufspreis 90 000 € ./. Buchwert 70 000 €). I. H. d. **Unterschieds** zwischen dem gemeinen Wert von 104 000 € und dem Verkaufspreis i. H. v. 90 000 € liegt eine **vGA von 14 000 €** vor.

Es ist eine Hinzurechnung der vGA außerhalb der Bilanz der GmbH von 14 000 € vorzunehmen, da der sonstige betriebliche Ertrag der Gesellschaft 34 000 € und nicht 20 000 € hätte betragen müssen (verhinderte Vermögensmehrung), § 8 Abs. 3 Satz 2 KStG.

2. Auswirkungen beim Anteilseigner

a) **Bei Zugehörigkeit der Beteiligung zum Privatvermögen:**

Die Einnahmen fallen unter § 20 Abs. 1 Nr. 1 Satz 2 EStG (vGA)	14 000 €
Nacherklärung nach § 32d Abs. 3 EStG, da die vGA nicht der KapESt unterlegen hat.	
./. Sparer-Pauschbetrag (soweit noch nicht ausgeschöpft)	./. 801 €
Einkünfte	13 199 €

grds. Abgeltungsteuer 25 % (§ 32d Abs. 1 EStG – vorbehaltlich Antrag nach § 32d Abs. 2 Nr. 3 bzw. § 32d Abs. 6 EStG)

b) **Bei Zugehörigkeit der Beteiligung zum Betriebsvermögen:**

Betriebseinnahmen (§§ 15, 20 Abs. 8 EStG)	+ 14 000 €
./. steuerfrei nach § 3 Nr. 40d Satz 2 EStG (40 %)	./. 5 600 €
Einkünfte nach § 15 EStG	+ 8 400 €

c) **Auswirkung des Anschaffungsvorgangs beim Anteilseigner:**
Sowohl bei Zugehörigkeit des Grundstücks zum Privatvermögen wie auch zum Betriebsvermögen betragen die **Anschaffungskosten 104 000 €.** Hinzu kommt ggf. die **GrESt** (nur vom tatsächlichen Entgelt) von 90 000 € × 5 % (angenommen) = 4 500 €.

Die vGA von 14 000 € gehört aufgrund der **Fiktionstheorie in voller Höhe zu den Anschaffungskosten** (auch bei Zugehörigkeit der Beteiligung zum BV).
Das 40 %ige Abzugsverbot nach § 3c Abs. 2 EStG kommt hier (auch i. R. d. § 20 Abs. 8 EStG) nicht zum Tragen.
Es wird **fingiert**, dass der Anteilseigner zunächst 104 000 € gezahlt hat und die Gesellschaft anschließend 14 000 € an den Gesellschafter zurückgezahlt hat. Dies darf die Anschaffungskosten aber nicht mindern.

Lösung zu Fall 12

Antwort zu 1.:

Einkommen der Organgesellschaft 2018		€
Bilanzgewinn		0
+ Verbindlichkeiten GAV (Gewinnabführungsverpflichtung)		52 000
+ Rücklagenzuführung	+	5 000
Jahresüberschuss		57 000
+ nichtabziehbare Aufwendungen Organgesellschaft (§ 10 Nr. 2 KStG)	+	5 500
./. steuerfreie Erträge (Investitionszulage § 10 InvZulG)	./.	12 500
zu versteuerndes Einkommen		50 000
./. dem Organträger zuzurechnen	./.	50 000
von Organgesellschaft selbst zu versteuern		0
Einkommen des Organträgers 2018		€
Jahresüberschuss		75 875
./. Forderungen aus dem GAV da als Ertrag behandelt	./.	52 000
./. Ausgleichsposten	./.	5 000
+ nichtabziehbare Aufwendungen des Organträgers	+	11 000
eigenes Einkommen des Organträgers (nach KSt und GewSt)		29 875
+ zuzurechnendes Einkommen der Organgesellschaft		50 000
von Organträger zu versteuern (nach KSt und GewSt)		79 875
Die KSt und GewSt betragen zusammen (15 + 14)/100 = 29/100 des zu ermittelnden zu versteuernden Einkommens.		
Das vom Organträger zu versteuernde Einkommen beträgt mithin 100/71 × 79 875 € =		112 500

Antwort zu 2.:

Körperschaftsteuer des Organträgers für 2018	€
KSt gem. § 23 Abs. 1 KStG = 15 % × 112 500 € =	16 875
[GewSt des Organträgers = (400 % × 3,5 %) × 112 500 € × 14 % =	15 750]

Antwort zu 3.:

Entwicklung des steuerlichen Einlagekontos (§ 27 KStG) der Organgesellschaft	€
31. 12. 2017	0
+ Zugang 2018 (= Rücklagenbildung der Organgesellschaft) § 14 Abs. 1 Nr. 4 KStG	5 000
31. 12. 2018	5 000

Teil R Komplexe Übungsfälle

Übungsfall 1
Hilfsmittel: KStG, KStR, EStG

I. Sachverhalt

Die Ex-GmbH mit Sitz in Roermond (Niederlande) und Geschäftsleitung in Mönchengladbach (unstreitig) hat zum 31. 12. 2018 folgende vorläufige Steuerbilanz aufgestellt (Wj = Kj, vor Feststellung des Jahresabschlusses):

Aktiva			Passiva
Verschiedene Aktiva	486 500 €	Gezeichnetes Kapital	300 000 €
		Gewinnrücklagen[1]	48 000 €
		Jahresüberschuss	90 000 €
		Verbindlichkeiten	48 500 €
		KSt-Rückstellung[2]	–
	486 500 €		486 500 €

Aus der G+V-Rechnung für das Wj 2018 ergeben sich folgende Zahlen:

Investitionszulagen		20 000 €
übrige Erträge		232 500 €
./. sonstige nicht abziehbare Ausgaben	./.	3 000 €
./. Verwaltungsratvergütung (Nettobetrag ohne USt)	./.	30 000 €
./. Spenden (wissenschaftliche Zwecke)	./.	12 000 €
./. übrige Aufwendungen (abziehbar) – einschl. zutreffender GewSt	./.	117 500 €
Jahresüberschuss 18		90 000 €

Für die wissenschaftlichen Spenden liegen Spendenbescheinigungen (Zuwendungsbestätigungen) vor.

Am 05. 05. 2019 hat die Ex-GmbH für das Wj 2018 eine Vollausschüttung des gesamten am 31. 12. 2018 vorhandenen ausschüttbaren Gewinns beschlossen und vorgenommen. Hierzu wurde vorweg bei der Feststellung des Jahresabschlusses eine Auflösung der Gewinnrücklagen von 48 000 € zugunsten des Bilanzgewinns 2018 beschlossen.

In 2018 wurde keine Ausschüttung vorgenommen.

Gesellschafter der Ex-GmbH sind zu je 50 % A. Fix und B. Schnell, beide unbeschränkt steuerpflichtig, mit Wohnsitz in Düsseldorf.

A ist ledig und hält seinen GmbH-Anteil im Privatvermögen.

B (verheiratet und mit seiner Ehefrau nach § 26b EStG zusammen zu veranlagen) hält seinen Anteil (zutreffend) im Betriebsvermögen einer von ihm betriebenen Einzelfirma (Wj 01. 05. bis 30. 04.).

1 Die Gewinnrücklagen stammen i. H. v. 25 000 € aus den Jahren 2015 und 2016.

2 Bisher wurde keine KSt-Rückstellung gebildet. KSt-Vorauszahlungen wurden nicht geleistet. Eine GewSt-Rückstellung ergibt sich aufgrund von Kürzungen nach § 9 GewStG **nicht**.

II. Aufgabe

1. Treffen Sie eine Entscheidung über die Art der persönlichen Steuerpflicht der Ex-GmbH.
2. Ermitteln Sie das zu versteuernde Einkommen und die festzusetzende KSt der Ex-GmbH für den VZ 2018.
3. Erstellen Sie die endgültige Steuerbilanz zum 31. 12. 2018.
4. Wie hoch sind die ausschüttungsbedingten Einkünfte der Anteilseigner?

Übungsfall 2
Hilfsmittel: KStG und KStR, BMF vom 26.08. 2003 BStBl I 2003, 434; EStG

I. Sachverhalt

Die A-GmbH (Wj = Kj) wird zum 30.06.2018 aufgelöst. Der der Schlussauskehrung zugrunde liegende Liquidationsschlussbestand wird auf den 31. 12. 2018 ermittelt. Für die Zeit vom 01. 01. 2018 bis zum 30. 06. 2018 bildet die GmbH ein Rumpf-Wj. Zum 30. 06. 2018 beträgt der Sonderausweis 40 000 € (§ 28 Abs. 1 Satz 3 KStG). Das das Nennkapital von 90 000 € übersteigende EK lt. Steuerbilanz beträgt

a) zum 30. 06. 2018 = 200 000 €,
b) zum 31. 12. 2018 = 300 000 €.

Der Gewinn des Rumpf-Wj 2018 wird am 15.08. 2018 i. H. v. 75 000 € offen ausgeschüttet. Die Gesamtauskehrung erfolgte bereits bis 31. 12. 2018.

II. Aufgabe

Führen Sie die für die GmbH erforderlichen Schlussfeststellungen zum 31.12. 2018 durch.

Übungsfall 3
Hilfsmittel: KStG, KStR, BMF vom 26. 08. 2003 BStBl I 2003, 434 und EStG.

I. Sachverhalt

Die in 2006 gegründete B-GmbH (Wj = Kj) wird zum 31. 03. 2018 aufgelöst. Das Liquidationsendvermögen wurde auf den 31. 10. 2018 ermittelt. Für den Zeitraum vom 01. 01. 2018 bis 31. 03. 2018 hat die GmbH ein Rumpf-Wj gebildet. Das gezeichnete Kapital betrug 100 000 € (aus Bargründung aufgebracht). Es betrugen das

- Liquidationsanfangsvermögen 31. 03. 2018 = 510 000 €,
- Liquidationsendvermögen 31. 10. 2018 = 740 000 €.

Das steuerliche Einlagekonto (§ 27 KStG) betrug jeweils 0 €. Der Gewinn des Rumpf-Wj 2018 von 80 000 € wurde im Mai 2018 offen ausgeschüttet.

Die GewSt auf den Liquidationsgewinn wurde zutreffend i. H. v. 63 000 € zurückgestellt, ebenso die KSt auf den Liquidationsgewinn in zutreffender Höhe, jedoch nicht der SolZ. Es wurden keine Vorauszahlungen auf die betreffende GewSt, KSt und SolZ geleistet.

Bei der GewSt beträgt der Hebesatz 400 % (**keine** Hinzurechnungen und Kürzungen nach §§ 8, 9 GewStG).

Sonstige nicht abzugsfähige Ausgaben sind i. H. v. 9 500 € als Aufwand gebucht.

Alleingesellschafter ist zu 100 % B, der die Beteiligung in Privatvermögen hielt. Die Auskehrung des Liquidationsüberschusses erfolgte in 2019.

II. Aufgabe

1. Führen Sie die Liquidationsbesteuerung (2018) durch. Ermitteln Sie dabei das
- zu versteuernde Einkommen,
- die KSt,
- den SolZ.

1. Wie entwickelt sich das steuerliche Einlagekonto?
2. Wie hoch sind die liquidationsbedingten Einkünfte des Anteilseigners B bei Antragstellung nach § 32d Abs. 2 Nr. 3 EStG?

Teil S Lösungshinweise zu den komplexen Übungsfällen

Lösung zu Übungsfall 1

Zu 1.: Persönliche Steuerpflicht

Die Ex-GmbH ist unbeschränkt steuerpflichtig gem. § 1 Abs. 1 Nr. 1 KStG, da sie nach den tatsächlichen Verhältnissen ihre Geschäftsleitung (§ 10 AO) im Inland hat.

Auf einen inländischen Sitz kommt es hier nicht an, da eines der beiden Merkmale (Sitz oder Geschäftsleitung im Inland) zur Begründung der unbeschränkten Steuerpflicht ausreichend ist.

Zu 2.: Ermittlung des zu versteuernden Einkommens und der KSt-Belastung für den VZ 2018

a) **Ermittlung des zu versteuernden Einkommens**

vorläufiger Jahresüberschuss		90 000 €
+ nicht abzugsfähige Steuern (§ 10 Nr. 2 KStG)		–
sonstige nicht abziehbare Ausgaben		+ 3 000 €
+ 50 % der Verwaltungsratsvergütung × 30 000 € = (§ 10 Nr. 4 KStG)		+ 15 000 €
./. steuerfreie Investitionszulage (gem. InvZulG)		./. 20 000 €
+ Hinzurechnung der Spenden		+ 12 000 €
Einkommen vor Spendenabzug		100 000 €
./. abzugsfähige Spenden (§ 9 Abs. 1 Nr. 2 KStG)		
20 % von 100 000 € = Höchstbetrag	20 000 €	
Zuwendungen 12 000 €	./. 12 000 €	
zu versteuerndes Einkommen		88 000 €

b) **KSt (§ 23 Abs. 1 KStG)**

15 % von 88 000 € = 13 200 €.

Zu 3.: Endgültige Steuerbilanz zum 31. 12. 2018

Für den KSt-Aufwand ist eine Rückstellung zu bilden.

Diese entspricht der festzusetzenden KSt, da keine KSt-Vorauszahlungen geleistet wurden = 13 200 €.

Vorläufiger Jahresüberschuss	90 000 €
./. KSt-Rückstellung	./. 13 200 €
Jahresüberschuss	76 800 €

Infolge Vollausschüttung sind die Gewinnrücklagen aufzulösen, so dass der Bilanzgewinn auszuweisen ist:

Jahresüberschuss	76 800 €
+ Gewinnrücklagen	48 000 €
(endgültiger) Bilanzgewinn	124 800 €

Dieser entspricht der maximalen Ausschüttung.

Aktiva	»Endgültige« Steuerbilanz zum 31. 12. 18		Passiva
Verschiedene Aktiva	486 500 €	Gezeichnetes Kapital	300 000 €
		Gewinnrücklagen	–
		Bilanzgewinn	124 800 €
		Verbindlichkeiten	48 500 €
		KSt-Rückstellung	13 200 €
	486 500 €		486 500 €

Zu 4.: Ausschüttungsbedingte Einkünfte der Anteilseigner

a) **Einkünfte des A**

A erzielt mit der auf ihn entfallenden Gewinnausschüttung Einnahmen aus § 20 Abs. 1 Nr. 1 EStG, da seine Beteiligung zum Privatvermögen gehört.

Ermittlung der Einkünfte:

Gesamte Ausschüttung (vgl. Punkt 3. der Lösung)	124 800 €
aa) Davon entfallen auf A als Einnahmen aus § 20 Abs. 1 Nr. 1 EStG 50 %	62 400 €

Ansatz im VZ 2019 infolge Zuflusses durch Beschluss im Kj 2019 (§ 11 Abs. 1 Satz 1 EStG)

./. (grds.) Sparer-Pauschbetrag (§ 20 Abs. 9 Satz 1 EStG) ./.	801 €
Einkünfte (§ 20 EStG)	61 599 €

Abgeltungsteuer i. R. d. § 32d Abs. 4 EStG 25 % = 15 399,75 €

bb) Bei Antrag nach § 32d Abs. 2 Nr. 3 EStG:

Einnahmen	62 400 €
./. steuerfrei 40 % (§ 3 Nr. 40d EStG)	./. 24 960 €
stpfl. Einkünfte	37 440 €

Kein Abzug des Sparer-Pauschbetrags, jedoch Anwendung des Teileinkünfteverfahrens (§ 32d Abs. 2 Nr. 3 Satz 2 EStG).

Auf die ESt des A sind in den Fällen des § 32d Abs. 2 Nr. 3, § 32d Abs. 4 und § 32d Abs. 6 EStG für den VZ 2019 anzurechnen:

einbehaltene KapESt (§ 36 Abs. 2 Nr. 2 EStG)	
25 % von 62 400 € (§ 43 Abs. 1 Satz 3 EStG)	15 399,75 €

b) **Einkünfte des B**

Infolge Zugehörigkeit des Anteils zum BV ist die Gewinnausschüttung als Betriebseinnahme bei § 15 EStG zu erfassen (§ 20 Abs. 8 EStG).

Bei Bestandsvergleich ist der Anspruch auf die Ausschüttung bereits als Gläubigerrecht gewinnerhöhend zu aktivieren.

Der Zuflusszeitpunkt ist bedeutungslos. Die Betriebseinnahmen jedoch erst im VZ 2020 zu erfassen (§ 4a Abs. 2 Nr. 2 EStG).

Ausschüttung	62 400 €
./. 40 % steuerfrei (§ 3 Nr. 40d und Satz 2 EStG)	./. 24 960 €
stpfl. Betriebseinnahmen (Gewinnerhöhung)	37 440 €
Auf die Einkommensteuer des B sind für den VZ 2020 anzurechnen:	
KapESt	15 399,75 €

Lösung zu Übungsfall 2

Es ist § 28 Abs. 2 KStG zu beachten.

Gesonderte Feststellungen	Einlagekonto (§ 27 KStG) (€)	(Nennkapital) (€)	nachrichtlich Sonderausweis (§ 28 Abs. 2 KStG) (€)
Bestände zum 30.06. 2018 (= letzte gesonderte Feststellung)	**0**	**(90 000)**	**40 000**
»Nullstellung« des Nennkapitals gem. § 28 Abs. 2 Satz 1 KStG	+ 50 000	(./. 90 000)	./. 40 000
Zwischensumme	**50 000**	**(0)**	**0**
unmittelbarer Abzug des Nennkapitals vom Einlagekonto gem. § 28 Abs. 2 Satz 3 KStG	./. 50 000		
Endbestand nach Liquidationsabschluss	**0**	**(0)**	**0**

Diese Beträge werden nicht mehr gesondert festgestellt.

Die Entwicklung und Auskehrung des übrigen Eigenkapitals (= ausschüttbaren Gewinns) ist nicht gliederungsmäßig darzustellen.

Lösung zu Übungsfall 3

1. Liquidationsgewinn (§ 11 Abs. 2 KStG)

	Abwicklungsendvermögen		740 000 €
./.	Abwicklungsanfangsvermögen	510 000 €	
./.	Ausschüttung (§ 11 Abs. 4 Satz 3 KStG)	./. 80 000 €	430 000 €
			310 000 €
+	sonstige nichtabzugsfähige Ausgaben (§ 11 Abs. 6 KStG)		+ 9 500 €
			319 500 €
+	GewSt (§ 4 Abs. 5b EStG)		+ 63 000 €
	Einkommen vor KSt (= 85/100 des zu versteuernden Einkommens)		382 500 €
+	KSt 15 % (§ 10 Nr. 2 KStG) 15/85 × 382 500 € =		+ 67 500 €
	zu versteuerndes Einkommen		450 000 €
	KSt 15 % × 450 000 € =		67 500 €
	SolZ 5,5 % × 67 500 € =		3 712 €
	(GewSt 3,5 % × 450 000 × 400 % =		63 000 €)

2. Entwicklung des steuerlichen Einlagekontos (§ 27 KStG)

			Einlagekonto	(Nennkapital)
	Bestand vor Schlussverteilung (letztmalige Feststellung)		0 €	(100 000 €)
+/./.	»Nullstellung« des Nennkapitals (§ 28 Abs. 2 Satz 1 KStG)	+	100 000 €	(./. 100 000 €)
./.	Abzug des Nennkapitals vom Einlagekonto (§ 28 Abs. 2 Satz 3 KStG)	./.	100 000 €	(0 €)
./.	Verwendung Einlagekonto für Schlussverteilung		0 €	(x)
			0 €	(0 €)

3. Einkünfte des Anteilseigners B

a)	Endvermögen		740 000 €
./.	Nennkapital		100 000 €
			640 000 €
./.	SolZ (vgl. 2.)		3 712 €
	zu verteilendes Vermögen = Eigenkapital (ohne Nennkapital)		636 288 €
b)	Einkünfte Anteilseigner B		
1.	§ 20 Abs. 1 Nr. 2, § 32d Abs. 2 Nr. 3 EStG		636 288 €
	./. steuerfrei gem. § 3 Nr. 40d EStG 40 %	./.	254 515 €
	stpfl. Einnahmen		381 773 €
	./. § 20 Abs. 9 Satz 1 EStG entfällt (§ 32d Abs. 2 Nr. 3 Satz 2 EStG)		– €
	Einkünfte gem. § 20 EStG		381 773 €

Die KapESt i. H. v. 25 % von 381 773 € = 95 443 € wird auf die ESt angerechnet.

2.	§ 17, § 3 Nr. 40c, § 3c Abs. 2 EStG		
	Veräußerungserlös = Nennkapital 100 000 € × 60 %		60 000 €
	./. Anschaffungskosten 60 % × 160 000 €	./.	96 000 €
	Veräußerungsverlust	./.	36 000 €
	ausgleichsfähig gem. § 17 Abs. 2 Satz 6 Buchst. b Satz 1 EStG		

Kapitel II
Gewerbesteuer

Teil A Einführung

Für das gesamte Bundesgebiet gilt ein **einheitliches GewSt-Recht.** In der BRD wird die GewSt nur nach dem Gewerbeertrag erhoben.

1 Wesen und Bedeutung der Gewerbesteuer

Zunächst wird die GewSt beschrieben und von anderen Steuerarten abgegrenzt. Es werden Hinweise zur wirtschaftlichen Bedeutung und zur Verwaltung der GewSt gegeben.

1.1 Gewerbesteuer als Realsteuer

Die GewSt ist, ebenso wie die Grundsteuer, nach § 3 Abs. 2 AO eine Realsteuer. Sie besteuert die **wirtschaftliche Leistungsfähigkeit einer Sache oder eines Objekts**, nämlich des **Gewerbebetriebs**, und wird deshalb auch als **Sach- oder Objektsteuer** bezeichnet. Sie knüpft an das im Betrieb arbeitende Kapital und den Ertrag des Betriebs, also an Merkmale des Gewerbebetriebs als solchen an. Die persönlichen Verhältnisse des Unternehmers (z. B. Ehe, Kinder, Belastung durch Krankheitsaufwendungen) sind bedeutungslos (**Gegensatz: Personensteuer** wie Einkommensteuer, bei der diese persönlichen Verhältnisse berücksichtigt werden).

1.2 Gewerbesteuer als Gemeindesteuer

Das GewStG wird im Rahmen der **konkurrierenden Gesetzgebung vom Bund** erlassen (Art. 105 Abs. 2 GG). Die GewSt wird in § 1 GewStG als **Gemeindesteuer** bezeichnet. Damit wird zum Ausdruck gebracht, dass die Gemeinden – wenn auch mit verfahrensmäßiger Beteiligung der Finanzämter – die GewSt verwalten (z. B. festsetzen, erheben, stunden) und ihnen das Aufkommen der GewSt zusteht (Art. 106 Abs. 6 GG). Das in Art. 28 GG gewährleistete Selbstverwaltungsrecht der Gemeinden umfasst auch die Grundlagen der finanziellen Eigenverantwortung. Dazu gehört eine den Gemeinden mit Hebesatzrecht zustehende wirtschaftsbezogene Steuerquelle wie die GewSt und die Grundsteuer. Zur Stärkung der Finanzkraft der Gemeinden erhalten sie einen Anteil an dem Aufkommen der ESt, der von den Ländern an ihre Gemeinden auf der Grundlage der ESt-Leistungen ihrer Einwohner weiterzuleiten ist (Art. 106 Abs. 7 GG). Als Ausgleich für den Wegfall der Gewerbekapitalsteuer erhalten die Gemeinden seit 01. 01. 1998 zusätzlich einen Anteil an dem Aufkommen der USt. Er wird von den Ländern auf der Grundlage eines orts- und wirtschaftsbezogenen Schlüssels an ihre Gemeinden weitergeleitet (Art. 106 Abs. 5a GG).

1.3 Bedeutung der Gewerbesteuer für die Gemeinden

Die GewSt hat sich nach der ESt (einschließlich LSt) und der USt zur drittstärksten Steuer in der Bundesrepublik entwickelt und bildet eine bedeutende Einnahmequelle der Gemeinden. Deshalb sind sie an der Ansiedlung von Gewerbebetrieben im Gemeindebezirk interessiert.

Das Vorhandensein von Gewerbebetrieben in einer Gemeinde bürdet dieser zusätzliche Lasten auf. Durch die Erhebung der GewSt sollen die Gewerbebetriebe an diesen Lasten beteiligt werden.

BEISPIEL

In der Gemeinde X siedeln sich auf einem bisher nicht erschlossenen Gelände Industriebetriebe an. Der Gemeinde entstehen dadurch Kosten für den Bau und die Unterhaltung von Straßen, Kanalisation und für den Anschluss an die öffentlichen Verkehrsmittel. Durch die Ansiedlung der Betriebe steigt die Einwohnerzahl, und es werden der Bau und die Unterhaltung von Schulen, Badeanstalten, Sportplätzen, Krankenhäusern usw. erforderlich.

1.4 Bedeutung der Gewerbesteuer für die Gewerbebetriebe

Die Gewerbesteuer knüpft an den Betrieb eines Gewerbes an und ist daher eine Betriebssteuer. Bis zum Erhebungszeitraum (EZ) 2007 war die GewSt bei der Ermittlung des steuerlichen Gewinns als Betriebsausgabe abzugsfähig (§ 4 Abs. 4 EStG). Seit dem EZ 2008 ist die GewSt einschließlich der darauf entfallenden Nebenleistungen wie z. B. Verspätungs- und Säumniszuschläge nach **§ 4 Abs. 5b EStG** keine abzugsfähige Betriebsausgabe mehr. **Aber:** Die GewSt ist im handelsrechtlichen und im steuerlichen Jahresabschluss gewinnmindernd zu behandeln und erst bei der Ermittlung des steuerlichen Gewinns – bei Kapitalgesellschaften des Einkommens – außerbilanziell hinzuzurechnen.

Beachte:

In **R 5.7 Abs. 1 Satz 2 EStR 2012** heißt es dazu: Ungeachtet des Abzugsverbots des § 4 Abs. 5b EStG ist in der **Steuerbilanz** eine **Gewerbesteuerrückstellung** zu bilden; dadurch verursachte Gewinnauswirkungen sind **außerbilanziell** zu neutralisieren.

Aber: Bereits mit Urteil vom 16.01.2014 – I R 21/12, BStBl II 2014, 531, hat der BFH entschieden, dass das **Abzugsverbot des § 4 Abs. 5b EStG für den Gewerbesteueraufwand verfassungsgemäß** ist. Dies hat der BFH mit Urteil vom 10.09.2015, AZ IV R 8.13, DStR 2015, 2539 nochmals bestätigt. Dagegen ist allerdings eine Verfassungsbeschwerde beim BVerfG unter dem AZ 2 BvR 1559/14 anhängig. Die Finanzverwaltung lässt deshalb die Steuer- und Feststellungsbescheide wegen dieser Frage weiterhin vorläufig ergehen (vgl. zuletzt BMF-Schreiben vom 13.05.2015, BStBl I 2015, 440, dort Nr. 1).

BEISPIEL

Der handelsrechtliche Gewinn des Gewerbebetriebs des A im Wj 01 beträgt 100 000 €. Dabei hat sich die GewSt-Schuld für das Kj 01 i. H. v. 20 000 € gewinnmindernd ausgewirkt.

LÖSUNG Der steuerliche Gewinn des Gewerbebetriebs im Wj 01 beträgt 120 000 €, da die GewSt keine abzugsfähige Betriebsausgabe ist (§ 4 Abs. 5b EStG) und deshalb im Rahmen der steuerlichen Gewinnermittlung außerhalb der Bilanz hinzugerechnet werden muss.

1.5 Verhältnis der Gewerbesteuer zur Einkommensteuer und Körperschaftsteuer

Die GewSt knüpft nur an den **Ertrag** des Gewerbebetriebs an. Der Gewerbeertrag wird aus dem gewerblichen Gewinn abgeleitet, der bereits der ESt (KSt) unterliegt. Die GewSt ist praktisch eine **zusätzliche ESt (KSt)** für Gewerbetreibende.

Die Belastung gewerblicher Einkünfte mit ESt/KSt und GewSt führt zu einer Doppelbelastung des (abgesehen von den Modifikationen in §§ 7 f. GewSt) identischen Ertrags. Diese Doppelbelastung wird durch die **Anrechnung der GewSt auf die tarifliche ESt nach § 35 EStG** abgeschwächt. Dieser Ausgleich wirkt sich nur auf Gewerbebetriebe von natürlichen Personen und Personengesellschaften und **nicht** auf die von Kapitalgesellschaften wie AG oder GmbH aus.

BEISPIEL

A betreibt ein Schuhgeschäft. Der steuerliche Gewinn des Wj 05 beträgt 30 000 €.

LÖSUNG Der Gewinn bei den Einkünften aus Gewerbebetrieb nach § 15 Abs. 1 Nr. 1 EStG wird der ESt zugrunde gelegt. Die GewSt für das Schuhgeschäft wird auf der Grundlage des den Bedürfnissen des Gewerbesteuerrechts angepassten Gewinns berechnet.

Im Ergebnis wird der Gewinn des Schuhgeschäfts mit ESt und GewSt belastet.

1.6 Verhältnis der Gewerbesteuer zur Grundsteuer

Die Grundsteuer ist neben der GewSt die zweite Gemeinde- und Realsteuer. Sie belastet den Grundbesitz ohne Rücksicht auf die persönlichen Verhältnisse des Eigentümers. Gehört Grundbesitz zu einem Gewerbebetrieb, so erhöht er die Leistungsfähigkeit des Gewerbebetriebs und müsste daher auch der GewSt unterliegen. Eine **doppelte Belastung des Gewerbebetriebs mit Realsteuern wird dadurch verhindert, dass der Grundbesitz des Gewerbebetriebs von der GewSt nicht erfasst wird.** Dies geschieht durch eine Kürzung nach § 9 Nr. 1 Satz 1 GewStG

BEISPIEL

A betreibt eine Bäckerei auf eigenem Grundstück, das zu seinem Gewerbebetrieb gehört und dessen Leistungsfähigkeit erhöht.

LÖSUNG Das Grundstück unterliegt im Ergebnis nur der Grundsteuer. Bei der Ermittlung der GewSt der Bäckerei erfolgt eine Kürzung nach § 9 Nr. 1 Satz 1 GewStG.

1.7 Gewerbesteuer als veranlagte Steuer

Die GewSt wird stets für ein Kalenderjahr erhoben. Für jeden Gewerbebetrieb wird die GewSt in einem Steuerbescheid festgesetzt. Die Steuerermittlung und Steuerfestsetzung nennt man **Veranlagung.** Ebenso wie die GewSt werden die ESt, KSt und USt fortlaufend für jedes Jahr festgesetzt.

2 Rechtsgrundlagen und Verwaltungsanweisungen für die Gewerbesteuer

Die GewSt wird berechnet und festgesetzt nach folgenden Grundlagen:

- GewStG vom 15. 10. 2002 mit späteren Änderungen, vgl. hierzu § 36 GewStG,
- GewSt-Durchführungsverordnung vom 15. 10. 2002 mit späteren Änderungen,
- GewSt-Richtlinien 2009 (GewStR 2009) vom 28.04. 2010.

Das GewStG und die GewStDV sind sowohl für die Finanzverwaltung als auch Gerichte gleichermaßen bei ihrer Tätigkeit verbindlich. Für die Regelungen in den GewStR besteht hingegen Bindungswirkung nur für die Verwaltung. In den GewStR hat der BMF Auslegungsregeln und Handhabungsgrundsätze aufgestellt, um eine einheitliche Anwendung des GewSt-Rechts durch die Verwaltungsbehörden sicherzustellen. Die GewSt-Hinweise (GewStH 2016) sind von den obersten Finanzbehörden des Bundes und der Länder beschlossen worden. Sie machen den Rechtsanwender aufmerksam auf höchstrichterliche Rechtsprechung, BMF-Schreiben und gleichlautende Erlasse der obersten Finanzbehörden der Länder.

3 Überblick über die Festsetzung der Gewerbesteuer

Das folgende Schema zeigt in vereinfachter Form den Weg zur Festsetzung der GewSt für Gewerbebetriebe natürlicher Personen sowie Personengesellschaften:

Gewinn oder Verlust aus Gewerbebetrieb (§ 7 GewStG)
+ **Hinzurechnungen** (§ 8 GewStG)
___
Summe des Gewinns und der Hinzurechnungen
./. **Kürzungen** (§ 9 GewStG)
___
Maßgebender Gewerbeertrag (§ 10 GewStG)
./. **Gewerbeverlust** (§ 10a GewStG)
___
Gewerbeertrag (abgerundet auf volle 100 €, § 11 Abs. 1 Satz 3 GewStG)
./. Freibetrag nach § 11 Abs. 1 Satz 3 Nr. 1 oder Nr. 2 GewStG
___
Verbleibender Betrag
× **Steuermesszahl** (§ 11 Abs. 2 und 3 GewStG)
___
Steuermessbetrag (§§ 11, 14 GewStG)

GewSt-Festsetzung durch die jeweilige Gemeinde:

Steuermessbetrag × Hebesatz der Gemeinde (§ 16 GewStG) = **Gewerbesteuer**

Beim Vorhandensein mehrerer Betriebsstättengemeinden desselben Unternehmens erfolgt eine Zerlegung des Steuermessbetrags durch das Finanzamt auf die betreffenden Gemeinden (§§ 4 und 28 GewStG).

GewSt-Festsetzung durch jede beteiligte Gemeinde:

Zerlegungsanteil der Gemeinde × Hebesatz der Gemeinde (§ 16 GewStG) = **Gewerbesteuer**

BEISPIEL

Die in der Gemeinde X gelegene Sanitärgroßhandlung des A hat im Wj = Kj 2018 einen Gewinn von 230 000 €. Hinzurechnungen i. S. d. § 8 GewStG sind i. H. v. 48 000 €, Kürzungen i. S. d. § 9 GewStG sind i. H. v. 30 000 € vorzunehmen. Der Hebesatz der Gemeinde X beträgt 400 %.

LÖSUNG Berechnung der GewSt 2018 für den Gewerbebetrieb Sanitärgroßhandlung

Gewinn aus Gewerbebetrieb		230 000 €
Hinzurechnung (§ 8 GewStG)	+	48 000 €
		278 000 €
./. Kürzungen (§ 9 GewStG)	./.	30 000 €
		248 000 €
./. Freibetrag (§ 11 Abs. 1 GewStG)	./.	24 500 €
Gewerbeertrag		223 500 €
Steuermesszahl (§ 11 Abs. 2 GewSt)		× 3,5 %
Steuermessbetrag		7 822,50 €
× Hebesatz der Gemeinde (§ 16 GewStG)		× 400 %
GewSt 2018		31 290 €

FÄLLE 1–2

FALL 1

1. Ist die GewSt eine Personen- oder eine Objektsteuer?
   Warum?
2. Hat das GewStG der Bund, ein Land oder eine Gemeinde erlassen?
3. Für wen ist die GewSt eine bedeutende Einnahmequelle?
4. Worin liegt die Rechtfertigung über die Erhebung der GewSt?
5. Warum wird die GewSt als Gemeindesteuer bezeichnet?
6. Ist die GewSt eine laufend veranlagte Steuer oder eine Einzelsteuer?

FALL 2

B betreibt in der Gemeinde Z eine Kfz-Reparaturwerkstatt. Im Wj = Kj 2018 hat er einen Verlust i. H. v. 5 000 € erzielt. Hinzurechnungen i. S. d. § 8 GewStG liegen i. H. v. 60 000 € vor, Kürzungen i. S. d. § 9 GewStG i. H. v. 3 580 €.
Die Gemeinde Z hat den Hebesatz auf 400 % festgesetzt.
Wie hoch ist die GewSt 2018 für die Kfz-Werkstatt?

Teil B Steuergegenstand

1 Allgemeines

Gegenstand der Besteuerung ist nach § 2 Abs. 1 GewStG der **Gewerbebetrieb**, soweit er im Inland betrieben wird. Ein Gewerbebetrieb ist dann gegeben, wenn es sich um ein gewerbliches Unternehmen i. S. d. § 15 Abs. 2 EStG handelt. Damit ist eine unmittelbare Verknüpfung zwischen dem GewStG und EStG gegeben. Der Begriff des Gewerbebetriebs ist **inhaltlich** für das GewSt-Recht, ESt-Recht und Bewertungsrecht (vgl. hierzu § 95 Abs. 1 BewG) gleich.

Verfahrensrechtlich ist die Frage, ob die Voraussetzungen eines Gewerbebetriebs vorliegen, für das GewSt-Recht, ESt-Recht und Bewertungsrecht **jeweils selbstständig zu prüfen**. Die Entscheidung im ESt-Verfahren ist **nicht bindend** für das GewSt-Verfahren und für das Erbschaftsteuer- und Schenkungsteuer-Verfahren.

BEISPIEL

A ist Eigentümer eines Hauses mit zehn Mietparteien. Bei der ESt-Veranlagung des A hat das FA die Einnahmen fälschlich als Einkünfte aus Gewerbebetrieb (§ 15 Abs. 1 Nr. 1 EStG) anstatt richtig als solche aus Vermietung und Verpachtung (§ 21 EStG) behandelt.

LÖSUNG Für das GewSt-Verfahren ist das FA an die einkommensteuerliche Entscheidung nicht gebunden. Es wird hier richtig entschieden, dass in der Vermietung der Räume kein Gewerbebetrieb zu sehen ist.

Ebenso wird es bei der Erbschaftsteuer (§ 12 Abs. 5 ErbStG) keinen Gewerbebetrieb i. S. d. § 95 BewG annehmen.

2 Arten des Gewerbebetriebs

Das GewStG unterscheidet zwei Arten des Gewerbebetriebs:

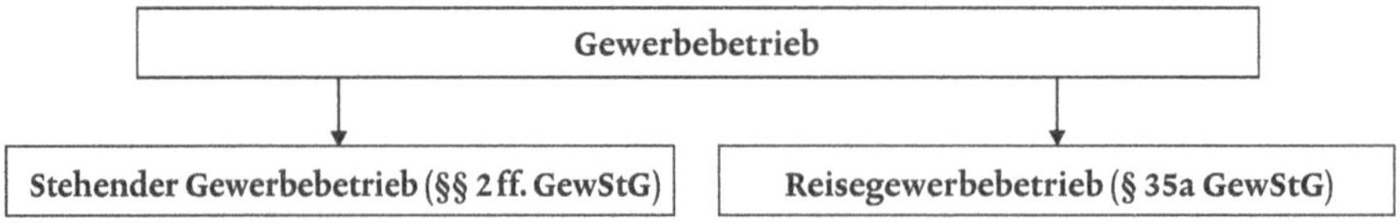

Ein **stehender Gewerbebetrieb** ist jeder Gewerbebetrieb, der kein Reisegewerbebetrieb i. S. d. § 35a GewStG ist (§ 1 GewStDV). Ein **Reisegewerbebetrieb** ist ein Gewerbebetrieb, dessen Inhaber nach gewerberechtlichen Bestimmungen dazu entweder eine Reisegewerbekarte braucht oder einen Blindenwaren-Vertriebsausweis besitzt (§ 35a Abs. 2 GewStG).

Die beiden Arten des Gewerbebetriebs unterscheiden sich dadurch, dass beim Reisegewerbebetrieb zu den Voraussetzungen des stehenden Gewerbebetriebs noch das Erfordernis der Reisegewerbekarte oder des Blindenwaren-Vertriebsausweises hinzutritt. Die Unterscheidung dieser beiden Arten ist für die Frage bedeutsam, welcher Gemeinde das GewSt-Aufkommen zusteht. Bei Reisegewerbebetrieben erhebt die Gemeinde die GewSt, in der sich der Mittelpunkt der gewerblichen Tätigkeit befindet (§ 35a Abs. 3 GewStG). Die stehenden Gewerbebetriebe unterliegen der GewSt in der Gemeinde, in der eine Betriebsstätte des Gewerbes unterhalten wird (§ 4 GewStG). Außerdem gelten besondere Vorschriften für die Zerlegung des Steuermessbetrags (§ 35a Abs. 4 GewStG, § 35 GewStDV).

BEISPIEL

A unterhält in einem Zimmer seiner Wohnung ein Lager von alten Büchern, Gemälden und Stichen. Mit seinem PKW fährt A in die umliegenden Gemeinden, geht dort von Haus zu Haus und bietet seine Waren zum Verkauf an. A ist im Besitz einer Reisegewerbekarte.

LÖSUNG Die Tätigkeit des A bildet einen Reisegewerbebetrieb.

In der folgenden Darstellung wird unter dem Begriff Gewerbebetrieb der stehende Gewerbebetrieb verstanden.

3 Formen des Gewerbebetriebs

Die Besteuerung nach dem GewStG geht von folgenden Formen des Gewerbebetriebs aus:

Gewerbebetrieb

kraft gewerblicher Betätigung	**kraft Rechtsform**	**kraft wirtschaftlichen Geschäftsbetriebs**
§ 2 Abs. 1 GewStG § 15 Abs. 1 Nr. 1 EStG Einzelgewerbetreibender; Personengesellschaften z.B. OHG, KG, GdbR	§ 2 Abs. 2 GewStG § 2 Abs. 1 GewSt mit § 15 Abs. 3 Nr. 2 EStG Kapitalgesellschaften z.B. AG, GmbH und gewerblich geprägte Personengesellschaften	§ 2 Abs. 3 GewStG eingetragener Verein; nichtrechtsfähiger Verein

MERKSATZ

1. Bei natürlichen Einzelpersonen bildet nur eine bestimmte Art der Tätigkeit einen Gewerbebetrieb (§ 2 Abs. 1 GewStG).
2. Auch bei den Personengesellschaften (z. B. OHG, KG, GdbR) bildet nur eine bestimmte Art der Tätigkeit einen Gewerbebetrieb (§ 2 Abs. 1 GewStG i. V. m. § 15 Abs. 3 Nr. 1 EStG).
3. Bei den Kapitalgesellschaften (z. B. AG, GmbH) ist jede beliebige Art der Tätigkeit gewerblich. Die Tätigkeit der Kapitalgesellschaften bildet kraft ihrer Rechtsform immer einen Gewerbebetrieb (Gewerbebetrieb kraft Rechtsform, § 2 Abs. 2 GewStG).
4. Bei den sonstigen juristischen Personen des privaten Rechts (z. B. eingetragener Verein) und den nichtrechtsfähigen Vereinen liegt ein Gewerbebetrieb nur vor, wenn sich ihre Tätigkeit als ein wirtschaftlicher Geschäftsbetrieb i. S. d. § 14 AO (ohne Land- und Forstwirtschaft) darstellt (§ 2 Abs. 3 GewStG).
5. Eine gewerblich geprägte Personengesellschaft i. S. d. § 15 Abs. 3 Nr. 2 EStG, insbesondere die GmbH & Co. KG, ist – unabhängig von ihrer tatsächlichen Tätigkeit – stets ein Gewerbebetrieb (Gewerbebetrieb kraft Rechtsform, § 2 Abs. 1 GewStG).

Soweit nachfolgend vom Gewerbebetrieb die Rede ist, ist damit der Gewerbebetrieb kraft gewerblicher Betätigung i. S. d. § 2 Abs. 1 GewStG gemeint.

4 Der Gewerbebetrieb des Einzelunternehmers (§ 2 Abs. 1 GewStG)

Der Begriff »Gewerbebetrieb« ist in § 15 Abs. 2 EStG definiert. Danach ist Gewerbebetrieb eine selbstständige, nachhaltige Betätigung mit Gewinnerzielungsabsicht und Beteiligung am allgemeinen wirtschaftlichen Verkehr, die weder als Land- und Forstwirtschaft noch selbstständige Arbeit anzusehen ist und auch keine reine Vermögensverwaltung ist. Er setzt folgende vier positive und drei negative Merkmale voraus:

a) Positive Voraussetzungen:

1. Selbstständigkeit
2. Nachhaltigkeit der Tätigkeit
3. Gewinnerzielungsabsicht als Haupt- oder Nebenzweck
4. Beteiligung am allgemeinen Wirtschaftsverkehr

b) Negative Voraussetzungen:

1. kein Betrieb der Land- und Forstwirtschaft
2. keine selbstständige Tätigkeit i. S. d. § 18 EStG
3. keine Vermögensverwaltung i. S. d. R 15.7 EStR

Die Voraussetzungen des Gewerbebetriebs werden nachfolgend im Einzelnen besprochen.

4.1 Selbstständigkeit

Die Tätigkeit muss selbstständig sein.
Selbstständig handelt, wer

- bei seiner Tätigkeit eine eigene **Unternehmerinitiative** entwickelt,
- auf eigene Rechnung und Gefahr handelt und damit ein ins Gewicht fallendes **Unternehmerrisiko** trägt und
- **keiner Weisung** von Dritten unterliegt, insbesondere nicht hinsichtlich der Arbeitseinteilung und des Ortes und der Zeit seiner Tätigkeit.

MERKSATZ

Selbstständig ist, wer auf eigene Rechnung und eigene Verantwortung tätig ist und somit das Unternehmerrisiko für seine Tätigkeit im eigenen Betrieb trägt. Der Selbstständige wird im Rahmen seines eigenen Unternehmens tätig, der Unselbstständige setzt sich als Arbeitnehmer für ein fremdes Unternehmen ein. Der Selbstständige unterliegt im Rahmen der gewerblichen Tätigkeit der ESt, GewSt und USt, der Unselbstständige der LSt.

BEISPIEL

A ist als Vertreter für Küchenmöbel der Holz AG in einem bestimmten Bezirk tätig. A unterhält in seiner Wohnung ein Büro und erhält von der Holz AG neben einem monatlichen Fixum eine Provision für jeden Kaufabschluss. A hat sich vertraglich verpflichtet, nur für die Holz AG als Vertreter tätig zu sein.

LÖSUNG A ist selbstständig tätig. Auch wenn er ein monatliches Fixum erhält, trägt er wegen der nur bei Kaufabschluss fälligen Provision ein ins Gewicht fallendes Unternehmerrisiko. A wird aus eigenem Antrieb tätig und entwickelt damit Unternehmerinitiative. Weiterhin unterliegt er keiner Weisung der Holz AG hinsichtlich Arbeitseinteilung und Zeit der Tätigkeit.

Die Selbstständigkeit der Tätigkeit ist für die GewSt, ESt und USt nach denselben Grundsätzen zu beurteilen. Die Entscheidung in einer Steuerart ist für die anderen Steuern **nicht bindend**.

BEISPIEL

A ist als Vertreter für Küchenmöbel der Holz AG tätig. Das FA hat A für das Kj 01 fälschlich als (unselbstständigen) Angestellten der Firma behandelt und zur LSt herangezogen, anstatt richtigerweise bei ihm als selbstständigen Unternehmer gewerbliche Einkünfte i. S. d. § 15 EStG anzunehmen.

LÖSUNG Das FA ist durch seine Entscheidung nicht gehindert, den A für das Kj 01 als selbstständigen Unternehmer der GewSt und USt zu unterwerfen.

Zahlreiche Beispiele zum Begriff der Selbstständigkeit finden sich in R 15.1 EStR und H 15.1 EStH 2017.

4.2 Nachhaltigkeit

Nachhaltigkeit liegt vor, wenn bei einer auf die Erzielung von Einnahmen gerichteten Tätigkeit der Wille vorhanden ist, durch mehrere gleichartige Handlungen unter Ausnutzung derselben Gelegenheit oder derselben dauernden Verhältnisse tätig zu werden, d. h. eine Wiederholungsabsicht vorliegt. Da die Wiederholungsabsicht eine innere Tatsache ist, kommt den tatsächlichen Umständen besondere Bedeutung zu. Das Merkmal der Nachhaltigkeit ist daher bei einer Mehrzahl von gleichartigen Handlungen zu bejahen. Bei erkennbarer Wiederholungsabsicht begründet bereits eine einmalige Handlung den Beginn einer fortgesetzten Handlung.

BEISPIEL

A will ein Lebensmittelgeschäft eröffnen, obwohl ihm das vom Gewerbeaufsichtsamt untersagt worden ist. Als er gerade einen Verkauf getätigt hat, wird das Geschäft von der Behörde geschlossen.

LÖSUNG Die Tätigkeit des A ist nachhaltig. A hatte die Absicht, mehrere Verkäufe in seinem Laden vorzunehmen. Er wurde lediglich durch die Behörde an der Durchführung seines Vorhabens gehindert.

Weitere Beispiele zur Nachhaltigkeit finden sich in H 15.2 EStH 2017.

4.3 Gewinnerzielungsabsicht

Die Tätigkeit muss die Absicht erkennen lassen, Gewinn zu erzielen. Es kommt nicht darauf an, ob auch tatsächlich Gewinn erzielt worden ist. Die Gewinnerzielungsabsicht fehlt, wenn die Einnahmen nur die Selbstkosten decken sollen (vgl. H 15.3 EStH 2017).

BEISPIELE

a) Frührentner A stellt Kinderspielzeug her und verkauft es gegen Ersatz seiner Kosten an Kindergärten. A verfolgt mit seiner Tätigkeit nicht die Absicht, Gewinn zu erzielen. Deshalb liegt kein Gewerbebetrieb, sondern Liebhaberei vor.

LÖSUNG A ist nur Unternehmer i. S. d. UStG, da hierfür die Einnahmeerzielungsabsicht genügt.

b) A eröffnet seinen Betrieb zur Herstellung von Thermometern. Er rechnet frühestens in vier Jahren erstmals mit Gewinn.

LÖSUNG Hier liegt bereits von Anfang an die Gewinnerzielungsabsicht vor, da A auf Dauer gesehen mit Gewinn arbeiten will.

MERKSATZ

Fehlt die Absicht der Gewinnerzielung, liegt kein Gewerbebetrieb, sondern Liebhaberei vor. Die Absicht, nicht Gewinn, sondern nur Einnahmen zu erzielen, genügt jedoch für den Begriff des Unternehmers i. S. d. UStG.

4.4 Beteiligung am allgemeinen Wirtschaftsverkehr

Beteiligung am allgemeinen Wirtschaftsverkehr ist anzunehmen, wenn der Betrieb nach außen hin in Erscheinung tritt und seine Leistungen gegen Entgelt der **Allgemeinheit**, d. h. einer **unbestimmten Anzahl von Personen** und nicht nur einem geschlossenen Kundenkreis anbietet. Dabei kann dieser allgemeine Kundenkreis durch die Branche, den Umfang und die wirtschaftliche Leistungsfähigkeit des Betriebs begrenzt sein (vgl. H 15.4 EStH 2017).

BEISPIEL

A betreibt eine kleine Bäckerei. Seine Kunden sind die Bewohner zweier benachbarter Hochhäuser.
LÖSUNG A bietet seine Waren einer unbestimmten Anzahl von Personen, nicht einem geschlossenen Personenkreis an.

Die Beteiligung am allgemeinen Wirtschaftsverkehr liegt auch vor, wenn ein Unternehmen nur für einen Auftraggeber tätig ist, z. B. ausschließlich Reparaturarbeiten für einen Vertragspartner ausführt (H 15.4 Kundenkreis EStH 2017).

Keine Beteiligung am allgemeinen Wirtschaftsverkehr stellt die Verwaltung eigenen Vermögens dar. Daher gehört die Vermietung von Immobilien und die Verwaltung eigenen Kapitalvermögens i. d. R. in den Bereich der Vermögensverwaltung.

4.5 Keine Land- und Forstwirtschaft

Ein Gewerbebetrieb liegt nicht vor, wenn Land- und Forstwirtschaft i. S. d. § 13 EStG betrieben wird (§ 15 Abs. 2 EStG). Die Abgrenzung des Gewerbebetriebs gegenüber der Land- und Forstwirtschaft ist in R 15.5 EStR geregelt. **Land- und Forstwirtschaft ist die planmäßige Nutzung der natürlichen Kräfte des Bodens (Urproduktion) und die Verwertung der dadurch gewonnenen Erzeugnisse.**

BEISPIEL

Bauer A verkauft seine Erzeugnisse wie Frischmilch, Gemüse, Kartoffeln und Eier in einem Laden, in dem nur seine Erzeugnisse angeboten werden.
LÖSUNG Es liegt bäuerliche Urproduktion vor. Der Verkauf der Erzeugnisse durch den Erzeuger ist für sich keine gewerbliche Tätigkeit, gleichgültig, ob die Veräußerung im Großhandel, Einzelhandel, direkt auf dem Bauernhof oder im eigenen Laden erfolgt, in dem nur eigene Erzeugnisse umgesetzt werden.

4.6 Keine selbstständige Arbeit i. S. d. § 18 EStG

Die selbstständige Arbeit i. S. d. § 18 EStG unterliegt nicht der GewSt. Die Abgrenzung ergibt sich aus H 15.1 und H 18.1 EStH 2017.

BEISPIEL

Der Steuerberater A hat im Jahr 2018 einen Gewinn von 100 000 € erzielt. A ist Freiberufler i. S. d. § 18 Abs. 1 Nr. 1 EStG.

LÖSUNG Er unterhält damit keinen Gewerbebetrieb.

4.7 Keine Vermögensverwaltung

Die bloße Verwaltung eigenen Vermögens ist regelmäßig keine gewerbliche Tätigkeit. **Eine Vermögensverwaltung liegt nach § 14 Satz 3 AO vor, wenn Vermögen genutzt, z. B. Kapitalvermögen verzinslich angelegt oder unbewegliches Vermögen vermietet oder verpachtet wird.** Die Abgrenzung des Gewerbebetriebs zur Vermögensverwaltung ist in R 15.7 EStR geregelt.

BEISPIEL

A ist Eigentümer eines Hauses mit zwei Ladengeschäften und zehn Wohnungen. Die Räume sind an Dauermieter vermietet. A ist verpflichtet, die Räume zur Verfügung zu stellen, zu beheizen und das Treppenhaus zu reinigen. A beschäftigt einen Hausmeister, zwei Putzfrauen und einen Angestellten für die Erledigung der erheblichen Verwaltungsarbeit.

LÖSUNG Es liegt kein Gewerbebetrieb vor. Die Vermietung von Grundbesitz ist auch dann noch als bloße Vermögensverwaltung zu beurteilen, wenn der vermietete Grundbesitz sehr umfangreich ist, der Verkehr mit vielen Mietparteien eine erhebliche Verwaltungsarbeit erforderlich macht oder die Räume gewerblichen Zwecken dienen; vgl. H 15.7 (2) Umfangreicher Grundbesitz EStH 2017.

5 Inländischer Gewerbebetrieb

Liegen die Voraussetzungen für einen Gewerbebetrieb vor, so ist er nur steuerpflichtig, soweit er im **Inland** betrieben wird (§ 2 Abs. 1 GewStG). Auf Gewerbebetriebe und Teile von Gewerbebetrieben, die im Ausland betrieben werden, erstreckt sich die GewSt-Pflicht nicht (R 2.8 GewStR).

BEISPIEL

A betreibt in Stuttgart eine Maschinenfabrik und hat in Paris eine Zweigniederlassung.

LÖSUNG Der Gewerbebetrieb des A umfasst die Maschinenfabrik einschl. der Zweigniederlassung. Steuergegenstand i. S. d. § 2 Abs. 1 GewStG ist aber nur der **inländische Teil** des Gewerbebetriebs, also die Maschinenfabrik in Stuttgart (vgl. R 2.8 GewStR 2009).

Ein Gewerbebetrieb wird im Inland betrieben, soweit für ihn im Inland oder auf einem im inländischen Schiffsregister eingetragenen See-(Kauffahrtei-)Schiff eine Betriebstätte unterhalten wird.

Der Begriff »**Betriebsstätte**« wird in **§ 12 AO** erläutert (vgl. auch R 2.9 GewStR). Darunter fällt jede feste Geschäftseinrichtung oder Anlage, die der Tätigkeit eines Unternehmens dient.

Als Beispiele sind zu nennen: Stätte der Geschäftsleitung, Zweigniederlassungen, Fabrikations- oder Werkstätten, Warenlager und Ein- oder Verkaufsstellen.

Zum **Inland i. S. d. GewStG** gehören:

- das **Staatsgebiet der Bundesrepublik Deutschland**;
- der **Festlandsockel** vor der deutschen Nord- und Ostseeküste, soweit dort Bodenschätze erforscht oder ausgebeutet werden (z. B. Erdgas) oder dieser der Energieerzeugung unter Nutzung erneuerbarer Energien dient (§ 2 Abs. 7 GewStG);
- der nicht zur Bundesrepublik Deutschland gehörende Teil eines grenzüberschreitenden Gewerbegebiets, das nach einem Doppelbesteuerungsabkommen als Inland bestimmt ist (§ 2 Abs. 7 GewStG);
- ein unter deutscher Flagge fahrendes **See-(Kauffahrtei-)**Schiff, das in einem inländischen Schiffsregister eingetragen ist (§ 2 Abs. 1 Satz 3 GewStG).
- **Reisegewerbebetriebe** werden, da eine Betriebsstätte fehlt, im Inland betrieben, wenn sich der Mittelpunkt der gewerblichen Tätigkeit im Inland befindet (§ 35a GewStG). Er befindet sich in der Gemeinde, von der aus die Tätigkeit vorwiegend ausgeübt wird. In der Regel ist das der Wohnort des Reisegewerbetreibenden (vgl. § 35 GewStDV und R 35a.1 GewStR).

BEISPIEL

A wohnt in der deutschen Gemeinde X im deutsch-französischen Grenzgebiet. In einem Zimmer seiner Wohnung lagern alte Bücher und Gemälde. Mit seinem PKW fährt er in die umliegenden – auch französischen – Gemeinden, geht dort von Haus zu Haus und bietet seine Waren an. A besitzt eine Reisegewerbekarte.

LÖSUNG Der Reisegewerbebetrieb des A (§ 35a GewStG) wird im Inland betrieben, da sich der Mittelpunkt der gewerblichen Tätigkeit in der deutschen Gemeinde X befindet. Von dieser Gemeinde aus (nicht: in dieser), in der er seinen Wohnsitz hat, übt er seine gewerbliche Tätigkeit aus.

6 Der Gewerbebetrieb der Personengesellschaften

Zu den Personengesellschaften gehören z. B. die OHG (§§ 105 ff. HGB), die KG (§§ 161 ff. HGB) und die GdbR (§§ 705 ff. BGB). Sie sind keine juristischen Personen des Privatrechts. Sie sind jedoch nach der Rechtsprechung rechtsfähig, soweit sie als Außengesellschaft durch Teilnahme am Rechtsverkehr eigene Rechte und Pflichten begründen (vgl. Band 10, Maier/Knies; Bürgerliches Recht und Band 14, Ramb/Schneider; Steuerrecht in Übungsfällen).

Bei den Personengesellschaften ist ebenso wie bei den natürlichen Einzelpersonen der Begriff des Gewerbebetriebs aus dem ESt-Recht zu entnehmen (vgl. § 2 Abs. 1 Satz 2 GewStG). **Personengesellschaften unterhalten einen Gewerbebetrieb, wenn sie eine gewerbliche Tätigkeit ausüben** (vgl. § 15 Abs. 1 Nr. 1, 2 und Abs. 2 EStG). OHG, KG oder eine andere Personengesellschaft, die eine Tätigkeit i. S. d. § 15 Abs. 1 Satz 1 Nr. 1 EStG ausüben und deren Gesellschafter als Mitunternehmer anzusehen sind, sind Gewerbebetriebe nach § 2 Abs. 1 GewStG, R 2.1 (2) GewStR. Übt eine Personengesellschaft neben der gewerblichen Tätigkeit noch eine andere Tätigkeit wie z. B. Vermögensverwaltung aus, dann gilt die **gesamte Tätigkeit** als Gewerbebetrieb (vgl. § 15 Abs. 3 Nr. 1 EStG).

Für gewerblich geprägte Personengesellschaften – insbesondere die **GmbH & Co. KG** – wird das Vorliegen eines Gewerbebetriebs unterstellt (vgl. § 15 Abs. 3 Nr. 2 EStG).

Der Zweck der OHG oder KG besteht in dem Betrieb eines Handelsgewerbes unter gemeinschaftlicher Firma (§§ 105, 161 HGB). Der **Begriff des Handelsgewerbes des HGB** deckt sich nicht mit dem Begriff des Gewerbebetriebs im GewStR und EStR. In vielen Fällen jedoch wird das Betreiben eines Handelsgewerbes i. S. d. HGB gleichzeitig ein Gewerbebetrieb i. S. d. GewStG und EStG sein.

BEISPIEL

Die Firma Meier OHG betrieb bis zum 30. 05. 2018 ein Lebensmittelgeschäft mit mehreren Filialen. Sie hat diese Tätigkeit eingestellt und vermietet ab 01. 06. 2018 nur noch die früheren Geschäftsgrundstücke.

LÖSUNG Handelsrechtlich besteht die Meier OHG auch nach dem 30. 05. 2018 fort, weil sie mit der Vermietung des Grundbesitzes eigenes Vermögen verwaltet und die Firma des Unternehmens in das Handelsregister eingetragen ist, § 105 Abs. 2 HGB.

Im Sinne des GewSt- und ESt-Rechts liegt nur bis zum 30. 05. 2018 ein Gewerbebetrieb nach § 2 Abs. 1 GewStG vor. Nur bis zu diesem Zeitpunkt sind die Gesellschafter als Mitunternehmer anzusehen. **Vom 01. 06. 2018 an** unterhält die OHG **keinen Gewerbebetrieb** i. S. d. GewSt- und ESt-Rechts mehr, da sie nur noch Vermögen verwaltet. Ggf. kommt eine Betriebsaufgabe im Ganzen oder eine Betriebsverpachtung im Ganzen in Betracht (vgl. R 16.1 und R 16.2 EStR 2012).

7 Der Gewerbebetrieb der Kapitalgesellschaften

Von den in § 2 Abs. 2 GewStG genannten juristischen Personen des Privatrechts werden hier nur die Kapitalgesellschaften AG und GmbH angesprochen. **Jede beliebige Tätigkeit dieser Gesellschaften bildet stets und in vollem Umfang allein wegen ihrer Rechtsform einen Gewerbebetrieb.** Weitere Erläuterungen sind in R 2.1 (4) GewStR zu finden.

BEISPIELE

a) Die Firma Meier aus vorigem Beispiel ist eine AG oder GmbH.

LÖSUNG Es liegt auch nach dem 01. 06. 2018 ein Gewerbebetrieb i. S. d. GewStG nach § 2 Abs. 2 GewStG vor.

b) Die Landwirte A und B betreiben eine Bullenmästerei in der Rechtsform der GmbH.

LÖSUNG Obwohl die Tierzucht zur Land- und Forstwirtschaft gehört und kein Gewerbebetrieb i. S. d. § 2 Abs. 1 GewStG ist, bildet diese Tätigkeit der GmbH nach § 2 Abs. 2 GewSt in vollem Umfang einen Gewerbebetrieb, weil eine GmbH nur gewerblich tätig sein kann.

8 Gewerbebetrieb kraft wirtschaftlichen Geschäftsbetriebs

Er liegt nach § 2 Abs. 3 GewStG vor, soweit

- eine juristische Person des Privatrechts, die nicht in § 2 Abs. 2 GewStG aufgezählt ist (z. B. eingetragener Verein, rechtsfähige Stiftung oder Anstalt des Privatrechts) oder ein nichtrechtsfähiger Verein
- einen wirtschaftlichen Geschäftsbetrieb (vgl. § 14 AO, ausgenommen Land- und Forstwirtschaft) unterhält.

Ein **wirtschaftlicher Geschäftsbetrieb** ist eine selbstständige nachhaltige Tätigkeit, durch die Einnahmen oder andere wirtschaftliche Vorteile erzielt werden und die über den Rahmen einer Vermögensverwaltung hinausgeht. Die Absicht, Gewinn zu erzielen, ist nicht erforderlich

(§ 14 AO). Da hierunter auch die Land- und Forstwirtschaft fällt, ist sie in § 2 Abs. 3 GewStG ausdrücklich von der GewSt-Pflicht ausgenommen.

Der **Begriff des wirtschaftlichen Geschäftsbetriebs** setzt im Gegensatz zum Begriff des Gewerbebetriebs weder die Gewinnerzielungsabsicht noch die Teilnahme am allgemeinen Wirtschaftsverkehr voraus (R 2.1 [5] GewStR 2009).

BEISPIEL

Der eingetragene Tennisverein Rot-Weiß verkauft nur an seine Mitglieder Speisen und Getränke zum Selbstkostenpreis.

LÖSUNG Diese Tätigkeit des Vereins bildet einen wirtschaftlichen Geschäftsbetrieb, da Gewinnerzielungsabsicht und Teilnahme am allgemeinen Wirtschaftsverkehr nicht erforderlich sind (§ 14 AO). Sie gilt nach § 2 Abs. 3 GewStG als Gewerbebetrieb.

9 Verpachtung eines Gewerbebetriebs

Verpachtet ein Einzelunternehmer den Gewerbebetrieb **im Ganzen**, so liegt **beim Verpächter kein Gewerbebetrieb** i. S. d. GewStG mehr vor. Die GewSt-Pflicht des Verpächters erlischt. An die Stelle des Verpächters tritt der Pächter in die GewSt-Pflicht ein, da der Pächter als Unternehmer die werbende Tätigkeit ausübt (R 2.2 GewStR 2009).

Diese Regelung des GewSt-Rechts gilt unabhängig von der Behandlung der Verpachtung des Gewerbebetriebs im ESt-Recht. Im ESt-Recht kann der Verpächter erklären, ob er den Verpachtungsvorgang als **Betriebsaufgabe** i. S. d. § 16 Abs. 3 EStG behandeln will mit der Folge, dass die Wirtschaftsgüter in sein Privatvermögen überführt werden, oder ob er das Betriebsvermögen während der Verpachtung fortführen will (H 16 [5] EStH 2017). Solange der Verpächter die Betriebsaufgabe nicht erklärt hat, gehören die Pachteinnahmen einkommensteuerlich zu den Einkünften aus Gewerbebetrieb.

BEISPIEL

A verpachtet sein Schuhgeschäft an P. Die Pachteinnahmen des P werden einkommensteuerrechtlich als Einkünfte aus Gewerbebetrieb behandelt.

LÖSUNG A betreibt keinen Gewerbebetrieb i. S. d. GewStG mehr, sondern nur P. Im EStG und BewG liegt bei A und bei P jeweils ein Gewerbebetrieb vor.

10 Mehrheit von Betrieben

Eine natürliche Person kann **mehrere selbstständige Gewerbebetriebe** haben. Jeder Gewerbebetrieb bildet dann einen selbstständigen Steuergegenstand i. S. d. § 2 Abs. 1 GewStG.

BEISPIEL

A betreibt eine Bäckerei und eine Schlosserei.

LÖSUNG A betreibt zwei Gewerbebetriebe.

Ein Gewerbebetrieb kann auch aus **mehreren unselbstständigen Teilbetrieben** bestehen.

BEISPIELE

a) A betreibt eine Bäckerei. Über die Stadt verteilt unterhält er fünf Verkaufsstellen, in denen nur seine Backwaren vertrieben werden.
LÖSUNG Die Bäckerei bildet mit den Verkaufsstellen einen einheitlichen Gewerbebetrieb.

b) A betreibt in einem Gebäude eine Bäckerei mit Ladengeschäft und ein Café. Ladengeschäft und Café sind durch eine Tür miteinander verbunden. In dem Café werden nur von A hergestellte Backwaren angeboten. Es besteht nur eine Buchführung.
LÖSUNG Bäckerei mit Ladengeschäft und Café sind Teile eines einheitlichen Gewerbebetriebs.

Ob ein Gewerbebetrieb mit mehreren Teilbetrieben oder mehrere Gewerbebetriebe vorliegen, ist nach der Verkaufsauffassung und den Betriebsverhältnissen zu entscheiden. Es gelten dieselben Grundsätze wie für die Bestimmung der wirtschaftlichen Einheit nach § 2 BewG (R 2.4 [1, 2] GewStR 2009).

MERKSATZ

Mehrere Betriebe verschiedener Art (verschiedener Gewerbezweige) bilden grundsätzlich mehrere selbstständige Gewerbebetriebe. Mehrere Betriebe der gleichen Art bilden grundsätzlich einen Gewerbebetrieb. Mehrere Betriebe verschiedener Art bilden ausnahmsweise einen Gewerbebetrieb, wenn sie einander ergänzen (wirtschaftlich zusammengehören) und auch nach der Verkehrsauffassung als Einheit anzusehen sind.
Folgerungen:
Liegen mehrere Gewerbebetriebe also mehrere Steuergegenstände vor, so ist jeder Gewerbebetrieb gewerbesteuerlich für sich allein zu behandeln. Für jeden einzelnen Gewerbebetrieb ist eine GewSt-Erklärung abzugeben und die GewSt festzusetzen. Besteht nur ein Gewerbebetrieb mit mehreren Teilbetrieben also ein Steuergegenstand, so ist nur eine GewSt-Erklärung abzugeben und die GewSt nur für diesen Gewerbebetrieb festzusetzen. Das wirtschaftliche Ergebnis der Teilbetriebe geht in dem Gesamtergebnis des Gewerbebetriebs auf.

Bei verschiedenartigen Tätigkeiten einer Personengesellschaft liegt nur ein einheitlicher Gewerbebetrieb vor (R 2.4 [3] GewStR 2009).

Die Tätigkeit der Unternehmen i. S. d. § 2 Abs. 2 GewStG (z. B. AG, GmbH) gilt stets und in vollem Umfang als einheitlicher Gewerbebetrieb. Auch die gewerbesteuerpflichtige Tätigkeit der unter § 2 Abs. 3 GewStG fallenden sonstigen juristischen Personen des privaten Rechts (z. B. eingetragener Verein) und der nichtrechtsfähige Verein bilden stets einen einheitlichen Gewerbebetrieb. Das gilt auch, wenn von ihnen mehrere wirtschaftliche Geschäftsbetriebe unterhalten werden (R 2.4 [4] GewStR, § 8 GewDV).

FÄLLE 3–7

FALL 3

1. Wodurch unterscheidet sich der stehende Gewerbebetrieb vom Reisegewerbebetrieb?
2. Welches sind die Voraussetzungen für einen Gewerbebetrieb kraft gewerblicher Betätigung?
3. Welches sind die Voraussetzungen für einen Gewerbebetrieb kraft Rechtsform?
4. Welches sind die Voraussetzungen für einen Gewerbebetrieb kraft wirtschaftlichen Geschäftsbetriebs?
5. A ist als Geselle in einer Bäckerei tätig. Ist A gewerbesteuerpflichtig?
6. Ist der Begriff des Gewerbebetriebs der GewStG gleichbedeutend mit dem des EStG und des Bewertungsrechts und dem Unternehmerbegriff des UStG?
7. Was ist Inland i. S. d. GewStG?

FALL 4 A hat alle Räume seines Hauses an Dauermieter vergeben. In dem Haus befinden sich sieben Läden, fünf Büros von Freiberuflern und zehn Wohnungen. A ist verpflichtet, die Räume zu beheizen und die Zugänge zu reinigen. Zur Erledigung der Verwaltungsarbeit beschäftigt A einen Angestellten, für die übrigen Arbeiten drei Hausmeister und fünf Putzfrauen.

Bildet die Tätigkeit des A einen Gewerbebetrieb?
Wie wäre es, wenn anstelle von A eine GmbH tätig wäre?

FALL 5 Zwei Klempner betreiben in der Rechtsform der GdbR ein Geschäft, das Reparaturen an Gas-, Wasser- und Heizungsanlagen durchführt. Das Unternehmen ist – wegen seines nicht allzu großen Umfangs – nicht im Handelsregister eingetragen.

Liegt ein Gewerbebetrieb vor?

FALL 6 Der Ruderverein Blau-Weiß e. V. verkauft jeweils am Saisonende nur an seine Mitglieder gebrauchte Boote zu Selbstkosten.

Liegt ein Gewerbebetrieb vor?

FALL 7 A ist Inhaber einer Fleischerei und einer Gaststätte, die sich in demselben Gebäude befinden. Die für die Gaststätte benötigten Fleisch- und Wurstwaren werden von der Fleischerei geliefert.

Wie viele GewSt-Erklärungen muss A jährlich abgeben?

Teil C Sachliche und persönliche Steuerpflicht

1 Allgemeines

Sachliche Steuerpflicht	Persönliche Steuerpflicht
Liegt ein Gewerbebetrieb vor? (Steuergegenstand)	**Wer schuldet die GewSt?** (Steuerschuldner)

Setzt das FA den Steuermessbetrag fest, dann stellt es damit die sachliche und persönliche Steuerpflicht fest (§ 184 AO).

2 Sachliche Steuerpflicht

2.1 Begriff

Die GewSt ist eine Steuer auf den **Gewerbebetrieb als solchen**, losgelöst von dem Inhaber. Es kommt nicht darauf an, wer der Inhaber des Gewerbebetriebs (im GewStG als Unternehmer bezeichnet) ist und welche persönlichen Verhältnisse bei ihm vorliegen. Die Tatsache, dass bei Bestehen eines Gewerbebetriebs dieser der GewSt unterliegt, wird als sachliche Steuerpflicht bezeichnet.

Die sachliche Steuerpflicht setzt das Bestehen eines Gewerbebetriebs i. S. d. § 2 GewStG voraus. **Wenn im GewStG** (z. B. §§ 2 Abs. 4, 14) **von Steuerpflicht gesprochen wird, dann ist immer die sachliche Steuerpflicht gemeint.**

2.2 Beginn und Ende der sachlichen Steuerpflicht

Die sachliche Steuerpflicht entsteht mit Gründung des Gewerbebetriebs und erlischt mit seinem Untergang.

2.2.1 Einzelgewerbebetriebe und Personengesellschaften

Einzelgewerbebetriebe und Personengesellschaften (z. B. OHG, KG) entstehen mit der Aufnahme der eigentlichen gewerblichen Betätigung. Vorbereitungshandlungen für die Eröffnung des Gewerbebetriebs genügen nicht (R 2.5 [1] GewStR 2009).

BEISPIEL

Der Kfz-Meister A gibt zum 31. 12. 2017 seine Stellung als Arbeitnehmer auf in der Absicht, eine eigene Reparaturwerkstatt zu eröffnen. Zum 01. 02. 2018 mietet er ein Werkstattgebäude an; im März 2018 werden die notwendigen Werkzeuge und Ersatzteile angeliefert. Am 01. 04. 2018 eröffnet A seine Werkstatt.

LÖSUNG Bis zum 31. 03. 2018 sind nur Vorbereitungshandlungen gegeben, die keine sachliche Steuerpflicht nach dem GewStG begründen. Erst ab 01. 04. 2018 wird A nachhaltig und selbstständig mit Gewinnerzielungsabsicht unter Beteiligung am allgemeinen Wirtschaftsverkehr, also gewerblich tätig.

Die bezeichneten Gewerbebetriebe **enden mit der tatsächlichen Einstellung jeder werbenden Tätigkeit.** Die Liquidation (Abwicklung) eines Betriebs stellt nicht die Fortsetzung eines Gewerbebetriebs dar (R 2.6 [1] GewStR 2009).

Die Aufgabe eines Handelsbetriebs liegt in der tatsächlichen Einstellung jeden Verkaufs. Der Verkauf von Anlagevermögen nach Beendigung der werbenden Tätigkeit unterliegt nicht der GewSt.

BEISPIEL

A beschließt, sein Schuhgeschäft aufzugeben. Er beginnt am 01. 05. einen einmonatigen Räumungsverkauf. Am 31. 05. schließt A das Ladenlokal. Bis zum 31. 08. hat er die Ladeneinrichtung verkauft, seine Schulden bezahlt und die Außenstände eingetrieben.

LÖSUNG Die sachliche Steuerpflicht ist am 31. 05. erloschen, da die werbende Tätigkeit am 31. 05. beendet war und danach nur noch Liquidationshandlungen vorgenommen wurden.

Eine **vorübergehende Unterbrechung** der gewerblichen Tätigkeit und damit ein Ruhen des Gewerbebetriebs (z. B. bei Saisonbetrieben in Kurorten oder Frostperioden im Straßenbau) beendet die sachliche Steuerpflicht nicht (§ 2 Abs. 4 GewStG).

2.2.2 Kapitalgesellschaften i. S. d. § 2 Abs. 2 GewStG

Die Steuerpflicht beginnt bei Kapitalgesellschaften wie AG oder GmbH spätestens mit der Eintragung ins Handelsregister. Von diesem Zeitpunkt an begründet jede Art der Tätigkeit, also auch Vorbereitungshandlungen, einen Gewerbebetrieb (R 2.5 [2] GewStR 2009).

Bei der Gründung einer Kapitalgesellschaft besteht zeitlich zwischen der notariellen Beurkundung der Satzung und der Eintragung der Gesellschaft im Handelsregister eine Vorgesellschaft in der Rechtsform der GdbR. Nimmt die Vorgesellschaft eine **nach außen in Erscheinung tretende Geschäftstätigkeit** auf, beginnt die Steuerpflicht bereits zu diesem Zeitpunkt (R 2.5 [2] GewStR). Die Vorgesellschaft bildet mit der später entstandenen Kapitalgesellschaft einen einheitlichen Steuergegenstand i. S. d. § 2 Abs. 2 GewStG.

Die Steuerpflicht endet bei Kapitalgesellschaften – anders als bei Einzelkaufleuten und Personengesellschaften – nicht schon mit dem Aufhören der gewerblichen Tätigkeit, sondern mit dem Aufhören jeglicher Tätigkeit überhaupt. Das ist grundsätzlich der Zeitpunkt, in dem das Vermögen an die Gesellschafter verteilt worden ist (R 2.6 [2] GewStR 2009).

2.2.3 Wirtschaftliche Geschäftsbetriebe i. S. d. § 2 Abs. 3 GewStG

Bei den sonstigen juristischen Personen des Privatrechts und den nichtrechtsfähigen Vereinen i. S. d. § 2 Abs. 3 GewStG beginnt die Steuerpflicht bei Vorliegen aller anderen Voraussetzungen mit der Aufnahme eines wirtschaftlichen Geschäftsbetriebs (R 2.5 [3] GewStR). Die Steuerpflicht erlischt mit der tatsächlichen Einstellung des wirtschaftlichen Geschäftsbetriebs. Bei saisonalen Veranstaltungen wie z. B. Bier- und Schützenfesten und erkennbarer Wiederholungsabsicht besteht der Gewerbebetrieb ganzjährig (R 2.6 [3] GewStR 2009).

2.3 Sachliche Steuerpflicht bei Unternehmerwechsel (§ 2 Abs. 5 GewStG)

Ein Unternehmerwechsel liegt bei Verkauf oder Verpachtung des Gewerbebetriebs oder bei Gesamtrechtsnachfolge wie z. B. Erbschaft vor. Geht ein Gewerbebetrieb im Ganzen auf einen anderen Unternehmer über, so gilt er durch den bisherigen Unternehmer als **eingestellt**. Im Zeitpunkt des Unternehmerwechsels entfällt die sachliche Steuerpflicht.

Der Gewerbebetrieb gilt als durch den Erwerber **neu gegründet**, wenn er nicht mit einem bereits bestehenden Betrieb vereinigt wird. Die sachliche Steuerpflicht entsteht im Zeitpunkt des Unternehmerwechsels (§ 2 Abs. 5 GewStG, R 2.7 GewStR).

BEISPIEL

A veräußert sein Textilgeschäft mit Wirkung zum 01. 10. 2018 an B, der es fortführt.

LÖSUNG Das Textilgeschäft des A gilt zum 30. 09. 2018 als eingestellt. Die sachliche Steuerpflicht erlischt zu diesem Zeitpunkt (§ 2 Abs. 5 Satz 1 GewStG).

Das Textilgeschäft des B gilt zum 01. 10. 2018 als neu gegründet und damit entsteht die sachliche Steuerpflicht (§ 2 Abs. 5 Satz 2 GewStG).

Sollte das erworbene Textilgeschäft mit einem bei B bereits bestehenden Geschäft zu einem einheitlichen Gewerbebetrieb verschmolzen werden, so gilt das Textilgeschäft zwar bei A als eingestellt, nicht aber bei B als neu gegründet (§ 2 Abs. 5 Satz 2 GewStG). Die sachliche Steuerpflicht für den bereits bestehenden Gewerbebetrieb des B erstreckt sich auch auf das erworbene Textilgeschäft.

2.4 Befreiungen (§ 3 GewStG)

Die Steuerbefreiungen des GewStG stimmen weitgehend mit den Befreiungen des Körperschaftsteuergesetzes (§ 5 KStG) überein. Sie sollen hier nicht im Einzelnen behandelt werden.

Tritt ein Befreiungsgrund ein, erlischt die sachliche Steuerpflicht. Fällt der Grund für die Befreiung von der GewSt weg, beginnt die sachliche Steuerpflicht im Zeitpunkt des Wegfalls des Befreiungsgrundes (R 2.5 [4] GewStR 2009).

3 Persönliche Steuerpflicht

3.1 Begriff

Im Gegensatz zur ESt und KSt unterliegt der GewSt nicht eine Person, sondern ein Gegenstand, nämlich der Gewerbebetrieb. Dieser Gegenstand kann nicht selbst steuerliche Pflichten erfüllen. Deshalb bestimmt § 5 GewStG, wer die für den Betrieb festgesetzte GewSt schuldet. **Steuerschuldner ist der Unternehmer**. Die persönliche Steuerpflicht wird in § 5 GewStG als **Steuerschuldnerschaft** gekennzeichnet (R 5.1 [1] GewStR 2009).

3.2 Unternehmer als Steuerschuldner

Unternehmer ist derjenige, für dessen **Rechnung** und auf dessen Gefahr das Gewerbe betrieben wird (§ 5 Abs. 1 Satz 2 GewStG). Entscheidend ist, wem der Gewinn zufließt und wer den Verlust zu tragen hat. In den meisten Fällen ist der Inhaber des Gewerbebetriebs (Unternehmer) einwandfrei feststellbar.

Bei **natürlichen Personen** kommt es nicht darauf an, ob sie geschäftsfähig i. S. d. BGB (§§ 2, 106 ff.) sind. Auch ein Kind, das geschäftsunfähig oder in der Geschäftsfähigkeit beschränkt ist, kann Unternehmer sein, wenn der gesetzliche Vertreter das Geschäft auf Rechnung und Gefahr des Kindes betreibt.

BEISPIEL

Der sechsjährige Paul hat von seinem Vater eine Bäckerei geerbt. Die Mutter als gesetzliche Vertreterin führt den Betrieb auf Rechnung und Gefahr von Paul fort.

LÖSUNG Paul ist Unternehmer i. S. d. § 5 GewStG. Auch der **Pächter eines Gewerbebetriebs** ist Unternehmer.

BEISPIEL

A hat die Gaststätte »Zum grünen Kranz« von der Brauerei B gepachtet.

LÖSUNG A betreibt als Pächter die Gaststätte auf eigene Rechnung und Gefahr und ist deshalb Unternehmer.

Die **Personengesellschaften** (z. B. OHG, KG, GdbR) und die **juristischen Personen i. S. d. § 2 Abs. 2 GewStG** sind Unternehmer. Die Personengesellschaften sind rechtsfähig i. S. d. GewStG. Bei den **sonstigen juristischen Personen des Privatrechts** und den nichtrechtsfähigen Vereinen (§ 2 Abs. 3 GewStG) ist derjenige Unternehmer und Steuerschuldner, der den wirtschaftlichen Geschäftsbetrieb auf seine Rechnung betreibt.

3.3 Steuerschuldner bei Übergang eines Gewerbebetriebs (§ 5 Abs. 2 GewStG)

Da bei der Übertragung eines Gewerbebetriebs dieser durch den bisherigen Unternehmer als eingestellt und durch den Erwerber als neu gegründet gilt (§ 2 Abs. 5 GewStG), erlischt die sachliche Steuerpflicht für den Gewerbebetrieb des Veräußerers und entsteht für den Betrieb des Erwerbers.

Die Steuerschuldnerschaft (persönliche Steuerpflicht) des bisherigen Unternehmers bezieht sich nur auf den Zeitraum bis zum Erlöschen der sachlichen Steuerpflicht; danach ist die Steuerschuldnerschaft für den neuen Unternehmer gegeben (§ 5 Abs. 2 GewStG).

BEISPIEL

A veräußert sein Textilgeschäft mit Wirkung zum 01. 10. 2018 an B.

LÖSUNG: Die Steuerschuldnerschaft des A bezieht sich auf die sachliche Steuerpflicht bis zu ihrem Erlöschen am 30. 09. 2018. Danach ist die Steuerschuldnerschaft des B gegeben (§ 5 Abs. 2 GewStG).

FÄLLE 8–9

FALL 8 A betreibt ein Schuhgeschäft, dessen Gewinn 25 000 € im Wj 2018 beträgt. Kürzungen nach § 9 GewStG sind i. H. v. 5 000 € vorzunehmen. Der Hebesatz beträgt 320 %. Nehmen Sie zur sachlichen und persönlichen Steuerpflicht Stellung.

FALL 9 A erwirbt mit Wirkung zum 01. 04. 2018 von B dessen Lebensmittelgeschäft, um einen Filialbetrieb für seinen bereits bestehenden Gewerbebetrieb in einem anderen Stadtteil der Gemeinde X zu eröffnen. Beurteilen Sie die persönliche und sachliche Steuerpflicht.

Teil D Besteuerung nach dem Gewerbeertrag

1 Allgemeines

Besteuerungsgrundlage für die GewSt ist der Gewerbeertrag (§ 6 GewStG).

2 Begriff des Gewerbeertrags (§ 7 GewStG)

Gewinn aus Gewerbebetrieb nach EStG oder Einkommen nach KStG
+/./. Berichtigungen nach R 7.1 (3 und 4) GewStR 2009
= Gewinn gemäß § 7 GewStG
+ Hinzurechnungen nach § 8 GewStG
= Zwischensumme
./. Kürzungen nach § 9 GewStG
= Zwischensumme
./. Gewerbeverlust nach § 10a GewStG
= Gewerbeertrag nach § 7 GewStG vor Abrundung/Freibetrag

In den bisherigen Fällen wurden die Merkmale des Gewerbeertrags vorgegeben. Nachfolgend sollen die Begriffe Gewinn aus Gewerbebetrieb, Hinzurechnungen und Kürzungen erläutert werden.

3 Gewinn aus Gewerbebetrieb

3.1 Ermittlung des Gewinns

Der Gewinn aus Gewerbebetrieb wird für natürliche Personen und Personengesellschaften nach dem EStG und des Einkommens für Kapitalgesellschaften und nichtrechtsfähige Vereine nach dem KStG verfahrensrechtlich selbstständig ermittelt. Dieser Gewinn, der der ESt- oder KSt-Veranlagung zugrunde gelegt wird, ist für die GewSt selbstständig zu ermitteln. Der für die ESt oder KSt ermittelte Gewinn ist für die GewSt nicht bindend, vielmehr muss der der Gewinnermittlung zugrunde liegende Tatbestand erneut sachlich geprüft werden. In der Praxis wird häufig der Gewinn der ESt- oder KSt-Veranlagung auch bei der GewSt zugrunde gelegt. Das FA wie der Steuerpflichtige können unabhängig von der Veranlagung zur ESt oder KSt Einwendungen vorbringen. Damit kann für die GewSt ein anderer Gewinn als für die ESt maßgebend sein (R 7.1 [2] GewStR 2009).

Sind z. B. im ESt-Bescheid Einkünfte des Steuerpflichtigen als solche aus selbstständiger Arbeit i. S. d. § 18 Abs. 1 EStG behandelt worden, können diese Einkünfte gleichwohl bei der Ermittlung des Gewinns für den Gewerbeertrag diesem zugerechnet werden.

Bei der Veranlagung zur ESt (KSt) und bei der Festsetzung des einheitlichen GewSt-Messbetrags handelt es sich um zwei getrennte selbstständige Verfahren. Das FA ist in seiner Beurteilung in dem einen Verfahren nicht an die Beurteilung in den anderen Verfahren gebunden. Dem widerspricht auch nicht § 35b GewStG; diese Vorschrift dient lediglich der Vereinfachung.

Der Gewinn aus Gewerbebetrieb ist für die GewSt **selbstständig** zu ermitteln. Der bei der ESt- oder KSt-Veranlagung ermittelte Gewinn ist nicht bindend für den Gewerbeertrag.

Grundsätzlich sind die Gewinnermittlungsvorschriften des ESt- oder KSt-Rechts anzuwenden, soweit sie nicht ausdrücklich auf die ESt oder KSt beschränkt sind oder ihre Nichtanwendung sich unmittelbar aus dem GewStG oder aus dem Wesen der GewSt ergibt. Der GewSt unterliegt nur der Ertrag des werbenden, fortbestehenden, nach außen in Erscheinung tretenden Betriebs.

In **R 7.1 (3) GewStR 2009** werden die Vorschriften des EStG dargestellt, die **nicht anzuwenden** sind. Für die GewSt soll nur der laufende Gewerbeertrag eines fortlaufenden Gewerbebetriebs erfasst werden. Deshalb sind insbesondere die Vorschriften des EStG nicht anwendbar, die mit der Veräußerung oder Aufgabe des Betriebs oder Teilbetriebs zusammenhängen (z. B. §§ 16, 17 EStG). Hier soll nur eine Abweichung gegenüber dem ESt-Recht behandelt werden.

3.2 Gewinn bei mehreren Gewerbebetrieben einer natürlichen Person

Hat eine natürliche Person mehrere selbstständige Gewerbebetriebe, so ergeben sich für die **ESt** die gewerblichen Einkünfte aus dem **Gesamtergebnis** der einzelnen Gewerbebetriebe. Die Gewinne des einen Gewerbebetriebs werden mit den Verlusten des anderen verrechnet.

Bei der **GewSt** ist **jeder Gewerbebetrieb als selbstständiger Steuergegenstand getrennt für sich zu beurteilen**. Deshalb ist der gewerbliche Gewinn eines jeden Betriebs für sich zu ermitteln, unabhängig davon, dass der Steuerpflichtige noch andere selbstständige Gewerbebetriebe hat.

BEISPIEL

A hat eine Schreinerei und ein Textilgeschäft. Die StB 2018 weist für die Schreinerei einen Gewinn von 50 000 € und für das Textilgeschäft einen Verlust von 15 000 € aus.

LÖSUNG A hat Einkünfte aus Gewerbebetrieb i. H. v. 50 000 € ./. 15 000 € = 35 000 €, weil bei der ESt das Gesamtergebnis aller Gewerbebetriebe maßgebend ist. Bei der gewerbesteuerlichen Ermittlung des Gewerbeertrags für den Gewerbebetrieb der Schreinerei ist – unter Berücksichtigung der gewerbesteuerlichen Besonderheiten – von einem Gewinn von 50 000 € und für den Gewerbebetrieb Textilgeschäft von einem Verlust von 15 000 € auszugehen. Für die Gewerbebetriebe Schreinerei und Textilgeschäft sind die gewerbesteuerlichen Besteuerungsgrundlagen **getrennt** zu ermitteln und die GewSt für jeden Betrieb **selbstständig** festzusetzen.

3.3 Zeitliche Zuordnung des Gewinns

Für die Ermittlung des Gewerbeertrags ist der nach dem EStG oder KStG ermittelte Gewinn des VZ = Kj maßgebend, der dem Erhebungszeitraum = Kj (§ 14 GewStG) der GewSt entspricht (§ 7 GewStG). Der ESt-Gewinn für VZ 2018 = Kj 2018 bildet z. B. den Ausgangspunkt für die GewSt des EZ 2018 = Kj 2018.

3.4 Der neue § 7a GewStG für Organschaftsfälle: Bruttomethode seit 2017 auch bei der Gewerbesteuer

Änderungsgesetz: BEPS-UmsG I
Verwaltungsregelung: Verfügung der OFD Karlsruhe vom 06. 12. 2017, SIS/haufe und der OFD NRW vom 02. 10. 2017 DB 2017, 2640.

3.4.1 Problemstellung und BFH-Rechtsprechung

Mit Urteil vom 17.12.2014 – I R 39/14 BStBl II 2015, 1052 hat der BFH über die Frage entschieden, ob die **5%-Pauschale** des § 8b Abs. 5 KStG gewerbesteuerlich für **Beteiligungserträge einer Organgesellschaft** (OG) auf Ebene des Organträgers (OT) zur Anwendung kommen kann. Aus Sicht des BFH kommt eine Korrektur nach § 8b Abs. 5 KStG bei einer von einer OG vereinnahmten Gewinnausschüttung aus Schachteldividenden auf Ebene des OT – entgegen der bisherigen Verwaltungsauffassung – nicht in Betracht.

Grds. ist das Urteil in allen offenen Fällen bis 2016 anzuwenden. Die Behandlung der sog. »Aufwandsfälle« war bisher allerdings streitig. Für Erhebungszeiträume ab 2017 wurde das Gesetz geändert.

3.4.2 Übersicht zur Behandlung von Schachteldividenden (Beteiligung > 15 %) in Organschaftsfällen

	KSt	GewSt
OG	Keine Steuerbefreiung → die Dividende ist in dem dem OT zuzurechnenden Einkommen in voller Höhe enthalten (Bruttomethode).	Bruttomethode schlägt grds. auch auf die GewStG durch, aber Kürzung nach § 9 Nr. 2a oder 7 GewStG (ohne 5 %-Pauschale) → die Dividende ist im zuzurechnenden Gewerbeertrag nicht enthalten (keine Bruttomethode beim gewerbesteuerlichen Schachtelprivileg).
OT	Die Steuerbefreiung des § 8b Abs. 1 KStG (mit 5 %-Pauschale) wird auf der Ebene des OT gewährt; im zusammengefassten KSt-Einkommen des OT ist die Dividende also mit 5 % enthalten.	Die Dividende ist weder im zugerechneten Gewerbeertrag der OG noch im eigenen Gewerbeertrag des OT enthalten → nach bisheriger Verwaltungsauffassung war dennoch eine Korrektur um die 5 %-Pauschale vorzunehmen, damit »das Ergebnis passt«.

Die Finanzverwaltung hat dies in der Vergangenheit bejaht. Noch im GewSt-Erklärungsvordruck GewSt 1 A (2016) sollte dazu die Zeile 78/Kz. 22.79 ausgefüllt werden (wie auch bereits in den Vordrucken/Programmen der Vorjahre):

	Weitere Angaben			
77	**Gewerbeertrag der Organgesellschaft(en)** – bei mehreren Organgesellschaften (lt. gesonderter Einzelaufstellung) –	– ggf. „0" –	60	,—
	Bei Organträgern, soweit nicht selbst Organgesellschaft: – soweit selbst Organgesellschaft, sind die Zeilen 79 bis 81 auszufüllen –			
78	Summe der Korrekturbeträge zum Betrag lt. Zeile 77 aufgrund der Anwendung des § 3 Nr. 40, § 3c Abs. 2 EStG, § 8b KStG i. V. mit § 15 Satz 1 Nr. 2 und Satz 2 KStG (lt. gesonderter Ermittlung) – Negative Beträge mit Minuszeichen –		79	,—

BEISPIEL

Die M-GmbH ist zu 100 % an der T-GmbH beteiligt. Die T-GmbH bezog im Jahr 2016 eine Dividende i. S. d. § 9 Nr. 2a GewStG i. H. v. 10.000 € von ihrer Tochtergesellschaft (Beteiligung 100 %). Vereinfachungshalber wird angenommen, dass im EZ keine weiteren Geschäftsvorfälle vorlagen.

a) ohne ertragsteuerliche Organschaft

b) bei Vorliegen einer ertragsteuerlichen Organschaft (M-GmbH = OT, T-GmbH = OG)

LÖSUNG

a) Sachverhalt ohne Organschaft		b) Sachverhalt mit Organschaft	
Dividende 10.000 € i. S. d. § 9 Nr. 2a GewStG		Dividende i. S. d. § 9 Nr. 2a GewStG	10.000 €
KSt § 8b Abs. 1 KStG	- 10.000 €	**KSt (Ebene der G-GmbH)** § 15 Satz 1 Nr. 2 KStG i. V. m. § 8b KStG	-
§ 8b Abs. 5 KStG	+ 500 €	§ 15 Satz 1 Nr. 2 KStG i. V. m. § 8b KStG	-
Einkommen KSt = Gewinn i. S. d. § 7 GewStG	+ 500 €	Zuzurechnendes Einkommen aus KSt = Gewinn i. S. d. § 7 GewStG	+ 100.000 €
GewSt Ausgangsgröße Kürzung § 9 Nr. 2a GewStG	+ 500 € entfällt	GewSt Ausgangsgröße Kürzung § 9 Nr. 2a GewStG	+ 10.000 € - 10.000 € 0 €
im Gewerbeertrag enthalten	**+ 500 €**	**im Gewerbeertrag enthalten**	**+ 0 €**

Zurechnung auf Ebene der M-GmbH:	
KSt: § 8b Abs. 1 KStG § 8b Abs. 5 KStG	+ 10.000 € - 10.000 € + 500 € + 500 €
GewSt: Streitig: Hinzurechnung auf Ebene des OT? Bisherige Verwaltungsauffassung: ja!	0 € + 500 €?

Der BFH hat entschieden, dass es gewerbesteuerlich nicht zu der Hinzurechnung auf Ebene des OT kommt (und auch nicht auf der Ebene der OG).
Dem folgte die Finanzverwaltung bis 2016. Ab 2017 hat der Gesetzgeber mit dem neuen § 7a GewStG reagiert (dazu s. u.).

3.4.3 Zusatzproblem bis 2016: Aufwandsfälle

Der BFH hat sich in seinem o. g. Urteil vom 17.12.2014 – I R 39/14 BStBl II 2015, 1052 nicht mit der Frage auseinandergesetzt, wie im Organschaftsfall vorzugehen ist, wenn bei der OG Aufwendungen vorliegen, die in unmittelbarem Zusammenhang mit den Beteiligungserträgen stehen (Anwendung des § 9 Nr. 2a Satz 3 GewStG bzw. § 9 Nr. 7 Satz 2 GewStG). Die Problematik der »Aufwandsfälle« wurde zwar nun auf Bundesebene erörtert und dabei die Auffassung der OFD Karlsruhe in der Verfügung vom 17.02.2016 DK 2016, 153 bestätigt. Diese Verfügung musste zwar zunächst bis zum Abschluss der Diskussion aufgehoben werden. Zwischenzeitlich wurde sie nun aber – mit etwas geändertem und umfangreicherem Wortlaut –

wieder neu herausgegeben (Verfügung der OFD Karlsruhe vom 06.12.2017, SIS/haufe, ähnlich auch Verfügung der OFD NRW vom 02.10.2017 DB 2017, 2640).

Danach mindern die Aufwendungen den Kürzungsbetrag (§ 9 Nr. 2a Satz 3 GewStG). Eine Hinzurechnung nach § 8 Nr. 1 GewStG für Finanzierungsentgelte ergibt sich dann nicht (mehr). Da die Dividende auf Ebene der OG somit im Aufwandsfall nicht vollständig gekürzt wurde, ist im Gewerbeertrag auf Ebene des OT noch ein Teil der Dividende erhalten, auf den § 8b Abs. 1 und 5 KStG anzuwenden sind.

BEISPIEL 2

Die OG-GmbH (= OG der OT-AG) hat aus ihrer 20 %-Beteiligung an der E-GmbH im Jahr 2017 eine Dividende i. H. v. 10.000 € erzielt. Aus der Finanzierung der Beteiligung sind Schuldzinsen i. H. v. 4.000 € angefallen.

Weitere Geschäftsvorfälle sollen zur besseren Darstellbarkeit nicht angefallen sein.

Berechnung OG-GmbH	
Gewinn aus Gewerbebetrieb	6.000 €
§ 8 Nr. 1 GewStG (wegen § 9 Nr. 2a Satz 3 GewStG)	0 €
§ 9 Nr. 2a GewStG (10.000 € ./. 4.000 € Betriebsausgaben)	./. 6.000 €
Zuzurechnender Gewerbeertrag	0 €
Berechnung OT-AG	
Zuzurechnender Gewerbeertrag	0 €
§ 8b Abs. 1 KStG i. V. m. § 15 Satz 1 Nr. 2 Satz 2 KStG	./. 4.000 €
§ 8b Abs. 5 KStG i. V. m. § 15 Satz 1 Nr. 2 Satz 2 KStG	+ 200 €
§ 8 Nr. 1 GewStG	0 €
§ 8 Nr. 5 GewStG	0 €
Gewerbeertrag	./. 3.800 €

Die Hinzurechnung nach § 8 Nr. 1 GewStG kann auf Ebene der OT-AG nicht nachgeholt werden.

Die OFD Karlsruhe hat in ihrer Verfügung auch zur (bilanzsteuerlichen) Frage Stellung genommen, wann die Steuererstattungsansprüche, die sich aufgrund des BFH-Urteils vom 26.02.2014 – I R 12/14, a. a. O., ergeben, bilanzsteuerlich erstmals (über Ertrag) zu erfassen sind.

Für die »Normalfälle« (ohne Beteiligungsaufwand) soll dies der 31.12.2015 (= erster Bilanzstichtag nach vorbehaltloser Veröffentlichung des BFH-Urteils), für »Aufwandsfälle« der 31.12.2017 sein (= erster Bilanzstichtag nach Abstimmung der Aufwandsfälle innerhalb der Finanzverwaltung auf Bundesebene).

Für die Frage der Aktivierung von Erstattungszinsen gelten die gleichen Grundsätze.

3.4.4 Die neue Rechtslage ab 2017

Änderungsgesetz: BEPS-UmsG I

3.4.4.1 Die Gesetzesänderung

Klar war, dass zeitnah eine **Gesetzesänderung** als Reaktion auf die BFH-Rechtsprechung folgen musste, denn auch der BFH hält die Ungleichbehandlung von Fällen mit und ohne Organschaft nicht für gerechtfertigt. Dem ist der Gesetzgeber im Rahmen des BEPS-UmsG I mit der Einfügung von § 7a GewStG nachgekommen.

Wortlaut:

§ 7a Sonderregelung bei der Ermittlung des Gewerbeertrags einer Organgesellschaft

(1) [1] Bei der Ermittlung des Gewerbeertrags einer Organgesellschaft ist § 9 Nummer 2a, 7 und 8 nicht anzuwenden. [2] In den Fällen des Satzes 1 ist § 8 Nummer 1 bei Aufwendungen, die im unmittelbaren Zusammenhang mit Gewinnen aus Anteilen im Sinne des § 9 Nummer 2a, 7 oder 8 stehen, nicht anzuwenden.

(2) [1] Sind im Gewinn einer Organgesellschaft
1. Gewinne aus Anteilen im Sinne des § 9 Nummer 2a, 7 oder 8 oder
2. in den Fällen der Nummer 1 auch Aufwendungen, die im unmittelbaren Zusammenhang mit diesen Gewinnen aus Anteilen stehen,

enthalten, sind § 15 Satz 1 Nummer 2 Satz 2 bis 4 des Körperschaftsteuergesetzes und § 8 Nummer 1 und 5 sowie § 9 Nummer 2a, 7 und 8 bei der Ermittlung des Gewerbeertrags der Organgesellschaft entsprechend anzuwenden. [2]Der bei der Ermittlung des Gewerbeertrags der Organgesellschaft berücksichtigte Betrag der Hinzurechnungen nach § 8 Nummer 1 ist dabei unter Berücksichtigung der Korrekturbeträge nach Absatz 1 und 2 Satz 1 zu berechnen.

(3) Die Absätze 1 und 2 gelten in den Fällen des § 15 Satz 2 des Körperschaftsteuergesetzes entsprechend.

Zeitliche Anwendung:
Nach § 36 Abs. 2b GewStG gilt die Neuregelung ab 01.01.2017. Für Altjahre gilt die o.g. BFH-Rechtsprechung.

Wirkungsweise von § 7a GewStG (ab 2017):
1. Stufe:
Mit der Neuregelung wird zunächst die Anwendung von § 9 Nr. 2a, 7 oder 8 GewStG auf Ebene der OG gesetzlich ausgeschlossen.
2. Stufe:
Dafür kommt dann § 15 Satz 1 Nr. 2 Satz 2 ff. KStG und in Folge § 8 Nr. 1 und 5 sowie § 9 Nr. 2a, 7 oder 8 GewStG in einer 2. Stufe (ebenfalls **noch bei der OG**) zur Anwendung. Faktisch wird damit die Bruttomethode vollumfänglich auch für die GewSt festgeschrieben (Folge, wenn OT eine Kapitalgesellschaft ist: Die **5 %-Pauschale** kommt auch **gewerbesteuerlich** zur Anwendung). An der sog. »gebrochenen Einheitstheorie« wird allerdings festgehalten (also selbstständige Ermittlung des Gewerbeertrags der OG trotz der Betriebsstättenfiktion des § 2 Abs. 2 Satz 2 GewStG).

Ausführliches Ermittlungsschema:
Ermittlung des Gewinns nach § 7 GewStG (Einkommensermittlung nach KStG):
Dividendeneinnahmen
./. unmittelbarer Beteiligungsaufwand
= Gewinn nach § 7 GewStG

Nach § 15 Satz 1 Nr. 2 Satz 1 KStG keine Anwendung von § 8b KStG/§ 3 Nr. 40 EStG
§ 7a Abs. 1 GewStG
- keine Kürzung nach § 9 Nr. 2a, 7 oder 8 GewStG
- keine Hinzurechnung nach § 8 Nr. 1 GewStG bezüglich der Aufwendungen, die in unmittelbarem Zusammenhang mit den Dividenden stehen.

§ 7a Abs. 2 GewStG
1. Alternative: Anwendung § 8b KStG (OT = Kapitalgesellschaft)
./. Brutto-Dividende nach § 8b Abs. 1 KStG
+ 5 % der Bruttodividende nach § 8b Abs. 5 KStG

2. Alternative (Anwendung § 3 Nr. 40 EStG/§ 3c Abs. 2 EStG (OT = Personenunternehmen)
./. 40 % der Bruttodividende nach § 3 Nr. 40 EStG
+ 40 % der Aufwendungen i. S. d. § 9 Nr. 2a Satz 3, Nr. 7 Satz 2, Nr. 8 Satz 2 GewStG

- Kürzung nach § 9 Nr. 2a, 7 oder 8 GewStG prüfen
- Hinzurechnung nach § 8 Nr. 5 GewStG prüfen
- Anpassung der Hinzurechnungen nach § 8 Nr. 1 GewStG prüfen

= **Zurechnungsbetrag der OG zum OT**

3.4.4.2 Praktische Umsetzung

In den Erklärungsvordrucken und -programmen ist die dargestellte zweistufige Ermittlung des Gewerbeertrags einer OG nicht ausdrücklich dargestellt.

Sinn und Zweck des § 7a GewStG ist es, bezüglich der Behandlung von Dividenden den Organschafts- sowie den Nicht-Organschaftsfall im Ergebnis wieder **gleichzustellen**. Nach Anwendung des § 7a GewStG entspricht der Wert, mit dem Dividenden im Gewerbeertrag erfasst sind, dem Wert, mit dem die Dividenden im Nicht-Organschaftsfall berücksichtigt sind.

In den Vordrucken und Programmen wird daher bezüglich der Vorgehensweise im **Organschafts- bzw. Nicht-Organschaftsfall grds. nicht unterschieden.**

Es ist zu beachten, dass die Dividende im Gewinn aus Gewerbetrieb (Kz. 21.10) noch zu 100 % enthalten ist und vor Prüfung einer etwaigen Kürzung nach § 9 Nr. 2a, 7 oder 8 GewStG, § 8b Abs. 1 i. V. m. § 8b Abs. 5 KStG bzw. § 3 Nr. 40 EStG anzuwenden sind (**Eintragung in Kz. 21.63 bzw. 21.64 notwendig!**).

BEISPIEL 3

(Dividende im Organschaftsfall ohne Aufwendungen)
Die M-GmbH ist zu 100 % an der T-GmbH beteiligt. Die T-GmbH bezieht eine Dividende i. H. v. 100.000 € von ihrer Tochtergesellschaft X-GmbH (Beteiligung 100 %). Vereinfachungshalber wird angenommen, dass im EZ keine weiteren Geschäftsvorfälle vorlagen.
a) Ohne ertragsteuerliche Organschaft
b) bei Vorliegen einer ertragsteuerlichen Organschaft (M-GmbH = OT, T-GmbH = OG)

LÖSUNG

Ermittlung Gewerbeertrag T-GmbH	**keine Organschaft**	**Organschaftsfall**
KSt		
Bilanz Ertrag	 100.000 €	 100.000 €
außerbilanzielle Korrektur § 8b Abs. 1 KStG § 8b Abs. 5 KStG	 ./. 100.000 € + 5.000 €	 **§ 15 Satz 1 Nr. 2 Satz 1 KStG** keine Anwendung § 8b KStG
KSt-Einkommen/ zuzurechnendes Einkommen **= Gewinn § 7 GewStG**	 5.000 €	 100.000 €

GewSt		
Ermittlung Gewerbeertrag T-GmbH	**keine Organschaft**	**Organschaftsfall**
Kürzung § 9 Nr. 2a GewStG	**entfällt** • Dividende bereits gekürzt • 5 %-Pauschale darf nicht gekürzt werden	**§ 7a Abs. 1 Satz 1 GewStG** • keine Anwendung § 9 Nr. 2a GewStG
(vorl.) Gewerbeertrag	**5.000 €**	**100.000 €**
§ 7a Abs. 2 Satz 1 GewStG § 8b Abs. 1 KStG § 8b Abs. 5 KStG § 9 Nr. 2a GewStG		 ./. 100.000 € + 5.000 € **entfällt** • Dividende bereits gekürzt • 5 %-Pauschale darf nicht gekürzt werden
Gewerbeertrag/ Zurechnungsbetrag OG	**5.000 €**	**5.000 €**

Notwendige Eintragungen in den Vordrucken bzw. im GewSt-Programm im Organschaftsfall:

Anlage BEG		
Zeile 6	Gesamtbetrag der im Wirtschaftsjahr erhaltenen Bezüge	100.000
Zeile 7	Beteiligung erfüllt die Voraussetzungen des § 9 Nr. 2a GewStG	1
Zeile 12	Bezüge laut Zeile 6 erfüllen die Voraussetzungen der Steuerbefreiung nach § 8b Abs. 1 KStG	100.000
Zeile 13	**Nur bei OG:** Bezüge erfüllen Voraussetzungen der Steuerbefreiung nach § 8b Abs. 1 KStG (Betrag Zeile 12 x Prozentsatz Zeile 62 GewSt 1 A)	100.000
Zeile 19	Kürzung nach § 9 Nr. 2a GewStG	keine Eintragung

GewSt 1A		
Zeile 33 (Kz. 21.10)	Gewinn aus Gewerbebetrieb	100.000
Zeile 62	Anteil der an der OG unmittelbar beteiligten Körperschaften (in Prozent)	100
Zeile 64 (Kz. 21.63)	Steuerfreie Beträge nach § 8b Abs. 1 KStG (Betrag laut Zeile 13 aller Anlagen BEG)	100.000
Zeile 68 (Kz. 22.26)	Kürzung nach § 9 Nr. 2a GewStG (Summe der Beträge laut Zeile 19 aller Anlagen BEG)	keine Eintragung

- Es muss also zusätzlich **(anders als im Nicht-Organschaftsfall)** eine Eingabe in Kz. 21.63 erfolgen, da OT eine Kapitalgesellschaft ist und die Anwendung des § 8b Abs. 1 i. V. m. Abs. 5 KStG nach § 7a Abs. 2 Satz 1 KStG noch vorzunehmen ist.
- Die zweistufige Ermittlung wird in den Vordrucken vereinfachungshalber nicht nachvollzogen, da sich im Organschafts- und im Nicht-Organschaftsfall (wieder) das gleiche rechnerische Ergebnis ergibt.

3.4.4.3 Keine Auswirkung des § 7a GewStG auf Veräußerungsgewinne und -verluste

Sind im Gewinn nach § 7 GewStG auch Gewinne bzw. Verluste aus der Veräußerung von Beteiligungen an anderen Körperschaften enthalten, ändert sich an der bisherigen Vorgehensweise nichts. Es liegt insbesondere **kein Anwendungsfall des § 7a GewStG** vor.

Im Grundsatz hatte der BFH in seiner Entscheidung vom 17.12.2014 - IV R 39/14, a. a. O. bestätigt, dass § 15 Satz 1 Nr. 2 Satz 2 ff. KStG über § 7 GewStG auf Ebene des OT auch auf den dem OT mitgeteilten Gewerbeertrag der OG Anwendung findet. Im Urteilsfall schied eine Anwendung des § 8b KStG lediglich deshalb aus, weil die Dividenden aufgrund der zuvor vorgenommenen Kürzung nach § 9 Nr. 2a GewStG nicht mehr im Gewerbeertrag der OG enthalten waren.

Eine Kürzung für Veräußerungsgewinne und Verluste aus Beteiligungen sieht das GewStG hingegen nicht vor. **Daher bleibt es insoweit auch bei der bisherigen Vorgehensweise**, wonach § 8b KStG bzw. § 3 Nr. 40 EStG auf den Gewerbeertrag der OG **erst auf Ebene des OT** anzuwenden sind.

Wie bisher sind die für die Ermittlung des endgültigen Gewerbeertrags der OG notwendigen **Korrekturbeträge** in den Kz. 22.28, Kz. 22.29 bzw. Kz. 22.27 einzutragen

Auf Ebene des OT ist der Gewerbeertrag der OG in Kz. 22.60 zu erfassen. Die Korrekturbeträge sind in **Kz. 22.79** einzutragen.

4 Hinzurechnungen zum Gewerbegewinn (§ 8 GewStG)

4.1 Sinn und Zweck der Hinzurechnungen

Dem Gewinn aus Gewerbebetrieb sind bestimmte Beträge hinzuzurechnen, soweit sie bei der Ermittlung des Gewinns abgesetzt worden sind (§ 8 GewStG). Die GewSt ist eine auf dem Gewerbebetrieb lastende Objektsteuer. Sie besteuert die Ertragskraft des Gewerbebetriebs losgelöst von den Beziehungen zu dem jeweiligen Inhaber. Sie will den **objektiven Ertrag** erfassen. Für die Ertragskraft des Gewerbebetriebs ist es unerheblich, ob das Unternehmen mit eigenem oder fremden Kapital und eigenen oder fremden Maschinen arbeitet. Die Hinzurechnungen haben - zusammen mit den später zu besprechenden Kürzungen nach § 9 GewStG - den Sinn, von dem Gewinn des EStG zu dem **objektiven Gewerbeertrag** zu gelangen.

Hinzurechnungen kommen nur für solche Beträge in Betracht, die bei der Ermittlung des Gewinns nach den Vorschriften des EStG oder KStG **tatsächlich abgesetzt worden sind** und deren Abzug durch die **Hinzurechnung** wieder rückgängig gemacht werden soll, weil es die Feststellung des objektiven Gewerbeertrags erfordert. In § 8 GewStG sind die Beträge, die hinzuzurechnen sind, erschöpfend aufgezählt.

4.2 Hinzurechnung von Finanzierungsanteilen

4.2.1 Grundsätzliches zu § 8 Nr. 1 GewStG

Die Regelung in § 8 Nr. 1 GewStG ist seit dem EZ 2008 anzuwenden (§ 36 Abs. 5a GewStG), fasst die bisherigen o. g. Hinzurechnungstatbestände für Geld- und Sachkapitalüberlassung zusammen und vereinheitlicht gleichzeitig deren Struktur:

- einheitliche Hinzurechnung,
- unabhängig von der steuerlichen Behandlung beim Gläubiger,
- unabhängig, ob Veranlassung anlässlich Gründung / Erwerb,
- unabhängig von der Dauer der Überlassung.

Gleichzeitig erfolgte eine Ausweitung auf Finanzierungsanteile in Miet- und Pachtaufwendungen für angemieteten Grundbesitz und für die Überlassung von Rechten.

Die Finanzverwaltung hat sich zu den Auslegungsfragen des § 8 Nr. 1 GewStG geäußert (vgl. hierzu die gleichlautenden Erlasse der obersten Finanzbehörden der Länder vom 02. 07. 2012 (BStBl I 2012, 654, nachfolgend zitiert mit »Rdnr. des Ländererlasses«)

4.2.2 Übersicht über die Regelungen des § 8 Nr. 1 GewStG (Berechnungsschema)

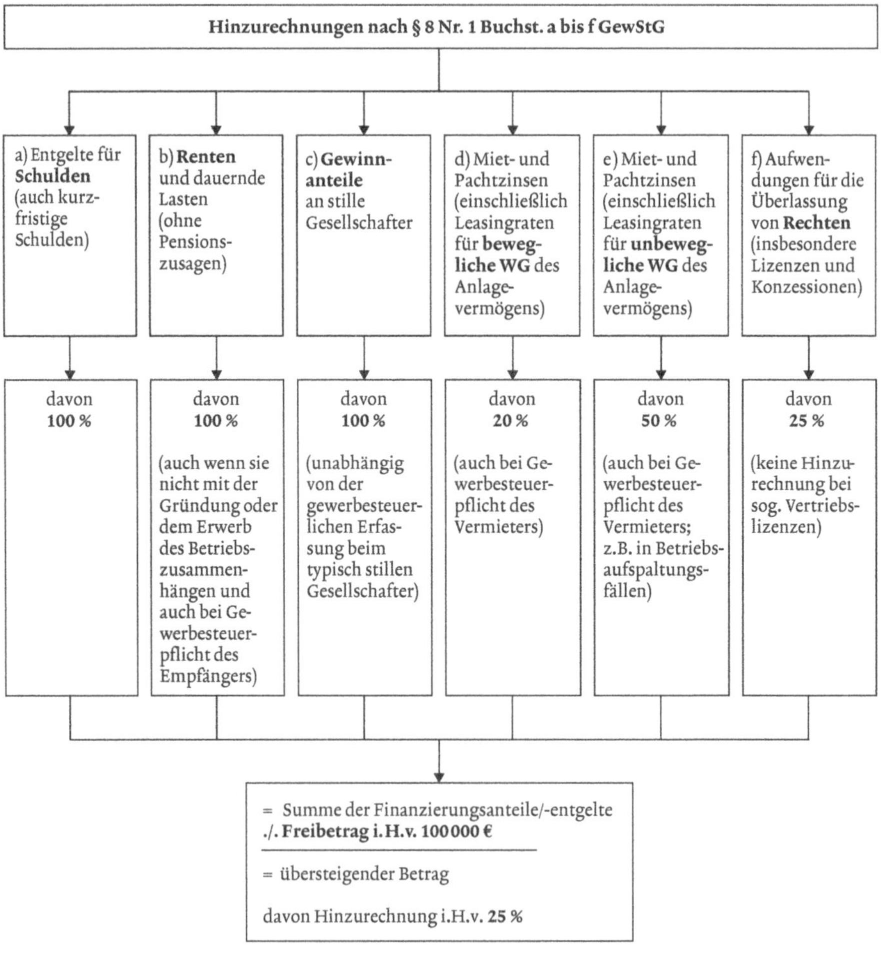

Wichtig:
Der Freibetrag von 100 000 € bezieht sich auf die Summe der Beträge aus den Buchst. a bis f des § 8 Nr. 1 GewStG und nicht auf 1/4 davon.

Zunächst muss also der Freibetrag abgezogen und dann vom übersteigenden Betrag 1/4 als Hinzurechnung errechnet werden (**nicht umgekehrt!**); vgl. hierzu auch Rdnr. 44 des Ländererlasses.

BEISPIEL

a) Bei der A-GmbH sind in 2018 angefallen:
- 40 000 € Zinsen für kurzfristige Schulden (Kontokorrentzinsen)
- 30 000 € Zinsen für langfristige Verbindlichkeiten
- 80 000 € Leasingraten für bewegliche Wirtschaftsgüter (an gewerbliche Leasinggesellschaft)

LÖSUNG Die Summe der hinzuzurechnenden Beträge überschreitet den Freibetrag von 100 000 € nicht (40 000 € + 30 000 € + 20 % von 80 000 € = insgesamt 86 000 €). Somit ist keine Hinzurechnung vorzunehmen.

b) Wie Beispiel vorher, die Zinsen für kurzfristige Schulden betragen jedoch 60 000 € (anstatt 40 000 €).

LÖSUNG Der Freibetrag von 100 000 € ist in diesem Fall überschritten (insgesamt 106 000 €). Somit ist 1/4 des 100 000 € übersteigenden Betrags hinzuzurechnen, also 1/4 von 6 000 € = 1 500 €.

4.2.3 Allgemeine Grundsätze bei allen Hinzurechnungstatbeständen des § 8 Nr. 1 GewStG (Rdnr. 1 bis 9)

Bei § 8 Nr. 1 GewStG gilt das allgemeine Grundprinzip des § 8 GewStG, dass nur solche Beträge hinzugerechnet werden können, die bei der Ermittlung des Gewinns abgesetzt worden sind (vgl. den Einleitungssatz in § 8 GewStG: »... soweit sie **bei der Ermittlung des Gewinns abgesetzt** worden sind ...«).

Nach **Rdnr. 2** des Ländererlasses **unterbleibt** eine **Hinzurechnung** von Aufwendungen, die am Bilanzstichtag als Anschaffungs- oder Herstellungskosten des Anlage- oder Umlaufvermögens **aktiviert** wurden (zu Bauzeit- und Erbbauzinsen vgl. Rdnr. 13 des Ländererlasses).

Unterjährig anfallende Herstellungskosten für Wirtschaftsgüter, die vor dem Bilanzstichtag veräußert werden, sind dagegen **hinzuzurechnen.**

BEISPIEL

Die A-GmbH erstellt Wohnbauten und veräußert diese schlüsselfertig. Zur Zwischenfinanzierung fallen bei der A-GmbH in 2018 Bauzeitzinsen an. Für diverse Maschinen hat die A-GmbH zudem in 2018 Mietaufwendungen. Sowohl die Zinsen als auch die Mietzahlungen aktiviert die A-GmbH zum Bilanzstichtag (31. 12. 2018) auf »Gebäude im Bau«.

Mit Veräußerung der Objekte im Folgejahr 2019 fällt Aufwand aus den zuvor aktivierten Aufwendungen an.

LÖSUNG Nach Rdnr. 2 des Ländererlasses unterbleibt eine Hinzurechnung von Aufwendungen, die am Bilanzstichtag (31. 12. 2018) als Anschaffungs- oder Herstellungskosten des Anlage- oder Umlaufvermögens aktiviert wurden. Daher führen die Zinsen und die Mietaufwendungen in **2018 nicht** zu einer **Hinzurechnung** nach § 8 Nr. 1 Buchst. a bzw. d GewStG. Auch der sich in **2019** infolge der Ausbuchung ergebende Aufwand fällt **nicht** unter § 8 Nr. 1 Buchst. a bzw. d GewStG, da insoweit keine Nutzungsentgelte vorliegen.

Im Ergebnis unterliegen die Aufwendungen weder im Jahr der Aktivierung (EZ 2018) – mangels Aufwand – noch im späteren EZ 2019, in dem die Ausbuchung erfolgt, der Hinzurechnung. Entscheidend ist nach Rdnr. 2 des Ländererlasses aber, dass die Aktivierung **über einen Bilanzstichtag** reicht.

Sofern die Wirtschaftsgüter, auf die die Aufwendungen aktiviert werden, bereits im selben Wirtschaftsjahr – also **unterjährig** – veräußert werden, ist eine Hinzurechnung nach § 8 Nr. 1 GewStG vorzunehmen.

Sofern eine auf einen Hinzurechnungstatbestand gerichtete **Rückstellung** zulässigerweise gebildet worden ist, ist diese hinzuzurechnen. Für die gewinnwirksame Auflösung einer Rückstellung in späteren Jahren bei nicht erfolgter Inanspruchnahme (z. B. bei einer zu hoch gebildeten Rückstellung) gilt R 7.1 (1) GewStR 2009.

Maßgebend ist die Gewinnermittlung des Steuergegenstands (des Unternehmens) i. S. d. § 2 Abs. 1 bis 3 GewStG. Deshalb unterliegen **Sondervergütungen** eines Mitunternehmers i. S. d. § 15 Abs. 1 Satz 1 Nr. 2 EStG weiterhin **nicht** der Hinzurechnung.

BEISPIEL

Die R-KG hat an ihren Kommanditisten R in 2018 Zinsen für ein Gesellschafterdarlehen in Höhe von 120 000 € entrichtet.

LÖSUNG Die Zinsen stellen Sondervergütungen des R i. S. von § 15 Abs. 1 Nr. 2 2. HS EStG dar. Sie haben im Ergebnis den Gesamtgewinn der R-KG nicht gemindert (120 000 € Aufwand in der Gesamthandsbilanz; 120 000 € Sonderbetriebseinnahmen in der Sonderbilanz des R).
Ausgangsgröße für die Ermittlung des Gewerbeertrags der R-KG i. S. d. § 7 Satz 1 GewStG ist nämlich der Gesamtgewinn der Mitunternehmerschaft, zu dem auch die Ergebnisse aus den Sonder- und Ergänzungsbilanzen der Mitunternehmer gehören. Somit kommt es in diesem Fall **nicht zu einer Hinzurechnung** nach § 8 Nr. 1 Buchst. a GewStG.

Im Rahmen einer gewerbesteuerlichen **Organschaft** wird nach Rdnr. 4 der Ländererlasse der Gewerbeertrag für Unternehmen in einem **Organkreis** weiterhin jeweils gesondert ermittelt. Es bleibt auch dabei, dass zur Vermeidung einer doppelten Belastung für Zahlungsflüsse innerhalb des Organkreises keine Hinzurechnungen erfolgen. **Vgl. dazu R 7.1 Abs. 5 Satz 3 GewStR 2009.** Der **Freibetrag** für die Hinzurechnungen nach § 8 Nr. 1 GewStG in Höhe von 100.000 € wird **für jedes Unternehmen im Organkreis** jeweils gesondert **berücksichtigt** (Rdnr. 45). Die Begründung einer Organschaft stellt damit einen wirksamen Ausweg aus der Hinzurechnung von Entgelten innerhalb einer Unternehmensgruppe (z. B. bei einer Betriebsaufspaltung) dar.

Zeitlich betrachtet ist die Hinzurechnung in dem Jahr vorzunehmen, in dem sich die Finanzierungsentgelte nach den Prinzipien der jeweiligen Gewinnermittlungsart gewinnmindernd ausgewirkt haben. Dies kann bei einem bilanzierenden Steuerpflichtigen ein anderes Jahr sein als bei einem 4/3-Rechner.

- Es kommt bei allen Hinzurechnungstatbeständen des § 8 Nr. 1 GewStG **nicht mehr** darauf an, ob der **Empfänger der Leistungen** mit diesen der GewSt unterliegt (Rdnr. 5 des Ländererlasses).
- Auch auf die **Dauerhaftigkeit** der Schulden kommt es **nicht** an (es werden auch Verbindlichkeiten des laufenden Geschäftsverkehrs einbezogen, Rdnr. 10 des Ländererlasses).
- Die **Laufzeit** von Miet- und Pachtverträgen alleine ist grundsätzlich für die Beurteilung, ob eine Hinzurechnung vorzunehmen ist, **ohne Bedeutung** (**Rdnr. 29** des Ländererlasses).

Rdnr. 6 und 7 des Ländererlasses enthalten Grundsätze zur Behandlung **gemischter Verträge**. Danach gilt Folgendes:

- Ist eine **Trennung** der verschiedenen Leistungskomponenten **möglich**, ist – ggf. im Schätzungsweg – eine Aufteilung vorzunehmen. Die einzelnen Komponenten sind dann jede für sich nach den einzelnen Tatbeständen des § 8 Nr. 1 Buchst. a bis f GewStG zu behandeln.

- Kommt eine Trennung nicht in Betracht, weil das Vertragsverhältnis ein **einheitliches und unteilbares Ganzes** darstellt, scheidet eine Aufteilung aus. Es ist dann zu prüfen, welche Leistung im Vordergrund steht. Handelt es sich dabei um eine Leistung, die unter § 8 Nr. 1 GewStG fällt, unterfällt der Gesamtvertrag der Hinzurechnung nach dem jeweiligen Buchstaben des § 8 Nr. 1 GewStG. Steht aber eine Leistung im Vordergrund, die nicht unter § 8 Nr. 1 GewStG fällt, scheidet eine Hinzurechnung generell aus.

4.2.4 § 8 Nr. 1 Buchst. a GewStG – Entgelte für Schulden (R 8.1 Abs. 1 GewStR 2009; Rdnr. 10 bis 24a)

Mittlerweile kommt es auf den Dauerschuldcharakter und damit auf die **Laufzeit** von Schulden **nicht mehr** an (Rdnr. 10 des Ländererlasses). Auch kurzfristige Schulden fallen unter die Hinzurechnung. Dies gilt auch für Zinsen für betriebliche Kontokorrentkonten.

Auch die Frage, ob Schulden mit der Gründung oder dem Erwerb eines Betriebs zusammenhängen, ist gewerbesteuerlich nicht entscheidend.

MERKSATZ

Soweit einkommensteuerlich der Abzug betrieblicher Schuldzinsen nach **§ 4 Abs. 4a EStG** wegen Überentnahmen versagt wird, ist gewerbesteuerlich nicht zusätzlich eine Hinzurechnung nach § 8 Nr. 1 Buchst. a GewStG vorzunehmen.

Entsprechendes gilt für die im Rahmen der **Zinsschranke** (§ 4h EStG/§ 8a KStG) nicht abzugsfähigen Zinsen oder für die aufgrund einer **verdeckten Gewinnausschüttung** bereits hinzugerechneten Zinsen (§ 8 Abs. 3 Satz 2 KStG).

Auch **durchlaufende Kredite** fallen unter § 8 Nr. 1 Buchst. a GewStG. Es kommt also nicht darauf an, ob der Betrieb ein aufgenommenes Darlehen selbst verwendet oder an einen anderen Betrieb weiterleitet. Eine **Saldierung** von Zinsaufwendungen und Zinserträgen komm[...] Betracht (**Rdnr. 11** des Ländererlasses).

BEISPIEL

Zwischen D und der D-GmbH besteht eine Betriebsaufspaltung. Für Neuinvestitionen [...] D-GmbH ein Darlehen i. H.v. 1 Mio. €.
Da das Darlehen nach den Bedingungen der L-Bank nur an natürliche Personen gew[...] kann, nimmt der Besitzunternehmer D das Darlehen zu einem Zinssatz von 6 % auf u[...] die D-GmbH weiter. Die D-GmbH zahlt 6 % Zinsen an das Besitzunternehmen (60 000 [...] unternehmen zahlt 60 000 € Zinsen an die L-Bank.
LÖSUNG Obwohl das Darlehen im Besitzunternehmen des D nur »**durchläuft**«, komm[...] dieser Ebene zu einer Hinzurechnung mit 1/4 (nach Zusammenrechnung mit ande[...]rungsanteilen und nach Kürzung um den Freibetrag). Natürlich muss auch die D-Gm[...] bei Ermittlung ihres Gewerbeertrags in ihre Hinzurechnung einbeziehen.
Die Darlehenszinsen werden also auf **zwei Ebenen** hinzugerechnet.

Nach **Rdnr. 24a** des Ländererlasses können auch **Steuerzinsen** (= Zinsen für betriebliche Steuerschulden nach §§ 233 ff. AO) unter § 8 Nr. 1 Buchst. a GewStG fallen. Dies gilt allerdings nur für solche Zinsen, die sich auch auf den einkommensteuerlichen Gewinn oder das körperschaftsteuerliche Einkommen **mindernd ausgewirkt** haben und damit bei der Ermittlung des Gewinns abgesetzt worden sind.

BEISPIEL

Die G-GmbH hat im Jahr 2018 folgende Zinsen u. Ä. an das Finanzamt entrichtet und in der Buchführung als Betriebsausgaben gebucht:

- Nachzahlungszinsen i. S. v. § 233a AO zur KSt-Nachzahlung 2013
- Stundungszinsen zur GewSt-Nachzahlung 2007,
- Säumniszuschläge wegen verspäteter Zahlung der GewSt-Vorauszahlung I/2016
- Aussetzungszinsen zur USt 2009, nachdem die G-GmbH einen Prozess vor dem Finanzgericht verloren hatte.

LÖSUNG Unter § 8 Nr. 1 Buchst. a GewStG fallen die Zinsen zur GewSt-Nachzahlung 2007 und die Aussetzungszinsen zur USt 2009.

Die Nachzahlungszinsen zur KSt-Nachzahlung 2013 fallen nicht unter § 8 Nr. 1 Buchst. a GewStG, weil sie bereits körperschaftsteuerlich nach § 10 Nr. 2 KStG als nicht abzugsfähige Betriebsausgaben zu behandeln sind (und deshalb die Ausgangsgröße i. S. d. § 7 Satz 1 GewStG nicht gemindert haben). Entsprechendes gilt für die Säumniszuschläge zur GewSt-Vorauszahlung I/2016. Die GewSt ist seit dem Jahr 2008 eine nicht abzugsfähige Betriebsausgabe (§ 4 Abs. 5b EStG). Dies gilt dann auch für die Nebenleistungen zu dieser Steuer.

Die Stundungszinsen zur GewSt 2007 fallen noch nicht unter die Nichtabzugsfähigkeit des § 4 Abs. 5b EStG (vgl. § 52 Abs. 12 Satz 7 EStG a. F.: erstmals anwendbar für GewSt, die für Erhebungszeiträume festgesetzt wird, die nach dem 31.12. 2007 enden).

HINWEISE

- In § 19 GewStDV wird für Kreditinstitute, Finanzdienstleistungs-, Leasing- und Factoringunternehmen die Hinzurechnung auf bestimmte Entgelte beschränkt.
- Aus der **Abzinsung und der nachfolgenden Aufzinsung von unverzinslichen Verbindlichkeiten** nach § 6 Abs. 1 Nr. 3 EStG bzw. von Rückstellungen nach § 6 Abs. 1 Nr. 3a EStG sowie den **Aufzinsungsbeträgen nach § 6a Abs. 3 EStG** können sich keine Entgelte i. S. d. § 8 Nr. 1 GewStG ergeben (**Rdnr. 12** des Ländererlasses).
- Auch als Herstellungskosten **aktivierte Bauzeitzinsen** führen nicht zu Entgelten i. S. d. § 8 Nr. 1 Buchst. a GewStG. Dies gilt weder in dem Jahr, in dem sie gezahlt werden, noch in den späteren Jahren, in denen sie sich über die Abschreibung gewinnmindernd auswirken (Rdnr. 13 des Ländererlasses).
- Ebenso fallen **Teilwertabschreibungen auf Forderungen nicht** unter § 8 Nr. 1 Buchst. a GewStG (Rdnr. 18 des Ländererlasses).
- **»Normale« Skonti** fallen nach § 8 Nr. 1 Buchst. a Satz 2 GewStG **nicht** unter die Hinzurechnungsvorschrift (z. B. »2 % Skonto bei Zahlung innerhalb von 10 Tagen«: der 2 %-Abschlag, den der Kunde vornimmt, ist kein Aufwand i. S. d. § 8 Nr. 1 GewStG).
- Anderer Aufwand, der dem Betrieb dadurch entsteht, dass **Forderungen aus Lieferungen und Leistungen vorzeitig erfüllt** werden und hierfür ein **Abschlag** gewährt wird, kann aber hinzuzurechnen sein (Rdnr. 16 des Ländererlasses).
- **Diskontbeträge** bei der Veräußerung von Wechsel- und anderen Geldforderungen unterliegen der Hinzurechnung. Hierunter fallen insbesondere die **Abschläge aus dem Verkauf von aktivierten Forderungen.** In den Abschlägen enthaltene Wertermittlungskosten oder vergleichbare Gebühren (z. B. Risikoprämien) unterliegen aber nicht der Hinzurechnung (Rdnr. 17 und 23 des Ländererlasses). Vgl. zur **Forfaitierung** (§ 8 Nr. 1 Buchst. a Satz 3 GewStG) auch Rdnr. 19 ff. des Ländererlasses.

Nach Rdnr. 10 des Ländererlasses gelten die bisherigen Grundsätze in Abschn. 46 GewStR 1998 (R 8.1 Abs. 1 GewStR 2009) für die Frage weiter, ob ein **Entgelt für eine Schuld** vorliegt. Danach sind Entgelte für Schulden alle Leistungen für die Überlassung von Kapital. Dazu gehören natürlich in erster Linie die **Zinsen** und zwar unabhängig davon, ob sie sich nach einem festen Prozentsatz bemessen oder – bei partiarischen Darlehen – gewinn- oder umsatzabhängig gezahlt werden.

Daneben gehören aber noch **folgende Aufwendungen** zu den hinzuzurechnenden Entgelten (R 8.1 Abs. 1 GewStR 2009):

- Disagio / Damnum,
- laufende Kreditprovisionen bei Bankkrediten,
- Vorfälligkeitsentschädigungen (BFH vom 25. 02. 1999 AZ: IV R 55/97, BStBl II 1999, 473).

Nicht zu den Entgelten gehören jedoch:

- Geldbeschaffungskosten (z. B. Provisionen an einen Finanzierungsmakler), laufende Verwaltungskosten (insbesondere Kontoführungsgebühren), Depotgebühren, Währungsverluste, Bereitstellungszinsen,
- Kosten der Kreditsicherung (z. B. Aufwendungen für die Eintragung einer Grundschuld, Bürgschaftsprovisionen),
- Bereitstellungsprovisionen für nicht in Anspruch genommene Kredite,
- Aufzinsungsbeträge nach der vorherigen Abzinsung zinslos gewährter Darlehen (s. o.).

4.2.5 § 8 Nr. 1 Buchst. b GewStG – Renten und dauernde Lasten (R 8.1 Abs. 2 GewStR 2009; Rdnr. 25 bis 27)

Nach dieser Regelung sind **Renten und dauernde Lasten** in die hinzuzurechnende Summe der Finanzierungsentgelte einzubeziehen. Auf einen Zusammenhang der Renten und dauernden Lasten mit der Gründung oder dem Erwerb eines Betriebes kommt es nicht an (Rdnr. 25 des Ländererlasses). Somit kann z. B. eine Veräußerungsrente im Zusammenhang mit dem Erwerb eines neuen Betriebsgrundstücks auch dann zu einer Hinzurechnung führen, wenn der Betrieb bereits seit längerer Zeit besteht.

Es ist ebenso nicht (mehr) entscheidend, ob der **Empfänger der Rente** mit dieser der GewSt unterliegt (was sowieso nur sehr selten der Fall ist).

Erbbauzinsen sind keine dauernden Lasten i. S. d. § 8 Nr. 1 Buchst. b GewStG (Rdnr. 26 des Ländererlasses). Auswirkungen können sich aber bei § 8 Nr. 1 Buchst. a und e GewStG ergeben (**Rdnr. 32 und Rdnr. 32a** des Ländererlasses).

Auch die **Zusagen der betrieblichen Altersversorgung** sind keine Renten und dauernde Lasten i. S. d. § 8 Nr. 1 Buchst. b Satz 2 GewStG. Dies gilt für alle Formen der betrieblichen Altersversorgung (Pensionszusage, Direktversicherung, Pensionskasse, Pensionsfonds und Unterstützungskasse).

Eine Hinzurechnung nach § 8 Nr. 1 Buchst. b GewStG kann sich nur für **betriebliche Renten** und nicht für private Versorgungsrenten ergeben. Diese Versorgungsrenten haben sich nicht auf den Gewinn aus Gewerbebetrieb ausgewirkt, so dass kein Anlass für eine Hinzurechnung besteht.

BEISPIELE

a) Konditor K hat die Meisterprüfung erfolgreich abgelegt und erwirbt von seinem bisherigen Chef C dessen Konditorei gegen Zahlung einer lebenslangen Kaufpreisrente i. H. v. 3 000 € monatlich.

LÖSUNG Es handelt sich um eine betriebliche Kaufpreisrente, die in der Bilanz des K zu passivieren ist. Der in den Rentenzahlungen enthaltene Zinsanteil fällt unter § 8 Nr. 1 Buchst. b GewStG und ist in die Summe der Finanzierungsentgelte einzubeziehen.

b) Wie Beispiel vorher; die Konditorei wurde jedoch bisher von einer OHG betrieben. K übernimmt den Anteil des Altgesellschafters C und führt die OHG gemeinsam mit dem anderen Gesellschafter weiter.

LÖSUNG Auch in diesem Fall ist eine Hinzurechnung vorzunehmen. Die Rentenverbindlichkeit stellt negatives Sonderbetriebsvermögen des S dar; der Zinsanteil in den Rentenzahlungen wird in die Summe der Finanzierungsentgelte einbezogen.

c) Wie Beispiel vorher; K übernimmt die Konditorei jedoch von seinem Vater V. Zu dessen Versorgung entrichtet K monatlich 3 000 € an V. Bei der Festlegung dieses Betrags haben sich K und V nicht am Wert der Konditorei, sondern am Versorgungsbedarf des V orientiert.

LÖSUNG In diesem Fall liegt eine private Versorgungsrente vor, die nicht passiviert werden darf. Somit ergibt sich auch kein bilanzieller Aufwand, der bei K gewerbesteuerlich hinzugerechnet werden könnte.

Die **Höhe** der Hinzurechnung richtet sich nach dem gewinnmindernd gebuchten Aufwand aus der Rentenverpflichtung. Dieser ermittelt sich als **Differenz** aus den als Aufwand gebuchten Rentenzahlungen und dem Ertrag aus der jährlichen Auflösung der Rentenverpflichtung (= Zinsanteil; R 8.1 Abs. 2 Satz 2 GewStR 2009).

Diese Differenz geht dann in die Summe der Finanzierungsentgelte des § 8 Nr. 1 GewStG ein (Hinzurechnung dann mit 1/4 nach Abzug des Freibetrags von 100 000 €). Ein späterer bilanzieller Ertrag aus dem Wegfall der Verpflichtung (z. B. bei Tod des Rentenberechtigten) berührt die Hinzurechnung nicht. Es ergibt sich in diesem Fall also keine negative Hinzurechnung (R 8.1 Abs. 2 Satz 3 GewStR 2009).

BEISPIEL

Gewerbetreibender E hat zum 01. 04. 2018 ein bebautes Grundstück von V erworben.
Laut dem Kaufvertrag war eine lebenslängliche Rente von monatlich 4 000 € ab dem 01. 04. 2018 an V zu zahlen. Barwert der Rentenverpflichtung betrug am 01. 04. 2018 300 000 € und am 31. 12. 2018 278 000 €.

LÖSUNG Ermittlung des Hinzurechnungsbetrags nach § 8 Nr. 1 Buchst. b GewStG:

Laufende Zahlungen 9 × 4 000 € (Aufwand)		= 36 000 €
Rentenschuld 01.04. 2018	300 000 €	
Rentenschuld 31.12. 2018	./.278 000 €	
Verminderung Rentenschuld (Ertrag)	22 000 €	./.22 000 €
Differenz = Finanzierungsentgelt		**14 000 €**

Die 14 000 € gehen in die Ermittlung der Summe der Finanzierungsentgelte i. S. d. § 8 Nr. 1 GewStG ein und werden nach Abzug des Freibetrags von 100 000 € mit 1/4 hinzugerechnet.

4.2.6 § 8 Nr. 1 Buchst. c GewStG – Gewinnanteile an stille Gesellschafter (R 8.1 Abs. 3 GewStR 2009; Rdnr. 28)

Auch Gewinnanteile für typisch stille Gesellschafter stellen Finanzierungsentgelte i. S. d. § 8 Nr. 1 GewStG dar. Sie werden unabhängig von der gewerbesteuerlichen Behandlung beim Empfänger hinzugerechnet (Rdnr. 28 des Ländererlasses).

BEISPIEL

Gewerbetreibender X hat sich typisch still am Gewerbebetrieb der L-GmbH, einem seiner Hauptabnehmer, beteiligt. X erhält eine Gewinnbeteiligung von der L-GmbH i. H. v. 20 000 €, die er in seinem Einzelunternehmen als Betriebseinnahme erfasst hat.
Die L-GmbH hat den Gewinnanteil gewinnmindernd verbucht und in eine Rückstellung eingestellt.

LÖSUNG Der Gewinnanteil an stille Gesellschafter führt auch dann zur Hinzurechnung als Finanzierungsentgelt bei der L-GmbH, wenn der stille Gesellschafter (wie hier X) der GewSt unterliegt. Es kommt also hinsichtlich ¼ des Gewinnanteils zu einer Doppelbesteuerung (Hinzurechnung mit 1/4 bei der L-GmbH, Erfassung als gewerbesteuerpflichtige Betriebseinnahme bei X).

Aber: Da der Gewinnanteil eines **atypisch stillen Gesellschafters** beim Hauptgesellschafter nicht als Betriebsausgabe abzugsfähig ist, sondern als gewerblicher Gewinnanteil des stillen Gesellschafters aus einer Mitunternehmerschaft i. S. d. § 15 Abs. 1 Nr. 2 EStG erfasst werden muss, beschränkt sich die Hinzurechnung auf **typisch** stille Gesellschafter (Rdnr. 2 des Ländererlasses).

Beim atypisch stillen Gesellschafter erfolgt vielmehr eine Hinzurechnung nach § 8 Nr. 8 GewStG (Verlustanteil) bzw. eine Kürzung nach § 9 Nr. 2 GewStG (Gewinnanteil).

MERKSATZ

Der **Verlustanteil** des stillen Gesellschafters ist bei der Ermittlung der Summe der Finanzierungsentgelte i. S. d. § 8 Nr. 1 GewStG **im Wege einer Negativhinzurechnung (= Kürzung)** zu berücksichtigen (= **Minderung der Finanzierungsentgelte**), soweit dieser Verlustanteil gewinnwirksam berücksichtigt wurde (Buchung als Ertrag). Wird hierdurch allerdings die o. g. Summe der Finanzierungsentgelte negativ, kommt nach Auffassung der Finanzverwaltung **keine »negative Hinzurechnung«** in Betracht. Vgl. hierzu die entsprechende Aussage in R 8.1 Abs. 3 Satz 2 f. GewStR 2009.

Aber:

- Der BFH hat mit Urteil vom 01.10.2015, AZ: I R 4/14, DStR 2015 S. 2716 entschieden, dass bei der Ermittlung der Summe der nach § 8 Nr. 1 GewStG hinzuzurechnenden Finanzierungsanteile auch ein Verlustanteil eines stillen Gesellschafters zu berücksichtigen sei. Sofern die Summe der hinzuzurechnenden Finanzierungsanteile durch einen Verlustanteil eines stillen Gesellschafters negativ wird, sei 1/4 von dieser Summe grds. **negativ hinzuzurechnen**.
- Der BFH hat aber **offengelassen**, ob insoweit auch eine **spiegelbildliche Anwendung des Freibetrags** von 100 000 € zu erfolgen hat, so dass negative Finanzierungsanteile von bis zu 100 000 € zu keiner negativen Hinzurechnung führen.

BEISPIEL

Wie Beispiel vorher; X ist nach den vertraglichen Vereinbarungen auch am Verlust der L-GmbH beteiligt. Von der L-GmbH wird dem X ein Verlustanteil i. H. v. 20 000 € zugewiesen. Die L-GmbH bucht diesen Betrag als Ertrag, X als Aufwand.

LÖSUNG Der als Ertrag verbuchte Verlustanteil wird bei der L-GmbH im Rahmen der Ermittlung der Summe der Finanzierungsentgelte i. S. d. § 8 Nr. 1 GewStG abgezogen und mindert damit die anderen Finanzierungsentgelte (z. B. Zinsen, Mieten), jedoch maximal bis auf 0 € (es ist also keine negative Hinzurechnung möglich).

Der Aufwand aus der Verlustzuweisung bei X bleibt abzugsfähig.

4.2.7 § 8 Nr. 1 Buchst. d und e GewStG – Finanzierungsanteile in Miet- und Pachtaufwendungen für bewegliche und unbewegliche Wirtschaftsgüter (R 8.1 Abs. 4 GewStR 2009; Rdnr. 29 bis 32a)

Nach Auffassung der Finanzverwaltung gilt Folgendes:

- Die Miet- und Pachtzinsen sind **unabhängig** von der **gewerbesteuerlichen Behandlung** beim Empfänger und unabhängig davon hinzuzurechnen, ob der Vermieter, Verpächter oder Leasinggeber **im Inland oder im Ausland** sitzt (in Inlandsfällen führt dies zu einer gewerbesteuerlichen Doppelerfassung der Finanzierungsanteile in den Miet- und Pachtzinsen).
- Die **Laufzeit** von Miet- und Pachtverträgen alleine ist grundsätzlich für die Beurteilung, ob eine Hinzurechnung vorzunehmen ist, **ohne Bedeutung** (**Rdnr. 29** des Ländererlasses).

- Eine Hinzurechnung erfolgt nur, wenn es sich bei dem zugrunde liegenden Vertragsverhältnis um einen **Miet- oder Pachtvertrag im zivilrechtlichen Sinne** handelt (H 8.1 [4] (Begriff des Miet- und Pachtvertrags) GewStH 2016; Rdnr. 32 des Ländererlasses).
- Nicht unter die Hinzurechnung des § 8 Nr. 1 Buchst. d GewStG fällt damit z. B. die Überlassung gewerblicher Schutzrechte. Die Rechteüberlassung wird aber von § 8 Nr. 1 Buchst. f GewStG erfasst.
- Zu den Miet- und Pachtzinsen gehören **auch weitere Leistungen** des Mieters/Pächters, die dieser für den Gebrauch bzw. die Nutzung des Wirtschaftsguts gewinnmindernd aufwendet (insbesondere Aufwendungen für die Instandsetzung, Instandhaltung und Versicherung des Miet- oder Pachtgegenstandes, die der Mieter/Pächter über seine gesetzliche Verpflichtung nach bürgerlichem Recht hinaus (§§ 582 ff. BGB) auf Grund vertraglicher Verpflichtungen übernommen hat).
- **Nicht** hinzuzurechnen sind **reine Betriebskosten** wie Wasser, Strom, Heizung; ist die **Umlage der Grundsteuer** vereinbart, stellen die diesbezüglichen Aufwendungen gleichermaßen **hinzuzurechnende** Miet- und Pachtzinsen dar **(Rdnr. 29** des Ländererlasses).

BEISPIEL

Einzelunternehmer M hat von dem früheren Betriebsinhaber das gesamte bewegliche Anlagevermögen seines Betriebs angepachtet. Im Pachtvertrag hat er sich verpflichtet, bei Beendigung des Pachtverhältnisses die Wirtschaftsgüter im gleichen Zustand zurückzugeben, den sie bei Pachtbeginn hatten (sog. Pachterneuerungsverpflichtung).

LÖSUNG M muss für die Pachterneuerungsverpflichtung eine Rückstellung bilden. Die Übernahme der Verpflichtung stellt neben den vereinbarten Pachtzinsen ebenfalls ein Entgelt für die Überlassung der Wirtschaftsgüter dar (die normale Pacht ist aufgrund dieser Verpflichtung entsprechend niedriger kalkuliert). M muss deshalb auch die Zuführungsbeträge zur Pachterneuerungsrückstellung als Entgelte nach § 8 Nr. 1 Buchst. d GewStG ansetzen. 1/5 davon gehen in die Ermittlung der Summe der Finanzierungsentgelte des § 8 Nr. 1 GewStG ein.

- Nach **Rdnr. 29a** des Ländererlasses liegt im Fall der **Weitervermietung** von Wirtschaftsgütern **auf jeder Stufe** der Überlassung eine Benutzung i. S. d. § 8 Nr. 1 Buchst. d bzw. e GewStG vor. Eine **Saldierung** von Mietaufwendungen und Mieterträgen kommt **nicht** in Betracht.
- Solche **Untermietverträge** sind keine Rechteüberlassung i. S. d. § 8 Nr. 1 Buchst. f GewStG (vgl. Rdnr. 32 des Ländererlasses). Dazu sind beim BFH jedoch **Revisionsverfahren** anhängig (AZ: IV R 55/10 und I R 70/12).

BEISPIEL

Kaufmann K hat auf einem schon seit Jahren zu seinem Betriebsvermögen gehörenden Grundstück ein neues Fabrikgebäude errichtet. K vermietet das Grundstück und Gebäude in 2018 an den Gewerbetreibenden G für insgesamt 400 000 € (Jahresmiete).

Der Gewerbetreibende G nutzt nur einen Teil für seinen Betrieb und vermietet den von ihm nicht genutzten Teil an den ebenfalls gewerblich tätigen X in 2018 für insgesamt 250 000 € (Jahresmiete).

LÖSUNG

- **Folgen bei K:**

K hat **Betriebseinnahmen** aus der Vermietung i. H. v. 400 000 €, die zum Gewinn aus Gewerbebetrieb i. S. d. § 7 GewStG gehören und damit bei ihm der Gewerbesteuer unterliegen.

Für das zu seinem Betriebsvermögen gehörende Grundstück ist eine **Kürzung** nach § 9 Nr. 1 Satz 1 GewStG vorzunehmen.

- **Folgen bei G:**

Bei G sind die Mietzahlungen an K Betriebsausgaben (Mietaufwand).

Da es sich um Mietaufwendungen für ein unbewegliches Wirtschaftsgut des Anlagevermögens handelt, sind die Mietzinsen nach § 8 Nr. 1 **Buchst. e** GewStG zu 50 % in die Summe der Finanzierungsanteile einzubeziehen.
Höhe der Hinzurechnung nach § 8 Nr. 1 GewStG:
50 % von 400 000 € = 200 000 € ./. Freibetrag von 100 000 € (sofern keine anderen Hinzurechnungsbeträge zu berücksichtigen sind) = 100 000 € und davon ein Viertel = 25 000 €.
Außerdem gehören natürlich auch bei G die **Einnahmen** aus der Weitervermietung an X i. H. v. 250 000 € zu seinem Gewerbeertrag.
Eine Kürzung nach § 9 Nr. 1 Satz 1 GewStG kommt für G nicht in Betracht, da es sich bei dem angemieteten Grundstück nicht um »eigenen« Grundbesitz handelt (= kein Betriebsvermögen des G). Dasselbe gilt auch für X.

- **Folgen bei X:**

Bei X sind die Mietzahlungen an G Betriebsausgaben. Diese fallen bei ihm wiederum unter § 8 Nr. 1 **Buchst. e** GewStG.
Somit ergibt sich auch bei X eine Hinzurechnung nach § 8 Nr. 1 GewStG i. H. v.:
50 % von 250 000 € = 125 000 € ./. 100 000 € (sofern keine anderen Hinzurechnungsbeträge zu berücksichtigen sind) = 25 000 €, davon ein Viertel = 6 250 €.

- Nach **Rdnr. 29b** des Ländererlasses werden Miet- und Pachtzinsen dann für die Benutzung von Wirtschaftsgütern des Anlagevermögens gezahlt, wenn die Wirtschaftsgüter für den Fall, dass sie im Eigentum des Mieters oder Pächters stünden, dessen **Anlagevermögen** zuzurechnen wären. Diese **Fiktion** muss sich jedoch soweit wie möglich an den betrieblichen Verhältnissen des Steuerpflichtigen orientieren.
- So unterliegen beispielsweise auch die von einem Bauunternehmer für die einmalige Anmietung von Baumaschinen geleisteten Mietaufwendungen der Hinzurechnung. Dies gilt selbst dann, wenn die Anmietung lediglich stunden- oder tageweise erfolgt. Demnach sind Mietaufwendungen des Unternehmers für die Anmietung von Unterkünften, die unmittelbar der originären Tätigkeit zuzuordnen sind (z. B. Baumontage, Reisedienstleistungen), hinzuzurechnen. Dazu ist beim BFH jedoch ein **Revisionsverfahren** anhängig (AZ: IV R 24/11).
- Aus Vereinfachungsgründen unterbleibt aber bei Verträgen über **kurzfristige Hotelnutzungen** oder bei **kurzfristigen Pkw-Mietverträgen** eine Hinzurechnung.

BEISPIEL

Einzelunternehmer A entrichtet

- 980 € für verschiedene Hotelübernachtungen bei Geschäftsreisen und
- 635 € für die kurzfristige Anmietung von Mietwagen am jeweiligen Geschäftsort,
- wenn A mit der Bahn oder mit dem Flugzeug angereist war.

LÖSUNG Sowohl bei der Hotelnutzung als auch bei den kurzfristigen Kfz-Mietverträgen steht keine der in § 8 Nr. 1 Buchst. a bis f GewStG genannten Leistungen im Vordergrund. Sie fallen deshalb (obwohl sie natürlich eine Vermietungskomponente haben) insgesamt nicht unter § 8 Nr. 1 GewStG.

- Werden aufgrund eines einheitlichen Vertrages sowohl unbewegliche Wirtschaftsgüter (z. B. ein Ladenlokal) als auch bewegliche Wirtschaftsgüter (z. B. die Einrichtung) überlassen, ist eine **Aufteilung** vorzunehmen (Rdnr. 30 des Ländererlasses). Hinsichtlich der Miet- und Pachtaufwendungen für das bewegliche Anlagevermögen ist § 8 Nr. 1 Buchst. d GewStG anzuwenden (Finanzierungsanteil insoweit nur 20 %).

BEISPIEL

V verpachtet zum 31.12.2017 seinen Betrieb mit Wirkung ab 1.1.2018 im Ganzen an die P-GmbH, an der er sämtliche Anteile hält. Als Pacht wird ein monatlicher Betrag in Höhe von 40.000 € vereinbart. Die Vereinbarung hält einem Fremdvergleich stand.

In der ESt-Erklärung für 2018 ordnet V die Betriebsverpachtung im Ganzen den Einkünften aus Gewerbebetrieb i. S. d. § 15 EStG zu. Er gibt aber keine Gewerbesteuererklärung für 2018 mehr ab.

Die P-GmbH berücksichtigt bei der Ermittlung ihres Gewinns aus Gewerbebetrieb die Pachtzahlungen (480.000 €) als Betriebsausgaben. Bei den Hinzurechnungen nach § 8 Nr. 1 GewStG werden diese Pachtzahlungen in der Gewerbesteuererklärung 2018 den unter Buchst. d fallenden Vorgängen zugeordnet, so dass aufgrund des Finanzierungsanteils von 20 v. H. lediglich 96.000 € in die Summe aller Tatbestände des § 8 Nr. 1 GewStG einzubeziehen sind. Sollten ansonsten z. B. nur noch Entgelte für Schulden in Höhe von 4.000 € zu berücksichtigen sein, käme es nach Abzug des Freibetrags in Höhe von 100.000 € zu keiner Hinzurechnung.

LÖSUNG

- V ging im vorliegenden Fall davon aus, dass die Betriebsverpachtung im Ganzen aufgrund der nicht erklärten Betriebsaufgabe zwar weiterhin zu Einkünften aus Gewerbebetrieb i. S. d. § 15 EStG führt (vgl. dazu H 16 (5) [Verpächterwahlrecht] EStH 2017), dass diese Verpachtung aber nach den Grundsätzen in R 2.2 GewStR 2009 nicht mehr der Gewerbesteuer unterliegt.
- Allerdings wurde hier eine **Betriebsaufspaltung** begründet, die die Betriebsverpachtung im Ganzen überlagert. Einkommensteuerlich liegen wie erklärt Einkünfte aus Gewerbebetrieb i. S. d. § 15 EStG vor. Aufgrund der Betriebsaufspaltung unterliegt das **Besitzeinzelunternehmen des V** aber weiterhin der **Gewerbesteuer**. Vgl. dazu H 2.2 (Betriebsaufspaltung) GewStH 2016.
- Die von der P-GmbH geleisteten Pachtzahlungen sind dabei als Betriebseinnahmen zu berücksichtigen. Soweit grundsteuerpflichtiger Grundbesitz zum Betriebsvermögen gehört, ist eine Kürzung nach § 9 Nr. 1 Satz 1 GewStG vorzunehmen. Eine erweiterte Kürzung nach § 9 Nr. 1 Sätze 2 ff. GewStG kommt bei Betriebsaufspaltungsverhältnissen nicht in Betracht (H 9.2 (2) [Betriebsaufspaltung] GewStH 2016).
- Die Pachtzahlungen sind bei der P-GmbH zunächst als gewinnmindernde Betriebsausgaben zu behandeln. Der entsprechend ermittelte Gewinn wird gem. § 7 GewStG auch der Berechnung des Gewerbeertrags der P-GmbH zugrunde gelegt.
- Bei den Hinzurechnungen kann dagegen der Gewerbesteuererklärung der P-GmbH nicht gefolgt werden. Die Pachtzahlungen sind nach möglichst objektiven Gesichtspunkten **aufzuteilen**. Z. B. nach den Nutzungswerten oder den Teilwerten der gepachteten Wirtschaftsgüter.

Es könnte im vorliegenden Fall z. B. folgende Aufteilung für den gemischten Vertrag in Betracht kommen:

• Auf das Grundstück und das Werkstattgebäude entfallende Pacht	200 000 €,
• auf die Maschinen und Werkzeuge entfallende Pacht	250 000 €,
• auf den Firmenwert (Kundenbeziehungen usw.) entfallen die restlichen	30 000 €.

Steuerliche Folgen:

In die Summe nach § 8 Nr. 1 GewStG sind **50 v. H. von 200.000 €** = 100.000 € + **20 v. H. von 250.000 €** = 50.000 € und damit insgesamt 150.000 € einzubeziehen. Nach Abzug des Freibetrags in Höhe von 100.000 € ergibt sich eine gewerbesteuerliche Hinzurechnung von **1/4 von 50.000 € = 12.500 €**.

- Die auf den **Firmenwert** entfallende Pacht führt hingegen zu **keiner Hinzurechnung** (Rdnr. 33 Satz 4).

4.2.7.1 Einzelheiten zu § 8 Nr. 1 Buchst. d GewStG

- Auch in den Miet- und Pachtaufwendungen für bewegliche Wirtschaftsgüter des Anlagevermögens (Maschinen, Fahrzeuge usw.) sind Finanzierungsanteile enthalten. Der Vermieter/Verpächter lässt sich über die Pacht auch seine Refinanzierungskosten für die von ihm angeschafften Wirtschaftsgüter mit vergüten oder will eine Rendite des von ihm eingesetzten Eigenkapitals erzielen. Dies gilt auch und gerade für Leasingverträge. In Leasinggebühren sind immer auch **Finanzierungsanteile** enthalten; Leasing stellt eine Finanzierungsform für Unternehmen dar, die in wirtschaftlicher Konkurrenz zur eigenen Anschaffung des Wirtschaftsguts mit Fremdfinanzierung durch ein Kreditinstitut steht.

- Dies greift § 8 Nr. 1 Buchst. d GewStG auf (wie auch im Anschluss Buchst. e für die Anmietung von Grundstücken). Die **Finanzierungsanteile** werden jedoch nicht tatsächlich ermittelt, sondern vom Gesetz in **pauschaler Form und unwiderlegbar festgelegt**. Bei beweglichen Wirtschaftsgütern sind dies **1/5** der Miet- und Pachtzinsen (einschließlich Leasingraten).
- Nach **Rdnr. 29** des Ländererlasses stellen die im Zusammenhang mit der Anmietung von **Fahrzeugflächen** (z. B. **Taxi- oder Busflächen für Werbezwecke**) entrichteten Entgelte Mietaufwendungen dar und unterliegen als solche der Hinzurechnung des § 8 Nr. 1 Buchst. d GewStG.
- Maßgebend ist das zivilrechtliche Mietverhältnis; d. h. zu einer Hinzurechnung kommt es beim Mieter der Fläche (i. d. R. die Werbeagentur). Das werbende Unternehmen selbst bezieht von der Werbeagentur lediglich eine Werbeleistung, die nicht unter § 8 Nr. 1 GewStG fällt.

4.2.7.2 Einzelheiten zu § 8 Nr. 1 Buchst. e GewStG

- Für angemieteten Grundbesitz wird **ein Finanzierungsanteil hinzugerechnet**. Dieser **Finanzierungsanteil beträgt 50 %** der gesamten Miet- und Pachtaufwendungen und nicht nur 20 % wie bei beweglichem Anlagevermögen. Dies hängt damit zusammen, dass der Wertverzehr bei Grundstücken sehr viel niedriger und deshalb der Finanzierungsanteil in den Pachtzahlungen wesentlich höher ist.
- Vgl. zur gewerbesteuerlichen Behandlung von **Lagerverträgen** nach §§ 467 ff. HGB auch die Verfügung der OFD Magdeburg vom 07.05. 2012 (DStR 2012, 1033), wonach Entgelte aus solchen Lagerverträgen **nicht** unter § 8 Nr. 1 Buchst. e GewStG fallen.
- **Erbbauzinsen** für die Überlassung **unbebauter** Grundstücke sind rechtlich und wirtschaftlich ein Entgelt für die Überlassung des Grundstücks zur Nutzung und unterliegen der Hinzurechnung nach § 8 Nr. 1 Buchst. e GewStG (**Rdnr. 32** des Ländererlasses).
- Wird ein Erbbaurecht an einem **bebauten** Grundstück bestellt, sind die gezahlten Erbbauzinsen in einen Tilgungs- und Zinsanteil für die Übertragung des Bauwerks einerseits und ein Entgelt für die Nutzung des Grund und Bodens andererseits aufzuteilen. Der auf das Bauwerk entfallende Zinsanteil unterliegt § 8 Nr. 1 Buchst. a GewStG, soweit die diesbezüglichen Erbbauzinsen nicht aktiviert wurden (**Rdnr. 32a** des Ländererlasses).

4.2.8 § 8 Nr. 1 Buchst. f GewStG – Finanzierungsanteile bei Rechteüberlassungen (R 8.1 Abs. 5 GewStR 2009; Rdnr. 33 bis 43)

Nach der Verwaltungslinie gilt Folgendes:

- Seit dem EZ 2008 werden auch 1/4 der Aufwendungen für die zeitlich befristete Überlassung von Rechten in die Summe der Finanzierungsentgelte des § 8 Nr. 1 GewStG einbezogen.

  Zu den Rechten i. S. d. § 8 Nr. 1 Buchst. f GewStG gehören insbesondere
  - Konzessionen,
  - Gewerbliche Schutzrechte,

- Urheberrechte,
- Lizenzrechte,
- Namensrechte.

- Die gesetzliche Schätzung des Finanzierungsanteils mit 1/4 der Entgelte erfolgt unabhängig von den in der Praxis sehr unterschiedlich langen Laufzeiten der Rechteüberlassungen. Eine Hinzurechnung kann allerdings **nicht allein dadurch vermieden** werden, dass einzelne Rechte **nur für kurze Zeit** überlassen werden.
- Nach **Rdnr. 33** des Ländererlasses gelten als **Rechte** i. S. d. § 8 Nr. 1 Buchst. f GewStG subjektive Rechte an immateriellen Wirtschaftsgütern, denen bereits unabhängig vom jeweiligen Überlassungsverhältnis ein **eigenständiger Vermögenswert** beizumessen ist und an denen eine **geschützte Rechtsposition** besteht.
- Danach gehören insbesondere **Konzessionen, gewerbliche Schutzrechte, Urheberrechte, Lizenzrechte und Namensrechte** zu den Rechten i. S. d. § 8 Nr. 1 Buchst. f GewStG. Aufwendungen für die zeitlich befristete Überlassung von **Software** unterliegen regelmäßig § 8 Nr. 1 Buchst. f GewStG, wenn mit der zeitlich befristeten Überlassung das **Recht auf Nutzung** eingeräumt wird und auf Seiten des Überlassenden eine **geschützte Rechtsposition** an diesem Recht (bspw. Urheberrecht) besteht.
- Aufwendungen für die Überlassung ungeschützter Erfindungen, **Know-how, Firmenwert, Kundenstamm** und sonstiger ungeschützter geistiger Werte unterliegen dagegen **nicht** der Hinzurechnung.
- Durch **Rdnr. 34** des Ländererlasses wurde klargestellt, dass auch die entrichtete **»Lkw-Maut«** (nach dem Bundesfernstraßenmautgesetz) und zu entrichtende **Rundfunkgebühr** (nach dem Rundfunkgebührenstaatsvertrag) **nicht** den Tatbestand einer zeitlich befristeten Überlassung für ein Recht nach § 8 Nr. 1 Buchst. f GewStG erfüllen.
- Ebenso fällt ein **Rechteverkauf nicht** unter die Hinzurechnung. Eine endgültige Überlassung von Rechten im Sinne der Einräumung oder Übertragung des Rechts ist nämlich keine Überlassung von Rechten (Rdnr. 37 des Ländererlasses).
- Eine weitere **Ausnahme** gilt für sog. **Vertriebslizenzen/»Durchleitungsrechte«**. Dies sind Lizenzen (oder auch andere überlassene Rechte; vgl. dazu Rdnr. 40 ff. des Ländererlasses), die ausschließlich dazu berechtigen, daraus abgeleitete Rechte gegenüber Dritten zu überlassen. Die Ausnahmeregelung findet deshalb auf der letzten Stufe der »Überlassungskette« keine Anwendung.

BEISPIEL

Software-Berater S hat von der Software-AG eine Lizenz für ein Programm erworben. Nach den Lizenzbedingungen ist er berechtigt, seinen eigenen Kunden ebenfalls Lizenzen an diesem Programm einzuräumen.

LÖSUNG Die Lizenzzahlungen des S an die Software-AG führen bei S nicht zu einer Hinzurechnung nach § 8 Nr. 1 Buchst. f EStG, da es sich um ein sog. **»Durchleitungsrecht«** handelt. Demgegenüber ist bei den Endkunden eine Hinzurechnung der Finanzierungsanteile in ihren Lizenzzahlungen an S vorzunehmen, soweit sie dieses Programm im Rahmen einer gewerblichen Tätigkeit nutzen.

- Erstreckt sich der mit einem Rechteverwerter abgeschlossene Lizenzvertrag über ein Werk dagegen ausschließlich auf das Vortragen, Aufführen oder Vorführen (z. B. in einem Kino, Radiosender, Konzert) i. S. d. § 19 UrhG, gilt dieses nach **Rdnr. 40** des Ländererlasses nicht als in der letzten Stufe der »Überlassungskette« erbracht. Damit kommt es in diesen Fällen **nicht** zu einer Hinzurechnung.

4.2.9 Zur Rechtmäßigkeit der Hinzurechnungsregelungen in § 8 Nr. 1 GewStG gilt Folgendes:

- Mit Beschluss vom 29.02.2012 – 1 K 138/10 (EFG 2012, 960) hat das FG Hamburg dem Bundesverfassungsgericht die Frage vorgelegt, ob die gewerbesteuerliche Hinzurechnung von Zinsen und Mieten/Pachten für bewegliche und unbewegliche Wirtschaftsgüter in § 8 Nr. 1 Buchst. a, d und e GewStG mit Art. 3 Abs. 1 des Grundgesetzes vereinbar ist.
  Das **Bundesverfassungsgericht** hat mit **Beschluss vom 15.02.2016 (AZ: 1 BvL 8/12 BStBl II 2016, 557)** die Vorlage des FG Hamburg für unzulässig erklärt.
- Unabhängig von der Verfassungsmäßigkeit sind die Hinzurechnungsregelungen in § 8 Nr. 1 GewStG aber nach wie vor stark umstritten. Beim **BFH** sind derzeit folgende Verfahren zu § 8 Nr. 1 GewStG in der seit EZ 2008 geltenden Fassung anhängig:
  - IV R 55/10 → Weitervermietung von Wohnraum
  - IV R 24/11 → kurzfristige Anmietung von Veranstaltungsimmobilien
  - IV R 55/11 → Betrieb von Schnellrestaurants im Franchise-System
  - I R 41/15 → Pacht und Lizenzen (Hotelbetrieb und Markenrechte)
  - I R 57/15 → Überlassung von Ausstellungsflächen in Messehallen
  - I R 28/16 → Reiseveranstalter (sog. Reisevorleistungseinkauf)
- Einspruchsverfahren ruhen nach § 363 Abs. 2 Satz 2 AO; Aussetzung der Vollziehung wird von der Finanzverwaltung in begründeten Einzelfällen (z. B. bei Konzert-, Messe- oder Reiseveranstaltern) gewährt.

5 Kürzungen

Bei der Ermittlung des Gewerbeertrags wird in den in § 9 GewStG bestimmten Fällen die Summe des Gewinns und der Hinzurechnungen gekürzt.

5.1 Gewerbeertragskürzung für den zum Betriebsvermögen gehörenden Grundbesitz gem. § 9 Nr. 1 Satz 1 GewStG (R 9.1 GewStR 2009)

5.1.1 Zweck der Kürzung

Die Kürzung nach § 9 Nr. 1 Satz 1 GewStG dient in erster Linie der Vermeidung der Doppelbelastung des Grundbesitzes mit Grundsteuer und Gewerbesteuer. Vgl. dazu R 9.1 Abs. 1 Satz 4 GewStR 2009.

5.1.2 Zugehörigkeit des Grundbesitzes zum Betriebsvermögen

Für die Kürzung ist entscheidend, ob und inwieweit das Grundstück einkommensteuerlich – also nicht bewertungsrechtlich – als Betriebsvermögen behandelt wird (§ 20 Abs. 1 GewStDV). Unerheblich ist, ob das Grundstück oder ein Grundstücksteil notwendiges oder gewillkürtes Betriebsvermögen darstellt.

Bei der Kürzung wird entsprechend dem bewertungsrechtlichen Stichtagsprinzip stets auf den betrieblichen Grundstücksbestand zu **Beginn des Kalenderjahres** abgestellt (§ 20 Abs. 1 Satz 2 GewStDV). Dies gilt sowohl bei Beginn der Steuerpflicht während des Kalenderjahres als auch bei Veränderungen im betrieblichen Grundstücksbestand während des Jahres. Solche Veränderungen wirken sich erst auf die Kürzung im Folgejahr aus.

5.1.3 Bemessungsgrundlage der Kürzung

Bemessungsgrundlage ist der Einheitswert des Grundstücks, der auf den letzten Feststellungszeitpunkt vor dem Ende des Erhebungszeitraums lautet; auf den Erhebungszeitraum 2018 bezogen also zum 01.01.2018 oder früher. Bei Grundstücken, die wie Grundvermögen bewertet werden, ist ein Zuschlag i. H. v. 40 % vorzunehmen (§ 121a BewG). Der Zuschlag entfällt bei Grundstücken, die wie land- und forstwirtschaftliches Vermögen bewertet werden. Vgl. R 9.1 Abs. 2 GewStR 2009.

Gehört ein Grundstück nur teilweise zum Betriebsvermögen, so muss der Einheitswert (einschl. Zuschlag) aufgeteilt werden, und zwar in der Regel nicht nach der Nutzfläche, sondern nach der Jahresrohmiete, die dem Einheitswert des Grundstücks zugrunde liegt. Vgl. dazu § 20 Abs. 2 GewStDV und R 9.1 Abs. 1 Sätze 7–9 GewStR 2009.

5.1.4 Keine Kürzung bei von der Grundsteuer befreitem Grundbesitz

§ 9 Nr. 1 Satz 1 GewStG lautet in der aktuellen Gesetzesfassung wie folgt:

»1,2 % des Einheitswerts des zum Betriebsvermögen des Unternehmers gehörenden **und nicht von der Grundsteuer befreiten** Grundbesitzes; maßgebend ist der Einheitswert, der auf den letzten Feststellungszeitpunkt (Hauptfeststellungs-, Fortschreibungs- oder Nachfeststellungszeitpunkt) vor dem Ende des Erhebungszeitraums (§ 14) lautet.«

Die Einschränkung des § 9 Nr. 1 Satz 1 GewStG auf Grundbesitz, der nicht von der Grundsteuer befreit ist, beschränkt sich ausschließlich auf Befreiungstatbestände des Grundsteuergesetzes. Wird die Grundsteuer aus anderen Gründen (z. B. Billigkeitsmaßnahmen, Erlass, Verjährung) tatsächlich nicht erhoben, steht dies der Anwendung der Kürzungsnorm auf den betreffenden Grundbesitz nicht entgegen.

Vgl. dazu R 9.1 Abs. 1 Sätze 2 und 3 GewStR 2009.

BEISPIEL

Zum Betriebsvermögen eines gewerblichen Einzelunternehmens gehört am 01.01. 2018 folgender grundsteuerpflichtige Grundbesitz:

	Bilanzansatz (31.12. 2017)	Einheitswert
a) Grundstück mit Werkstatt und Wohnhaus (bilanziert ist nur der eigenbetrieblich genutzte Teil = 30 %)		des gesamten Grundstücks zum 01.01. 1974
	215 000 €	100 000 DM
b) Lagergrundstück		zum 01.01. 1988
	35 000 €	15 000 DM
c) Grundstück mit noch nicht fertigem neuem Werkstattgebäude	650 000 €	zum 01.01. 2017 12 993 €

Kürzung nach § 9 Nr. 1 **Satz 1** GewStG:
Maßgebender Einheitswert für die bilanzierten Grundstücke:

		Umrechnung in € (gem. § 30 BewG)*
a) anteiliger Einheitswert (§ 20 Abs. 2 GewStDV) = 30 % von 100 000 DM	30 000 DM *	15 338 €

b) Einheitswert	15 000 DM *	7 669 €
c) Einheitswert gem. § 91 Abs. 1 BewG		12 993 €
		36 000 €
+ Zuschlag nach **§ 121a BewG**		+ 14 400 €
(R 9.1 Abs. 2 GewStR 2009) = 40 % von 36 000 €		50 400 €
= Kürzungsbetrag: 1,2 % von 50 400 € (604,80 €, d. h. aufgerundet)		**605 €**

***Anmerkung:** Nach § 30 BewG i. d. F. des Art. 17 des Steuer-Euroglättungsgesetzes vom 19.12. 2 000 (BStBl I 2001, 3, 14) sind die in DM ermittelten Einheitswerte nach dem amtlichen Schlüssel (d. h. geteilt durch 1,95583) in Euro umzurechnen. Der umgerechnete Betrag ist auf volle Euro abzurunden.

5.1.5 Erweiterte Gewerbeertragskürzung für Grundstücksunternehmen gem. § 9 Nr. 1 Sätze 2 bis 6 GewStG (R 9.2 GewStR 2009)

5.1.5.1 Zweck der Kürzung

Grundgedanke der erweiterten Gewerbeertragskürzung ist die Gleichstellung der vermögensverwaltenden Tätigkeit z. B. einer natürlichen Person, die mit dieser Tätigkeit nicht gewerbesteuerpflichtig ist, mit der vermögensverwaltenden Tätigkeit z. B. einer GmbH, die kraft Rechtsform der GewSt unterliegt.

5.1.5.2 Voraussetzungen

a) **Antragsvorschrift**

Die erweiterte Gewerbeertragskürzung wird nur auf Antrag gewährt. Der Antrag ist formlos und kann bis zur Rechtskraft des GewSt-Messbescheids gestellt werden.

Der Antrag ist nur von Vorteil, wenn der anteilige Gewerbeertrag aus der Grundstücksverwaltung und -nutzung höher ist als die pauschale Kürzung von 1,2 v. H.

Eine Kombination von pauschaler und erweiterter Kürzung ist nicht zulässig.

b) **Rechtsform**

Die Regelung gilt für Grundstücksunternehmen jeglicher Rechtsform (R 9.2 Abs. 1 Satz 1 GewStR 2009).

c) **Das Grundstücksunternehmen muss sich auf folgende Tätigkeitsbereiche beschränken:**

- **Verwaltung und Nutzung eigenen Grundbesitzes**

Die eigene Grundstücksverwaltung darf den Rahmen der Vermögensverwaltung im steuerlichen Sinne nicht überschreiten (H 9.2 (2) [Gewerbliche Grundstücksverwaltung] GewStH 2009).

Die erweiterte Kürzung kommt deshalb **nicht** in Betracht **bei gewerblichem Grundstückshandel** (mit Ausnahme der Errichtung und Veräußerung bestimmter Einfamilienhäuser, Zweifamilienhäuser und Eigentumswohnungen – vgl. BFH-Urteil vom 31.07.1990 BStBl II 1990, 1076) bei einer **Betriebsverpachtung im Ganzen (BFH-Urteil vom 14.06.2005 BStBl II 2005, 778)** und bei **Betriebsaufspaltung.**

Zur erweiterten Kürzung im Fall einer Betriebsaufspaltung ist beim BFH noch ein Revisionsverfahren anhängig (AZ: X R 54/14). Vermietet eine GmbH wesentliche Betriebsgrundlagen an eine andere GmbH, an der nicht sie selbst, sondern ihre Gesellschafter beherrschend beteiligt sind (Schwester-GmbH), so kann sie die erweiterte Kürzung beanspruchen (BFH-Urteil vom 01.08.1979 BStBl II 1980, 77).

Das **Halten einer Kommanditbeteiligung** durch ein grundstücksverwaltendes Unternehmen an einer gewerblich geprägten, ebenfalls grundstücksverwaltenden Personengesellschaft verstößt gegen das Ausschließlichkeitsgebot des § 9 Nr. 1 Satz 2 GewStG, nur eigenen Grundbesitz oder neben eigenem Grundbesitz nur eigenes Kapitalvermögen zu verwalten und zu nutzen, und steht daher einer erweiterten **Kürzung des Gewerbeertrags entgegen** (vgl. BFH-Urteil vom 30.11.2005 GmbHR 2006, 556). Nach dem BFH-Urteil vom 19.10.2010 (BStBl II 2011, 367) gilt dies auch für eine grundstücksverwaltende GmbH, die als Komplementärin an einer ihrerseits vermögensverwaltenden (nicht gewerblich geprägten) KG beteiligt ist. Auch ihr ist die erweiterte Kürzung nicht zu gewähren. Dazu ist beim BFH ein neues Revisionsverfahren anhängig (AZ: I R 21/16).

Problematisch ist darüber hinaus die **Mitvermietung von Betriebsvorrichtungen**. Vgl. dazu z. B. die BFH-Entscheidungen vom 17.05.2006 (BStBl II 2006, 659) und vom 07.04.2011 (BFH/NV 2011, 1392). Der BFH hält selbst eine geringfügige Mitvermietung für begünstigungsschädlich, wenn die Betriebsvorrichtungen nicht "der Verwaltung und Nutzung des eigenen Grundbesitzes im engeren Sinne dienen und als zwingend notwendiger Teil einer wirtschaftlich sinnvoll gestalteten eigenen Grundstücksverwaltung und Grundstücksnutzung angesehen werden können". Anhängig ist dazu derzeit beim BFH noch das Verfahren I R 45/15.

Zu sonstigen Nebentätigkeiten wird auf H 9.2 (2) GewStH 2009 und das BFH-Urteil vom 17.01.2006 (BStBl II 2006, 434) verwiesen. Die unentgeltliche Bestellung von Sicherheiten für ein verbundenes Unternehmen wahrt nach diesem Urteil noch die Grenzen der grundstücksbezogenen Vermögensverwaltung i. S. d. § 9 Nr. 1 Satz 2 GewStG.

- **Verwaltung und Nutzung eigenen Kapitalvermögens**

  Die Verwaltung eigenen Kapitalvermögens darf den Rahmen der Vermögensverwaltung ebenfalls nicht überschreiten (H 9.2 (2) [Kapitalvermögen] GewStH 2009).

- **Besonders zugelassene Wohnungsgeschäfte**

  Zu den besonders zugelassenen Wohnungsgeschäften gehören die Betreuung von Wohnungsbauten sowie die **Errichtung und Veräußerung** der in § 9 Nr. 1 Satz 2 GewStG ausdrücklich genannten Einfamilienhäuser, Zweifamilienhäuser und Eigentumswohnungen (einschließlich Teileigentum, wenn das Gebäude zu mehr als zwei Dritteln Wohnzwecken dient).

Die Veräußerung von erworbenen (im Gegensatz zu errichteten) Einfamilienhäusern, Zweifamilienhäusern und Eigentumswohnungen gehört nicht zu den besonders zugelassenen Wohnungsgeschäften; sie stellt ggf. einen gewerblichen Grundstückshandel dar, der die erweiterte Kürzung ausschließt.

In welchem umfangmäßigen Verhältnis die drei Tätigkeitsbereiche zueinander stehen, ist unerheblich.

5.1.5.3 Zeitliche Voraussetzung

Die sachlichen Voraussetzungen hinsichtlich der Tätigkeitsbereiche müssen während des ganzen EZ erfüllt sein. Ist dies nur zeitweise der Fall, z. B. beim Übergang zur bloßen Grundstücksverwaltung während des Jahres, kommt die erweiterte Kürzung nicht in Betracht (H 9.2 (1) GewStH 2009). Vgl. dazu die Urteile des BFH vom 11.08.2004 (BStBl II 2004, 1080) und vom 26.02.2014 – I R 6/13 (BFH/NV 2014, 1400). Der BFH wird sich in dem Verfahren IV R 30/15 weiter mit dieser Thematik beschäftigen.

5.1.5.4 Getrennte Gewinnermittlung

Betreibt das Grundstücksunternehmen die besonders zugelassenen Wohnungsgeschäfte, so muss der Gewinn aus der Verwaltung und Nutzung eigenen Grundbesitzes in der Buchführung gesondert ermittelt werden (§ 9 Nr. 1 Satz 4 GewStG).

5.1.5.5 Umfang der Kürzung

Die erweiterte Kürzung umfasst den Teil des Gewerbeertrags des Grundstücksunternehmens, der auf die Verwaltung und Nutzung des eigenen Grundbesitzes entfällt. Dazu gehören auch Gewinne, die aus der gelegentlichen Veräußerung eines zum Bereich der Grundstücksverwaltung gehörenden Grundstücks erzielt werden (R 9.2 Abs. 3 GewStR 2009 und H 9.2 (3) GewStH 2009).

MERKSATZ

Nicht unter die erweiterte Kürzung fallen Erträge aus der Verwaltung von Kapitalvermögen (BFH-Urteil vom 15.03.2000 BStBl II 2000, 355, und vom 20.09.2007, AZ: IV R 19/05, BFH/NV 2008, 492) und Erträge aus den besonders zugelassenen Wohnungsgeschäften.

5.1.5.6 Missbrauchsregelungen in § 9 Nr. 1 Sätze 5 und 6 GewStG

Die erweiterte Kürzung scheidet nach § 9 Nr. 1 Satz 5 GewStG aus, wenn

1. der Grundbesitz ganz oder zum Teil dem Gewerbebetrieb eines Gesellschafters oder Genossen dient (siehe nachstehendes Beispiel) oder

1a. soweit der Gewerbeertrag Vergütungen i. S. d. § 15 Abs. 1 Satz 1 Nr. 2 Satz 1 des EStG enthält, die der Gesellschafter von der Gesellschaft für seine Tätigkeit im Dienst der Gesellschaft oder für die Hingabe von Darlehen oder für die Überlassung von Wirtschaftsgütern, mit Ausnahme der Überlassung von Grundbesitz, bezogen hat, oder

2. soweit der Gewerbeertrag Gewinne aus der Aufdeckung stiller Reserven aus dem Grundbesitz enthält, der innerhalb von drei Jahren vor der Aufdeckung der stillen Reserven zu einem unter dem Teilwert liegenden Wert in das BV des aufdeckenden Gewerbebetriebs überführt oder übertragen worden ist, und soweit diese Gewinne auf bis zur Überführung oder Übertragung entstandene stille Reserven entfallen.

Eine Kürzung nach den Sätzen 2 und 3 ist nach § 9 Nr. 1 Satz 6 GewStG außerdem für den Teil des Gewerbeertrags, der auf Veräußerungs- oder Aufgabegewinne i. S. d. § 7 Satz 2 Nr. 2 und 3 entfällt, ausgeschlossen.

BEISPIEL ZU § 9 NR. 1 SATZ 5 NR. 1 GEWSTG:

Grundfall:

Nach dem BFH-Urteil vom 26.06.2007 (BStBl II 2007, 893) ist die Größenordnung des (schädlich) überlassenen Grundbesitzes unbeachtlich.

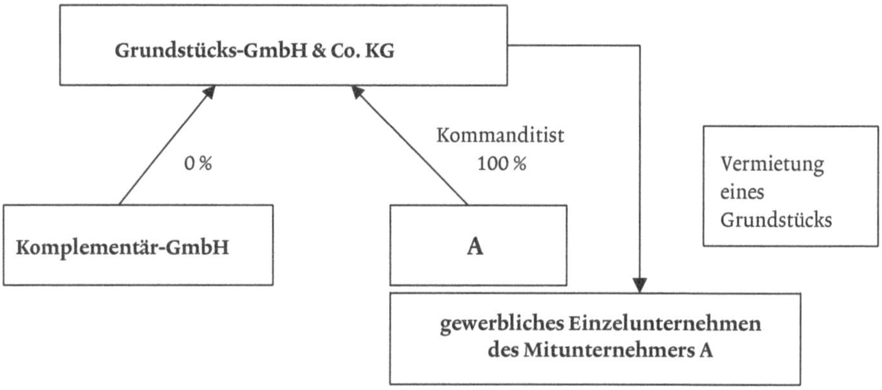

Die Vermietung eines Grundstücks an den Gewerbebetrieb eines Gesellschafters (hier: des Mitunternehmers A) wäre daher nach § 9 Nr. 1 Satz 5 Nr. 1 GewStG auch dann nicht zulässig, wenn nur ein ganz unwesentlicher Teil des Grundstücks dem Gewerbebetrieb des A dienen würde. Vgl. dazu auch H 9.2 (4) [Geringfügigkeit des überlassenen Grundbesitzes] GewStH 2009.

Abwandlung 1 des Grundfalls: Zwischenschaltung einer Personengesellschaft

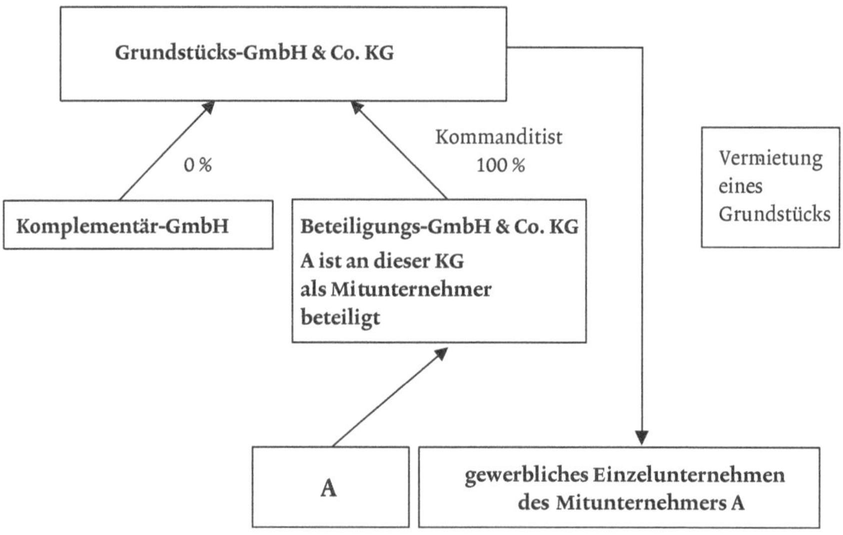

Nach dem **BFH-Urteil vom 15.12.1998 (BStBl II 1999, 168)** ist auch der mittelbar über eine Personengesellschaft an der Grundstücksgesellschaft Beteiligte "Gesellschafter" i.S.d. § 9 Nr. 1 Satz 5 (heute: Satz 5 Nr. 1) GewStG. Vgl. dazu H 9.2 (4) (Mittelbare Beteiligung) GewStH 2016.

Abwandlung 2 des Grundfalls: Zwischenschaltung einer Kapitalgesellschaft

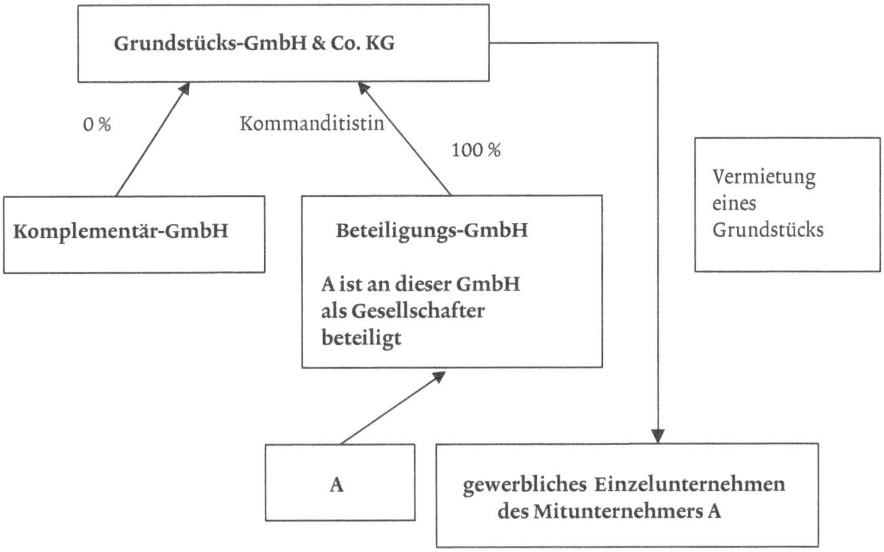

Nach dem **BFH-Urteil vom 15.04.1999 (BStBl II 1999, 532)** ist der mittelbar über eine **Kapitalgesellschaft** an der Grundstücksgesellschaft Beteiligte **nicht** „Gesellschafter" i. S. d. § 9 Nr. 1 Satz 5 (heute: Satz 5 Nr. 1) GewStG. Der BFH begründet dies mit der „Abschirmwirkung" der Kapitalgesellschaft. Vgl. dazu H 9.2 (4) (Mittelbare Beteiligung) GewStH 2016.

5.2 Hinzurechnungen und Kürzungen im Zusammenhang mit Beteiligungen an Personen- und Kapitalgesellschaften

5.2.1 § 8 Nr. 8 GewStG und § 9 Nr. 2 GewStG

Gehört die Beteiligung an einer **inländischen gewerblichen Personengesellschaft** beim Gesellschafter zum Betriebsvermögen eines von ihm unterhaltenen Gewerbebetriebs, wird der Gewinn- oder Verlustanteil aus der Personengesellschaft beim Gesellschafter im Rahmen der Gewinnermittlung für den eigenen Gewerbebetrieb erfasst. Da aber die Personengesellschaft bereits selbst Subjekt der Gewerbesteuerpflicht ist, werden die Gewinn- und Verlustanteile bei Ermittlung des Gewerbeertrags des Gesellschafters zur Vermeidung einer nochmaligen Erfassung durch eine **Kürzung gem. § 9 Nr. 2** oder eine **Hinzurechnung gem. § 8 Nr. 8 GewStG** eliminiert.

Gehört die Beteiligung an einer **ausländischen gewerblichen Personengesellschaft** zum Betriebsvermögen eines gewerbesteuerpflichtigen Unternehmens, richtet sich die ertragsteuerliche Behandlung der Gewinn- oder Verlustanteile in erster Linie zunächst nach evtl. bestehenden zwischenstaatlichen Vereinbarungen (vor allem Doppelbesteuerungsabkommen). Nur wenn danach der Gewinn- oder Verlustanteil bei der Ermittlung des Gewinns aus Gewerbebetrieb i. S. d. § 7 GewStG **noch zu berücksichtigen** ist, wird durch § 9 Nr. 2 oder § 8 Nr. 8 GewStG der berücksichtigte Betrag entsprechend dem Inlandsprinzip der Gewerbesteuer neutralisiert.

Die Hinzurechnungs- und Kürzungsvorschriften gelten nur für Verlust- und Gewinnanteile **gewerblicher** (in- oder ausländischer) Personengesellschaften, also z. B. nicht bei Personengesellschaften mit Einkünften aus Vermietung und Verpachtung. Es reicht aus, wenn die Personengesellschaft einkommensteuerlich zu den Gewerbebetrieben gehört, auch wenn keine GewSt-Pflicht besteht (wie z. B. bei Betriebsverpachtung im Ganzen oder Gewerbebetrieben in der Vorbereitungs- oder Abwicklungsphase). Vgl. R 8.4 GewStR 2009.

Eine bestimmte Mindestbeteiligung (wie z. B. bei § 9 Nr. 2a GewStG) ist im Übrigen nicht Voraussetzung für die Anwendung des § 9 Nr. 2 bzw. § 8 Nr. 8 GewStG.

BEISPIEL

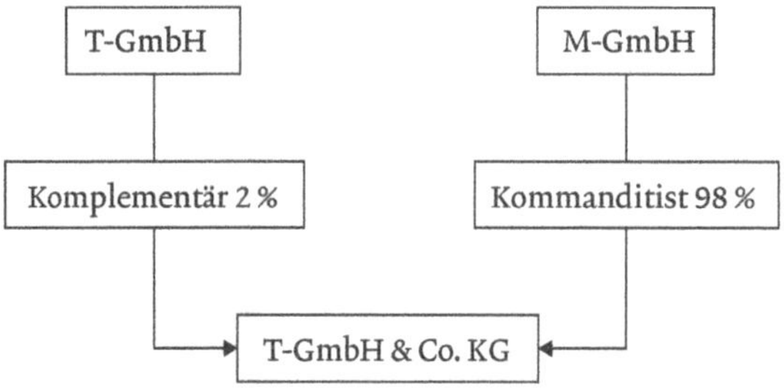

Bei den Mitunternehmern T-GmbH und M-GmbH, die die Beteiligung in ihrem gewerblichen Betriebsvermögen halten, wird der jeweilige Gewinnanteil an der GmbH & Co. KG nach § 9 Nr. 2 GewStG uneingeschränkt gekürzt. Ein Verlustanteil wird durch eine Hinzurechnung nach § 8 Nr. 8 GewStG auf der Gesellschafterebene neutralisiert.

5.2.2 Kürzung von Gewinnanteilen aus der Beteiligung an inländischen Kapitalgesellschaften (§ 9 Nr. 2a GewStG)

5.2.2.1 Allgemeines

§ 9 Nr. 2a GewStG beinhaltet das **inländische gewerbesteuerliche Schachtelprivileg**. Hierbei gelten folgende Besonderheiten:

- Die Kürzung setzt insbesondere voraus, dass der Ausschüttungsempfänger am Nennkapital der ausschüttenden Gesellschaft **zu Beginn des Erhebungszeitraums mit mindestens 15 % beteiligt war. Diese 15 %-Grenze gilt seit dem EZ 2008.** Bis zum EZ 2007 galt eine Mindestbeteiligungsgrenze von 10 %.
- Nach dem BFH-Urteil vom 17.05. 2 000 (BStBl II 2001, 685) reicht **eine mittelbare Beteiligung in dem gesetzlich bestimmten Umfang aus** (H 9.3 (Mittelbare Beteiligung) GewStH 2016).
- Bei **Personengesellschaften** ist eine Gesamtbetrachtung vorzunehmen, d. h. für die Ermittlung der erforderlichen Beteiligungshöhe sind die im **notwendigen oder gewillkürten Gesamthands- und Sonderbetriebsvermögen** gehaltenen Anteile zusammenzurechnen.
- Die erforderliche Beteiligung muss **zu Beginn des Erhebungszeitraums**, d. h. in der Regel zum 01.01. eines Jahres bestehen **(Stichtagsprinzip)**. Beginnt die Steuerpflicht des beteiligten Unternehmens im Laufe eines Kalenderjahrs, kommt es für den ersten Erhebungszeitraum auf die Höhe der Beteiligung zu Beginn der Steuerpflicht an (Beginn des abgekürzten Erhebungszeitraums i. S. d. § 14 Satz 3 GewStG). Vgl. dazu auch R 9.3 Satz 5 GewStR 2009.

- Zu kürzen sind die Gewinnanteile, die den Gewinn i. S. d. § 7 GewStG erhöht haben, **vermindert um die damit in unmittelbarem Zusammenhang stehenden Aufwendungen** (§ 9 Nr. 2a Satz 3 GewStG); **s. 5. 2. 2. 2.**
- Unter die Kürzung fallen **sowohl offene als auch verdeckte Gewinnausschüttungen**.
- **Liquidationsraten** fallen ebenfalls unter § 9 Nr. 2a GewStG. Nach dem BFH-Urteil vom 08.05. 2003 (BStBl II 2004, 460), mindert dabei der Buchwert der Anteile an der liquidierten Gesellschaft den Kürzungsbetrag nicht. Die Ausbuchung dieses Buchwerts führt zu einer Hinzurechnung nach § 8 Nr. 10 Buchst. b GewStG. Vgl. dazu H 8.6 und H 9.3 (Liquidation der Kapitalgesellschaft) GewStH 2016.

MERKSATZ

Keine Kürzung im Falle der Einlagenrückgewähr und bei Veräußerung der Kapitalbeteiligung!

- Für Gewinnausschüttungen, die nach § 27 KStG Leistungen aus dem steuerlichen Einlagekonto darstellen, gilt das Gleiche wie für die frühere Verwendung von EK 04 im Anwendungsbereich des Anrechnungsverfahrens. D. h. Leistungen aus dem steuerlichen Einlagekonto sind nicht in die Kürzung nach § 9 Nr. 2a GewStG einzubeziehen (H 9.3 (Ausschüttungen, für die Beträge des steuerlichen Einlagekontos als verwendet gelten) GewStH 2016).
- Der Gewinn aus der Veräußerung einer Beteiligung an einer Kapitalgesellschaft ist ebenfalls kein von der Kapitalgesellschaft ausgeschütteter Gewinn i. S. d. § 9 Nr. 2a GewStG (H 9.3 (Veräußerungsgewinne) GewStH 2016).

Veräußerungsgewinne sind demnach nicht kürzungsfähig!
Wichtig: Gewerbesteuerliche Behandlung von sog. Streubesitzanteilen

- Nach **§ 8b Abs. 4 KStG** in der Fassung des Gesetzes zur Umsetzung des EuGH-Urteils vom 20. 10. 2011 in der Rechtssache C-284/09 (BStBl I 2013, 344) ist die Steuerbefreiung nach § 8b Abs. 1 KStG grundsätzlich nicht zu berücksichtigen, wenn die Beteiligung zu Beginn des Kalenderjahrs unmittelbar weniger als 10 % des Grund- oder Stammkapitals betragen hat. Die Besteuerung dieser sog. **Streubesitzanteile** hat Auswirkungen auf die gewerbesteuerliche Behandlung.
- Die unter § 8b Abs. 4 Satz 1 KStG fallenden Gewinnausschüttungen werden bei der körperschaftsteuerlichen Einkommensermittlung nicht steuerfrei gestellt sondern sind in voller Höhe im Einkommen und damit auch im Gewinn aus Gewerbebetrieb i. S. d. § 7 GewStG enthalten. **Aufgrund der Beteiligungshöhe (weniger als 10 % zu Beginn des Kalenderjahrs) kommt eine Kürzung nach § 9 Nr. 2a GewStG nicht in Betracht. Mangels Steuerbefreiung nach § 8b Abs. 1 KStG unterbleibt auch eine Hinzurechnung nach § 8 Nr. 5 GewStG.**

5.2.2.2 Behandlung der Aufwendungen im Rahmen der Kürzung (§ 9 Nr. 2a Sätze 3 und 4 GewStG)

§ 9 Nr. 2a Sätze 3 und 4 GewStG lauten wie folgt:

»Im unmittelbaren Zusammenhang mit Gewinnanteilen stehende Aufwendungen mindern den Kürzungsbetrag, soweit entsprechende Beteiligungserträge zu berücksichtigen sind; insoweit findet § 8 Nr. 1 keine Anwendung. Nach § 8b Abs. 5 des Körperschaftsteuergesetzes nicht abziehbare Betriebsausgaben sind keine Gewinne aus Anteilen im Sinne des Satzes 1.«

§ 9 Nr. 2a Sätze 3 und 4 GewStG

Satz 3:	Satz 4:
Einzelunternehmen und Personengesellschaften, soweit natürliche Personen als Mitunternehmer beteiligt sind	**Kapitalgesellschaften**
In § 9 Nr. 2a **Satz 3** GewStG wurde die frühere Verwaltungsauffassung (**Kürzung »Netto-Dividende«**) im Gesetz festgeschrieben.	In § 9 Nr. 2a **Satz 4** GewStG wurde ebenfalls die frühere Verwaltungsauffassung (**keine Kürzung der 5 %**) im Gesetz verankert.
Sofern es sich dabei dem Grunde nach um Entgelte für Schulden (z. B. Zinsen) handelt, unterbleibt eine Hinzurechnung nach § 8 Nr. 1 Buchst. a GewStG.	**Der BFH hat dies im Urteil vom 10.01.2007 (BStBl II 2007, 586) bestätigt.** Danach fällt die nicht abziehbare Betriebsausgabe nach § 8b Abs. 5 Satz 1 KStG i. H. v. 5 % **nicht** unter die Kürzung nach § 9 Nr. 2a GewStG.

Das folgende Beispiel zu § 9 Nr. 2a Satz 3 GewStG behandelt die Beteiligungserträge eines gewerblichen **Einzelunternehmens** und damit zusammenhängende Finanzierungsaufwendungen.

BEISPIEL

A ist an der T-GmbH (Wirtschaftsjahr = Kalenderjahr) beteiligt. Die Beteiligung gehört zum Betriebsvermögen des gewerblichen Einzelunternehmens des A.
Im Wirtschaftsjahr (= Kalenderjahr) 2018 erhält A eine Gewinnausschüttung der T-GmbH i. H. v. 100 000 € (Auszahlungsbetrag: 73 625 € + Kapitalertragsteuer: 25 000 € + Solidaritätszuschlag zur Kapitalertragsteuer: 1 375 € = Beteiligungsertrag: 100 000 €).
Der Erwerb der Beteiligung wurde fremd finanziert. Die Zinsen für die noch bestehende Restschuld betragen für 2018 20 000 € und werden gewinnmindernd gebucht.

Buchungsmäßige Ausgangslage:		
Beteiligungsertrag		100 000 €
./. Zinsaufwand	./.	20 000 €
Gewinn (aus diesem Vorgang)		80 000 €
Außerbilanzmäßig:		
§ 3 Nr. 40 EStG	./.	40 000 €
§ 3c Abs. 2 EStG	+	8 000 €
Gewinn i. S. d. § 15 EStG (aus diesem Vorgang)		**48 000 €**
Gewinn i. S. d. § 7 GewStG		**48 000 €**

LÖSUNG

	A ist **zu Beginn** des Erhebungszeitraums 2018 mit **mindestens 15 %** an der T-GmbH beteiligt.	A ist **zu Beginn** des Erhebungszeitraums 2018 mit **weniger als 15 %** an der T-GmbH beteiligt.
Gewinn i. S. d. § 7 GewStG	48 000 €	48 000 €
Kürzung gem. § 9 Nr. 2a GewStG (steuerpflichtiger Beteiligungsertrag ./. abziehbare Zinsen; § 9 Nr. 2a Satz 3 GewStG)	./. 48 000 €	–
Hinzurechnung gem. § 8 Nr. 5 GewStG (steuerfreier Beteiligungsertrag ./. nicht abziehbare Zinsen)	–	+ 32 000 €
Gewerbeertrag (aus diesem Vorgang)	**0 €**	**80 000 €**

Anmerkung zur Behandlung in der **linken Spalte:**
Die Voraussetzungen für eine Kürzung nach § 9 Nr. 2a GewStG (Beteiligung von mindestens 15 % zu Beginn des Erhebungszeitraums 2018) liegen in der linken Spalte vor. Bei der Ermittlung des **Kürzungsbetrags nach § 9 Nr. 2a Satz 3 GewStG** ist folgende Berechnung durchzuführen:

Nach Anwendung des § 3 Nr. 40 EStG noch steuerpflichtige Beteiligungserträge	60 000 €
./. nach Anwendung des § 3c Abs. 2 EStG noch abziehbare Zinsen	./. 12 000 €
Kürzungsbetrag	**48 000 €**

Eine Hinzurechnung nach § 8 Nr. 5 GewStG ist in der linken Spalte **nicht** vorzunehmen.
Beachte:
Die Anwendung des § 9 Nr. 2a GewStG schließt § 8 Nr. 5 GewStG aus!
Hinzurechnung nach § 8 Nr. 1 Buchst. a GewStG:
Insgesamt sind im vorliegenden Fall Zinsaufwendungen i. H. v. 20 000 € angefallen. Davon sind nach § 3c Abs. 2 EStG nur 60 % abzugsfähig. Die nicht abzugsfähigen Aufwendungen i. H. v. (40 % von 20 000 € =) 8 000 € haben den Gewinn i. S. d. § 7 GewStG nicht gemindert.
In Höhe der grundsätzlich abzugsfähigen Zinsen von 12 000 € geht der Abzug vom Kürzungsbetrag der Berücksichtigung nach § 8 Nr. 1 GewStG vor (**vgl. dazu § 9 Nr. 2a Satz 3 2. HS GewStG**).
Damit kommt im Ergebnis eine Hinzurechnung nach § 8 Nr. 1 Buchst. a GewStG **nicht** in Betracht.
Anmerkung zur Behandlung in der **rechten Spalte**:
Die Voraussetzungen für eine Kürzung nach § 9 Nr. 2a GewStG liegen in der rechten Spalte **nicht** vor. Daher kommt eine **Hinzurechnung nach § 8 Nr. 5 GewStG** in Betracht.

Hinzurechnung nach § 8 Nr. 5 GewStG:	
Steuerfreier Beteiligungsertrag	40 000 €
./. nicht abziehbare Aufwendungen	./. 8 000 €
Hinzurechnungsbetrag	**32 000 €**

Hinzurechnung nach § 8 Nr. 1 Buchst. a GewStG:
Insgesamt sind im vorliegenden Fall Zinsaufwendungen i. H. v. 20 000 € angefallen. Davon sind nach § 3c Abs. 2 EStG nur 12 000 € abzugsfähig. Die nicht abzugsfähigen Aufwendungen i. H. v. 8 000 € haben den Gewinn i. S. d. § 7 GewStG nicht gemindert und dürfen wegen des Eingangssatzes in § 8 GewStG **nicht** in die Hinzurechnungen einbezogen werden.
Die Zinsen (12 000 €), die den Gewinn gemindert haben, sind in die Hinzurechnung nach § 8 Nr. 1 Buchst. a GewStG einzubeziehen. Ob es zu einer Hinzurechnung kommt, hängt davon ab, inwieweit noch andere Hinzurechnungsbeträge zu berücksichtigen sind und vor allem, **ob insgesamt der Freibetrag nach § 8 Nr. 1 GewStG i. H. v. 100 000 € überschritten ist.**

Die nachfolgenden Beispiele zu **§ 9 Nr. 2a Satz 4 GewStG** behandeln die Beteiligungserträge einer **Kapitalgesellschaft** wie folgt:

- im **Beispiel 1** Beteiligungserträge einer Kapitalgesellschaft ohne Finanzierungskosten;
- im **Beispiel 2** Beteiligungserträge einer Kapitalgesellschaft und damit zusammenhängende Finanzierungskosten;
- im **Beispiel 3** Beteiligungserträge einer Kapitalgesellschaft, die unter § 8b Abs. 4 KStG fällt.

BEISPIEL 1

Beteiligungserträge einer Kapitalgesellschaft ohne Finanzierungskosten (keine Anwendung des § 8b Abs. 4 KStG)

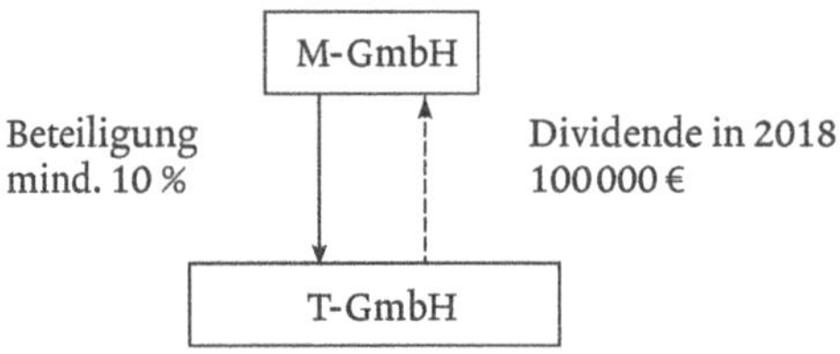

Bei der M-GmbH sind keine Aufwendungen (insbesondere keine Finanzierungskosten) im Zusammenhang mit der Beteiligung an der T-GmbH angefallen.

Gewinn- bzw. Einkommensermittlung bei der M-GmbH:		
Auszahlungsbetrag		73 625 €
+ nicht abziehbare Ausgaben nach § 10 Nr. 2 KStG		
Kapitalertragsteuer (KapESt)	+	25 000 €
Solidaritätszuschlag zur KapESt	+	1 375 €
Beteiligungsertrag		**100 000 €**
Anwendung des § 8b KStG		
§ 8b Abs. 1 KStG	./.	100 000 €
§ 8b Abs. 5 KStG	+	5 000 €
Einkommen im VZ 2018 (aus diesem Vorgang)		**5 000 €**
= Gewinn i. S. d. § 7 GewStG im EZ 2018 (aus diesem Vorgang)		**5 000 €**

LÖSUNG

	Die M-GmbH ist **zu Beginn** des Erhebungszeitraums 2018 mit mindestens 15 % an der T-GmbH **beteiligt.**	Die M-GmbH ist **zu Beginn** des Erhebungszeitraums 2018 mit 10 % **bis weniger als 15 %** an der T-GmbH **beteiligt**
Gewinn i. S. d. § 7 GewStG	**5 000 €**	**5 000 €**
Kürzung gem. § 9 Nr. 2a GewStG	**0 €***	–
Hinzurechnung gem. § 8 Nr. 5 GewStG	–	**+ 95 000 €****
Gewerbeertrag (aus diesem Vorgang)	**5 000 €**	**100 000 €**

***Anmerkung:** (zur Kürzung nach § 9 Nr. 2a GewStG in der linken Spalte)
****Anmerkung:** (zur Hinzurechnung nach § 8 Nr. 5 GewStG in der rechten Spalte)

Die Voraussetzungen für die Kürzung nach § 9 Nr. 2a GewStG liegen dem Grunde nach vor (= mindestens 15 %-ige Beteiligung zu Beginn des Erhebungszeitraums 2018). Dies hat entscheidende Bedeutung, weil damit die Hinzurechnung nach § 8 Nr. 5 GewStG **nicht** in Betracht kommt (**die Anwendung des § 9 Nr. 2a schließt § 8 Nr. 5 GewStG aus**)!
Für die Anwendung der Kürzung nach § 9 Nr. 2a GewStG bleibt allerdings kein Raum mehr, weil die Gewinnausschüttung bereits im Rahmen der Einkommensermittlung steuerfrei gestellt wurde.

Die nach § 8b Abs. 5 KStG (fiktiv) nicht abziehbaren Ausgaben dürfen nach **§ 9 Nr. 2a Satz 4 GewStG nicht gekürzt werden.**
Die Voraussetzungen für die Kürzung nach § 9 Nr. 2a GewStG liegen hier **nicht** vor. Daher kommt eine Hinzurechnung nach § 8 Nr. 5 GewStG in Betracht.
Hinzurechnungsbetrag:

Nach § 8b Abs. 1 KStG steuerfrei gestellte Erträge		100.000 €
./. nicht abziehbare Ausgaben i. S. d. § 8b Abs. 5 KStG	./.	5.000 €
Hinzurechnung nach § 8 Nr. 5 GewStG		95.000 €

BEISPIEL 2

Beteiligungserträge einer Kapitalgesellschaft und damit zusammenhängende Finanzierungskosten (keine Anwendung des § 8b Abs. 4 KStG)
Die M-GmbH ist an der T-GmbH zu mindestens 10 % beteiligt. Im Jahr 2018 erhält die M-GmbH eine Gewinnausschüttung der T-GmbH in Höhe von 100.000 € (Auszahlungsbetrag: 73.625 € + Kapitalertragsteuer: 25.000 € + Solidaritätszuschlag zur Kapitalertragsteuer: 1.375 € = Beteiligungsertrag: 100.000 €).
Der Erwerb der Beteiligung wurde durch die M-GmbH fremdfinanziert. Die Zinsen für die noch bestehende Restschuld betragen für 2018 20.000 € und werden gewinnmindernd gebucht.

Gewinn- bzw. Einkommensermittlung bei der M-GmbH:

Auszahlungsbetrag		73 625 €
./. Zinsaufwand	./.	20 000 €
		53 625 €
+ nicht abziehbare Ausgaben nach § 10 Nr. 2 KStG		
Kapitalertragsteuer (KapESt)	+	25 000 €
Solidaritätszuschlag zur KapESt	+	1 375 €
Beteiligungsertrag		**80 000 €**
Anwendung des § 8b KStG		
§ 8b Abs. 1 KStG§ 8b Abs. 5 KStG	./.	100 000 €
	+	5 000 €
Einkommen im VZ 2018 (aus diesem Vorgang)	**./.**	**15 000 €**
= Gewinn i. S. d. § 7 GewStG im EZ 2018 (aus diesem Vorgang)	**./.**	**15 000 €**

LÖSUNG

	Die M-GmbH ist **zu Beginn** des Erhebungszeitraums 2018 mit mindestens 15 % an der T-GmbH **beteiligt.**	Die M-GmbH ist **zu Beginn** des Erhebungszeitraums 2018 **mit 10 % bis weniger als 15 %** an der T-GmbH **beteiligt.**
Gewinn bzw. Verlust i. S. d. § 7 GewStG	./. 15 000 €	./. 15 000 €
Kürzung gem. § 9 Nr. 2a GewStG	**0 €**	–
Hinzurechnung gem. § 8 Nr. 5 GewStG	–	**+ 95 000 €**
Hinzurechnung gem. § 8 Nr. 1 Buchst. a GewStG (siehe Anmerkung)		
Gewerbeertrag (aus diesem Vorgang)	**5 000 €**	**100 000 €**

Anmerkung: (zur Hinzurechnung nach § 8 Nr. 1 Buchst. a GewStG sowohl in der linken als auch in der rechten Spalte)

Die Zinsen stellen Entgelte für Schulden i. S. d. § 8 Nr. 1 Buchst. a Satz 1 GewStG dar. Sie haben (zunächst) in Höhe von 20.000 € den Gewinn i. S. d. § 7 GewStG gemindert. Allerdings wurden aufgrund der Anwendung des § 8b Abs. 5 KStG (5 % des steuerfreien Beteiligungsertrags =) 5.000 € als nicht abziehbare Ausgaben behandelt, so dass **im Ergebnis nur 15.000 € den Gewinn i. S. d. § 7 GewStG gemindert haben.**

Nach Auffassung der Finanzverwaltung in Baden-Württemberg sind in einem solchen Fall aus Vereinfachungs- und Praktikabilitätsgründen nur die um den § 8b Abs. 5 KStG – Betrag geminderten Finanzierungsaufwendungen in die Hinzurechnung nach § 8 Nr. 1 GewStG einzubeziehen (**hier also 15.000 €**). Ob es zu einer Hinzurechnung kommt, hängt davon ab, inwieweit noch andere Hinzurechnungsbeträge zu berücksichtigen sind und vor allem, ob insgesamt der **Freibetrag in Höhe von 100.000 €** überschritten ist.

BEISPIEL 3

Beteiligungserträge einer Kapitalgesellschaft und damit zusammenhängende Finanzierungsaufwendungen

Die M-GmbH ist an der T-GmbH **mit 8 %** beteiligt. Im Jahr 2018 erhält die M-GmbH eine Gewinnausschüttung der T-GmbH in Höhe von 100.000 € (Auszahlungsbetrag: 73.625 € + Kapitalertragsteuer: 25.000 € + Solidaritätszuschlag zur Kapitalertragsteuer: 1.375 € = Beteiligungsertrag: 100.000 €). Der Erwerb der Beteiligung wurde durch die M-GmbH fremd finanziert. Die Zinsen für die noch bestehende Restschuld betragen für 2018 20.000 € und werden gewinnmindernd gebucht.

Gewinn- bzw. Einkommensermittlung bei der M-GmbH:

Auszahlungsbetrag		73 625 €
./. Zinsaufwand	./.	20 000 €
		53 625 €
+ nicht abziehbare Ausgaben nach § 10 Nr. 2 KStG		
Kapitalertragsteuer (KapESt)	+	25 000 €
Solidaritätszuschlag zur KapESt	+	1 375 €
Beteiligungsertrag (nach Abzug der Zinsen)		**80 000 €**
Keine Anwendung des § 8b 1 und 5 KStG wegen § 8b Abs. 4 KStG!		–
Einkommen im VZ 2018 (aus diesem Vorgang)	+	**80 000 €**
= **Gewinn i. S. d. § 7 GewStG im EZ 2018** (aus diesem Vorgang)	+	**80 000 €**
Keine Kürzung gem. § 9 Nr. 2a GewStG, weil die Beteiligung unter 15 % beträgt		–
Keine Hinzurechnung gem. § 8 Nr. 5 GewStG, weil kein steuerfreier Beteiligungsertrag vorliegt		–
		80 000 €
Hinzurechnung gem. § 8 Nr. 1 Buchst. a GewStG(siehe Anmerkung)		
Gewerbeertrag (aus diesem Vorgang)		

Anmerkung: (zur Hinzurechnung nach § 8 Nr. 1 Buchst. a GewStG)

Die Zinsen stellen Entgelte für Schulden i. S. d. § 8 Nr. 1 Buchst. a Satz 1 GewStG dar. Sie haben in Höhe von 20.000 € den Gewinn i. S. d. § 7 GewStG gemindert. Ob es zu einer Hinzurechnung kommt, hängt davon ab, inwieweit noch andere Hinzurechnungsbeträge zu berücksichtigen sind und vor allem, ob insgesamt der **Freibetrag in Höhe von 100.000 €** überschritten ist.

5.2.2.3 Prüfung der Kürzung gemäß § 9 Nr. 2a GewStG

a) Allgemeines

Gewerbesteuerlich erfolgt eine Freistellung der Gewinne aus Anteilen an einer inländischen Kapitalgesellschaft, wenn der Empfänger am Nennkapital der ausschüttenden Kapitalgesellschaft zu **Beginn des EZ** zu mindestens 15 % beteiligt war.

Achtung: Wird eine **Beteiligung unterjährig erworben** und wird im Erstjahr eine Dividende ausgeschüttet, kommt § 9 Nr. 2a GewStG auch bei einer Beteiligung von mindestens 15 % nicht zur Anwendung, da der notwendige Beteiligungsumfang zu Beginn des EZ nicht erfüllt war (01.01. um 0 Uhr).

Auf die Ermittlung der maßgeblichen Beteiligungshöhe zu Beginn des EZ für Zwecke der GewSt hat die Fiktion des § 8b Abs. 4 Satz 6 KStG keine Auswirkung!

Dividenden unterliegen bei einer Ausschüttung im Jahr des Erwerbs damit immer vollständig der GewSt (Anwendungsfall des § 8 Nr. 5 GewStG).

Bei der Ermittlung der gewerbesteuerlichen Beteiligungsgrenze sind **mittelbare und unmittelbare** Beteiligungen zu addieren.

Nach dem Grundprinzip der Kürzungsvorschrift, das auch Eingang in die Formulierung des § 9 Nr. 2a GewStG gefunden hat, dürfen die Gewinne nur dann gekürzt werden, wenn »die Gewinnanteile bei der Ermittlung des Gewinns gemäß § 7 GewStG angesetzt worden sind«.

Wichtig: Die Voraussetzungen des § 9 Nr. 2a, 7 oder 8 GewStG müssen bei Körperschaften auch dann geprüft werden, wenn die Dividende bereits körperschaftsteuerlich vollumfänglich steuerbefreit wurde und eine Kürzung somit überhaupt nicht mehr in Betracht kommen kann. Das Ergebnis der Prüfung der Kürzungsvoraussetzungen des § 9 Nr. 2a GewStG ist nämlich Grundlage für die Prüfung der Hinzurechnung nach § 8 Nr. 5 GewStG im 3. Prüfungsschritt (s. u.); vgl. BFH-Beschluss vom 30.05.2014 – I R 12/13 BFH/NV 2014, 1402 (§ 8 Nr. 5 GewStG stellt nur abstrakt auf die Voraussetzungen des § 9 Nr. 2a GewStG ab).

b) Folgen für beteiligte Körperschaften

Dies führt dazu, dass bei Körperschaften **bei einer Beteiligung ab 15 % tatsächlich keine Kürzung** stattfindet, da die Dividende bereits nach § 8b Abs. 1 KStG gekürzt ist und die 5 %-Pauschale nicht gekürzt werden darf (§ 9 Nr. 2a Satz 4 GewStG).

Eine stpfl. **Streubesitzdividende** i. S. d. § 8b Abs. 4 KStG kann hingegen i. d. R. nicht gekürzt werden, da die Mindestbeteiligungshöhe nicht erreicht ist (Ausnahme bei Zusammenrechnung mit einer mittelbaren Beteiligung, wenn durch die Zusammenrechnung die 15 %-Grenze erreicht wird).

Für **Gewinne aus Anteilen an ausländischen Kapitalgesellschaften** gilt die gleiche Berechnungssystematik. Voraussetzung für die Freistellung ausländischer Gewinnanteile ist gemäß § 9 Nr. 7 GewStG eine Mindestbeteiligung i. H. v. 15 % an einer aktiven Tochtergesellschaft i. S. d. § 8 AStG bzw. bei Anwendung der Mutter-Tochter-Richtlinie eine Mindestbeteiligung i. H. v. 10 %. Bei Gewinnanteilen einer ausländischen Kapitalgesellschaft, die nach einem DBA steuerbefreit sind, gilt grundsätzlich eine Beteiligungsgrenze von 15 %, soweit im DBA keine niedrigere Mindestbeteiligungsgrenze vereinbart wurde (§ 9 Nr. 8 GewStG).

c) Folgen für beteiligte Personenunternehmen

Bei **Personenunternehmen** kommt es hingegen bei Beteiligungen ab 15 % (bei Auslandsbeteiligungen u. U. 10 %) zu einer Kürzung nach § 9 Nr. 2a, 7 oder 8 GewStG, da in diesen Fällen die Dividende noch mit 60 % im Gewinn aus Gewerbebetrieb enthalten ist.

Hinweis: Gewinne aus der Veräußerung von Anteilen an Kapitalgesellschaften dürfen allerdings bei allen Rechtsformen nicht gekürzt werden (vgl. dazu H 9.3 [Veräußerungsgewinne] GewStH).

d) Hinzurechnung nach § 8 Nr. 5 GewStG?

§ 8 Nr. 5 GewStG dient der **Rückgängigmachung der Steuerbefreiung gemäß § 3 Nr. 40 EStG bzw. § 8b Abs. 1 KStG**. Soweit die Voraussetzungen des § 9 Nr. 2a oder 7 GewStG nicht erfüllt sind, also bei inländischen Dividenden die **Beteiligung weniger als 15 %** beträgt oder **nicht zu Beginn des EZ** besteht, ist der Beteiligungsertrag, soweit er den Gewinn aus Gewerbebetrieb gemindert hat, wieder hinzuzurechnen (bei Körperschaften: 95 %; bei Personenunternehmen: grds. 40 %; zur Gegenrechnung von BA s. u.).

Bei einer nach § 8b Abs. 4 KStG stpfl. **Streubesitzdividende** (Beteiligung unter 10 %) kommt es **nicht** zu einer Hinzurechnung nach § 8 Nr. 5 GewStG, da diese sich nicht mindernd auf den Gewinn aus Gewerbebetrieb ausgewirkt hat.

Hinweis: Steuerfreistellungen im Zusammenhang mit der Veräußerung einer Beteiligung an einer Kapitalgesellschaft umfasst § 8 Nr. 5 GewStG nicht.

5.2.2.4 Übersicht zu § 9 Nr. 2a oder 7 GewStG und § 8 Nr. 5 GewStG

	Beteiligte Körperschaft	**Beteiligtes Personenunternehmen** *
I. Beteiligung < 10 %		
Kürzung nach § 9 Nr. 2a GewStG	nein, da 15 %-Grenze nicht erreicht	nein, da 15 %-Grenze nicht erreicht
Hinzurechnung nach § 8 Nr. 5 GewStG	nein, da bereits im Gewinn aus Gewerbebetrieb voll enthalten	ja (40 % der Dividende abzüglich nach § 3c Abs. 2 EStG nicht abzugsfähigen BA)
II. Beteiligung 10 % bis < 15 % oder > 15 % bei Erwerb im lfd. Jahr		
Kürzung nach § 9 Nr. 2a GewStG	nein, da 15 %-Grenze nicht erreicht	nein, da 15 %-Grenze nicht erreicht
Hinzurechnung nach § 8 Nr. 5 GewStG	**ja (95 % der Dividende)**	**ja (40 % der Dividende abzüglich nach § 3c Abs. 2 EStG nicht abzugsfähigen Betriebsausgaben)**
III. Beteiligung > 15 %		
Kürzung nach § 9 Nr. 2a GewStG	nein, da im Gewinn aus Gewerbebetrieb nicht enthalten (auch nicht in Höhe der 5 %-Pauschale)	**ja (60 % der Dividende abzüglich 60 % des Beteiligungsaufwands)**
Hinzurechnung nach § 8 Nr. 5 GewStG	nein	nein
IV. Veräußerungsgewinne / -verluste		
Kürzung nach § 9 Nr. 2a GewStG	nein	nein
Hinzurechnung nach § 8 Nr. 5 GewStG	nein	nein

* Ist an einem Personenunternehmen eine Körperschaft vermögensmäßig beteiligt, gilt insoweit hinsichtlich der Höhe der Kürzung bzw. der Hinzurechnung die Spalte »Beteiligte Körperschaft« (vgl. § 7 Satz 4 2. HS GewStG).

5.2.2.5 Zusatzproblem bei Beteiligungsaufwand

Die gesetzlichen Regelungen:

- Nach **§ 9 Nr. 2a Satz 3 GewStG/§ 9 Nr. 7 Satz 2 GewStG** mindert sich der **Kürzungsbetrag** (bei Beteiligungen ab 15 %) um im unmittelbaren Zusammenhang mit Gewinnanteilen stehende Aufwendungen; insoweit findet § 8 Nr. 1 GewStG keine Anwendung.
- Nach **§ 8 Nr. 5 GewStG** vermindert sich der Hinzurechnungsbetrag

- bei **Personenunternehmen** um nach § 3c Abs. 2 EStG nicht abzugsfähige Betriebsausgaben (Hauptfall: Schuldzinsen aus der Finanzierung der Beteiligung) und
- bei **Körperschaften** um die 5 % nicht abzugsfähigen Betriebsausgaben nach § 8b Abs. 5 Satz 1 KStG.

Auswirkungen dieser Vorschriften bei den verschiedenen Rechtsformen:

	Beteiligte Körperschaft	**Beteiligtes Personenunternehmen** *
§ 9 Nr. 2a Satz 3/Nr. 7 Satz 2 GewStG	keine Auswirkung, da bei Körperschaften im Ergebnis sowieso keine Kürzung vorzunehmen ist	60 % der Aufwendungen mindern den ggf. zu gewährenden Kürzungsbetrag (bis auf 0 €); für Schuldzinsen insoweit keine Einbeziehung in die Finanzierungsentgelte nach § 8 Nr. 1 GewStG
§ 8 Nr. 5 GewStG	Minderung des Hinzurechnungsbetrags um die 5 %-Pauschale (Hinzurechnung bei Beteiligung < 15 % im Ergebnis um 95 %)	Minderung des Hinzurechnungsbetrags um den nach § 3c Abs. 2 EStG nicht abzugsfähigen Beteiligungsaufwand (40 %); dabei ist auch eine Negativhinzurechnung möglich
§ 8 Nr. 1 GewStG	volle Einbeziehung von Finanzierungsentgelten in die Hinzurechnung nach § 8 Nr. 1 GewStG	Einbeziehung von Finanzierungsentgelten, soweit sie nicht nach § 9 Nr. 2a Satz 3 GewStG zur Minderung des Kürzungsbetrags geführt haben; die Minderung des Hinzurechnungsbetrags nach § 8 Nr. 5 GewStG (s. o.) macht Schuldzinsen aber nicht zu bei der Gewinnermittlung abgesetzten BA

* Ist an einem Personenunternehmen eine Körperschaft vermögensmäßig beteiligt, gilt insoweit die Spalte »Beteiligte Körperschaft« (vgl. § 7 Satz 4 2. HS GewStG).

5.3 Kürzung gemäß § 9 Nr. 5 GewStG – Gewerbesteuerlicher Spendenabzug

5.3.1 Herstellung einer einheitlichen Ausgangslage

Kapitalgesellschaften	Einzelunternehmen (Personengesellschaften)
Spenden haben zu einer Minderung des Einkommens geführt	Spenden haben zu keiner Gewinnminderung geführt
+	
Hinzurechnung der abgezogenen Spenden (**§ 8 Nr. 9 GewStG**)	

Durch die Hinzurechnung bei den Kapitalgesellschaften wird eine identische Ausgangslage hergestellt: Die Spenden haben sich dadurch im Ergebnis bei allen Rechtsformen gewerbesteuerlich bis hierher nicht ausgewirkt.

Nach Schaffung der einheitlichen Ausgangslage für alle Gewerbebetriebe unabhängig von ihrer Rechtsform, ist der gewerbesteuerliche Spendenabzug, d. h. die Kürzung nach § 9 Nr. 5 GewStG vorzunehmen.

5.3.2 Betroffene Spenden / Höchstbetragsberechnung

Als Spenden i. S. d. § 9 Nr. 5 GewStG sind die im Wirtschaftsjahr geleisteten Ausgaben zur Förderung steuerbegünstigter Zwecke im Sinne der §§ 52 bis 54 AO zu berücksichtigen.

Für Spenden an politische Parteien und Freie Wählervereinigungen kommt eine Kürzung nach § 9 Nr. 5 GewStG nicht in Betracht!

Die Spenden müssen aus **Mitteln des Betriebs** geleistet werden, z. B. durch Überweisung vom betrieblichen Bankkonto. Spenden einer Personengesellschaft führen nur bei ihr im Rahmen der Höchstbeträge zur Kürzung. Bei einem gewerbesteuerpflichtigen Mitunternehmer kommt insoweit eine Kürzung nicht noch einmal in Betracht, weil diese Spenden nicht aus Mitteln **seines** Betriebs stammen.

5.3.3 Übersicht über die Regelungen in § 9 Nr. 5 GewStG

- **Höchstbetragsberechnung → § 9 Nr. 5 Satz 1 GewStG**

1. Alternativberechnung	2. Alternativberechnung
→ 20 % **des folgenden Ausgangsbetrags:** **Bei Einzelunternehmen und Personengesellschaften** = Gewinn i.S.d. § 7 GewStG **Bei Körperschaften** = Gewinn i.S.d. § 7 GewStG + Hinzurechnung nach § 8 Nr. 9 GewStG	**→ 4 ‰** der Summe der gesamten Umsätze und der im Wirtschaftsjahr aufgewendeten Löhne und Gehälter

→ Kürzung nach § 9 Nr. 5 GewStG
= höherer Betrag der beiden Alternativberechnungen

- **Spendenvortrag (§ 9 Nr. 5 Satz 8 GewStG)**
  Sofern die unter § 9 Nr. 5 GewStG fallenden Spenden die oben berechneten Höchstbeträge übersteigen, kann die Kürzung in den folgenden Erhebungszeiträumen im Rahmen der jeweiligen Höchstsätze vorgenommen werden. Der Betrag der im aktuellen Erhebungszeitraum nicht abzugsfähigen Spenden wird zum Ende des Erhebungszeitraums gesondert festgestellt. Eine zeitliche Begrenzung für diesen Spendenvortrag besteht nicht.
- **Spenden in das zu erhaltende Vermögen (Vermögensstock) einer Stiftung des öffentlichen Rechts oder einer nach § 5 Abs. 1 Nr. 9 KStG steuerbefreiten Stiftung des privaten Rechts (§ 9 Nr. 5 Sätze 9 bis 11 GewStG)**
  Insoweit handelt es sich um einen zusätzlichen Höchstbetrag für Einzelunternehmen und Personengesellschaften von bis zu 1 Mio. €, die auf 10 Jahre verteilt werden können.

BEISPIEL 1: SPENDENABZUG (EINZELUNTERNEHMEN)

Willi D. hat mit seinem Einzelunternehmen einen Gewinn in Höhe von 180.000 € erzielt. Die Umsätze betragen 3,5 Mio. €, die Löhne und Gehälter 300.000 €.
Vom betrieblichen Bankkonto wurden im EZ 2018 folgende Spendenzahlungen geleistet:

• Spende an eine Stiftung für besonders förderungswürdig anerkannte kulturelle Zwecke	24 000 €
• Spende an die Universität Freiburg (wissenschaftliche Zwecke)	10 000 €
• Spende an die evangelische Kirche (kirchliche Zwecke)	7 000 €
• Spende an politische Parteien 6 000 €	

Vom Privatkonto wurden der evangelischen Kirche weitere 3.000 € überwiesen.
Ordnungsgemäße Zuwendungsbestätigungen liegen vor.

LÖSUNG Die Spende an die politischen Parteien sowie die vom Privatkonto geleistete Spende an die evangelische Kirche fallen nicht unter die Kürzungsvorschrift des § 9 Nr. 5 GewStG.
Für alle weiteren Zuwendungen ist folgende Höchstbetragsberechnung durchzuführen:

Höchstbetrag 1. Alternative

Spende an die Stiftung	24 000 €
Spende an die Universität	10 000 €
Spende an die Kirche	7 000 €
Berücksichtigungsfähige Spenden	41 000 €
Einheitlicher Höchstbetrag (§ 9 Nr. 5 Satz 1 GewStG)	
→ 20 % von 180.000 €	
→ Abzugsfähig nach der 1. Alternative	36 000 €

Höchstbetrag 2. Alternative

Spende an die Stiftung	24 000 €
Spende an die Universität	10 000 €
Spende an die Kirche	7 000 €
Berücksichtigungsfähige Spenden	41 000 €
Einheitlicher Höchstbetrag (§ 9 Nr. 5 Satz 1 GewStG)	
→ 4 v. T. von 3,8 Mio. €	
→ Abzugsfähig nach der 2. Alternative	**15 200 €**

Die Kürzung nach § 9 Nr. 5 GewStG ist demnach in Höhe von 36.000 € vorzunehmen. Zeitlich unbegrenzter Spendenvortrag in den EZ 2019 = 5.000 €.

BEISPIEL 2: SPENDENABZUG (GMBH)

Bei der A-GmbH (Wirtschaftsjahr = Kalenderjahr) ist für den EZ 2018 noch der jeweilige Kürzungsbetrag gem. § 9 Nr. 5 GewStG zu ermitteln.

Geleistete Spenden (ordnungsgemäße Zuwendungsbestätigungen liegen vor):

• Für sportliche Zwecke	4 000 €
• Für wissenschaftliche Zwecke	8 000 €
• An politische Parteien	7 500 €
• In das zu erhaltende Vermögen (Vermögensstock) einer wissenschaftlichen Stiftung anlässlich deren Neugründung	24 000 €
Körperschaftsteuerliches Einkommen im VZ 2018	72 000 €
Im Rahmen der körperschaftsteuerlichen Einkommensermittlung nach § 9 Abs. 1 Nr. 2 KStG abgezogene Spenden	28 000 €
Umsätze und Löhne / Gehälter	7 000 000 €

LÖSUNG Zunächst sind die bei der körperschaftsteuerlichen Einkommensermittlung abgezogenen Spenden nach **§ 8 Nr. 9 GewStG** dem Gewinn aus Gewerbebetrieb i. S. d. § 7 GewStG hinzuzurechnen.

Gewinn aus Gewerbebetrieb (= zu versteuerndes Einkommen)	72 000 €
+ Körperschaftsteuerlicher Spendenabzug	+ 28 000 €
Ausgangsbetrag für den gewerbesteuerlichen Spendenabzug	**100 000 €**

Spenden an politische Parteien sind bereits dem Grunde nach **nicht abzugsfähig**.

Höchstbetrag 1. Alternative

Spende für sportliche Zwecke	4 000 €
Spende für wissenschaftliche Zwecke	8 000 €
Spende an die Stiftung	24 000 €
Berücksichtigungsfähige Spenden	**36 000 €**
Einheitlicher Höchstbetrag (§ 9 Nr. 5 Satz 1 GewStG)	
→ 20 % von 100.000 €	**= 20 000 €**
→ Abzugsfähig nach der 1. Alternative	20 000 €

Höchstbetrag 2. Alternative

Spende für sportliche Zwecke	4 000 €
Spende für wissenschaftliche Zwecke	8 000 €
Spende an die Stiftung	24 000 €
Berücksichtigungsfähige Spenden	36 000 €
Einheitlicher Höchstbetrag (§ 9 Nr. 5 Satz 1 GewStG)	
→ 4 v. T. von 7 Mio. €	**= 28.000 €**
→ Abzugsfähig nach der 2. Alternative	28 000 €

Die Kürzung nach § 9 Nr. 5 GewStG im EZ 2018 ist demnach in Höhe von 28.000 € vorzunehmen. Zeitlich unbegrenzter Spendenvortrag in den EZ 2019 = 8.000 €.

5.4 Kürzung von Gewinnanteilen aus der Beteiligung an ausländischen Kapitalgesellschaften (§ 9 Nr. 7 und 8 GewStG)

In **§ 9 Nr. 7 GewStG** ist das internationale gewerbesteuerliche Schachtelprivileg geregelt.

Eine der Voraussetzungen für die Kürzung nach § 9 Nr. 7 GewStG ist wie bei § 9 Nr. 2a GewStG eine bestimmte (mittelbare oder unmittelbare) Mindestbeteiligung. Durch Art. 3 des **Unternehmensteuerreformgesetzes 2008** vom 14. 08. 2007 (BStBl I 2007, 630, 647) wurden seit EZ 2008 in § 9 Nr. 7 Satz 1 1. HS und in Satz 4 GewStG die Wörter »einem Zehntel« durch die Angabe **»15 Prozent«** ersetzt.

Nach der bisherigen Fassung des § 9 Nr. 7 GewStG musste die o. g. Mindestbeteiligung **ununterbrochen seit Beginn des jeweiligen Erhebungszeitraums** bestehen. Im Rahmen des **Jahressteuergesetzes 2008** vom 20. 12. 2007 (BStBl I 2008, 218) wurde folgende Differenzierung eingeführt:

- **Beteiligungen an EU-Kapitalgesellschaften:**
  Das gewerbesteuerliche Schachtelprivileg wird nach § 9 Nr. 7 Satz 1 letzter Halbsatz GewStG bereits ab einer **Beteiligung von 10 %** gewährt. Im Unterschied zu Beteiligungen an Nicht-EU-Kapitalgesellschaften kommt es nicht mehr darauf an, dass die 10 %-Grenze während des gesamten Erhebungszeitraums erreicht wird. Wie bei Inlandsbeteiligungen gilt auch hier das **Stichtagsprinzip**, d. h. die entsprechende Mindestbeteiligung muss zu Beginn des Erhebungszeitraums vorliegen.
- **Beteiligungen an Nicht-EU-Kapitalgesellschaften (Drittstaatenbeteiligungen):**
  Insoweit gilt die o. g. Grundregelung, d. h. **Mindestbeteiligung von 15 % ununter-brochen seit Beginn** des Erhebungszeitraums bis zum Ausschüttungszeitpunkt.

Unverändert wird als weitere Voraussetzung für die Kürzung nach § 9 Nr. 7 GewStG verlangt, dass die ausschüttende Tochter- bzw. Enkelgesellschaft ihre Bruttoerträge aus bestimmten (durch Verweisung auf das Außensteuergesetz umschriebenen) Tätigkeiten bezieht (sog. Aktivitätsklausel, vgl. BFH vom 19. 02. 2008, AZ: I R 75/07, BStBl II 2008, 1028).

Die Kürzung nach **§ 9 Nr. 8 GewStG** setzt voraus, dass die ausschüttende Kapitalgesellschaft ihren Sitz in einem DBA-Land hat und das entsprechende Doppelbesteuerungsabkommen die ausgeschütteten Gewinne unter der Voraussetzung einer Mindestbeteiligung von der Gewerbesteuer freistellt. § 9 Nr. 8 GewStG stellt in diesen Fällen sicher, dass das Schachtelprivileg auch dann zu gewähren ist, wenn die Mindestbeteiligung laut Abkommen zwar unterschritten ist, jedoch **mindestens 15 %** beträgt. Sollte in einem DBA die Beteiligungsgrenze mit weniger als 15 % vereinbart sein, dann ist die in diesem DBA festgelegte Beteiligungsgrenze maßgebend.

	Beteiligung im		
Kriterien	**Inland**	**EU-Bereich**	**Drittstaat**
Mindestbeteiligung	**15 %**	**10 %**	**15 %** (oder niedrigere Grenze nach DBA)
Zeitliche Prüfung	Stichtagsprinzip **01.01.**	Stichtagsprinzip **01.01.**	durchgängig **seit 01.01.**
Aktivitätsklausel	nein	nein	ja

6 Maßgebender Gewerbeertrag

6.1 Grundsatz

Die GewSt wird für ein bestimmtes Kj festgesetzt und erhoben (**Erhebungszeitraum** = EZ, § 14 GewStG). Bei der GewSt ist der Gewerbeertrag maßgebend, der in dem EZ bezogen worden ist oder als bezogen gilt (§ 10 GewStG).

Besteht die sachliche GewSt-Pflicht während des gesamten Kj, ist der EZ das Kj. Besteht sie nicht während des ganzen Kj (wird z. B. der Gewerbebetrieb im Laufe des Kj eröffnet oder eingestellt), tritt an die Stelle des Kj der Zeitraum der sachlichen Steuerpflicht (**abgekürzter EZ**, § 14 GewStG). Der **Freibetrag** auf den Gewerbeertrag nach § 11 Abs. 1 Satz 3 GewStG wird unabhängig von der Dauer der sachlichen GewSt-Pflicht für jeden EZ **voll gewährt**.

BEISPIEL

Das Gewerbe, bei dem Wj mit Kj übereinstimmt, wird während des gesamten Kj 2018 betrieben.

LÖSUNG Die sachliche GewSt-Pflicht besteht während des gesamten Kj 2018, also ist EZ 2018 das Kj 2018 (§ 14 Satz 2 GewStG). Maßgebend ist der Gewerbeertrag, der im EZ 2018 bezogen worden ist (§ 10 Abs. 1 GewStG). Der Gewerbeertrag ist der nach dem EStG für den VZ 2018 ermittelte Gewinn des Gewerbebetriebs, vermehrt und vermindert um die Beträge nach §§ 8 und 9 GewStG (§ 7 GewStG).

6.2 Abweichendes Wirtschaftsjahr

Weicht bei Unternehmen, die Bücher nach den Vorschriften des HGB zu führen, verpflichtet sind (§§ 238 ff. HGB), das Wj, für das sie regelmäßig Abschlüsse machen, vom Kj ab (vgl. § 4a EStG), so gilt der Gewerbeertrag als in dem EZ bezogen, in dem das Wj endet (§ 10 Abs. 2 GewStG).

BEISPIEL

Das Gewerbe wird während des gesamten Kj 2018 betrieben. Das Wj läuft vom 01. 04. 2017 bis 31. 03. 2018.

LÖSUNG Die sachliche GewSt-Pflicht besteht während des gesamten Kj 2018. EZ 2018 ist das Kalenderjahr (§ 14 Satz 2 GewStG). Maßgebend ist der Gewerbeertrag, der im EZ 2018 bezogen worden ist (§ 10 Abs. 1 GewStG). Bei abweichendem Wj gilt der Gewerbeertrag als im EZ 2018 bezogen, da das Wj 2017/2018 im EZ 2018 endet (§ 10 Abs. 2 GewStG). Der Gewerbeertrag ist der nach dem EStG für den VZ 2018 ermittelten Gewinn (Gewinn des Wj 2017/2018), vermehrt und vermindert um die in §§ 8 und 9 GewStG bezeichneten Beträge (§ 7 GewStG).

6.3 Abgekürzter Erhebungszeitraum

Der EZ ist grundsätzlich das Kj. Besteht die sachliche Gewerbesteuerpflicht nicht während eines ganzen Kj, so tritt an die Stelle des Kj der Zeitraum der sachlichen Steuerpflicht (§ 14 Satz 3 GewStG). Hierzu gehören insbesondere die Fälle, in denen im Laufe eines Kj ein Gewerbebetrieb **eröffnet** oder **eingestellt** wurde. Wird ein Gewerbebetrieb mit abweichendem Wj im Laufe eines EZ eingestellt, kann in dem EZ, in dem die Einstellung erfolgt, ein Gewerbeertrag mit einem Ermittlungszeitraum von bis zu 23 Monaten bezogen werden.

BEISPIELE

a) A eröffnet am 01. 04. 2018 einen Gewerbebetrieb (Wj = Kj). Der Gewerbeertrag des Rumpfwirtschaftsjahres vom 01. 04. 2018–31. 12. 2018 beträgt 56 000 €.

LÖSUNG Die sachliche Steuerpflicht beginnt am 01. 04. 2018. Der EZ 2018 ist der Zeitraum vom 01. 04. 2018–31. 12. 2018 (abgekürzter EZ, § 14 Satz 3 GewStG). Maßgebend ist der in dem EZ 2018 bezogene Gewerbeertrag von 56 000 € (§ 10 Abs. 1 GewStG).

b) A stellt seinen Gewerbebetrieb (Wj = Kj) zum 28. 02. 202018 ein. Der Gewerbeertrag des Rumpfwirtschaftsjahrs 01. 01. 2018–28. 02. 2018 beträgt 48 000 €.

LÖSUNG Die sachliche Steuerpflicht endet zum 28. 02. 2018. Der EZ 2018 ist der Zeitraum vom 01. 01. 2018–28. 02. 2018 (abgekürzter EZ, § 14 Satz 3 GewStG). Maßgebend ist der in dem EZ 2018 bezogene Gewerbeertrag von 48 000 €.

c) A eröffnet am 01. 04. 2017 einen Gewerbebetrieb (Wj 01. 04.–31. 03.). Der Gewerbeertrag des Wj 01. 04. 2017–31. 03. 2018 beträgt 60 000 €.

LÖSUNG Bei abweichendem Wj gilt der Gewerbeertrag als in dem EZ bezogen, in dem das Wj endet (§ 10 Abs. 2 GewStG). Da das erste Wj am 31. 03. 2018 endet, wird im EZ 2017 kein Gewerbeertrag bezogen. Bei der Eröffnung eines Betriebs mit abweichendem Wj ist in dem EZ, in dessen Verlauf die Eröffnung erfolgt, keine GewSt nach dem Gewerbeertrag zu erheben, weil in diesem EZ kein Gewerbeertrag als bezogen gilt.

Maßgebend für die GewSt 2018 ist der Gewerbeertrag, der in dem EZ 2018 als bezogen gilt (§ 10 Abs. 2 GewStG). Der Gewerbeertrag ist der nach dem EStG für das Wj 2017/2018 ermittelte Gewinn, vermehrt und vermindert um die in §§ 8 und 9 GewStG bezeichneten Beträge.

d) A stellt seinen Gewerbebetrieb (Wj 01. 04.–31. 03.) zum 30. 09. 2018 ein. Der Gewerbeertrag des Wj 01. 04. 2017–31. 03. 2018 beträgt 52 000 €, der des Rumpfwirtschaftsjahrs 01. 04. 2018–30. 09. 2018 beträgt 28 000 €.

LÖSUNG Die sachliche Steuerpflicht endet zum 30. 09. 2018. Der abgekürzte EZ 2018 ist der Zeitraum vom 01. 01. 2018–30. 09. 2018 (§ 14 Satz 3 GewStG). Der Gewerbeertrag, der aus dem Gewinn des Wj 01. 04. 2017–31. 03. 2018 abgeleitet wird, gilt als im EZ 2018 bezogen(§ 10 Abs. 2 GewStG). Außerdem ist der Gewerbeertrag, der den Gewinn des Rumpfwirtschaftsjahrs 01. 04. 2018–30. 09. 2018 berücksichtigt, maßgebend für den EZ 2018 (§ 10 Abs. 1 GewStG).

Der für den EZ 2018 maßgebende Gewerbeertrag beträgt daher 52 000 € + 28 000 € = 80 000 €.

7 Gewerbeverlust (§ 10a GewStG)

Der maßgebende Gewerbeertrag ergibt sich aus § 10 GewStG. Ist dieser Gewerbeertrag positiv, kann nach § 10a GewStG ein Verlust aus den Vorjahren **(Gewerbeverlust)**, soweit er in der Vergangenheit noch nicht ausgeglichen werden konnte, mit dem positiven Gewerbeertrag verrechnet werden.

Beachte:

Das Gewerbesteuerrecht kennt keinen Verlustrücktrag, sondern nur den Verlustvortrag.

Die Höhe des vortragsfähigen Gewerbeverlustes ist gesondert festzustellen (§ 10a Satz 6 GewStG).

7.1 Begriff des Gewerbeverlusts

Gewerbeverlust ist nicht der Bilanzverlust, sondern der negative Gewerbeertrag nach Berücksichtigung von Hinzurechnungen und Kürzungen gem. den §§ 8 und 9 GewStG. Der Freibetrag gem. § 11 Abs. 1 GewStG führt zu keiner Erhöhung des Gewerbeverlusts.

BEISPIEL

(Vgl. dazu auch R 10a.1 Abs. 1 und 3 GewStR 2009)

Gewinn aus Gewerbebetrieb 2018		25 000 €
Hinzurechnungen nach § 8 GewStG	+	11 000 €
Summe des Gewinns und der Hinzurechnungen		36 000 €
Kürzungen nach § 9 GewStG	./.	50 000 €
Gewerbeverlust 2018	./.	**14 000 €**
Laufender Verlust aus Gewerbebetrieb 2019	./.	12 000 €
Hinzurechnung nach § 8 GewStG	+	41 000 €
Summe des Gewinns und der Hinzurechnungen		29 000 €
Kürzungen nach § 9 GewStG	./.	8 000 €
Verbleibender Betrag		21 000 €
Anrechenbarer Verlust aus 2018	./.	**14 000 €**
Gewerbeertrag 2019		7 000 €

7.2 Betragsmäßige Begrenzung des Verlustabzugs

Der Abzug von Gewerbeverlusten nach § 10a Sätze 1 und 2 GewStG ist betragsmäßig eingeschränkt. Bis zu einem Betrag i. H. v. **1 Mio. €** ist der Abzug des noch aus Vorjahren zur Verfügung stehenden Gewerbeverlustes **unbeschränkt** möglich. Ein dann noch verbleibender Gewerbeertrag kann nur i. H. v. **60 %** um einen Verlustvortrag gemindert werden. Man spricht hier von der sog. **Mindestbesteuerung**, die auch bei der ESt und der KSt gilt.

BEISPIEL

Vortragsfähiger Gewerbeverlust zum 31. 12. 2017		500 0 000 €
Gewerbeertrag 2018		
(vor Verlustabzug nach § 10a GewStG)		3 000 000 €
ausgleichsfähig nach § 10a **Satz 1** GewStG	./.	**1 000 000 €**
verbleiben		2 000 000 €
davon höchstens 60 % ausgleichsfähig nach		
§ 10a **Satz 2** GewStG	./.	**1 200 000 €**
Verbleibender Gewerbeertrag 2018		**800 000 €**
Vortragsfähiger Gewerbeverlust zum 31. 12. 2018		
(5 000 000 € ./. 2 200 000 € =)		2 800 000 €

Der BFH sieht in der liquiditätsbelastenden zeitlichen "Streckung" des Verlustabzugs keinen Verfassungsverstoß. Vgl. dazu die BFH-Urteile vom 20. 09. 2012 (AZ: IV R 36/10 und IV R 29/10, BStBl II 2013, 498 und 505) und vom 22. 08. 2012 (AZ: I R 9/11, BStBl II 2013, 512). Gegen die zuletzt genannte Entscheidung (AZ: I R 9/11) wurde Verfassungsbeschwerde eingelegt, die beim **Bundesverfassungsgericht** unter dem **AZ: 2 BvR 2998/12** anhängig ist.

Der I. Senat des BFH hat verfassungsrechtliche Bedenken, wenn ein sog. Definitiveffekt eintritt, d. h. die Möglichkeit der Verlustverrechnung endgültig verloren geht. Mit Beschluss vom 26.2.2014 – I R 59/12 (BStBl II 2014, 1016) holt der BFH daher eine Entscheidung des Bundesverfassungsgerichts ein, ob § 8 Abs. 1 KStG in Verbindung mit § 10d Abs. 2 Satz 1 EStG und § 10a Satz 2 GewStG gegen Art. 3 des Grundgesetzes verstoßen. Das Normenkontrollverfahren ist beim **Bundesverfassungsgericht** unter dem **AZ: 2 BvL 19/14** anhängig.

In dem Schreiben vom 19. 10. 2011 (BStBl I 2011, 974) nimmt das BMF zur Frage der Aussetzung der Vollziehung in den schon seit langem strittigen Fällen Stellung.

7.3 Vornahme des Verlustabzugs bis 0 €

BEISPIEL

Beim Einzelunternehmen des A ergibt sich im Erhebungszeitraum 2017 ein vortragsfähiger Gewerbeverlust i. H. v. 20 000 €.
Im Erhebungszeitraum 2018 beträgt der maßgebende Gewerbeertrag (§ 10 GewStG) 28 865 €.
A will lediglich einen Verlustabzug von 4 266 € vornehmen, um einen möglichst hohen Verlustvortrag für die folgenden Erhebungszeiträume zu behalten.

A hat sich den Verlustabzug wie folgt vorgestellt:

Gewerbeertrag	28 865 €
Gewerbeverlust	./. 4 266 €
verbleiben	24 599 €
abgerundet	24 500 €
Freibetrag	./. 24 500 €
	0 €

Aber:
Er muss aber den gesamten vortragsfähigen Gewerbeverlust abziehen (H 10a.1 (Verlustausgleich und Freibetrag) GewStH 2016).

Die Berechnung sieht also wie folgt aus:

Gewerbeertrag	28 865 €
Gewerbeverlust	**./. 20 000 €**
verbleiben	8 865 €
abgerundet	8 800 €
Freibetrag	./. 8 800 €
(grundsätzlich 24 500 € – hier aber höchstens)	
	0 €

Es verbleibt demnach kein vortragsfähiger Gewerbeverlust.

7.4 Voraussetzung für die Inanspruchnahme des Verlustabzugs

Bei **Einzelunternehmen und Personengesellschaften** ist Voraussetzung für den Verlustabzug nach § 10a GewStG sowohl die **Unternehmens- als auch die Unternehmeridentität** (R 10a.2 und R 10a.3 GewStR 2009).

Bei **Körperschaften** und **Mitunternehmerschaften, an denen Körperschaften beteiligt sind**, gelten unter den Voraussetzungen des **§ 10a Satz 10 GewStG** die Regelungen des **§ 8c KStG** (Verlustabzug bei Körperschaften) für die Gewerbesteuer entsprechend.

7.5 Verlustabzug bei Personenunternehmen

7.5.1 Unternehmensidentität (R 10a.2 GewStR 2009)

Die Voraussetzungen für die Unternehmensidentität sind folgende Merkmale:

- Unternehmensidentität bedeutet, dass der im Anrechnungsjahr bestehende Gewerbebetrieb identisch ist mit dem Gewerbebetrieb, der im Jahr der Entstehung des Verlustes bestanden hat.
- Dabei ist unter Gewerbebetrieb die ausgeübte gewerbliche Betätigung zu verstehen. Ob diese die gleiche geblieben ist, ist nach dem Gesamtbild zu beurteilen, das sich aus ihren wesentlichen Merkmalen ergibt, wie insbesondere der Art der Betätigung, dem Kunden- und Lieferantenkreis, der Arbeitnehmerschaft, der Geschäftsleitung, den Betriebsstätten sowie dem Umfang und der Zusammensetzung des Aktivvermögens.
- Unter Berücksichtigung dieser Merkmale muss ein wirtschaftlicher, organisatorischer und finanzieller Zusammenhang zwischen den Betätigungen bestehen. Betriebsbedingte – auch strukturelle – Anpassungen der gewerblichen Betätigung an veränderte wirtschaftliche Verhältnisse stehen der Annahme einer identischen Tätigkeit jedoch nicht entgegen.

7.5.2 Unternehmeridentität (R 10a.3 GewStR 2009)

Die Unternehmeridentität setzt folgende Merkmale voraus:

- Unternehmeridentität bedeutet, dass der Gewerbetreibende, der den Verlustabzug in Anspruch nehmen will, den Gewerbeverlust zuvor **in eigener Person erlitten** haben muss.
- Ein Unternehmerwechsel bewirkt somit, dass der Abzug des im übergegangenen Unternehmen entstandenen Verlustes entfällt, auch wenn das Unternehmen als solches von dem neuen Inhaber unverändert fortgeführt wird.
- Ein den Verlustabzug nach § 10a GewStG ausschließender Unternehmerwechsel liegt unabhängig davon vor, ob dieser auf **entgeltlicher** oder **unentgeltlicher** Übertragung, auf Gesamtrechtsnachfolge (z. B. Erbfolge) oder auf Einzelrechtsnachfolge (z. B. vorweggenommene Erbfolge) beruht.

7.5.3 Besonderheiten bei Mitunternehmerschaften (R 10a.3 Abs. 3 GewStR 2009)

Bei Mitunternehmerschaften sind gewerbesteuerlich folgende Besonderheiten zu beachten:

- Bei Personengesellschaften und anderen Mitunternehmerschaften sind Träger des Rechts auf den Verlustabzug **die einzelnen Mitunternehmer** (R 10a.3 Abs. 3 Satz 1 GewStR 2009).
- Ein sich für die Mitunternehmerschaft insgesamt ergebender Fehlbetrag ist den Mitunternehmern gem. § 10a **Satz 4** GewStG entsprechend dem **allgemeinen Gewinnverteilungsschlüssel ohne Berücksichtigung von Vorabgewinnanteilen** zuzurechnen (R 10a.3 Abs. 3 Satz 3 GewStR 2009).
- Kommt es in einem folgenden Erhebungszeitraum mit positivem Gewerbeertrag zu einer Minderung des Fehlbetrags, so vermindern sich die den einzelnen Mitunternehmern zuzurechnenden Anteile entsprechend ihrem nach dem allgemeinen Gewinnverteilungsschlüssel im Abzugsjahr (§ 10a **Satz 5** GewStG) zu bemessenden Anteil am Gewerbeertrag (R 10a.3 Abs. 3 Satz 4 GewStR 2009).

MERKSATZ

Beim **Wechsel im Gesellschafterbestand** von Personengesellschaften muss für die Beurteilung der Frage der Unternehmeridentität auf jeden einzelnen **Gesellschafter** abgestellt werden. Der Verlustabzug ist an die **Person des Mitunternehmers** geknüpft, der den Verlust erlitten hat (»Mitunternehmeridentität«).

- Aufgrund der Personenbezogenheit des Verlustabzugs nach § 10a GewStG können sich Auswirkungen bei der **Änderung der Beteiligungsquote** und in den Fällen des **Wechsels im Gesellschafterbestand** ergeben.

7.5.3.1 Änderung der Beteiligungsquote (R 10a.3 Abs. 3 Satz 8 GewStR 2009)

Bei einer Änderung der Beteiligungsquote ist der den Mitunternehmern im Verlustentstehungsjahr nach § 10a Satz 4 GewStG zugerechnete Anteil am Fehlbetrag insgesamt, jedoch gem. § 10a Satz 5 GewStG **nur von dem jeweiligen Anteil am gesamten Gewerbeertrag** abziehbar, der entsprechend dem sich aus dem Gesellschaftervertrag ergebenden Gewinnverteilungsschlüssel des Abzugsjahres auf den jeweiligen Mitunternehmer entfällt.

BEISPIEL

Beispiel nach H 10a.3 [3] (Änderung der Beteiligungsquote) GewStH 2016:
An der Y-OHG sind im EZ 2017 A und B zu je 50 % beteiligt. Mit Wirkung ab 01.01. 2018 hat A 60 % seines Anteils (= 30 %) auf B übertragen.
Die gewerbesteuerlichen Ergebnisse (einschließlich Hinzurechnungen und Kürzungen) betragen:
EZ 2017: ./. 100 000 €
EZ 2018: + 100 000 €

LÖSUNG

Y-OHG		**davon entfallen auf**	
		A	**B**
Maßgebender Gewerbeertrag nach § 10a Satz 4 GewStG:		Beteiligungsverhältnis bis 2017: **50 %**	**50 %**
EZ 2017:	**./. 10 000 €**	**./. 50 000 €**	**./. 50 000 €**
		Beteiligungsverhältnis ab 2018: **20 %**	**80 %**
EZ 2018:	+ 100 000 €	+ 20 000 €	+ 80 000 €
Verlustabzug 2018 gem. § 10a Satz 5 GewStG:	./. 70 000 €	./. 20 000 €	./. 50 000 €
Gewerbeertrag 2018	30 000 €	0 €	30 000 €
Vortragsfähiger Gewerbeverlust zum 31. 12. 2018 nach § 10a Sätze 6 und 7 GewStG	**30 000 €**		

Dieser vortragsfähige Gewerbeverlust entfällt ausschließlich auf den **Mitunternehmer** A. In 2018 ist eine entsprechende Nebenrechnung vorzunehmen.

7.5.3.2 Gesellschafterwechsel (R 10a.3 Abs. 3 Satz 9 GewStR 2009)

Ein Gesellschafterwechsel ergibt sich insbesondere in den nachfolgenden Fällen:

- Beim **Ausscheiden** eines Gesellschafters aus einer Personengesellschaft entfällt der Verlustabzug gem. § 10a GewStG **anteilig** in der Höhe, in der der Fehlbetrag dem ausscheidenden Gesellschafter nach § 10a Sätze 4 und 5 GewStG zuzurechnen ist.
- Beim Eintritt eines Gesellschafters **in eine bestehende** Personengesellschaft ist der vor dem Eintritt des neuen Gesellschafters entstandene Fehlbetrag i. S. d. § 10a GewStG weiterhin insgesamt, jedoch nur von dem Betrag abziehbar, der von dem gesamten Gewerbeertrag entsprechend dem sich aus dem Gesellschaftsvertrag ergebenden Gewinnverteilungsschlüssel (§ 10a Satz 5 GewStG) auf die bereits **vorher beteiligten** Gesellschafter entfällt. In diesen Fällen geht also kein Verlustabzugsbetrag verloren, die Ausgleichsmöglichkeit wird jedoch zeitlich gestreckt.
- Bei der **Veräußerung** des Mitunternehmeranteils von einem Gesellschafter an einen Dritten gelten die o. g. Grundsätze entsprechend.

BEISPIELE

a) E und F waren bis zum 31.12. 2017 Gesellschafter der EF-OHG (Beteiligung je 50 %).
Im Jahr 2017 hat die EF-OHG einen Gewerbeertrag von ./. 60 000 € erzielt. Zum 31.12. 2017 schied F aus der Gesellschaft aus, indem er seinen Anteil an G veräußerte.

LÖSUNG

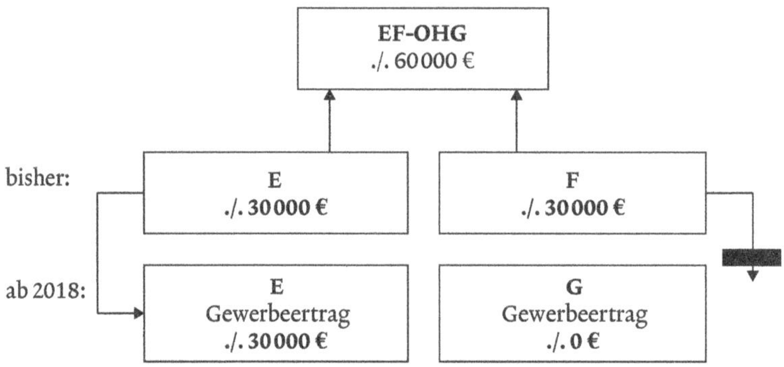

Durch das Ausscheiden von F geht die Hälfte des Verlustvortrags aus 2017 für die OHG verloren. Zum 31.12. 2017 wird deshalb nur ein Vortragsbetrag von 30 000 € gesondert festgestellt. Nur dieser Betrag ist mit einem evtl. positiven Gewerbeertrag des Jahres 2018 ausgleichsfähig, soweit dieser auf E entfällt (vgl. R 10a.3 Abs. 3 Satz 4 GewStR).

b) An einer OHG sind die natürlichen Personen A, B und C zu je 1/3 beteiligt. Im Wirtschaftsjahr = Kalenderjahr 2017 ergibt sich bei der OHG in der Gesamthandsbilanz ein Verlust i. H. v. 180 000 €. Neben der Gesamthandsbilanz besteht eine Sonderbilanz für das Sonderbetriebsvermögen des A. Als Sonderbetriebseinnahmen des A sind in 2017 90 000 € angefallen. Damit zusammenhängende Sonderbetriebsausgaben: 30 000 €.

Gewinn (Verlust) der OHG i. S. d. § 7 GewStG:

Verlust aus Gesamthandsbilanz	./.	180 000 €
Sonderbetriebseinnahmen des A	+	90 000 €
Sonderbetriebsausgaben des A	./.	30 000 €
Verlust	**./.**	**120 000 €**

Es liegen weder Hinzurechnungen noch Kürzungen vor. Damit entspricht der Verlust i. H. v. 120 000 € dem Gewerbeertrag der OHG für den EZ 2017.
A veräußert mit Ablauf des Jahres 2017 seinen Mitunternehmeranteil einschließlich des Sonderbetriebsvermögens an D; Veräußerungsgewinn: 100 000 €.
Die Veräußerung des Mitunternehmeranteils (unmittelbar) durch eine natürliche Person unterliegt nicht der Gewerbesteuer. Kein Fall des § 7 Satz 2 GewStG. Der Gewerbeverlust der OHG in 2017 verändert sich dadurch also nicht.
Es stellt sich aber die Frage, wie hoch der Gewerbeverlust ist, der aufgrund des Ausscheidens des Mitunternehmers A untergeht. Ein vortragsfähiger Gewerbeverlust aus den Erhebungszeiträumen vor 2017 ist nicht vorhanden.

LÖSUNG (nach § 10a Sätze 4 und 5 GewStG)

	A	B	C
Den Gesellschaftern nach dem Gewinnverteilungsschlüssel zugeordneter Gewerbeverlust der OHG (je 1/3 von ./. 120 000 €)	**./. 40 000 €**	**./. 40 000 €**	**./. 40 000 €**

Der auf A entfallende Teil des Gewerbeverlustes der OHG (40 000 €) geht mit seinem Ausscheiden unter (R 10a.3 Abs. 3 Satz 9 Nr. 1 GewStR 2009).

- Beim **Eintritt** einer oder mehrerer Person(en) in ein **Einzelunternehmen** (= Fortführung als Personengesellschaft), kann der in dem Einzelunternehmen entstandene Fehlbetrag auch **weiterhin insgesamt**, jedoch nur von dem Betrag abgezogen werden, der von dem gesamten Gewerbeertrag der Personengesellschaft entsprechend dem sich aus dem Gesellschaftsvertrag ergebenden Gewinnverteilungsschlüssel **auf den früheren Einzelunternehmer entfällt**; vgl. H 10a.3 [2] (Einzelunternehmen) GewStH 2016. Entsprechendes gilt, wenn ein Einzelunternehmen gem. § 24 UmwStG in eine Personengesellschaft eingebracht wird.

BEISPIEL

Einzelunternehmer V hatte bis zum 31.12. 2017 einen gewerbesteuerlichen Verlustvortrag von 200 000 € erwirtschaftet. Zum 01.01. 2018 trat W in das Unternehmen ein, das anschließend als OHG fortgeführt wurde (Beteiligung je 50 %).

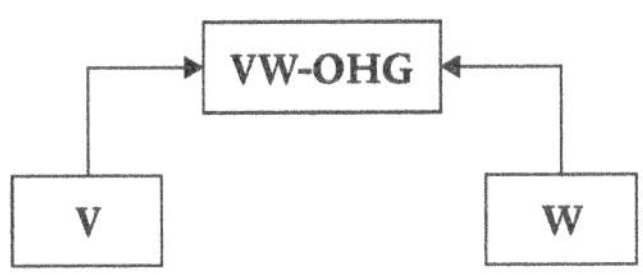

	V	W	
2017:	./. 200000 €	–	
ab 2018:	+ 50000 €	+ 50000 €	
	./. 50000 €	–	
Gewerbeertrag OHG	**0 €**	**50000 €**	**= 50000 €**

In den Jahren 2018 und 2019 hat die OHG jeweils einen positiven Gewerbeertrag (vor Verlustabzug) i. H. v. 100 000 € erzielt.

LÖSUNG In den Jahren 2018 und 2019 ist jeweils nur insoweit ein Verlustausgleich möglich, als der (positive) Gewerbeertrag auf V entfällt; dies sind hier jeweils 50 000 €. Damit verbleibt in diesen Jahren bei der OHG nach Verlustabzug jeweils noch ein Gewerbeertrag i. H. v. 50 000 €.
Zum 31. 12. 2019 besteht noch ein Verlustvortrag von 100 000 € **(der voll dem V zuzurechnen ist)**.

8 Steuermesszahl und Steuermessbetrag (§ 11 GewStG)

8.1 Steuermessbetrag

Bei der Berechnung der GewSt ist von einem Steuermessbetrag auszugehen:
Steuermessbetrag = Gewerbeertrag × Steuermesszahl

Dabei ist der Gewerbeertrag auf volle 100 € nach unten abzurunden und um einen Freibetrag zu kürzen (§ 11 Abs. 1 GewStG).

Der Freibetrag beträgt bei natürlichen Personen sowie bei Personengesellschaften 24 500 € (vgl. § 11 Abs. 1 Nr. 1 GewStG); Kapitalgesellschaften erhalten keinen Freibetrag.

Die Steuermesszahl beträgt einheitlich bei Gewerbebetrieben von natürlichen Personen, Personengesellschaften und Kapitalgesellschaften 3,5 %.

BEISPIEL

Der Gewerbeertrag des Gewerbebetriebs des A beträgt	174 587 €
abgerundet (§ 11 Abs. 1 Satz 3 GewStG)	174 500 €
Freibetrag (§ 11 Abs. 1 Satz 3 Nr. 1 GewStG)	./. 24 500 €
	150 000 €
Steuermesszahl (§ 11 Abs. 2 GewStG)	**3,5 %**
Steuermessbetrag	**5 250 €**

8.2 Freibetrag

Der abgerundete Gewerbeertrag ist bei natürlichen Personen sowie bei Personengesellschaften um einen **Freibetrag von 24 500 €**, höchstens jedoch i. H. d. abgerundeten Gewerbeertrags, zu kürzen (§ 11 Abs. 1 GewStG). Mit dem Freibetrag will der Gesetzgeber einen fiktiven Unternehmerlohn in typisierter Form berücksichtigen, um natürlichen Personen und Personengesellschaften den Kapitalgesellschaften gleichzustellen, die ihrerseits den Gewinn durch die gezahlten Geschäftsführergehälter mindern können. Deshalb steht den Kapitalgesellschaften kein Freibetrag zu.

8.3 Freibetrag bei Mehrheit von Gewerbebetrieben

Eine natürliche Person kann mehrere Gewerbebetriebe unterhalten (R 2.4 [1, 2] GewStR 2009). In diesem Fall steht dem Unternehmer **für jeden Gewerbebetrieb** der Freibetrag von 24 500 € zu.

BEISPIEL

A betreibt eine Bäckerei, eine Kfz-Werkstatt und einen Computerhandel, also mehrere Gewerbebetriebe. Der abgerundete Gewerbeertrag im EZ 2018 beträgt für die Bäckerei 17 400 €, für die Kfz-Werkstatt 21 000 € und für den Computerhandel 33 700 €.

LÖSUNG

	Bäckerei	Kfz-Werkstatt	Computerhandel
Gewerbeertrag	17 400 €	21 000 €	33 700 €
Freibetrag	./.17 400 €	./.21 000 €	./.24 500 €
gekürzter Gewerbeertrag	0 €	0 €	9 200 €

Aber:

Nicht ausgeschöpfte Freibeträge können nicht von einem auf einen anderen Gewerbebetrieb übertragen werden.

8.4 Freibetrag bei Gründung und Aufgabe des Gewerbebetriebs

Der Freibetrag auf den Gewerbeertrag wird unabhängig von der Dauer der sachlichen GewSt-Pflicht im Kalenderjahr voll gewährt. Auch wenn wegen der Gründung oder Einstellung eines Gewerbebetriebs die sachliche GewSt-Pflicht nur einige Monate im Kj besteht, ist der **volle Freibetrag** zu berücksichtigen (R 11.1 GewStR 2009).

BEISPIEL

Der Gewerbebetrieb des A (Wj = Kj) wird am 01. 09. 2010 gegründet und am 31. 01. 2019 eingestellt. Der abgerundete Gewerbeertrag für EZ 2010 beträgt 80 300 €, für EZ 2019 184 600 €.

LÖSUNG Die sachliche GewSt-Pflicht besteht im Kj 2010 vier Monate und im Kj 2019 einen Monat. Der Gewerbeertrag für EZ 2010, der auf dem Gewinn des Rumpfwirtschaftsjahrs 01. 09.–31. 12. 2010 beruht, und der Gewerbeertrag für EZ 2019, der auf dem Gewinn des Rumpfwirtschaftsjahrs 01. 01.–31. 01. 2019 beruht, werden jeweils um den vollen Freibetrag von 24 500 € gemindert.

EZ 2010:	80 300 €	./. 24 500 € =	55 800 € Gewerbeertrag
EZ 2019:	184 600 €	./. 24 500 € =	160 100 € Gewerbeertrag

Der Steuermessbetrag für den abgekürzten EZ 2019 kann bereits nach dem Ablauf des 31. 01. 2019 festgesetzt werden (§ 14 GewStG).

Teil E Betriebsaufspaltung und Organschaft

1 Betriebsaufspaltung

1.1 Allgemeines

Die Vermietung oder Verpachtung eines Gewerbebetriebs oder seines gesamten Anlagevermögens fällt grundsätzlich unter die Vermögensverwaltung. Bei einer derartigen Vermietung oder Verpachtung handelt es sich nicht um eine gewerbliche Tätigkeit (R 2.2 GewStR). Liegen jedoch besondere Umstände vor, kann eine solche Vermietung oder Verpachtung als gewerbliche Tätigkeit anzusehen sein (H 15.7 [4] (Allgemeines) EStH).

BEISPIELE

a) M verpachtet seine Buchhandlung an D, der sie fortführt.
LÖSUNG Die Verpachtung des Gewerbebetriebs ist gewerbesteuerlich nicht als Gewerbebetrieb anzusehen; da M keinen Gewerbebetrieb mehr hat, unterliegen seine Pachteinnahmen nicht der GewSt; die Tätigkeit des M stellt **Vermögensverwaltung** dar (R 2.2 GewStR).

b) M verpachtet seine Buchhandlung an die X-GmbH, an der M zu 60 % und sein Bruder B zu 40 % beteiligt sind.
LÖSUNG Anders als im Beispiel a) stehen sich hier der Verpächter M und die Pächterin X-GmbH nicht wie Fremde mit entgegengerichteten Interessen gegenüber. Verpächter M kann wie bisher auch im Gewerbebetrieb der X-GmbH seinen geschäftlichen Betätigungswillen verwirklichen, so dass es sich insoweit um zwei Unternehmen handelt, die trotz der Aufspaltung auf besonders enge Weise miteinander verbunden sind. Zwischen Verpächter und Pächter besteht eine teilweise Identität. Es handelt sich um eine qualifizierte Verpachtung, die sich nicht als Vermögensverwaltung, sondern als **Gewerbebetrieb** darstellt (H 15.7 [4] EStH).

1.2 Voraussetzungen der Betriebsaufspaltung

Ein Unternehmen (**Besitzunternehmen**) überlässt seine wesentliche Betriebsgrundlage an eine gewerblich tätige Personen- oder Kapitalgesellschaft (**Betriebsunternehmen**) zur Nutzung (**sachliche Verflechtung**) und eine Person oder mehrere Personen zusammen (**Personengruppe**) beherrschen sowohl das Besitzunternehmen als auch das Betriebsunternehmen in dem Sinne, dass sie in der Lage sind, in beiden Unternehmen einen einheitlichen geschäftlichen Betätigungswillen durchzusetzen (**personelle Verflechtung**). Liegen die Voraussetzungen einer personellen und sachlichen Verflechtung vor, ist die Vermietung oder Verpachtung keine Vermögensverwaltung mehr, sondern eine **gewerbliche Vermietung oder Verpachtung**. Das verpachtende Besitzunternehmen beteiligt sich mittelbar über die Betriebsgesellschaft am allgemeinen Wirtschaftsverkehr, ist damit gewerblich tätig und damit ein selbstständiger Gewerbebetrieb.

BEISPIEL

Der Sachverhalt entspricht Beispiel b) in 1. 1.
LÖSUNG Die Voraussetzungen der Betriebsaufspaltung sind erfüllt. M überlässt die für die X-GmbH wesentlichen Betriebsgrundlagen (sachliche Verflechtung). Hinter beiden Unternehmen steht ein einheitlicher geschäftlicher Betätigungswille. M, der als Alleininhaber den Willen des Besitzunternehmens bestimmt, kann aufgrund seiner Mehrheitsbeteiligung an der X-GmbH seinen Willen in dem Betriebsunternehmen durchsetzen (personelle Verflechtung). Die Verpachtung durch M stellt eine gewerbliche Tätigkeit dar; die von der X-GmbH bezogenen Pachtzinsen unterliegen der GewSt.

Das **Besitzunternehmen** kann jede Rechtsform haben, kann also ein Einzelunternehmen, eine Personengesellschaft, eine Kapitalgesellschaft sowie eine Erbengemeinschaft oder Bruchteilsgemeinschaft sein.

Das **Betriebsunternehmen** kann **nur** eine Personengesellschaft oder eine Kapitalgesellschaft sein. Die Betriebsgesellschaft muss ein gewerbliches Unternehmen betreiben. Eine Personengesellschaft als Betriebsgesellschaft muss eine gewerbliche Tätigkeit ausüben (§ 15 Abs. 3 Nr. 1 EStG). Bei einer Kapitalgesellschaft kommt es auf die Art der Tätigkeit nicht an, da sie einen Gewerbebetrieb kraft Rechtsform darstellt (R 2.1 [4] GewStR).

1.3 Folgen der Betriebsaufspaltung

Die Folgen der Betriebsaufspaltung sind:

- Das Besitzunternehmen bildet einen selbstständigen Gewerbebetrieb, ebenso wie das Betriebsunternehmen.
- Bei dem Besitzunternehmen unterliegen die aus der Verpachtung an die Betriebsgesellschaft bezogenen Pachtzinsen der GewSt.
- Der GewSt unterliegen auch alle weiteren von der Betriebsgesellschaft für sonstige Leistungen erhaltenen Vergütungen, wie z. B. Zinsen für ein Darlehen, das das Besitzunternehmen der Betriebsgesellschaft gewährt hat.
- Die Grundstücksmieten werden bei dem Betriebsunternehmen in die Hinzurechnung einbezogen (§ 8 Nr. 1 Buchst. e GewStG), ohne dass bei dem Besitzunternehmen eine Kürzung dieser Beträge gemäß § 9 GewStG vorgesehen ist. Diese Regelung führt grundsätzlich zu einer Doppelbelastung mit GewSt.

FALL 10

U verpachtet am 01. 01. 2018 seine Drogerie an die neugegründete Z-GmbH, an der U mit 65 % und sein Prokurist P mit 35 % beteiligt sind. Die Z-GmbH führt die Drogerie fort. Der monatliche Pachtzins für das Grundstück beträgt 40 000 € und für die übrigen Wirtschaftsgüter des Anlagevermögens der Drogerie 10 000 €. Der nach dem EStG ermittelte Gewinn 2018 des Gewerbebetriebs »Verpachtete Drogerie« des U beträgt unter Berücksichtigung der Pachteinnahmen 550 000 €. Der nach dem KStG ermittelte Gewinn 2018 der Z-GmbH beträgt unter Berücksichtigung der Pachtzinsen 200 000 €.

Der zuletzt für das verpachtete Grundstück auf den 01. 01. 1992 festgestellte Einheitswert beträgt 150 000 DM.

Ermitteln Sie den Gewerbesteuermessbetrag 2018 für die Z-GmbH und den Gewerbebetrieb »Verpachtete Drogerie«.

Liegen gleichzeitig die Voraussetzungen der Betriebsaufspaltung und der – nicht der Gewerbesteuer unterliegenden – Betriebsverpachtung im Ganzen vor, hat die Betriebsaufspaltung Vorrang. Während der Dauer der Betriebsaufspaltung kann nicht die Betriebsaufgabe erklärt werden. Erst bei der Beendigung der Betriebsaufspaltung besteht wieder das Verpächterwahlrecht nach R 16 (5) EStR 2012.

2 Organschaft

2.1 Allgemeines

Der Grundgedanke der Organschaft ist, rechtlich selbstständige Unternehmen, die wirtschaftlich eine Einheit bilden, auch steuerlich als eine Einheit zu behandeln. Für das Gewerbesteuerrecht ist die Organschaft in § 2 Abs. 2 Satz 2 GewStG, für das KSt-Recht in §§ 14 ff. KStG geregelt. Die Voraussetzungen der gewerbesteuerlichen Organschaft stimmen mit denen der körperschaftsteuerlichen Organschaft überein (R 2.3 [1] GewStR 2009).

2.2 Voraussetzungen

Die Organgesellschaft muss in das Unternehmen des Organträgers finanziell eingegliedert sein und zwischen Organträger und Organgesellschaft muss ein Ergebnisabführungsvertrag bestehen.

a) **Organträger**
Organträger kann ein gewerbliches Unternehmen
- einer unbeschränkt einkommensteuerpflichtigen natürlichen Person,
- einer nicht steuerbefreiten Körperschaft, Personenvereinigung oder Vermögensmasse i. S. d. § 1 KStG mit Geschäftsleitung im Inland (z. B. AG, GmbH) oder
- einer Personengesellschaft i. S. d. § 15 Abs. 1 Nr. 2 EStG (z. B. OHG, KG), § 14 Abs. 1 Nr. 2 KStG sein. Der Organträger muss ein gewerbliches Unternehmen sein (§ 14 Abs. 1 Satz 1 KStG). Diese Voraussetzung ist bei Kapitalgesellschaften stets erfüllt. Natürliche Personen müssen gewerblich tätig sein. Freiberufler sowie Land- und Forstwirte können keine Organträger sein.

Bei einer Personengesellschaft ist die Voraussetzung des gewerblichen Unternehmens erfüllt, wenn sie eine gewerbliche Tätigkeit ausübt. Gewerblich geprägte Personengesellschaften i. S. d. § 15 Abs. 3 Nr. 2 EStG können deshalb nicht Organträger sein (R 2.3 [3] GewStR).

b) **Organgesellschaft**
Nur **Kapitalgesellschaften** können Organgesellschaften sein.
Die Organgesellschaft muss die Rechtsform der
- Europäischen Gesellschaft, AG oder KGaA (§ 14 Abs. 1 Satz 1 KStG) oder der
- GmbH (§ 17 Satz 1 KStG) haben.

c) **Finanzielle Eingliederung**
Die finanzielle Eingliederung setzt voraus, dass der Organträger ununterbrochen vom Beginn des Wj der Organschaft an die Stimmrechtsmehrheit an der Organgesellschaft hält (§ 14 Abs. 1 Nr. 1 Satz 1 KStG).

BEISPIEL

Der Gewerbetreibende A hält 55 %, der Gewerbetreibende B 45 % der Geschäftsanteile an der Z-GmbH. Das Stimmrecht der Gesellschafter der Z-GmbH richtet sich nach den Geschäftsanteilen.

LÖSUNG Dem Gesellschafter A steht die Mehrheit der Stimmrechte aus den Anteilen an der Z-GmbH zu; die finanzielle Eingliederung der Z-GmbH in den Gewerbebetrieb des A liegt damit vor. Bei B ist das nicht der Fall.

d) **Gewinnabführungsvertrag**
Zwischen dem Organträger und der Organgesellschaft muss ein zivilrechtlich wirksamer Gewinnabführungsvertrag abgeschlossen werden. Ist die Organgesellschaft eine AG oder ein KGaA, ist dies ein Gewinnabführungsvertrag nach § 291 Abs. 1 AktG (§ 14 Abs. 1 Satz 1 KStG). Ist die Organgesellschaft eine GmbH, muss ein Ergebnisübernahmevertrag nach § 17 KStG vorliegen. Der Gewinnabführungsvertrag muss auf mindestens fünf Jahre abgeschlossen und während seiner gesamten Geltungsdauer durchgeführt werden (§ 14 Abs. 1 Nr. 3 Satz 1 KStG).

2.3 Folgen der Organschaft

Die zivilrechtliche Selbstständigkeit der Unternehmen bleibt bei einer Organschaft erhalten. Gewerbesteuerrechtlich gilt die eingegliederte Kapitalgesellschaft als Betriebsstätte des anderen Unternehmens, nämlich des Organträgers (§ 2 Abs. 2 Satz 2 GewStG, R 2.3 [1] GewStR). Auch für das GewSt-Recht bleiben die Unternehmen selbstständig. Deshalb ist der Gewerbeertrag der Organgesellschaft getrennt zu ermitteln und dem Organträger zur Berechnung seines Steuermessbetrags zuzurechnen.

Die Betriebsstättenfiktion des § 2 Abs. 2 Satz 2 GewStG bezweckt, die Gemeinden vor willkürlichen GewSt-Verlagerungen zu schützen.

Als **Folgen** der Organschaft ergeben sich:

- Die Organgesellschaft gilt als Betriebsstätte des Organträgers.
- Der Gewerbeertrag der Organgesellschaft wird getrennt ermittelt und dem Organträger zur Berechnung des Steuermessbetrags zugerechnet.
- Der Organträger ist Steuerschuldner der im Organkreis entstandenen GewSt.

BEISPIEL

Zum Gewerbebetrieb des A gehören sämtliche Anteile an der H-GmbH. Zwischen dem Gewerbebetrieb des A und der H-GmbH besteht ein zivilrechtlich wirksamer und durchgeführter Ergebnisabführungsvertrag i. S. d. § 17 KStG. Die H-GmbH ist weder wirtschaftlich noch organisatorisch in den Gewerbebetrieb des A eingegliedert.

LÖSUNG Zwischen beiden Unternehmen besteht ein Organschaftsverhältnis i. S. d. § 2 Abs. 2 Satz 2 GewStG, da A sämtliche Anteile an der H-GmbH hält und damit die finanzielle Eingliederung i. S. d. § 14 Abs. 1 Nr. 1 KStG gegeben ist. Auch liegt ein wirksamer und durchgeführter Ergebnisabführungsvertrag i. S. d. § 17 KStG vor. Die H-GmbH gilt als Betriebsstätte des Einzelunternehmens. Zivilrechtlich und gewerbesteuerrechtlich bleiben beide Unternehmen selbstständig. Der Gewerbeertrag der H-GmbH und des Einzelunternehmens werden getrennt ermittelt. Zur Berechnung des GewStmessbetrags des Einzelunternehmens wird ihm der Gewerbeertrag der H-GmbH zugerechnet. Nur A als Inhaber des Einzelunternehmens ist Steuerschuldner i. S. d. § 5 GewStG der sich für den Organkreis ergebenden GewSt.

Teil F Festsetzung des Steuermessbetrags und die Zerlegung des Steuermessbetrags

1 Begriff des Steuermessbetrags

Der Steuermessbetrag gilt für den EZ = Kj (§ 14 GewStG). EZ ist das Kj, für das die GewSt erhoben wird. Der **Bemessungszeitraum** für die Ermittlung des Gewerbeertrags und der **EZ für die GewSt** fallen in **dasselbe Kj, also:** Gewerbeertrag 2018, GewSt 2018 im Bemessungszeitraum 2018 = EZ 2018 = Kj 2018.

2 Gewerbesteuer-Messbescheid

Der Steuermessbetrag wird durch **Steuermessbescheid** festgesetzt (§ 184 Abs. 1 AO). Örtlich zuständig ist das Betriebsfinanzamt (§ 18 Abs. 1 Nr. 2, § 22 Abs. 1 AO).

Der **GewSt-Messbescheid** ist dem Steuerpflichtigen bekanntzugeben (§ 122 AO) und ist mit dem Einspruch anfechtbar (§ 347 Abs. 1 Nr. 1 AO). Außerdem hat das FA den GewSt-Messbescheid der **Gemeinde mitzuteilen**, damit diese den **GewSt-Bescheid** erlassen kann (§ 184 Abs. 3 AO).

In dem **GewSt-Messbescheid** legt das FA verbindlich für den Steuerpflichtigen und die Gemeinde fest:

- den GewSt-Messbetrag,
- die sachliche Steuerpflicht des Gewerbebetriebs,
- die persönliche Steuerpflicht des Unternehmers,
- die Steuerberechtigung einer bestimmten Gemeinde.

3 Festsetzung und Erhebung der Gewerbesteuer

Die GewSt wird von der hebeberechtigten Gemeinde durch Steuerbescheid festgesetzt (§ 184 Abs. 3 AO). Der stehende Gewerbebetrieb i. S. d. § 2 GewStG unterliegt der GewSt in der Gemeinde, in der eine Betriebsstätte zur Ausübung des stehenden Gewerbes unterhalten wird (§ 4 GewStG). Bei Reisegewerbetreibenden ist die Gemeinde hebeberechtigt, in der sich der Mittelpunkt der gewerblichen Tätigkeit befindet (§ 35a GewStG).

Die Gewerbesteuer wird wie folgt ermittelt: GewSt-Messbetrag × Hebesatz.

Der **Hebesatz** wird von der Gemeinde für den EZ (Kalenderjahr) festgesetzt (§ 16 GewStG). Er muss für alle in der Gemeinde vorhandenen Unternehmen der gleiche sein. Er liegt im Allgemeinen zwischen 350 % und 500 %. Der Mindesthebesatz beträgt nach § 16 Abs. 4 GewStG 200 %.

BEISPIEL

Der GewSt-Messbetrag für EZ 2018 beträgt 570 €. Die Gemeinde X hat den Hebesatz für den EZ 2018 auf 360 % festgesetzt.

LÖSUNG GewSt 2018: 570 €×360 % = 2 052 €

Die Gemeinde X erlässt den GewSt-Bescheid 2018 i. H. v. 2 052 €.

Der **GewSt-Anspruch der Gemeinde** entsteht mit Ablauf des EZ = Kj, für den die Festsetzung vorgenommen wird (§ 18 GewStG). Auf den Steueranspruch hat der Unternehmer **Vorauszahlungen** zu leisten entsprechend der Regelung bei der ESt und der KSt (§ 19 GewStG). Die für einen EZ = Kj entrichteten Vorauszahlungen werden auf die Steuerschuld für diesen EZ angerechnet (§ 20 GewStG).

Das gesamte Verfahren der Erhebung und Beitreibung der GewSt liegt grundsätzlich in der Hand der berechtigten Gemeinde. Sie ist zuständig für Entgegennahme der Zahlung, Erlass, Erstattung, Stundung, Niederschlagung oder Beitreibung der GewSt. Dabei hat die Gemeinde nach § 1 Abs. 2 AO zum Teil auch Bestimmungen der AO anzuwenden.

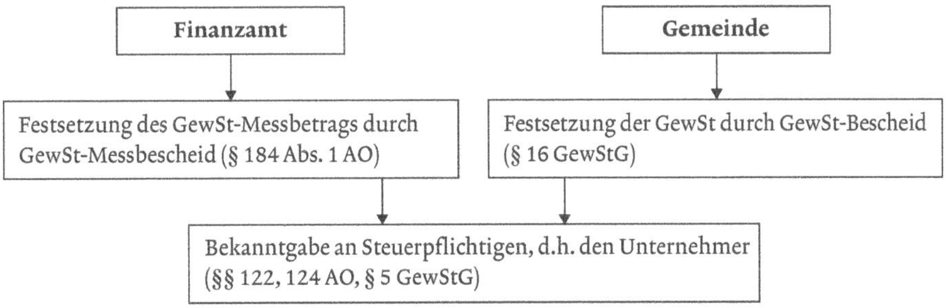

4 Zerlegung des Steuermessbetrags

Die GewSt wird nach dem für den **gesamten Gewerbebetrieb mit all seinen Betriebsstätten** geltenden Steuermessbetrag erhoben.

- Befinden sich die Betriebsstätten eines Betriebs in mehreren Gemeinden,
- erstreckt sich eine Betriebsstätte über mehrere Gemeinden oder
- wird eine Betriebsstätte im Laufe eines Jahres von einer Gemeinde in eine andere verlegt,

so sind **mehrere Gemeinden bezüglich desselben Unternehmens hebeberechtigt**. In diesen Fällen ist der GewSt-Messbetrag auf die einzelnen Gemeinden zu zerlegen, um das GewSt-Aufkommen auf die Gemeinden angemessen zu verteilen (§ 28 GewStG). Der Zerlegungsmaßstab ist in § 29 GewStG geregelt. Das FA erlässt über die Zerlegung des Steuermessbetrags einen Bescheid (Zerlegungsbescheid), der dem Steuerpflichtigen und den betroffenen Gemeinden bekannt zu geben ist (§§ 185 bis 190 AO). Der **Zerlegungsbescheid** gibt den Steuermessbetrag an und bestimmt, welche Anteile den beteiligten Gemeinden zugeteilt werden. Ferner muss er die Zerlegungsgrundlagen angeben. Gegen den Zerlegungsbescheid können der Steuerpflichtige und die beteiligten Gemeinden Einspruch einlegen (§ 347 Abs. 1 AO, R 28.1 GewStR).

Für die Zerlegung gilt Folgendes:

- Zerlegungsmaßstab für die Zerlegung des GewSt-Messbetrags in die Anteile für die einzelnen beteiligten Gemeinden ist das Verhältnis der in den einzelnen Gemeinden gezahlten Arbeitslöhne zur Summe der insgesamt an alle in den einzelnen Betriebsstätten beschäftigten Arbeitnehmer gezahlten Arbeitslöhne (§ 29 Abs. 1 Nr. 1 GewStG).
- Für die Ermittlung der Zerlegungsanteile sind jeweils die im EZ gezahlten Arbeitslöhne heranzuziehen. Die Arbeitslöhne sind auf 1 000 € abzurunden (§ 29 Abs. 2, 3 GewStG).
- Zu den Arbeitslöhnen i. S. d. § 29 Abs. 1 GewStG gehören nur die Arbeitslöhne, die an eigene Arbeitnehmer aufgrund eines mit diesen bestehenden Arbeitsvertrages gezahlt

worden sind. Für die Gestellung fremder Arbeitskräfte an andere Unternehmen gezahlte Vergütungen sind keine Arbeitslöhne i. S. d. gewerbesteuerlichen Zerlegungsvorschriften (R 29.1 GewStR).

- Auf die Art und die Bezeichnung der Arbeitslöhne kommt es dabei nicht an, alle Vergütungen an Arbeitnehmer i. S. d. § 19 Abs. 1 Nr. 1 EStG, also auch Zuschläge aller Art, sind einzubeziehen, nicht dagegen nach § 31 Abs. 4 GewStG gewinnabhängige einmalige Vergütungen, also Tantiemen und gewinnabhängige Gratifikationen. Nach § 31 Abs. 2 GewStG gehören ferner die Ausbildungsvergütungen nicht mit zur Bemessungsgrundlage für die Zerlegung. Der Begriff der Arbeitslöhne ist in R 31.1 GewStR erläutert.
- Hinzuzurechnen sind bei einem Unternehmen, das nicht von einer juristischen Person betrieben wird, für den im Betrieb tätigen Unternehmer oder Mitunternehmer insgesamt 25 000 € jährlich. (sog. fiktiver Unternehmerlohn), § 31 Abs. 5 GewStG. Der Betrag von 25 000 € ist bei der Betriebsstätte anzusetzen, bei der der Unternehmer geschäftsleitend tätig war. Hat er in mehreren Betrieben geschäftsleitend mitgearbeitet, ist der Betrag auf diese nach dem Verhältnis der geschäftsleitenden Tätigkeit zu verteilen (R 31.1 GewStR).

BEISPIEL

Der GewSt-Messbetrag von 500 000 € ist auf die drei Gemeinden 1, 2 und 3 zu zerlegen. Die Summe der Arbeitslöhne i. S. d. § 31 GewStG beträgt 10 000 000 €; davon entfallen 5 000 000 € einschließlich 25 000 € Unternehmerlohn auf die Gemeinde 1, 3 000 000 € auf die Gemeinde 2 und 2 000 000 € auf die Gemeinde 3.

Löhne	**Gemeinde 1**	**Gemeinde 2**	**Gemeinde 3**
10 000 000 €	5 000 000 €	3 000 000 €	2 000 000 €
100 %	50 %	30 %	20 %
Messbetrag	Anteil	Anteil	Anteil
500 000 €	250 000 €	150 000 €	100 000 €

FÄLLE 11–12

FALL 11 Ein Gewerbebetrieb hat die Geschäftsleitung und den Hauptbetrieb in der Gemeinde A und Filialen in der Gemeinde B und C. Der GewSt-Messbetrag für den EZ 2018 beträgt 600 000 €. Folgende Arbeitslöhne wurden gezahlt:

Gemeinde A: 845 000 €; Gemeinde B: 150 000 € und Gemeinde C: 90 000 €.
Der Firmeninhaber I leitet den Hauptbetrieb und überwacht von dort aus die Geschäftsführung in den Filialen.
Im Hauptbetrieb sind kaufmännische Auszubildende tätig. Ihre Vergütungen von insgesamt 20 000 € sind in den Arbeitslöhnen enthalten.
In der Filiale in der Gemeinde B ist der Prokurist P als Filialleiter tätig und erhält auch dort sein Gehalt. P erhielt im EZ 2018 eine gewinnabhängige Tantieme von 10 000 €, die in der Summe der Arbeitslöhne in der Filiale der Gemeinde B enthalten ist.
Zerlegen Sie den Steuermessbetrag 2018 auf die beteiligten Gemeinden.

FALL 12 Der Fabrikant Müller ist Alleininhaber einer ins Handelsregister eingetragenen Maschinenfabrik in der Gemeinde Schönberg. Der aufgrund ordnungsgemäßer Buchführung für das Wj = Kj 2018 ermittelte Gewinn beträgt 615 000 €. Aus den Steuerakten ergibt sich Folgendes:

Die Fabrik wird auf einem Betriebsgrundstück betrieben, dessen Einheitswert zuletzt auf den 01. 01. 1992 mit 150 000 DM nach den Wertverhältnissen vom 01. 01. 1964 festgestellt worden ist (§ 27 BewG).

Bei der Ermittlung des Gewinns 2018 sind für betriebliche Schulden folgende Beträge abgesetzt worden:

- Schuldzinsen i. H. v. 120 000 € für betriebliche Schulden wurden an die Bank gezahlt;
- Leasingraten i. H. v. 128 500 € für Werkzeugmaschinen, die in der Produktion eingesetzt werden;
- Pachtzinsen für Geschäftsräume i. H. v. 338 000 € wurden gezahlt.

Im EZ 2017 hat das FA einen vortragsfähigen Fehlbetrag i. H. v. 15 000 € gesondert festgestellt. Der Hebesatz der GewSt in der Gemeinde Schönberg beträgt für das Kj 2018 420 %.
Ermitteln Sie die GewSt 2018 für die Maschinenfabrik Müller.

Teil G Höchstbeträge und Praxisprobleme der Gewerbesteueranrechnung auf die Einkommensteuer bei Personengesellschaften (§ 35 EStG)

1 Allgemeines

Bei Personenunternehmen kann die GewSt nach Maßgabe des § 35 EStG auf die ESt der Gesellschafter angerechnet und dadurch die Gesamtsteuerbelastung gemindert werden. Im Idealfall wird hierdurch die GewSt durch Anrechnung auf die ESt vollständig kompensiert. Bei GewSt-Hebesätzen von mehr als 400 % ist keine vollständige Anrechnung auf die ESt möglich.

2 Beschränkung der Gewerbesteueranrechnung nach § 35 EStG

Die GewSt-Anrechnung nach § 35 EStG ist beschränkt auf:

- das 3,8-Fache des GewSt-Messbetrags,
- die tatsächlich zu zahlende GewSt (§ 35 Abs. 1 Satz 5 EStG) und
- die anteilig auf gewerbliche Einkünfte entfallende tarifliche ESt.

$$\textbf{Ermäßigungshöchstbetrag} = \frac{\Sigma \text{ positiver gewerblicher Einkünfte}}{\Sigma \text{ aller positiven Einkünfte}} \times \textbf{geminderte tarifliche ESt}$$

Bei Mitunternehmerschaften ist der Betrag des GewSt-Messbetrags, die tatsächlich zu zahlende GewSt und der auf die einzelnen Mitunternehmer entfallende Anteil **gesondert und einheitlich festzustellen.** Der Anteil eines Mitunternehmers am GewSt-Messbetrag richtet sich nach seinem Anteil am Gewinn der Mitunternehmerschaft nach **Maßgabe des allgemeinen Gewinnverteilungsschlüssels**. Vorabgewinnanteile sind nicht zu berücksichtigen. Der Anteil am GewSt-Messbetrag ist als Prozentsatz mit zwei Nachkommastellen gerundet zu ermitteln (§ 35 Abs. 2 EStG).

Soweit die GewSt auf die ESt nicht angerechnet werden kann, gehen diese **Anrechnungsüberhänge unwiederbringlich verloren**. Ein Rück- bzw. Vortrag von Anrechnungsüberhängen ist nicht zulässig.

3 Fallstricke der Gewerbesteueranrechnung nach § 35 EStG

Da der GewSt-Messbetrag nach Maßgabe des allgemeinen Gewinnverteilungsschlüssels auf die Gesellschafter aufgeteilt wird, besteht insbesondere in **folgenden Fällen** das **Risiko**, dass eine **vollständige Anrechnung** der GewSt auf die ESt nicht gelingt:

- der Mitunternehmer hat im betreffenden VZ **keine bzw. eine geringere ESt-Belastung** (z. B. durch andere negative Einkünfte);
- der Mitunternehmer erhält einen **hohen Vorabgewinn**, jedoch (nach dem allgemeinen Gewinnverteilungsschlüssel) nur einen geringen Anteil am GewSt-Messbetrag;
- bzw. umgekehrt: der Mitunternehmer erhält zwar einen (nach dem allgemeinen Gewinnverteilungsschlüssel) hohen Anteil am GewSt-Messbetrag, der auf ihn entfallende steuer-

liche Gewinn (und damit die hierauf entfallende tarifliche ESt) ist jedoch aufgrund von **Vorabgewinnen von Mitgesellschaftern** im Vergleich nur gering;

- Entsprechendes gilt für hohe gewerbliche Einkünfte des Mitunternehmers aufgrund von **Sonderbetriebseinnahmen** bzw. Gewinnen aus einer **negativen Ergänzungsbilanz** und einem vergleichsweise geringen Anteil am GewSt-Messbetrag;
- Entsprechendes gilt ebenso für negative (bzw. geringe) gewerbliche Einkünfte des Mitunternehmers aufgrund von **Sonder-BA** bzw. Verlusten aus einer **positiven Ergänzungsbilanz** und einem vergleichsweise hohen Anteil am GewSt-Messbetrag;
- bei unterjährigen Gesellschafterwechseln (vgl. nachfolgendes Beispiel).

4 Fallstrick unterjähriger Gesellschafterwechsel

4.1 BFH vom 14.01.2016, AZ: IV R 5/14, BStBl II 2016, 875

Danach entsteht die GewSt mit Ablauf des Erhebungszeitraums (= 31.12., § 18 GewStG). Es ergeben sich folgende steuerliche Auswirkungen:

BEISPIEL

GewSt-Anrechnung nach § 35 EStG bei unterjährigem Gesellschafterwechsel

A und B sind nach dem allgemeinen Gewinnverteilungsschlüssel je zur Hälfte am Gewinn der AB GmbH & Co. KG beteiligt. Der GewSt-Messbetrag der KG beträgt im EZ 2018 14.000 €, die von der Gemeinde erhobene GewSt 56.000 € (GewSt-Hebesatz 400 %).

Zum 01.12.2018 schenkt A seinen gesamten Mitunternehmeranteil an sein Kind K.

LÖSUNG

- Die Übertragung des Mitunternehmeranteils von A an K erfolgt gemäß § 6 Abs. 3 EStG zu Buchwerten. Soweit keine andere Aufteilung des steuerlichen Gewinns für den Zeitraum bis zum Ausscheiden des A aus der KG gegeben ist, werden A und K ertragsteuerlich jeweils zeitanteilig (A für den Zeitraum 01.01.2018–30.11.2018 und K für den Monat Dezember 2018) gewerbliche Einkünfte i. S. v. § 15 Abs. 1 Nr. 2 EStG zugerechnet.
- Die Anrechnung der GewSt auf die ESt gemäß § 35 EStG richtet sich nach dem allgemeinen Gewinnverteilungsschlüssel (§ 35 Abs. 2 Satz 2 EStG).
- Auch nach unterjährigem Gesellschafterwechsel ist der Anteil am GewSt-Messbetrag nur für diejenigen Gesellschafter festzustellen, die zum Zeitpunkt der Entstehung der GewSt Mitunternehmer der fortbestehenden Personengesellschaft als Schuldnerin der GewSt sind (BFH vom 14.01.2016, AZ: IV R 5/14, BStBl II 2016, 875, entgegen dem BMF-Schreiben vom 24.02.2009 BStBl I 2009, 440).

FOLGEN

- K bekommt die Hälfte des GewSt-Messbetrags für Zwecke des § 35 EStG zugerechnet (14.000 € x 1/2 = 7.000 €). Die maximale Anrechnung bei der ESt beträgt 26.600 € (= 7.000 × 3,8) zuzüglich SolZ-Entlastung. Da er jedoch einkommensteuerlich nur 1/12 des auf den Mitunternehmeranteil (50 %) entfallenden Gewinns zugerechnet bekommt, geht grds. ein Großteil des Anrechnungspotenzials vorliegend verloren.

A wird einkommensteuerlich 11/12 des auf den Mitunternehmeranteil entfallenden Gewinns zugerechnet. Da er jedoch zum 31.12.2018 nicht mehr Gesellschafter ist, scheidet bei ihm eine Anrechnungsmöglichkeit nach § 35 EStG aus.

B kann max. 26.600 € (= GewSt-Messbetrag von 14.000 € x 1/2 × 3,8) auf seine tarifliche ESt zuzüglich SolZ-Entlastung anrechnen.

Der Anteil eines Mitunternehmers am GewSt-Messbetrag richtet sich lt. BFH vom 14.01.2016, AZ: IV R 5/14, BStBl II 2016, 875) auch bei unterjährigem Gesellschafterwechsel selbst dann nach seinem Anteil am Gewinn der Mitunternehmerschaft nach Maßgabe des allgemeinen Gewinnverteilungsschlüssels, wenn sich der aus der Gesellschaft ausgeschiedene Veräußerer eines Mitunternehmeranteils **zivilrechtlich zur Übernahme** der auf einen **Veräußerungsgewinn entfallenden GewSt verpflichtet** hat.

Im Hinblick auf eine möglichst optimale Anrechnung der GewSt auf die ESt nach § 35 EStG erweisen sich somit Anteilsübertragungen (Veräußerung, Schenkung bzw. Vererbung) zu **Beginn des Jahres** insoweit **günstiger** als gegen Ende des Jahres.

4.2 Reaktion der Finanzverwaltung (BMF-Schreiben vom 03.11.2016 (BStBl I 2016, 1187)

- Gemäß BMF-Schreiben vom 03.11.2016 (BStBl I 2016, 1187) wendet die Finanzverwaltung die vorgenannte Rechtsprechung in allen offenen Fällen an. Die Finanzverwaltung beanstandet es allerdings nicht, wenn die bisherige Verwaltungsauffassung gemäß BMF-Schreiben vom 24.02.2009 (BStBl I 2009, 440) bis zum VZ 2017 weiterhin angewendet wird. Dies setzt voraus, dass alle zum Ende des gewerbesteuerrechtlichen EZ noch beteiligten Mitunternehmer dies **einheitlich beantragen**. Das BMF-Schreiben vom 03.11.2016 nimmt auch zu weiteren Zweifelsfragen Stellung.
- **Bisherige Auffassung gemäß Tz. 30 des BMF-Schreibens vom 24.02.2009 (BStBl I 2009, 440):**

»Für Zwecke der Berechnung der Steuerermäßigung ist der für den Erhebungszeitraum festgestellte Gewerbesteuer-Messbetrag auf die einzelnen Gesellschafter **aufzuteilen**. Maßgeblich ist dabei der von den Gesellschaftern gewählte allgemeine **Gewinnverteilungsschlüssel** einschließlich der Vereinbarungen, die anlässlich des Eintritts oder des Ausscheidens des Gesellschafters getroffen worden sind. Der Veräußerungs- und Aufgabegewinn des ausscheidenden Gesellschafters beeinflusst den allgemeinen Gewinnverteilungsschlüssel nicht.«

Teil H Lösungshinweise zu den Fällen

Lösung zu Fall 1

1. Die GewSt ist eine Objektsteuer, weil sie die Leistungsfähigkeit des Gewerbebetriebs, also eines Objekts, besteuert. Die GewSt knüpft an Merkmale des Gewerbebetriebs wie Ertrag an. Persönliche Verhältnisse des Unternehmens (Familienstand, Kinder usw.) bleiben unberücksichtigt.
2. Das GewStG hat der Bund im Rahmen der konkurrierenden Gesetzgebung erlassen (Art. 105 Abs. 2 GG).
3. Die GewSt stellt für die Gemeinden eine bedeutende Einnahmequelle dar. Die Gemeinden erhalten einen Anteil an der veranlagten ESt und LSt und an der USt (Art. 106 Abs. 5, 5a, 6 GG).
4. Den Gemeinden entstehen durch das Vorhandensein von Gewerbebetrieben besondere Lasten, zu deren Finanzierung die Betriebe durch die GewSt beitragen sollen.
5. Die Gewerbesteuer ist eine Gemeindesteuer, weil den Gemeinden das Aufkommen der GewSt zusteht und sie mit Unterstützung der FÄ die GewSt verwalten (§ 1 GewStG).
6. Die GewSt ist eine **laufend veranlagte Steuer**, weil sie Jahr für Jahr festgesetzt und erhoben wird. Dagegen werden Einzelsteuern wie z. B. die Erbschaftsteuer und Grunderwerbsteuer immer nur im Anschluss an einen Erbfall oder eine Grundstücksveräußerung erhoben.

Lösung zu Fall 2

Die Reparaturwerkstatt des B ist ein Gewerbebetrieb. Die GewSt 2018 berechnet sich wie folgt:

Verlust aus Gewerbebetrieb	./.	5 000 €
Hinzurechnung (§ 8 GewStG)	+	60 000 €
	+	55 000 €
Kürzungen (§ 9 GewStG)	./.	3 580 €
Gewerbeertrag		51 420 €
abgerundet auf 100 € (§ 11 Abs. 1 GewStG)		51 400 €
Freibetrag (§ 11 Abs. 1 GewStG)	./.	24 500 €
	+	26 900 €
Steuermesszahl (§ 11 Abs. 2 Nr. 1 GewStG)		3,5 %
Steuermessbetrag		941,50 €
Hebesatz der Gemeinde	×	400 %
Gewerbesteuer 2018		**3 766 €**

Die GewSt 2018 für die Kfz-Reparaturwerkstatt beträgt 3 766 €.

Lösung zu Fall 3

1. Beim Reisegewerbebetrieb müssen die Voraussetzungen eines Gewerbebetriebs vorliegen und zusätzlich muss eine Reisegewerbekarte oder ein Blindwaren-Vertriebsausweis erforderlich sein (vgl. § 35a GewStG). Der Reisegewerbebetrieb hat keine Betriebsstätte wie ein stehender Gewerbebetrieb, sondern nur einen Mittelpunkt der gewerblichen Tätigkeit (R 35a.1 GewStR 2009).

2. Die vier positiven und drei negativen Voraussetzungen für einen Gewerbebetrieb kraft gewerblicher Betätigung sind (vgl. § 15 Abs. 2 EStG):
   Positive Voraussetzungen:
   1. Selbstständigkeit,
   2. Nachhaltigkeit,
   3. Gewinnerzielungsabsicht,
   4. Beteiligung am allgemeinen Wirtschaftsverkehr.

   Negative Voraussetzungen:
   1. Land- und Forstwirtschaft,
   2. Selbstständige Tätigkeit (§ 18 EStG),
   3. Vermögensverwaltung (R 15.7 EStR).

1. Einen Gewerbebetrieb bildet stets und in vollem Umfang die Tätigkeit der Kapitalgesellschaft (AG, GmbH, § 2 Abs. 2 GewStG). Bei OHG, KG und anderen Personengesellschaften muss ein Gewerbebetrieb i. S. d. § 2 Abs. 1 GewStG vorliegen mit Ausnahme des Sonderfalles nach § 15 Abs. 3 Nr. 2 EStG (R 2.1 Abs. 2 GewStR 2009).
2. Einen Gewerbebetrieb bilden juristische Personen des Privatrechts, die nicht unter § 2 Abs. 2 GewStG fallen, und nichtrechtsfähige Vereine, soweit sie einen wirtschaftlichen Geschäftsbetrieb (ausgenommen Land- und Forstwirtschaft) unterhalten (§ 2 Abs. 3 GewStG). Der Begriff des wirtschaftlichen Geschäftsbetriebs ist in § 14 AO definiert (R 2.1 Abs. 5 GewStR 2009).
3. A ist als Geselle Arbeitnehmer und damit nicht selbstständig tätig. Seine Tätigkeit bildet keinen Gewerbebetrieb.
4. Der Begriff des Gewerbebetriebs ist im GewSt-, ESt- und Bewertungsrecht gleich. Dagegen hat die unternehmerische Tätigkeit im USt-Recht andere Voraussetzungen (die Einnahmeerzielungsabsicht genügt; die negativen Voraussetzungen des GewStG entfallen).
5. Der Begriff »Inland« des GewStG umfasst das Gebiet der BRD, den Festlandsockel, unter deutscher Flagge fahrende Hochseeschiffe und der nicht zur BRD gehörende Teile eines grenzüberschreitenden Gewerbegebiets, das durch ein DBA zum Inland bestimmt worden ist (§ 2 Abs. 1 und 7 GewStG, R 2.8 GewStR 2009).

Lösung zu Fall 4

Bei der Tätigkeit des A handelt es sich nicht um einen Gewerbebetrieb, sondern um die Verwaltung eigenen Vermögens. Dazu gehört insbesondere die Vermietung oder Verpachtung unbeweglichen Vermögens (§ 14 Satz 3 AO). Das gilt auch dann, wenn der vermietete Grundbesitz sehr umfangreich ist und die Verwaltung nach kaufmännischen Gesichtspunkten geführt wird. Die Vermietung und Verpachtung von eigenem Grundbesitz wird nur dann zu einer gewerblichen Tätigkeit, wenn insbesondere die Nebenleistungen des Vermieters oder häufige Wechsel der Mieter (wie z. B. bei einem Hotel) im Vordergrund stehen; vgl. H 15.7 [2] Gewerblicher Charakter der Vermietungstätigkeit EStH 2017.

Wird anstelle des A eine GmbH tätig, liegt nach § 2 Abs. 2 GewStG ein Gewerbebetrieb vor, weil bei Kapitalgesellschaften jede Art der Tätigkeit gewerblich ist (R 2.1 Abs. 4 GewStR 2009).

Lösung zu Fall 5

Die Tätigkeit der GdbR erfüllt die Voraussetzungen eines Gewerbebetriebs. Ihre gesamte Tätigkeit gilt in vollem Umfang als Gewerbebetrieb (§ 2 Abs. 1 GewStG; § 15 Abs. 1 Nr. 1, Abs. 2, Abs. 3 Nr. 1 EStG, R 2.1 Abs. 2 GewStR 2009).

Lösung zu Fall 6

Der eingetragene Verein – eine sonstige juristische Person des Privatrechts neben denen des § 2 Abs. 2 GewStG – unterhält mit dem Verkauf der gebrauchten Boote einen wirtschaftlichen Geschäftsbetrieb i. S. d. § 14 AO. Gewinnerzielungsabsicht und Beteiligung am allgemeinen Wirtschaftsverkehr sind – im Gegensatz zum Begriff des Gewerbebetriebs i. S. d. § 2 Abs. 1 GewStG – nicht erforderlich. Soweit der Verein einen wirtschaftlichen Geschäftsbetrieb unterhält, liegt ein Gewerbebetrieb i. S. d. § 2 Abs. 3 GewStG vor (R 2.1Abs. 5 GewStR 2009).

Lösung zu Fall 7

Obwohl die Betriebe verschiedenen Gewerbezweigen angehören, bilden sie dennoch **einen einheitlichen Gewerbebetrieb i. S. d. § 2 Abs. 1 GewStG**, weil sie nach der Verkehrsauffassung und wegen des wirtschaftlichen Zusammenhangs (sie ergänzen einander) als eine Einheit anzusehen sind (R 2.4 Abs. 1 GewStR 2009). A hat für diesen Gewerbebetrieb nur **eine GewSt-Erklärung** abzugeben.

Lösung zu Fall 8

Die **sachliche Steuerpflicht** besteht, weil das Schuhgeschäft ein Gewerbebetrieb i. S. d. § 2 Abs. 1 GewStG ist und damit als **Steuergegenstand** der GewSt unterliegt. Es ergibt sich jedoch **keine GewSt-Schuld 2018 des A** (persönliche Steuerpflicht), wie aus folgenden Berechnungen hervorgeht.

Gewinn aus Gewerbebetrieb (§ 7 GewStG)	25 000 €
./. Kürzungen (§ 9 GewStG)	./. 5 000 €
Gewerbeertrag	20 000 €
./. Freibetrag (§ 11 Abs. 1 Nr. 1 GewStG)	./. 20 000 €
	0 €
× Steuermesszahl (§ 11 Abs. 2 GewStG)	3,5 %
Steuermessbetrag	**0 €**

Der Steuermessbetrag beträgt 0 €. Davon 320 % (Hebesatz der Gemeinde) ergibt 0 € GewSt 2018.

Lösung zu Fall 9

Mit dem Übergang des Lebensmittelgeschäfts (eines Gewerbebetriebs im Ganzen) auf A gilt dieser Gewerbebetrieb als durch B eingestellt (§ 2 Abs. 5 Satz 1 GewStG). Die **sachliche Steuerpflicht** für das Lebensmittelgeschäft des **B** ist zum 31. 03. 2018 erloschen. B ist auch nur für die bis zum 31. 03. 2018 entstandene GewSt Steuerschuldner (§ 5 Abs. 2 Satz 1 GewStG). B schuldet die GewSt (persönliche Steuerpflicht) nur, soweit sie auf seiner gewerblichen Tätigkeit bis zum 31. 03. 2018 beruht.

Da das erworbene Lebensmittelgeschäft mit dem bereits bestehenden Gewerbebetrieb des **A** vereinigt wird, gilt der erworbene Gewerbebetrieb nicht als durch A neu gegründet. Es entsteht keine neue sachliche Steuerpflicht. Die **sachliche Steuerpflicht** erstreckt sich ab 01. 04. 2018 auf den um das erworbene Lebensmittelgeschäft vergrößerten Gewerbebetrieb des A. Die Steuerschuldnerschaft des A (**persönliche Steuerpflicht**) richtet sich nach der sachlichen Steuerpflicht und bezieht sich auf die Tätigkeit in seinem gesamten Gewerbebetrieb, also ab 01. 04. 2018 auch auf den hinzuerworbenen Filialbetrieb.

Lösung zu Fall 10

Es liegen die Voraussetzungen für die Annahme einer Betriebsaufspaltung vor. Mit der Verpachtung der Drogerie überlässt U der Z-GmbH die wesentlichen Betriebsgrundlagen **(sachliche Verflechtung)**. Wie bei den Besitzunternehmen kann U aufgrund seiner Mehrheitsbeteiligung an der Z-GmbH seinen geschäftlichen Betätigungswillen bei dem Betriebsunternehmen durchsetzen **(persönliche Verflechtung)**. Die Verpachtung der Drogerie bildet einen selbstständigen Gewerbebetrieb des U.

Gewerbesteuermessbetrag 2018 der Z-GmbH

Gewinn 2018 nach KStG (§ 7 EStG)		200 000 €
Hinzurechnung nach § 8 Abs. 1 Nr. 1 Buchst. d GewStG Pachtzinsen für die Wirtschaftsgüter des beweglichen Anlagevermögens 12 × 10 000 € = 120 000 € 1/5 × 120 000 € =	24 000 €	
Hinzurechnung nach § 8 Abs. 1 Nr. 1 Buchst. e GewStG Pachtzinsen für Grundstück 12 × 40 000 € = 480 000 € 50 % × 480 000 € =	240 000 €	
Summe aus § 8 Nr. 1 GewStG	264 000 €	
Freibetrag (§ 8 Nr. 1 GewStG)	100 000 €	
	164 000 €	
1/4 von 164 000 € =		41 000 €
		241 000 €
Keine Kürzung nach § 9 Nr. 1 GewStG, da das Grundstück nicht der Z-GmbH gehört		–
Maßgebender Gewerbeertrag 2018		241 000 €
Steuermesszahl (§ 11 Abs. 2 GewStG)		3,5 %
Steuermessbetrag 2018		**8 435 €**

Gewerbesteuermessbetrag 2018 für »Verpachtete Drogerie«

Gewinn 2018 nach EStG		550 000 €
Keine Hinzurechnungen nach § 8 GewStG		–
Kürzung nach § 9 Nr. 1 Satz 1 GewStG um 1,2 % des EW[1]	./.	1 289 €
		548 711 €
Gewerbeertrag, abgerundet auf volle Hundert (§ 11 Abs. 1 Satz 3 GewStG)		548 700 €
Freibetrag (§ 11 Abs. 1 Nr. 1 GewStG)		24 500 €
Maßgebender Gewerbeertrag		524 200 €
Steuermesszahl (§ 11 Abs. 2 GewStG)		3,5 %
Steuermessbetrag 2018		**18 347 €**

1 EW des Betriebsgrundstücks unter Berücksichtigung des Zuschlags von 40 % nach § 121a BewG: EW 150 000 DM + 40 % von 150 000 DM = 210 000 DM = 107 371 €; 1,2 % von 107 371 € = 1 289 €.

Lösung zu Fall 11

Der GewSt-Messbetrag 2018 ist zu zerlegen, da im EZ 2018 Betriebsstätten in mehreren Gemeinden unterhalten werden (§ 28 Abs. 1 GewStG). Zerlegungsmaßstab ist das Verhältnis der Arbeitslöhne in den Betriebsstätten der einzelnen Gemeinden zu den gesamten Arbeitslöhnen (§ 29 GewStG).

Arbeitslöhne Gemeinde A (§ 31 Abs. 1 GewStG)	845 000 €	
./. Vergütung Azubi (§ 31 Abs. 2 GewStG)	./. 20 000 €	
+ Unternehmerlohn (§ 31 Abs. 5 GewStG)	+ 25 000 €	
Maßgebende Arbeitslöhne	850 000 €	850 000 €
Arbeitslöhne Gemeinde B (§ 31 Abs. 1 GewStG)	150 000 €	
./. Gewinnabhängige Tantiemen (§ 31 Abs. 4 GewStG)	./. 10 000 €	
Maßgebende Arbeitslöhne	140 000 €	140 000 €
Maßgebende Arbeitslöhne Gemeinde C	90 000 €	90 000 €
Maßgebende Arbeitslöhne insgesamt		1 080 000 €
		Zerlegungsanteile
Gemeinde A: 850 000 € : 1 080 000 € × 600 000 € =		472 222 €
Gemeinde B: 140 000 € : 1 080 000 € × 600 000 € =		77 778 €
Gemeinde C: 90 000 € : 1 080 000 € × 600 000 € =		50 000 €
GewSt-Messbetrag EZ 2018		600 000 €

Lösung zu Fall 12

Die Maschinenfabrik des Müller bildet einen Gewerbebetrieb i. S. d. § 2 Abs. 1 GewStG. Die **GewSt 2018** berechnet sich wie folgt:

Hinzurechnungen nach § 8 GewSt	
Zinsen für Betriebsschulden (§ 8 Nr. 1 Buchst. a Satz 1 GewStG)	120 000 €
Leasingraten für Werkzeugmaschinen, die zu seinem Anlagevermögen gehören: 128 500 €	
§ 8 Nr. 1 Buchst. d GewStG: 1/5 × 128 500 € =	25 700 €
Pachtzinsen für Geschäftsräume: 338 000 €	
§ 8 Nr. 1 Buchst. e GewStG: 50 % × 338 000 € =	169 000 €
Summe aus § 8 Nr. 1 Buchst. a–e GewStG	314 700 €
Freibetrag nach § 8 Nr. 1 GewStG	./. 100 000 €
	214 700 €
§ 8 Nr. 1 GewStG: 1/4 × 214 700 € =	53 675 €
Hinzurechnungen nach § 8 Nr. 1 GewStG	**53 675 €**
Gewinn aus Gewerbebetrieb 2018 (§ 7 GewStG)	615 000 €
Hinzurechnungen nach § 8 Nr. 1 GewStG	+ 53 675 €
	668 675 €
Kürzung um 1,2 % des EW des Betriebsgrundstücks unter Berücksichtigung des § 121a BewG: EW 150 000 DM + 40 % von 150 000 DM (vgl. § 121a BewG) = 210 000 DM = 107 371 €; 1,2 % von 107 371 € = 1 289 € (§ 9 Nr. 1 Satz 1 GewStG)	./. 1 289 €
	667 386 €
Gewerbeverlust (§ 10a GewStG)	./. 15 000 €
	652 386 €

Gewerbeertrag, abgerundet auf volle 100 € (§ 11 Abs. 1 Satz 3 GewStG)	652 300 €
Freibetrag (§ 11 Abs. 1 Nr. 1 GewStG)	./. 24 500 €
Maßgebender Gewerbeertrag	627 800 €
Steuermesszahl für den Gewerbeertrag (§ 11 Abs. 2 GewStG)	3,5 %
Steuermessbetrag	**21 973 €**
× Hebesatz der Gemeinde (§ 16 GewStG)	420 %
Gewerbesteuer 2018	92 286 €

Die GewSt 2018 i. H. v. 92 286 € schuldet der Unternehmer Müller (§ 5 Abs. 1 GewStG).

Da der Fehlbetrag in vollem Umfang bei der Ermittlung des Gewerbebetrags für den EZ 2018 berücksichtigt wird, ist kein vortragsfähiger Fehlbetrag gesondert festzustellen (§ 10a Satz 7 GewStG).

Teil I Komplexe Übungsfälle

Übungsfall 1 – zu § 8 Nr. 1 GewStG

Hilfsmittel: EStG, EStR, GewStG, GewStR

I. Sachverhalt

Bei einem gewerbesteuerpflichtigen Unternehmen fallen im Wj = Kj 2018 folgende Entgelte für Schulden i. S. d. § 8 Nr. 1 GewStG an:

• Zinsen für kurz- und langfristige Schulden	65 000 €
• Gewinnanteil des (typisch) stillen Gesellschafters	20 000 €
• Leasingraten für bewegliche WG des AV	72 000 €
• Pacht für ein gemietetes Grundstück	234 000 €

II. Aufgabe

Ermitteln Sie die gewerbesteuerlichen Hinzurechnungen nach § 8 Nr. 1 GewStG.

Übungsfall 2 – zur Organschaft

Hilfsmittel: KStG, KStR, GewStG, GewStR

I. Sachverhalt

Die Gewinnabführung der OG-GmbH an die OT-AG beträgt 200 000 € im VZ 2018. Bei der OG-GmbH sind insgesamt 30 000 € nicht abziehbare Aufwendungen angefallen. Die gewerbesteuerlichen Hinzurechnungen und Kürzungen nach § 8 und § 9 GewStG stellen sich wie folgt dar:

a) bei der OG-GmbH		
– Hinzurechnungen nach § 8 GewStG	+	170 000 €
– Kürzungen nach § 9 GewStG	./.	50 000 €
b) bei der OT-AG		
– Hinzurechnungen nach § 8 GewStG	+	400 000 €
– Kürzungen nach § 9 GewStG	./.	100 000 €

II. Aufgabe

Ermitteln Sie den Gewerbeertrag 2018 des Organkreises.

Übungsfall 3 – Zusammenfassender Übungsfall

Hilfsmittel: EStG, EStR, GewStG, GewStR

I. Sachverhalt

Der Einzelunternehmer Hans Häfele betreibt in Stuttgart diverse Friseursalons. Der Gewinn aus den Salons (Wj = Kj) für das Jahr 2018 beträgt 282 000 €, dabei wurden alle Geschäftsvorfälle korrekt verbucht und einkommensteuerlich zutreffend behandelt.

Ein Gewerbeverlust nach § 10a GewStG aus den Vorjahren ist nicht vorhanden.

Aus den Unterlagen des Einzelunternehmens ergeben sich für das Jahr 2018 noch folgende **zusätzliche Angaben**:

Sachverhalt 1:

Zwei der insgesamt fünf Salons werden auf eigenen Grundstücken betrieben. Beim Vermieter der drei gemieteten Grundstücke handelt es sich um eine GmbH, die eine Supermarktkette betreibt.

Die Grundstückswerte der eigenen Grundstücke betrugen:

Steuerbilanz 31. 12. 2015:	2 650 000 €
Einheitswert 01. 01. 2016:	450 000 €
Steuerbilanz 31. 12. 2016:	2 600 000 €
Einheitswert 01. 01. 2017 :	430 000 €

Auf dem Konto Mietaufwendungen wurden in 2018 insgesamt 300 000 € verbucht. Neben den Grundstücken vermietete die Supermarktkette stets auch noch Einrichtungsgegenstände (vor allem Regale, mobile Trennwände und Stühle für den Wartebereich). Von der Gesamtmiete entfielen nach den Mietverträgen jeweils 20 % der Miete auf die Miete dieser Einrichtungsgegenstände.

Sachverhalt 2:

Im Februar 2018 erwarb das Einzelunternehmen ein weiteres Grundstück (dieses ist in Sachverhalt 1 nicht mit berücksichtigt, also ist keines der dort genannten fünf Grundstücke). Herr Häfele möchte auf diesem Grundstück einen neuen Super-Salon errichten. Der Einheitswert des Grundstücks wurde zum 01. 01. 2018 mit 10 000 € festgestellt. Mit den Bauarbeiten für den Salon wurde im Oktober 2018 begonnen. Der Kaufpreis des Grundstücks wurde mit einem Darlehen der Bank i. H. v. 80 000 € finanziert. Die Laufzeit des durch eine Grundschuld abgesicherten Darlehens beträgt zehn Jahre und als Finanzierungsaufwand wurden in 2018 Zinsen i. H. v. 4 000 € in der Gewinnermittlung des Unternehmens erfasst.

Sachverhalt 3:

Am 01. 07. 2018 nahm Herr Häfele ein betriebliches Darlehen bei einer Bank auf, um neue Fahrzeuge für sein Unternehmen zu erwerben. Das Darlehen war in 10 Monatsraten zu tilgen und im Jahr 2018 wurden Zinsen i. H. v. 16 000 € bezahlt.

Sachverhalt 4:

Zum 01. 04. 2018 erwarb das Einzelunternehmen einen heruntergekommenen Friseurladen in der Nähe des Messegeländes in Stuttgart. Sämtliche Aktiva und Passiva dieses Betriebes wurden übernommen.

Das zum Betrieb gehörende Grundstück (auch bisher im Sachverhalt nicht betrachtet) hat einen Einheitswert zum 01. 01. 1982 i. H. v. 45 000 €.

Laut Kaufvertrag ist an den Veräußerer ab dem 01. 04. 2018 eine lebenslange Rente von monatlich 2 000 € zu zahlen (Fälligkeit jeweils zum Monatsanfang). Der Veräußerer musste den Betrieb aus Altersgründen verkaufen.

Die Rentenverpflichtung beträgt laut versicherungsmathematischem Gutachten:

zum 01. 04. 2018	zum 31. 12. 2018	zum 31. 12. 2019
150 000 €	139 000 €	125 000 €

Die Rentenverpflichtung wurde mit diesen Beträgen in den Bilanzen des Einzelunternehmens zum 31. 12. 2018 und 31. 12. 2019 angesetzt.

Sachverhalt 5:

Das Einzelunternehmen erwarb im Februar 2018 eine Beteiligung von 25 % an der Schampoo-GmbH.

Die Anschaffungskosten wurden langfristig finanziert. Im Jahr 2018 fielen hierfür Finanzierungskosten i. H. v. 10 000 € an.

Im September 2018 erhielt das Einzelunternehmen eine Ausschüttung von der GmbH für 2017 i. H. v. 20 000 €.

Sachverhalt 6:

Das Einzelunternehmen hält zudem seit 2010 eine 10 %ige Beteiligung an der Y-OHG, die im Jahr 2018 einen Gewinn von 150 000 € erwirtschaftet. Der Gewinnanteil des Einzelunternehmens für das Jahr 2018 beträgt somit 15 000 € und wurde als Ertrag erfasst.

II. Aufgabe

Ermitteln Sie für das Einzelunternehmen des Herrn Häfele unter Benennung der einschlägigen Vorschriften für den EZ 2018 den Gewerbesteuermessbetrag i. S. d. § 11 GewStG.

Gehen Sie auch auf Teile des Sachverhalts ein, die Ihrer Ansicht nach keine Auswirkung auf den Gewerbesteuermessbetrag haben.

Die Berechnung der GewSt-Rückstellung und eine Zerlegung sind **nicht** erforderlich.

Teil J Lösungen zu den komplexen Übungsfällen

Lösung zu Übungsfall 1

Der Hinzurechnungsbetrag ermittelt sich wie folgt:	
Entgelte i. S. d. § 8 Nr. 1 Buchst. **a** GewStG:	
Ansatz mit 100 %	65 000 €
Gewinnanteil des stillen Gesellschafters (Buchst. b):	
Ansatz mit 100 %	20 000 €
Leasingraten für bewegliche WG des AV (Buchst. **d**):	14 400 €
Ansatz mit einem Fünftel (= 20 %)	
Pacht für ein unbewegliches WG des AV (Buchst. **e**):	
Ansatz mit 50 %	117 000 €
Summe der Finanzierungsentgelte	216 400 €
./. Freibetrag	**./. 100 000 €**
verbleibender Betrag	116 400 €
davon 1/4	**29 100 €**

Bei der Ermittlung des Gewerbeertrags für den EZ 2018 sind gem. § 8 Nr. 1 GewStG dem Gewinn 29 100 € hinzuzurechnen.

Lösung zu Übungsfall 2

1. Körperschaftsteuerliche Organschaft	0 €
Bei der Organgesellschaft (OG-GmbH):	
Steuerbilanzgewinn 2018 der OG-GmbH	
Dazu: nicht abziehbare Ausgaben	+ 30 000 €
Dazu: Gewinnabführung an OT	**+ 200 000 €**
Summe der Einkünfte	230 000 €
Davon ab: dem OT zuzurechnendes Einkommen	**./. 230 000 €**
Zu versteuerndes Einkommen 2018 der OG	**0 €**
Beim Organträger (OT-AG):	
Steuerbilanzgewinn 2018 der OT-AG	700 000 €
Dazu: nicht abziehbare Ausgaben	+ 300 000 €
Zwischensumme	1 000 000 €
Davon ab: Gewinnabführung von der OG-GmbH	**./. 200 000 €**
Summe der Einkünfte der OT-AG	800 000 €
Dazu: zuzurechnendes Einkommen der OG-GmbH	+ 230 000 €
Zu versteuerndes Einkommen 2018 der OT-AG	**1 030 000 €**

2. Gewerbesteuerliche Organschaft

OG-GmbH:	0 €
Zu versteuerndes Einkommen der OG **dem OT im Rahmen der körperschaftsteuerlichen Einkommensermittlung zugerechnetes Einkommen**	+ 230 000 €
Gewinn aus Gewerbebetrieb (§ 7 GewStG)	230 000 €
Hinzurechnungen gem. § 8 GewStG	+ 170 000 €
(**unter Berücksichtigung Freibetrag nach § 8 Nr. 1 GewStG**)	
Kürzungen gem. § 9 GewStG	./. 50 000 €
Gewerbeertrag 2018:	**350 000 €**

Der Gewerbeertrag der OG wird nur rechnerisch ermittelt. An die OG ergeht kein GewSt-Messbescheid. Der Gewerbeertrag ist beim OT zu erfassen.

OT-AG:	
Gewinn aus Gewerbebetrieb (= eigenes Einkommen des OT)	800 000 €
Hinzurechnungen gem. § 8 GewStG	+ 400 000 €
(**unter Berücksichtigung Freibetrag nach § 8 Nr. 1 GewStG**)	
Kürzungen gem. § 9 GewStG	./. 100 000 €
Gewerbeertrag OT	1 100 000 €
Gewerbeertrag OG	**+ 350 000 €**
Gewerbeertrag 2018 Organkreis:	**1 450 000 €**

Eine Abrundung auf volle 100 € nach unten erübrigt sich. Da der OT hier die Rechtsform der GmbH hat, ist kein Freibetrag zu berücksichtigen.

Der Steuermessbetrag für den EZ 2018 beträgt demnach:

3,5 % von 1 450 000 € = 50 750 €

Dieser Steuermessbetrag wird in dem an den OT ergehenden GewSt-Messbescheid festgesetzt.

Lösung zu Übungsfall 3

1. Allgemeines

Herr Häfele unterhält mit seinen Friseursalons einen stehenden Gewerbebetrieb i. S. d. § 2 Abs. 1 Satz 2 GewStG i. V. m. § 15 Abs. 2 EStG. Dieser Gewerbebetrieb unterliegt nach § 2 Abs. 1 Satz 1 GewStG im Inland der Gewerbesteuer.

2. Ermittlung des Gewerbeertrags für den EZ 2018 (§ 7 GewStG)

Der Gewerbeertrag ist nach § 7 GewStG der nach den Vorschriften des EStG zu ermittelnde Gewinn aus Gewerbebetrieb (hier: 270 000 €), vermehrt um die Hinzurechnungen nach § 8 GewStG und vermindert um die Kürzungen nach § 9 GewStG.

Ausgangsbetrag für die Ermittlung des Gewerbeertrages ist damit der Gewinn aus Gewerbebetrieb des Jahres 2018 somit 270 000 €.

Zu Sachverhalt 1: bereits vorhandene Salons

a) Angemietete Salons

Die Mietzahlungen an die Supermarktkette sind im Rahmen von Hinzurechnungen zu erfassen. Da sowohl bewegliche Gegenstände als auch Grundbesitz gemietet wird, sind

- § 8 Nr. 1 Buchst. **e** GewStG (Grund und Boden) und
- § 8 Nr. 1 Buchst. **d** GewStG (Einrichtungsgegenstände)

anzusprechen und die einheitlichen Mietverträge bzw. die entrichteten Mietbeträge sind entsprechend aufzuteilen (vgl. Rdnr. 6 und Rdnr. 30 Ländererlasse vom 02. 07. 2012 [a. a. O.]).

Somit ergeben sich im EZ 2018 folgende Finanzierungsanteile:

- § 8 Nr. 1 Buchst. **d** GewStG:
  20 % von 300 000 € = 60 000 € davon ein Fünftel = 12 000 €
- § 8 Nr. 1 Buchst. **e** GewStG:
  80 % von 300 000 € = 240 000 € davon im die Hälfte = 120 000 €

b) Kürzung für den eigenen Grundbesitz

Für die eigenen Grundstücke ist eine Kürzung nach § 9 Nr. 1 Satz 1 GewStG i. H. v. 1,2 % des Einheitswerts vorzunehmen. Auszugehen ist vom 1,4-Fachen des Einheitswerts zum 01.01. 2018. Vgl. R 9.1 (2) Satz 2. Der Einheitswert des Jahres 2018 ist deshalb zu Grunde zulegen, da es sich bei diesem Wert um den zuletzt vor dem EZ festgestellten Einheitswert handelt. Somit 140 % von 450 000 € = 630 000 € damit beträgt der Kürzungsbetrag 1,2 % von 630 000 € = **7 560 €**.

Zu Sachverhalt 2: neues Grundstück

a) Darlehen

Hier ist bzgl. des Darlehens § 8 Nr. 1 Buchst. **a** GewStG anzusprechen. Aus den Darlehenszinsen ergibt sich folgender Finanzierungsanteil:

Zinsaufwendungen 4 000 €, davon 100 % = 4 000 €

b) Kürzung für den (eigenen) Grundbesitz

Es ist **keine Kürzung** nach § 9 Nr. 1 GewStG für den EZ 2018 vorzunehmen. Hier ist § 20 Abs. 1 Satz 2 GewStDV zu beachten. Da das Grundstück erst im Februar 2018 erworben wurde, gehörte es noch nicht zu Beginn des Jahres 2018 zum Betriebsvermögen des Einzelunternehmens. Somit ist im EZ 2018 keine Kürzung vorzunehmen.

Zu Sachverhalt 3: neue Fahrzeuge

Die gezahlten Zinsen unterliegen der Hinzurechnung nach § 8 Nr. 1 Buchst. **a** GewStG, vgl. Rn. 10 – Ländererlasse – keine Dauerhaftigkeit des Darlehens erforderlich. Es ergibt sich folgender Finanzierungsanteil:

Zinsaufwand 16 000 € davon 100 % = 16 000 €

Zu Sachverhalt 4: erworbener Salon bei der Messe

a) Rentenzahlung

Die Hinzurechnung nach § 8 Nr. 1 Buchst. **b** GewStG erfolgt unabhängig davon, ob die entrichteten Beträge beim Überlasser der Gewerbesteuer unterliegen oder nicht (vgl. Rdnr. 5 und 25 des Ländererlasses).

Der sich bei dem Einzelunternehmen ergebende Rentenaufwand ist im EZ 2018 nach § 8 Nr. 1 Buchst. b GewStG zu erfassen.

Der maßgebende Betrag ergibt sich nach R 8.1 Abs. 2 Satz 2 GewStR aus dem Unterschiedsbetrag zwischen den laufenden Zahlungen und der Verminderung der Rentenschuld:

Laufende Zahlungen 12 × 2 000 € =		24 000 €
Rentenschuld am 31. 12. 2017	139 000 €	
Rentenschuld am 31. 12. 2018	125 000 €	
Differenz	14 000 €	./. 14 000 €
Unterschiedsbetrag		10 000 €
Damit ergibt sich folgender Finanzierungsanteil gem. § 8 Nr. 1 Buchst. b GewStG:		
Rentenaufwand 10 000 €, hiervon 100 % =		**10 000 €**

b) Kürzung für Grundbesitz

Im EZ 2018 kommt eine Kürzung nach § 9 Nr. 1 GewStG in Betracht, da das Grundstück zu Beginn des Kalenderjahres (01. 01. 2018) zum Betriebsvermögen des Einzelunternehmens gehörte (§ 20 Abs. 1 Satz 2 GewStDV).

Auszugehen ist vom 1,4-fachen (R 9.1 Abs. 2 Satz 2 GewStR 2009, § 121a BewG) des EW zum 01. 01. 1982 (= zuletzt vor dem Ende des EZ festgestellter Einheitswert); also 140 % von 45 000 € = 63 000 €.

Der Kürzungsbetrag beträgt somit 1,2 % von 63 000 € = **756 €**.

Zu Sachverhalt 5: Beteiligung an der Schampoo-GmbH

Die Dividende im September 2018 unterliegt bei dem Einzelunternehmen der Steuerbefreiung nach § 3 Nr. 40 Satz 1 Buchst. d EStG und ist daher nur zu 60 % steuerpflichtig (12 000 €). Die Finanzierungskosten sind nach § 3c Abs. 2 EStG nur zu 60 % abzugsfähig (6 000 €).

Da laut Sachverhalt von einer steuerlich zutreffenden Behandlung auszugehen ist, sind im Gewinn aus Gewerbebetrieb (= Ausgangsbetrag i. S. d. § 7 GewStG) sowohl die Dividende als auch die Zinsen nur noch zu 60 % berücksichtigt. Für die gewerbesteuerliche Behandlung ist zunächst zu prüfen, ob die Voraussetzungen für eine Kürzung nach § 9 Nr. 2a GewStG hinsichtlich des verbleibenden steuerpflichtigen Teils der Dividende (12 000 €) vorliegen.

Diese sind im vorliegenden Fall gegeben, da die Beteiligung an der Schampoo-GmbH mindestens 15 % beträgt und diese zu Beginn des EZ (= 01. 01. 2018) bereits vorhanden war (Anschaffung war im Februar 2017). Damit ist nach § 9 Nr. 2a GewStG der bisher noch verbleibende steuerpflichtige Teil der Dividende (= 12 000 €) für gewerbesteuerliche Zwecke zu kürzen. Der Kürzungsbetrag ist um die bisher abzugsfähigen Finanzierungskosten i. H. v. 6 000 € nach § 9 Nr. 2a Satz 3 GewStG zu mindern.

Kürzung damit: 12 000 € ./. 6 000 € = 6 000 €.

Im Hinblick auf die Finanzierungsaufwendungen ist auch die Vorschrift des § 8 Nr. 1 Buchst. a GewStG zu beachten. Insgesamt sind im vorliegenden Fall Zinsaufwendungen i. H. v. 10 000 € angefallen. Davon sind bereits 40 % = 4 000 € nach § 3c Abs. 2 EStG nicht abzugsfähig und haben damit den Gewinn i. S. d. § 7 GewStG nicht gemindert.

Nach § 9 Nr. 2a **Satz 3 2. HS** GewStG findet § 8 Nr. 1 Buchst. a GewStG auf die abzugsfähigen Zinsen i. H. v. 6 000 € insoweit jedoch **keine Anwendung**, da die o. g. Minderung des Kürzungsbetrags bereits eine Hinzurechnung bedeutet.

Zu Sachverhalt 6: Beteiligung an der OHG

Der Gewinn von 150 000 € unterliegt bereits bei der Y-OHG der Gewerbesteuer. Um eine Doppelbelastung zu vermeiden, sind die Gewinnanteile nach § 9 Nr. 2 GewStG (bzw. die Verlustanteile nach § 8 Nr. 8 GewStG) zu neutralisieren. Damit ergibt sich bei Herrn Häfele

(= Gesellschafter der Y-OHG) eine **Kürzung nach § 9 Nr. 2 GewStG von 15 000 €**. Diese Kürzung wird unabhängig von der Beteiligungshöhe gewährt.

Ermittlung des Hinzurechnungsbetrags nach § 8 Nr. 1 GewStG:

Summe der Finanzierungsanteile:		
§ 8 Nr. 1a GewStG – Entgelte für Schulden		
• Sachverhalt Nr. 2	4 000 €	
• Sachverhalt Nr. 3	16 000 €	
Ansatz mit 100 %		20 000 €
§ 8 Nr. 1b GewStG – Renten		
• Sachverhalt Nr. 4		+ 10 000 €
auch Ansatz mit 100 %		
§ 8 Nr. 1d GewStG – Mietaufwand bewegliches Vermögen		
• Sachverhalt Nr. 1		+ 12 000 €
Ansatz mit 20 % (1/5 von 60 000 €)		
§ 8 Nr. 1e GewStG – Mietaufwand unbewegliches Vermögen		
• Sachverhalt Nr. 1		+ 120 000 €
Ansatz mit 50 % (1/2 von 240 000 €)		
Summe:		162 000 €
Abzüglich Freibetrag nach § 8 Nr. 1 GewStG		./. 100 000 €
		62 000 €
davon 1/4		**15 500 €**
Somit sind 15 500 € hinzuzurechnen.		

Zusammenfassung und Berechnung des GewSt-Messbetrags für den EZ 2018 nach § 11 GewStG:

Gewinn aus Gewerbebetrieb	282 000 €
+ **Hinzurechnungen**	15 500 €
Summe des Gewinns und der Hinzurechnungen	297 500 €
./. **Kürzungen**	
• eigener Grundbesitz § 9 Nr. 1 – Sachverhalt Nr. 1	7 560 €
• eigener Grundbesitz § 9 Nr. 1 – Sachverhalt Nr. 4	756 €
• Dividende/Zinsaufwand § 9 Nr. 2a GewStG – Sachverhalt Nr. 5	6 000 €
maßgebender Gewerbeertrag	**283 184 €**
Abrundung auf volle 100 (§ 11 Abs. 1 Satz 3 GewStG)	238 100 €
./. Freibetrag für das Einzelunternehmen	24 500 €
verbleibender Betrag	258 600 €
Steuermesszahl nach § 11 Abs. 2 von 3,5 %	**9 051 €**

Der GewSt-Messbetrag für den EZ 2018 i. S. d. § 11 GewStG beträgt damit 9 051 €.

Stichwortregister

O

P

R

S

T

U

V

W

Z